权威·前沿·原创

皮书系列为
"十二五""十三五"国家重点图书出版规划项目

扬州蓝皮书
BLUE BOOK OF YANGZHOU

扬州经济社会发展报告（2017）

ANNUAL REPORT ON ECONOMIC AND SOCIAL DEVELOPMENT OF YANGZHOU (2017)

主　编／陈　扬
副主编／姜　龙　沙志芳　余　珽
　　　　王克胜　尤在晶

社会科学文献出版社
SOCIAL SCIENCES ACADEMIC PRESS (CHINA)

图书在版编目(CIP)数据

扬州经济社会发展报告.2017／陈扬主编.――北京：社会科学文献出版社，2017.12
　（扬州蓝皮书）
　ISBN 978－7－5201－1956－6

　Ⅰ.①扬… Ⅱ.①陈… Ⅲ.①区域经济发展－研究报告－扬州－2017②社会发展－研究报告－扬州－2017 Ⅳ.①F127.533

　中国版本图书馆CIP数据核字（2017）第314536号

扬州蓝皮书
扬州经济社会发展报告（2017）

主　　编／陈　扬
副 主 编／姜　龙　沙志芳　余　珽　王克胜　尤在晶

出 版 人／谢寿光
项目统筹／王　绯　曹长香
责任编辑／曹长香

出　　版／社会科学文献出版社·社会政法分社（010）59367156
　　　　　　地址：北京市北三环中路甲29号院华龙大厦　邮编：100029
　　　　　　网址：www.ssap.com.cn
发　　行／市场营销中心（010）59367081　59367018
印　　装／北京季蜂印刷有限公司

规　　格／开　本：787mm×1092mm　1/16
　　　　　　印　张：22.25　字　数：335千字
版　　次／2017年12月第1版　2017年12月第1次印刷
书　　号／ISBN 978－7－5201－1956－6
定　　价／98.00元

皮书序列号／PSN B－2011－191－1/1

本书如有印装质量问题，请与读者服务中心（010－59367028）联系

▲ 版权所有　翻印必究

扬州蓝皮书编委会

主　　　任	陈　扬
副　主　任	姜　龙　沙志芳　余　斑　王克胜　尤在晶
委　　　员	徐宏宇　林正玉　黄俊华　汤天波　徐向明
	陈亚平　杨　蓉　陶伯龙　周应华　徐　龙
	夏洪春　陈　钧　陈博文　刘晓明　范　耘
	王正年　陈　星　王振祥
执 行 主 编	徐向明
执行副主编	张　雷　刘　斌
编　　　辑	杜　平　孔　悫　肖建平

摘 要

2017年度"扬州蓝皮书"是在扬州蓝皮书编委会的指导下,由扬州市社科联、社科院组织编写,综合研判扬州经济社会发展情况。全书共分为综合发展报告、专题发展报告、经济发展报告、社会与文化发展报告、生态文明发展报告、区域发展报告等六部分,主要分析扬州2017年度经济社会发展总体形势,重点研究江淮生态大走廊、宁镇扬一体化、重点领域深化改革等重大主题,根据扬州主要经济领域和重要产业、各项社会事业的相关数据、发展状况等展开研判,为决策提供参考。同时针对江都区、广陵区、邗江区的特色发展主题进行分析。

2017年,扬州市深入学习党的十八届六中全会和十九大精神,认真贯彻习近平新时代中国特色社会主义思想,围绕"两聚一高"战略目标,认真办好市委市政府确立的"十件大事",坚持稳中求进工作总基调;通过全面加强经济运行调度,切实提升经济工作的组织化程度,系统推出了强化目标考核、优化营商环境、完善产业政策、加快项目建设以及推动园区转型等政策举措,推动全市经济运行呈现"总体平稳、稳中向好、稳中提质"的发展态势。前三季度,全市经济持续稳健增长,产业转型步伐不断加快,重大项目推进有力,投资和消费均保持较快增长,外贸外经稳步回升,居民收入增长快于经济增长,生态文明建设扎实推进,社会民生持续改善。前三季度,全市实现地区生产总值3735.2亿元,增长7.8%,预计全年实现地区生产总值增长8%。

Abstract

The 2017 Yangzhou blue book is the result of a comprehensive study of the economic and social development of Yangzhou under the guidance of Yangzhou Blue Book Editorial Board and compiled by Yangzhou Social Science Association and the Academy of Social Sciences. The book is divided into six parts: comprehensive development report, special development reports, economic development reports, social and cultural development reports, ecological civilization development reports, regional development reports, etc. The main analysis of Yangzhou 2017 economic and social development overall situation, focusing on the JAC ecological big Corridor, Ning Zhenyang integration, deepening the reform of key areas and other major themes, based on the major economic sectors in Yangzhou and important industries, the various social undertakings of the relevant data, the development of the judge to provide decision – making reference. At the same time for Jiangdu District, Guangling District, Hanjiang District characteristics of the theme of development research.

In 2017, Yangzhou City thoroughly implemented the spirit of the 19th National Congress and Xi Jinping's socialism with Chinese characteristics in a new era. On the strategic goal of "two cohesion and one high", Yangzhou earnestly handled the "10 major events" established by the municipal government and the municipal government and insisted on steady in order to seek progress in the work of the general tone, by comprehensively strengthening the scheduling of economic operations, and effectively enhance the degree of organization of economic work, the system introduced a series of policies to strengthen the target assessment, optimize the business environment, improve industrial policies, accelerate project construction and promote the transformation of the park measures to promote the city's economic performance presents a "general steady, steady and improve, stable and improve" the development trend. In the first three quarters, the city's economy continued to grow steadily, the pace of industrial restructuring continued to accelerate, the major projects advanced vigorously, both the investment and consumption maintained a rapid growth, foreign trade and economic recovery steadily, the income of residents grew faster than economic growth, and ecological civilization was promoted steadily. The society Livelihood continues to improve. In the first three quarters, the city's GDP reached 373.52 billion yuan, an increase of 7.8%. It is estimated that the GDP of the entire year will increase by 8%.

目 录

Ⅰ 综合发展报告

B.1 2017年扬州市经济社会发展报告
　　…………………… 杨　蓉　郎　俊　夏卫峰　于松海 / 001
　　一　2017年扬州市经济社会发展总体形势……………… / 002
　　二　2018年扬州市经济社会发展环境分析……………… / 005
　　三　2018年扬州市经济社会发展预测和建议…………… / 007

Ⅱ 专题发展报告

B.2　江淮生态大走廊建设研究　…………扬州市委研究室课题组 / 016
B.3　宁镇扬一体化发展战略研究　………扬州市发展改革委课题组 / 032
B.4　2017年扬州市重点领域深化改革研究
　　………………………………… 许德奎　陶小军　张克辉 / 050
B.5　扬州协同推进扬子江城市群建设研究
　　…………………………………… 扬州市发展改革委课题组 / 063
B.6　扬州对接长江经济带发展战略研究
　　………………………………… 郭志咸　吉爱平　张　锋 / 070

001

Ⅲ 经济发展报告

B.7　2017年扬州工业经济发展研究
　　……………………………………… 扬州市经济和信息化委员会课题组／083

B.8　扬州市聚焦富民　提高城镇居民收入对策研究
　　………………………………… 程兆君　赵　亮　宋犁犁／093

B.9　扬州"颐养城市"建设的金融支持研究
　　…………………………………………… 扬州市金融学会课题组／102

B.10　扬州市主要政府投融资平台债务分析与发展路径研究
　　………………………………… 张苏煜　潘　涵　管　宇／110

B.11　2017年扬州居民收入与消费状况分析
　　…………………………………… 国家统计局扬州调查队课题组／118

B.12　2017年扬州市物价情况分析与研究 …… 扬州市物价局课题组／132

B.13　2017年扬州市民营经济发展报告 ………… 胡春风 等／160

B.14　2017年扬州开放型经济发展研究 ……… 扬州市商务局课题组／175

B.15　2017年扬州市创新驱动发展研究
　　……………………………… 赵松林　胡　军　葛羽丰／186

B.16　扬州农业供给侧结构性改革调研报告 ……… 王　磊　裴　郁／211

B.17　扬州市旅游风情小镇建设与发展研究
　　………………………………… 扬州市旅游风情小镇研究课题组／223

Ⅳ 社会与文化发展报告

B.18　扬州文化消费与文化产业发展研究
　　………………………………………… 扬州市委宣传部课题组／236

B.19　2017年扬州教育事业发展研究 ………… 扬州市教育局课题组／243

B.20　2017年扬州卫生计生事业发展报告 ………… 黄为民　陈东升／252

B.21 扬州产业工人队伍劳动经济权益中的问题及对策建议
　　——基于扬州市总工会对产业工人状况的调查
　　　………………………………… 洪慧娟　高　云　吉　晶　郝明然 / 259
B.22 2017年扬州民政事业发展报告 ………… 扬州市民政局课题组 / 265
B.23 2017年法治扬州建设现状和对策建议
　　　………………………………………… 扬州市政法委课题组 / 272

Ⅴ　生态文明发展报告

B.24 2017年扬州市环境保护发展研究 ……… 扬州市环保局课题组 / 278
B.25 扬州城市公园体系建设研究
　　　……………………………… 扬州园林局、扬州大学课题组 / 292

Ⅵ　区域发展报告

B.26 扬州市广陵区实体经济发展研究
　　　………………………………………… 广陵区发展改革委课题组 / 304
B.27 扬州市江都区实体经济发展研究
　　　…………………………… 扬州市江都区市场监管局课题组 / 311
B.28 扬州市邗江区文化产业影响力提升研究 …… 吴　迪　张德兰 / 327

皮书数据库阅读 **使用指南**

CONTENTS

I Summing-up Report

B.1 The Economic and Social Development Report of
Yang Zhou in 2017
Yang Rong, Lang Jun, Xia Weifeng and Yu Songhai / 001

   *1. The General Situation of Economic and Social Development in
Yangzhou in 2017* / 002

   2. Analysis of the Economic and Social Development of Yangzhou in 2018 / 005

   *3. Forecast and Suggestions on Economic and Social Development of
Yangzhou in 2018* / 007

II Thematic Development Reports

B.2 Jianghuai Ecological Corridor Construction Research
Yangzhou Municipal Research Office Task Group / 016

B.3 Ning-Zhen-Yang Integrated Development Strategy Research
Yangzhou Development and Reform Commission Task Group / 032

B.4 Key Areas of Deepening Reform Report of Yangzhou in 2017
Xu Dekui, Tao Xiaojun and Zhang Kehui / 050

CONTENTS

B.5 Synergy of Yangzhou in Yangtze River City Group

Yangzhou Development and Reform Commission Task Group / 063

B.6 Yangzhou Docking Yangtze River Economic Belt Development

Strategy Research *Guo Zhixian, Ji Aiping and Zhang Feng* / 070

III Reports on the Economic Development

B.7 2017 Yangzhou Industrial Economic Development Research

The Research Group of Yangzhou Municipal Commission of Economy and Information / 083

B.8 Yangzhou Urban Residents to Improve Income Research Report

Cheng Zhaojun, Zhao Liang and Song Lili / 093

B.9 Study on the Financial Support for Pension in Yangzhou

Yangzhou Financial Institute Task Group / 102

B.10 Yangzhou Government Investment and Financing Platform

Debt Research *Zhang Suyu, Pan Han and Guan Yu* / 110

B.11 Study on the Income and Consumption of 2017 Yangzhou Residents

National Bureau of Investigation Team Yangzhou Task Force / 118

B.12 2017 Research on Yangzhou Market Price

Yangzhou Price Bureau Task Force / 132

B.13 2017 Yangzhou Private Economy Development Report

Hu Chunfeng etc/ 160

B.14 Study on Yangzhou Open Economy Development in 2017

Yangzhou Business Bureau Task Force / 175

B.15 Yangzhou Innovation Driven Development Strategy Research

Zhao Songlin, Hu Jun and Ge Yufeng / 186

B.16 Yangzhou Agricultural Supply-side Structural Reform

Research Report *Wang Lei, Pei Yu* / 211

扬州蓝皮书

B.17 Study on the Construction and Development of Tourism
Style Town in Yangzhou　　*Yangzhou Tourism Style Town Research Group* / 223

Ⅳ　Reports on the Social and Cultural Development

B.18 Yangzhou Cultural Consumption and Cultural Industry
Development　　*Yangzhou Municipal Propaganda Department Task Force* / 236
B.19 2017 Yangzhou Education Development Report
　　Yangzhou Education Bureau Task Force / 243
B.20 2017 Medical and Family Planning Development Research Report
Development Report in Yangzhou
　　Huang Weimin, Chen Dongsheng / 252
B.21 Research Report on Labor Rights of Yangzhou Industrial Workers
　　Hong Huijuan, Gao Yun, Ji Jing and Hao Mingran / 259
B.22 2017Yangzhou Civil Affairs Development Research Report
　　Yangzhou Civil Affairs Bureau Task Force / 265
B.23 Research Report of Rule of Law in Yangzhou in 2017
　　Yangzhou Municipal Politics and Law Committee Task Force / 272

Ⅴ　Reports on the Ecological Civilization

B.24 2017 Yangzhou Environmental Protection Research Report
　　Yangzhou City Environmental Protection Agency Task Force / 278
B.25 Yangzhou City Park System Construction
　　Yangzhou City Bureau of Parks, Yangzhou University Task Force / 292

Ⅵ Regional Development Reports

B.26 Research on Real Economy Development of Guangling District
in Yangzhou City
Guangling District Development and Reform Commission task force / 304

B.27 Research on Real Economy Development of Jiangdu District
in Yangzhou City
Yangzhou Jiangdu District Market Authority Task Force / 311

B.28 Study on the Influence of Culture Industry in Hanjiang District
of Yangzhou City
Wu Di, Zhang Delan / 327

综合发展报告

Summing-up Report

B.1

2017年扬州市经济社会发展报告

杨蓉 郎俊 夏卫峰 于松海*

摘 要: 2017年以来,面对复杂严峻的宏观经济形势,扬州市按照党中央、国务院和省委省政府的决策部署,坚持稳中求进工作总基调,紧紧围绕"两聚一高"、办好"十件大事",以提高经济工作组织化程度为核心,强化目标考核、优化营商环境、完善产业政策、加快项目建设和园区转型,推动全市经济运行呈现"总体平稳、稳中向好、稳中提质"的发展态势。前三季度,全市实现地区生产总值3735.2亿元,增长7.8%。2018年,扬州将坚持以习近平新时代中国特色社会主义思想为指导,自觉践行五大发展理念,稳步推进供给侧结构性改

---

* 课题组成员:杨蓉,扬州市发展改革委党组书记、主任;郎俊,扬州市发展改革委党组成员、市重大项目办副主任;夏卫峰,扬州市发展改革委综合处主任科员;于松海,扬州市发展改革委综合处副处长。

革,着力深化重点领域改革,持续推动产业转型升级和实体经济发展,统筹推进区域协调发展和生态文明建设,奋力推动扬州经济社会保持平稳健康发展。预期2018年扬州市经济将保持在8%左右的增长水平。

关键词: 经济社会　形势　分析　监测

一　2017年扬州市经济社会发展总体形势

(一)基本情况

2017年,扬州市深入学习贯彻党的十九大精神和习近平新时代中国特色社会主义思想,紧紧围绕"两聚一高"、办好"十件大事",坚持稳中求进工作总基调,通过全面加强经济运行调度,切实提升经济工作的组织化程度,推出了强化目标考核、优化营商环境、完善产业政策、加快项目建设以及推动园区转型等一系列政策举措,推动全市经济运行呈现"总体平稳、稳中向好、稳中提质"的发展态势,部分核心指标全省领先。2017年前三季度,全市主要经济指标处于预期和合理区间,经济运行总体平稳的格局在巩固,稳中向好的态势在延续,稳中提质的因素在累积,全年地区生产总值增长8%的目标能够实现。

(二)主要特点

(1)经济持续稳健增长,企稳回升态势明显。2017年,得益于市委市政府始终咬紧实体经济不放松、坚持创新牵引不动摇、强化质效导向不跑偏,全市经济企稳回升的基础不断得到巩固,地区生产总值增速由一季度的7.7%,稳步提升至上半年的8%。前三季度,全市实现地区生产总值3735.2亿元,增长7.8%,增幅居全省第5位。

（2）产业发展稳中趋好，转型步伐不断加快。工业生产逐步回暖，1~9月，全市完成规模以上工业总产值8308.8亿元，增长12.2%，较上半年提高1.3个百分点；其中，机械、汽车、船舶、石化、新能源新光源五大主导产业合计完成产值5507.5亿元，占全市规模以上工业产值的比重达到66.3%。1~9月，全市规模以上工业增加值1850.1亿元，增长7.4%，较上半年提高0.4个百分点；工业开票销售3487.4亿元，增长17.4%，已连续8个月保持15%以上的高增长；工业入库税收151.8亿元，增长4.5%；工业用电119.5千瓦时，增长2.3%。服务业保持较快增长，1~9月，全市完成服务业增加值1676.9亿元，增长9.5%，占GDP的比重达到44.9%，较2016年同期提高0.6个百分点。其中，服务业重点领域保持快速增长，软件和信息服务业实现业务收入770亿元，增长29.4%；物流业实现物流总费用508.6亿元，增长15.1%；电商交易额580亿元，增长32.6%；科技服务业实现总收入67.3亿元，增长12.9%；旅游业接待国内外过夜游客数量增长18%。"两新"产业快速成长，1~9月，全市战略性新兴产业、高新技术产业实现产值3594.6亿元和3682.5亿元，分别增长12.9%和12.5%，占全市规模以上工业产值的比重分别达到43.3%和44.3%。农业供给侧结构性改革稳步推进，19个农业园区列入农业部"双创"园区目录；新增市级以上农业龙头企业10家，市级以上农业龙头企业销售收入增幅达到9%以上。

（3）重大项目推进有力，投资保持较快增长。前三季度，21个列入江苏省投资计划的重大项目，开工在建19个，累计完成投资135.6亿元，其中市级主导推进的19个项目开工在建17个，累计完成投资106.4亿元，占年度投资计划的60.1%；参加正月十六省集中开工的30个重大项目全部开工建设，累计完成投资72.5亿元，完成年度投资计划的72.5%；435个市级亿元以上重大项目开工在建307个，累计完成投资934.7亿元。对照全年新开工40个服务业、50个工业重大项目的目标任务，1~9月全市新开工李尔集团旗下的鹰革沃特华汽车座椅、赛诺格兰医疗PET/CT等37个重大工业项目，以及万达广场、笛莎互联网智慧产业园等33个服务业重大项目，均超额完成序时目标。得益于重大项目的有力支撑，2017年，全市固定资产投资增速虽略有波动，但已经呈现逐月小幅回升态势。1~9月，全市完成固定资产投资2671.4亿元，增长12.7%，较上半年提高1.2个百分点；其中，服务业投资完成1201亿元，增长14.7%，高于全社会固定资产投资增速2个百分点；工业完成投资1451.3亿元，增长10.7%，较上半年提高2.2个百分点。工业技改投资保持快速增长，前三季度，全市完成工业技改投资1113.6亿元，增长26.4%，占全市工业投资的比重达到76.7%。

（4）消费保持快速增长，外贸外经稳步回升。2017年，全市消费保持较快增长，1~9月，全市实现社会消费品零售总额1088.3亿元，增长10.2%，比2016年同期提高0.7个百分点；其中，限额以上社会消费品零售总额357.92亿元，增长6.3%，较2016年同期提高4.3个百分点。房地产调控成效逐步显现，1~9月，市区（不含江都区）商品房合同成交面积288.6万平方米，增长11.7%，去化周期已经降至6.1个月。外贸出口平稳增长，1~9月，全市完成出口额57.5亿美元，增长6.1%；其中，全市十大重点出口行业累计完成出口额32.8亿美元，占全市的57.1%，较2016年同期提高3.8个百分点。企业"走出去"步伐加快，前三季度，全市完成外经营业额6.92亿美元，同比增长10%；其中，外经营业额突破千万美元的企业达到11家，累计完成营业额6.4亿美元，占全市的比重达到92.5%；在"一带一路"沿线的项目完成外经营业额5.26亿美元，占全市的比重达到76%。

（5）"三个口袋"增势平稳，就业创业形势较好。企业的"口袋"方面，1~9月，全市规模以上工业企业利润增长5.9%，较2016年同期提高4.9个百分点，规模以上工业企业盈利面达到92.2%。居民的"口袋"方面，得益于市委市政府聚焦富民政策的及时出台和红利效应，居民收入增长快于经济增长，前三季度城乡居民人均收入分别达到28926元和15187元，增长8.4%和9%，连续3个季度快于经济增速。政府的"口袋"方面，1~9月，全市完成一般公共预算收入242.18亿元，同口径增长2.9%，已经连续4个月保持同口径正增长；同比下降1.7%，降幅较上半年收窄3.9个百分点。其中，税收收入174.37亿元，下降11.9%，降幅较上半年收窄5.1

个百分点。就业创业形势较好，1~9月，全市净增个体工商户1.79万户、私营企业1.25万户，均已超额完成全年目标；新增城镇就业5.6万人，城镇登记失业率保持在2%以内。物价指数温和上涨，1~9月，全市居民消费价格上涨1.8%，仍处于温和可控的范围。

（6）生态文明扎实推进，社会民生持续改善。2017年，市委市政府更加注重环境保护和生态建设，深入推进"263"专项整治。前三季度，全市规模以上工业煤炭消费量772.1万吨，同比减少27.4万吨，完成省定减煤32万吨年度目标的85.6%，减煤进度走在全省前列，是江苏省未列入预警的3个地级市之一。加快推进公园体系建设，截至目前已先后分十批次建成开放了154个各类开放式公园，其中市级公园6个、区级公园12个、社区公园114个、古城区"口袋公园"22个。积极推动江淮生态大走廊扬州段建设，大力实施生态修复、清水活水、生态中心建设等重大工程，高邮清水潭等9个生态中心基本建成。首次制定出台更好地服务游客、建设宜游城市的"3号"文件，市区主要封闭式景区购票人数、过夜国内外游客人次同比大幅增长。省园博会主展场和省运动会重点场馆建设进展顺利，成功举办和承办鉴真国际半程马拉松赛、世界体育赛事与旅游峰会、亚布力青年论坛、世界地理标志大会等国际赛事和会议。连续第16年出台民生"1号"文件，推动宝应、高邮、仪征城乡低保标准提高至580元/月以上。累计建成开放24小时"城市书房"13家，到年底达到18家并形成主城区的全覆盖。全市本科达线率近90%，高于江苏省平均水平近30个百分点，全市万人口普通类本二以上达线率首次居全省第1位。加快构建现代医疗卫生健康体系，深入推进分级诊疗的创新举措，全市共建成并投入使用14家农村区域性医疗卫生中心。

二 2018年扬州市经济社会发展环境分析

2018年是扬州全面贯彻落实党的十九大精神和习近平新时代中国特色社会主义思想的起始之年，是深入开展"十三五"中期评估、全面推进"十三五"规划的关键之年。国内外经济环境依然较为复杂，全球经济复苏仍存在较大的不确定性、不稳定性，不利因素与有利条件相互交织，全市经济社会发展仍然面临严峻复杂的国内外环境。

从国际经济形势看，世界经济缓慢复苏的趋势仍将延续，主要经济体通缩状况趋于缓解，市场信心逐步改善，国际贸易有所恢复，欧美等主要经济体和新兴经济体增速保持回升态势。但是，全球经济仍然面临诸多不确定不稳定因素，特别是美联储连续两次加息，叠加资产负债表收缩计划，可能导致跨境资金的异常波动，加之发达国家主权债务高企、全球部分资产价格出现泡沫化迹象、全球货币政策取向进一步分化、贸易保护主义倾向抬头、地缘政治冲突可能加剧等因素，仍将对世界经济和贸易造成一定的影响。

从国内经济形势看，内生增长动力仍然不足，投资增长缺乏后劲，扩大消费难度较大，外贸持续增长存在不稳定性；供给结构不适应需求新变化，房地产市场结构性问题仍较为突出；企业生产经营仍较为困难，一些领域潜在风险依然不容忽视。与此同时，2017年全国经济始终保持在合理区间，供给侧结构性改革持续深化，改革开放和创新发展动力不断增强，"稳"的基础更加牢固、"好"的态势更加明显、"进"的走向还在延续，经济增长的步伐更加稳健，全国GDP增速持续保持在6.7%以上，已经显示出在波动筑底的过程中企稳向好的迹象。

从扬州市经济运行情况看，还存在"稳中有忧"的现象，主要表现在：工业投资增速不快、占比偏低，房地产、基础设施等领域的投资，受制于房地产调控力度加大、政府债务控制等因素，难以实现持续大幅增长；企业融资、用工、物流等成本负担依然较重，2017年的经济好转，与原材料价格上涨密切相关，伴随着节能减排、环境约束等对实体经济的影响进一步显性化，一旦市场再出现波动，相关产业可能继续下行；扬州市的传统产业优势还不明显，在全省全国缺乏彰显扬州标志、领跑全国乃至全球的行业标杆，开发园区普遍存在集聚度不够、产业链松散的问题，未能形成规模优势和产业高度。

同时，经济运行中的向好因素也在逐步增多。一是全国经济持续向好的态势不可逆转。党的十九大为全国经济发展指明了方向，极大地提振了发展信心、增强了发展预期，特别是在过去五年形成的经济政策框架引领，以及习近平新时代中国特色社会主义思想的指导下,必将进一步推进全国经济保持平稳健康发展。二是全省新战略布局将释放强大动力。近年来,省委省政府创新提出区域发展"1+3"重点功能区战略,着力打造扬子江城市群和徐州淮海经济区中心城市、沿海经济带、江淮生态经济区,既顺应了当前以城市群形态提高发展水平的主流趋势,也将为构筑江苏长远发展优势提供有效的战略支撑。三是全市大交通格局的拉开进一步拓宽了城市发展空间。近年来,着力构建综合性对外交通体系,完善城市快速路网体系,一批重大交通工程加快推进,连淮扬镇高铁扬州段建设进度全线领先,五峰山过江通道公路连接线获省批复,城市南部快速通道先导段基本建成,金湾路、611省道路基基本贯通并实现部分通车,基本形成了"外部连通、内部畅通"的大交通格局。四是扬州经济保持较快增长具有较强支撑。近年来,扬州市重大项目建设再发力,全市项目基础、产业基础、园区基础得到进一步夯实,重大项目的投资拉动效应和基本产业的集聚效应正在逐步显现,将不断提高扬州市经济抵御风险、应对调控、稳定增长的能力。

综合判断,世界经济将延续缓慢复苏态势,全国经济仍处在结构调整的过关期,供给侧结构性改革还处于胶着状态。扬州经济在增长动力、发展模式的转换与培育中,虽然也面临一些困难和问题,但积极向好因素正在不断累积,"增长平稳、结构向好、质量提升"将是当前和今后一个时期扬州市经济发展的基本取向。只要宏观经济环境不发生大的变化,全市经济运行的良好态势将会延续,预期2018年经济增长8%左右。

三 2018年扬州市经济社会发展预测和建议

(一)聚焦转型升级,着力推动产业迈向中高端

依托现有的产业基础,聚焦聚力先进制造业、战略性新兴产业和现代服务业等领域,加快构建契合扬州城市特质的现代产业体系。

一是大力发展先进制造业。坚持把智能装备制造作为优先支持发展的第

一大特色产业，力争用3~5年初步建成具有区域竞争力、特色更加鲜明的产业基地。依托三大创新板块，做优做精高档数控机床、新能源汽车、粮食机械、建材机械、节能环保机械等五大优势特色产业，做大做强工业机器人、船舶及海工装备、智能电网、新一代信息技术等新型装备产业。依托三大汽车板块，以创建国家新一轮新能源汽车推广应用城市为引领，重点引进新能源汽车等整车项目，以及汽车动力总成、高端汽车电子、汽车安全系统等关键零部件和汽车后市场项目。

二是加快培育壮大新兴产业。认真做好战略性新兴产业规划落实、载体建设、项目推进、产业集聚、试点示范等各项工作。重点依托国家绿色新能源特色产业基地、国家半导体照明产业基地和全国首批新能源示范市等载体平台，加快推动战略性新兴产业集群发展，积极争创省级战略性新兴产业集聚区、省级先进制造业基地。新能源、新光源、新材料产业重点聚焦加大研发投入，加快推动关键基础材料攻关；智能电网、节能环保产业重点引导各地特色化、高端化发展；生物技术和新医药产业重点发展以新技术、新工艺、新剂型、新装备为特征的新医药。

三是促进服务业创新发展。提速发展旅游休闲、健康养老、软件信息、文化创意等现代服务业，着力提升现代服务业发展的规模和质态。聚焦旅游休闲、健康养老等新型消费需求，发挥资源禀赋和生态优势，积极培育发展"旅游+生态""旅游+文化"等新业态。重点依托"一基地三板块"，加快软件自主研发企业以及企业线上销售平台建设，积极打造新兴软件和互联网名城。聚焦文化创意和非物质文化遗产，加快完善文化产业布局，努力将扬州深厚的文化底蕴转化为文化产业优势。加大对科技服务业项目的支持，重点培育一批品牌化的科技服务企业、引进一批新型的科技服务业态，着力推进科技服务业与先进制造业协同互动发展。

（二）聚焦政策落实，着力促进实体经济稳健发展

继续围绕"强信心、优服务"，强化经济形势研判和运行调度，切实帮助实体经济破解发展难题，助推全市经济平稳健康发展。

一是全面优化企业发展环境。全面落实优化企业发展环境"2号"文件精神,加强政策解读和舆论宣传,建立新型"亲""清"政商关系,持续优化政府服务。以贯彻落实"2号"文件为抓手,以推动惠企政策落地和帮助企业解决实际问题为主要内容,常态化、针对性开展服务企业活动,充分调动发挥各级干部、企业家、创新人才的积极性主动性创造性,加快形成全社会对经济发展的良好预期。

二是扎实推进供给侧结构性改革。密切关注农业生产形势,深入推进农业供给侧结构性改革,降低实体经济运营成本和企业杠杆率,加强对苗头性、倾向性和潜在性问题的研究。综合运用经济、环保、能耗等标准,坚决有序退出一批低端落后产能,确保全面完成钢铁、煤炭、水泥、船舶等行业去产能任务。密切关注房地产市场运行态势,严格落实市政府《关于进一步促进市区房地产市场平稳健康发展的通知》等调控政策,切实做好维护房地产市场稳定工作。继续推动国有企业降杠杆,有序开展企业资产证券化和市场化法治化债转股,进一步扩大直接融资比重。有序推进补短板工作,继续深入实施县域经济、基础设施、城乡统筹、民生保障、对外开放、现代农业等六大领域"补短板专项工程"。

三是着力推动惠企政策落地。加强对国家和省市出台的重大政策、重要举措的细化落实,分类推动制定一系列针对性强、可操作的实施细则和具体办法,明确时间表、路线图和责任主体,让实体经济企业在上下联动兑现落实政策过程中真正得惠受益。充分发挥市场主导、政府引导作用,高效配置调度资金、土地、能源、劳动力等资源要素,全力支持实体经济健康运行和持续发展。加强对重点行业和特困企业精准支持对策的研究,以充分发挥市场决定性作用为前提,在财政资金、专项建设基金、银行贷款、直接融资等方面给予倾斜支持。

(三)聚焦创新发展,着力打造经济发展新引擎

深入实施创新驱动战略,突出政府引导和市场主体作用,进一步激发全社会创新活力和创造潜能,着力提升区域创新水平。

一是更大力度集聚创新资源。坚持围绕产业链部署创新链，全面深化与上海、南京及苏南地区的科教合作，着力培育引进创新型企业和创新型人才团队，加快形成以创新为引领的产业体系和发展方式。统筹市级科技专项资金，整合政产学研金各类创新要素和创新资源，积极推动企业发挥主体作用，支持企业研发机构建设，积极推进品牌创新，加快培育一批创新型领军企业。深入贯彻国家弘扬优秀企业家精神指导意见，着力营造重视实体、尊重企业家的社会环境。

二是更大力度支持创新创业。加强创新平台建设，进一步放大扬州市产业技术研究院、科技产业综合体、"双创空间"等创新平台集聚效应，聚焦智能制造、健康医疗、环保与食品安全等重点领域，系统组织开展产业技术研究、集成攻关和推广应用，加快建设区域产业科技创新中心。深入实施国家小微企业创新创业基地城市示范"三年行动计划"，积极推进"大众创业、万众创新"，鼓励大企业和科研院所、高校设立专业化众创空间，加强对创新型中小微企业的支持。

三是更大力度培育特色产业。依托特色小镇建设，推动各地找准特色产业和特色资源定位，深入谋划特色小镇文化塑造和再造，重点聚焦高端制造、新一代信息技术、创意创业、健康养老、现代农业、旅游风情、历史经典等七大产业，加快建设1平方千米核心区，推动生产生活生态融合发展。加强省、市特色小镇梯队建设，力争在3年内建成20个左右的市级特色小镇、3~5个省级特色小镇。依托田园乡村建设，注重挖掘乡村特色资源，做大做强做优既有主导产业，培育根植于本村、比较效益好、可持续发展的特色产业，着力形成"一村一品"。积极培育10个具备条件的乡村试点，重点推进月塘镇四庄村、沙头镇沙头村、方巷镇沿湖村等试点建设工作，加快探索特色田园乡村建设的扬州模式。

（四）聚焦协调发展，着力拓展区域发展空间

坚持先行一步、抢抓机遇，把对接国家大运河文化带建设和全省重大战略作为重中之重，深度融入重大战略布局，着力拓展区域发展空间。

一是全面对接实施省重大战略。深度融入扬子江城市群建设,加快推进连淮扬镇高铁、江广高速、扬宿高速、城市南部快速通道等一批在建重大基础设施项目,加快推进宁扬城际前期工作,抓紧开展北沿江高铁、扬马城际"扬州段"的线位、站位、过江桥(隧)位和功能定位的研究,着力构建与苏南和上海等地快速连通、无缝对接的现代交通体系。积极参与江淮生态经济区建设,尽快谋划制定江淮生态经济区建设扬州行动方案,推动宝应、高邮牢固树立"生态优先、绿色发展"理念,进一步筑牢和彰显生态优势,着力打造生态经济的先行示范区。

二是主动参与大运河文化带建设。重点对接国家和省专项规划编制进展,整合利用好各部门资源,高起点做好扬州参与大运河文化带建设的顶层设计和战略规划,积极推动更多"扬州元素"进入国家或省"大盘子"。深度挖掘开发利用运河遗产资源,鼓励具有市场前景的遗产资源与产业和市场相结合,开发文创产品和文化产业,加快打造一批特色化的运河文化产业。积极推动运河文化遗产的活态利用,以大运河文化为核心,融合古运河、瘦西湖、古邗沟等城市运河水系,率先打造运河经典旅游线路,努力将运河文化资源变为有效益的文化资产。

三是深度融入"一带一路"和长江经济带建设。积极响应"一带一路"倡议,密切关注上海近三年产业布局调整,主动加强与上海、南京等地的产业对接,有针对性地加强产业招引与合作。以推进国际产能合作为重点,支持"走出去"企业设立境外产业园区、产业基地和研发中心,鼓励企业赴境外开拓市场,扩大产品、技术、设备、服务出口,推动优势富余产能转移。严格落实长江经济带"共抓大保护,不搞大开发"的要求,认真落实市委市政府印发的《关于贯彻长江经济带发展战略的实施意见》,加强对全市长江岸线及陆域资源占用情况的动态管理,进一步优化长江岸线资源综合利用和长江航运安全保障工作。

(五)聚焦富民发展,着力增强人民群众获得感

坚持以人民为中心的发展思想,继续实施民生保障"1号"文件,深入

践行共享发展理念，着力增强人民群众的幸福感和获得感。

一是推动富民政策落地见效。聚焦江苏省富民增收33条、扬州市富民增收39条等政策措施，抓好各项政策及措施的落实，重点制订落实有针对性的整改措施，更有效地推进富民增收工作。深入贯彻江苏省《深化收入分配制度改革近期重点工作安排》，强化收入分配激励导向，带动重点群体增收致富。支持农民工返乡创业，着力打造一批返乡创业试点，努力营造良好的创业生态环境。

二是推进基本公共服务标准化。完善财政支出标准体系，优先保障政府兜底领域，坚决守住民生底线，重点投向义务教育、医疗、养老保险、住房、低保、大病救助、社会救助等领域。优化整合各领域各层级资源，重点向经济落后地区、城市新区、薄弱环节、特定人群倾斜，着力促进城乡协调发展。因地制宜扩大政府购买服务范围，探索建立公共服务项目经营权转让机制和民间投资公共服务的财政资助机制，引导民间资本通过直接参与、特许经营等方式参与城乡基本公共服务体系建设。

三是促进富民产业集聚发展。大力支持旅游、建筑、软件和互联网、食品工业等就业容量大、岗位质量高的基本产业，着力拓宽产业富民空间。大力发展以"三把刀""扬州工"为代表的历史经典产业和以毛绒玩具、牙刷、服装为代表的传统特色产业，分别制定扶持政策，着力打造产业集群，推动这些根植民间的富民产业惠及更多百姓。制定实施特色田园乡村试点"111"计划，深化农村土地"三权分置"改革，努力把农村资产资源变成人民群众财富的源泉。

（六）聚焦有效投入，着力夯实经济稳健发展基础

进一步充分发挥投资对经济增长的支撑作用，夯实消费对经济增长的基础作用，不断释放民间投资潜力，激发居民消费潜能，着力推动全市经济保持平稳健康发展。

一是全力推进重大项目建设。重大项目建设不仅能够带来当前的有效投入，也是未来经济的新增长点。继续坚持"项目为王"不动摇，进一步加

强招商引资工作，抢抓大中型企业布局调整的有利时机，组织开展专题招商、专业招商、小分队招商，重点引进一批先进制造业、现代服务业等重特大产业项目。加大项目储备，超前谋划2018年列省重大项目和市级亿元以上重大项目，按照"项目总数、投资总量不低于上年"的总体要求，力争每个县（市、区）都有重大项目进入省重大项目库。加快投资进度，重点对在建项目实物投资量偏低的地区，加强督察、加大考核、严格奖惩，进一步强化投资增长的项目支撑。

二是充分释放民间投资潜力。深入宣传中央和省市促投资、稳增长的一系列政策措施，进一步提振发展信心，引导发展预期。深入贯彻国家进一步激发民间投资活力的发展意见，在基础设施、公共服务等领域，进一步放宽民间投资市场准入，探索突破一批民间投资有能力、有意愿参与的重大项目建设，推动民间投资增速持续回升。充分发挥政府投资的引导作用和放大效应，完善政府和社会资本合作模式，吸引更多社会资本参与全市特色小镇、田园综合体等项目建设。

三是进一步扩大消费需求。加快促进消费结构升级，重点围绕提升生活服务消费、壮大网络消费、培育新业态新模式、促进品质消费、鼓励绿色消费等领域，深入开展促进消费专项行动。积极打造消费促进平台，丰富消费品市场，提升产品质量，优化消费环境，促进放心消费。抢抓产业跨界融合发展新机遇，综合运用"互联网+"、大数据、云计算等新模式，积极推动生活性服务业业态创新、管理创新和服务创新，着力提供适合不同收入群体多样化、个性化的服务需求。

（七）聚焦绿色发展，着力提升生态文明建设水平

紧紧围绕打造美丽中国的扬州样板，刚性落实绿色发展理念，持续扩大生态产品供给，提高资源利用效率，提升绿色低碳循环发展水平。

一是继续严格落实主体功能区实施规划。强化组织推进机制，健全完善配套政策，切实加大对主体功能区规划实施情况的考核力度。完善国土空间开发保护制度，推进低效用地再开发和存量建设用地盘活，落实耕地占补平

衡，进一步提升建设用地产出水平。紧密结合扬州实际，借鉴先行地区试点经验，积极开展"多规合一"试点工作。立足打造经典提品质，更大力度推进城市治理与服务，着力开展城市环境综合整治和社区基层基础建设，全面提升城市治理与服务水平。

二是全面推进绿色低碳循环发展。继续围绕生态中心和城市公园体系建设这两大重点，紧扣2018年举办省运动会和省园博会等时间节点，加快推进十大生态中心、城市公园体系以及仪征枣林湾世界园博会主展场建设，着力打造更多"城市绿肺"。调整优化能源发展结构，严格落实能耗总量和强度双控目标，全力推进减煤工作。深入推进示范试点建设，加快建设国家循环经济示范城市、国家餐厨废弃物资源化利用和无害化处理试点城市，大力支持扬州环保科技产业园争创国家级静脉产业园区、扬州建筑产业园打造绿色环保新型建筑产业化专业园区，积极帮助化工园区申报循环化改造国家试点。

三是加快建设生态文明先行示范区。大力推进生态文明重点项目建设，探索实行区域生态补偿和流域、区域联动机制，力争建成国家生态文明先行示范区。加快推进江淮生态大走廊规划建设，争取更多项目纳入国家和省级相关规划。充分用好生态资源和文化优势，重点推动各地积极探索生态与旅游、文化等产业深度融合发展新模式，鼓励发展生态农业、环保和再制造等产业，加快促进生态优势转化为环境软实力和经济硬实力。

（八）聚焦改革突破，着力释放经济发展活力

充分发扬"敢啃硬骨头"的精神，以全面深化"放管服"改革为重点，进一步为企业发展松绑减负，为群众创业致富助力加油。

一是持续推进"放管服"改革。加大简政放权力度，坚决推进"放管服"这一刀刃向内的改革，进一步推动行政管理权力下放、服务下沉，切实提高行政服务效率，不断激发市场活力和社会创造力。严格落实"3550"改革和预审代办制等相关文件要求，严格按照企业注册开业、不动产登记、建设项目施工许可的操作流程，确保企业3个工作日内注册开业、5个工作

日内获得不动产权证、50个工作日内取得工业生产建设项目施工许可证。

二是积极推进"不见面审批"。坚持以"不见面"为原则、"见一面"为特例,将"不见面审批"作为普遍的制度安排,加快推进"一张网"建设,着力推动政务服务网与投资在线审批、工商注册登记、不动产交易登记等多个平台的整合,努力做到"一网审批、一网服务",实现群众办事事项和企业服务事项"应上尽上、全程在线"。制订更大范围"多证合一"改革目录清单,做到能合则合、应合尽合。强化"双随机一公开"督察落实,建立信息资源共享目录,推动信息资源跨地域、跨层级、跨部门共享。

三是深化投融资体制改革。认真执行国家发展改革委新出台的《企业投资项目核准和备案管理办法》,着力推动更多核准事项在基层办理。科学界定并严格控制政府投资范围,平等对待各类投资主体,拓宽投资项目资金来源,充分挖掘社会资金潜力,有效缓解投资项目"融资难、融资贵"等难题。严格按照"谁审批、谁监管,谁主管、谁监管"的要求,更加注重事前政策引导、事中事后监管约束和过程服务,切实加强对项目实施的监督检查。进一步深化"双随机一公开"制度建设,完善"双随机"抽查机制,力争实现抽查事项全覆盖。

专题发展报告

Thematic Development Reports

B.2 江淮生态大走廊建设研究

扬州市委研究室课题组*

摘　要： 本文从规划范围和生态资源、人口及经济、区域内水环境质量、主要污染源分布等方面，系统梳理了江淮生态大走廊建设的现状，并从生态、水利、文化、经济四个维度分析了江淮生态大走廊的价值。在此基础上，提出了江淮生态大走廊生态建设的主要目标和主要指标，以及规划建设好人的生产生活空间、产业发展空间和野生动物生存活动空间等"三大空间"，把江淮生态大走廊建设与长江大保护、"263"专项行动、大运河文化带、江淮生态经济区建设相结合等"四个结合"，完善交通体系、城镇布局、产业布局、生态保障、政策支撑等"五个配套体系"的基本思路，并就项目化推进江

---

* 课题组负责人：徐宏宇，扬州市委副秘书长、研究室主任。课题组成员：王浩，扬州市委办公室副主任；张清山，扬州市委研究室城市处处长。

淮生态大走廊建设提出了相关建议举措。

关键词： 江淮生态大走廊　生态安全　绿色发展

人与自然是生命共同体。习近平总书记在党的十九大报告中指出，"建设生态文明是中华民族永续发展的千年大计，必须树立和践行绿水青山就是金山银山的理念"，要"实施重要生态系统保护和修复重大工程，优化生态安全屏障体系，构建生态廊道和生物多样性保护网络，提升生态系统质量和稳定性"。扬州是淮河入江水道、长江运河交汇点和南水北调东线源头所在，自古有"绿杨城郭"的美誉，生态文明建设对于这座城市来说有着特殊的意义，扬州的生态建设对全国而言更有特殊的价值。基于此，扬州市把绿色作为扬州的城市底色、发展主色和鲜明特色，把保护好源头生态、确保一江清水北送作为扬州人对全国人民的第一责任，沿南水北调东线输水廊道规划建设了面积1800平方千米的江淮生态大走廊（扬州段），以此为主轴构筑起江淮大地的生态安全屏障。

一　江淮生态大走廊（扬州段）现状

根据规划，江淮生态大走廊（扬州段）北至扬州市界，西至苏皖省界、高邮湖、邵伯湖重要湿地西边界、京杭大运河西岸1千米，东边界为京杭大运河、高水河、芒稻河、夹江东岸1千米以及新通扬运河、三阳河及潼河两岸1千米，南至长江，总面积约为1800平方千米。总体布局为"一带一廊"。"一带"为沿京杭大运河、高水河、芒稻河、廖家沟、夹江及周边湖泊水系、湿地形成的生态带，"一廊"为沿潼河、三阳河、新通扬运河、夹江形成的清水走廊。主要功能分区为"五大板块、七大亮点"。"五大板块"即宝应湖自然保护区、高邮湖国家重要湿地、邵伯湖重要湿地、"七河八岛"区域、长江大江风光带。"七大亮点"为宝应湖国家湿地公园、界首芦苇荡湿地公园、清水潭生态中心、"七河八岛"生态中心（凤凰岛国家湿地公园）、江都"三河六岸"景观带、广陵夹江生态中心及夹江漫步生态廊道、三湾湿地生态中心。

1. 生态资源情况

江淮生态大走廊区域内水域面积约735平方千米，占江淮生态大走廊面积的41.3%；湿地面积117万亩，占全市湿地总面积（212.8万亩，水稻田除外）的55%，占江淮生态大走廊区域湿地面积的43.8%，其中自然湿地面积96.9万亩，占全市自然湿地面积（123.7万亩）的78.3%；森林覆盖面积约40万亩，林木—湿地覆盖率达61.1%；生态红线区面积达871.2平方千米，占江淮生态大走廊面积的48.94%（见表1）。

表1　江淮生态大走廊沿线土地利用情况

区域	大走廊沿线区域面积（万亩/平方千米）	农用地（万亩）		基本农田（万亩）	建设用地（万亩）	生态红线区（平方千米）	土地利用总体规划相关数据（万亩）			
		小计	其中耕地				允许建设区	有条件建设区	限制建设区	禁止建设区
宝应	44.65/297.67	29.38	16.57	16.60	6.44	185	4.74	0.24	39.00	0.66
高邮	122.74/818.27	18.82	11.72	8.36	7.38	503	7.79	25.63	76.88	12.44
江都	28.63/190.87	12.36	8.92	6.10	9.18	63.5	9.96	0.16	18.51	0.00
广陵	47.85/319	24.78	16.29	9.65	15.52	75.1	15.93	2.98	24.12	4.82
邗江	23.13/154.2	7.83	4.73	2.20	3.37	44.6	4.71	4.37	14.05	0.00
总计	267.00/1780	93.18	58.22	42.91	41.89	871.2	43.13	33.37	172.56	17.93

注：邗江区数字包括扬州经济技术开发区和蜀冈—瘦西湖风景名胜区，广陵区数字包括生态科技新城。

江淮生态大走廊范围内河网密布、湖泊众多，拥有高邮湖、宝应湖、邵伯湖、白马湖4个面积100平方千米以上的湖泊（见表2），主要河流有京杭大运河、潼河、三阳河、新通扬运河、廖家沟、芒稻河、夹江等，京杭大运河贯穿南北。

表2　江淮生态大走廊范围内主要湖泊面积

湖泊名称	白马湖	宝应湖	高邮湖	邵伯湖
面积（平方千米）	18.6（总面积105）	37.2（总面积140）	439（总面积780）	130

2．人口及经济情况

江淮生态大走廊跨越扬州宝应、高邮、江都、邗江、广陵5个县（市、区）和扬州经济技术开发区、生态科技新城、蜀冈—瘦西湖风景名胜区3个功能区，涉及34个乡镇（街道）。这条大走廊既是重要的生态廊道，也是扬州的人口集聚带和经济集聚带：2015年末，沿线常住人口213.79万人，占全市总人口的47.68%；地区生产总值1974.92亿元，占全市的49.17%（见表3）。

表3　江淮生态大走廊涉及乡镇（街道）人口及经济总量（2015年）

所属县(市、区)	名称	人口总量(万人)	地区生产总值(亿元)
宝应县	山阳镇	5.2	21.9
	泾河镇	4.95	14.4
	安宜镇	13.29	181.9
	氾水镇	10.18	34.5
	合计	33.62	252.8
高邮市	高邮街道	15.33	89.5
	马棚街道	6.76	81.5
	送桥镇	6.19	46.1
	车逻镇	4.86	24.0
	卸甲镇	7.98	27.2
	三垛镇	7.75	25.9
	界首镇	3.23	8.8
	汤庄镇	5.93	25.9
	临泽镇	9.24	31.9
	菱塘乡	2.38	31.2
	合计	69.65	392.0

续表

所属县(市、区)	名称	人口总量(万人)	地区生产总值(亿元)
江都区	邵伯镇	7.67	78.5
	樊川镇	6.7	47.3
	仙女镇	14.14	327.0
	大桥镇	14.72	145.5
	丁伙镇	4.49	66.7
	丁沟镇	6.29	44.3
	宜陵镇	5.2	50.0
	合计	59.21	759.1
邗江区	公道镇	3.71	37.8
	槐泗镇	3.91	36.6
	方巷镇	4.68	39.7
	合计	12.3	114.1
广陵区	曲江街道	9.54	68.0
	李典镇	4.21	116.5
	沙头镇	3.77	52.7
	头桥镇	4.66	55.2
	湾头镇	2.3	9.2
	汤汪乡	2.18	5.9
	合计	26.66	307.5
蜀冈—瘦西湖风景名胜区	城北乡	2.15	6.4
	合计	2.15	6.4
生态科技新城	杭集镇	3.79	79.6
	泰安镇	2.64	39.6
	合计	6.43	119.2
扬州经济技术开发区	施桥镇	3.77	23.8
	合计	3.77	23.8
总计	34个乡镇(街道)	213.79	1974.92

3. 区域内水环境质量现状

河流：2016年度，长江扬州段水质为优，各监测断面均满足Ⅲ类标准。京杭大运河扬州段水质为优，其中邗江运河大桥断面水质为地表水Ⅳ类，其他各断面水质均达到地表水Ⅲ类标准。与上年相比，各断面水质保持稳定。三阳河和新通扬运河均满足Ⅲ类水质标准。廖家沟和夹江水质为Ⅲ类水，满足饮用水水源水质标准（见表4）。

表4 江淮生态大走廊沿线主要断面水质

河流及湖泊		2016年现状值	现状达标情况	2025年规划值
京杭大运河	扬州市区段	Ⅲ类水	达标	Ⅲ类水
	宝应、江都、高邮段	Ⅲ类水	达标	Ⅲ类水
	三阳河	Ⅲ类水	达标	Ⅲ类水
	新通扬运河	Ⅲ类水	达标	Ⅲ类水
长江	扬州市区	Ⅲ类水	达标	Ⅱ类水
	仪征、邗江、江都段	Ⅲ类水	达标	Ⅱ类水
	高邮湖	Ⅲ类水	达标	Ⅲ类水
	邵伯湖	Ⅳ类水	不达标	Ⅲ类水
	宝应湖	Ⅴ类水	不达标	Ⅲ类水

注：京杭大运河市区段浓度均值达Ⅲ类，邗江运河大桥断面水质为地表水Ⅳ类。

湖泊：2016年，高邮湖水质良好，各监测断面水质均达地表水Ⅲ类标准，综合营养状态指数51.9，呈轻度富营养状况；宝应湖水质为轻度污染，湖心区断面水质为地表水Ⅴ类，综合营养状态指数81.4，呈重度富营养状况；邵伯湖水质为中度污染，湖心区断面水质为地表水Ⅳ类，综合营养状态指数68.8，呈中度富营养状况。

4. 主要污染源分布情况

据初步统计，江淮生态大走廊范围内现有化工企业及仓储码头487个，主要分布在江都（395个）；小船厂及砂石场247个，主要分布在宝应、高邮、江都；各类养殖场686个，主要分布在宝应、高邮、江都、邗江（见表5）。

表5 江淮生态大走廊沿线化工企业（仓储码头）、小船厂及砂石场、养殖场分布情况

单位：个

序号	项目	宝应	高邮	江都	邗江	广陵	总计	备注
1	化工企业（含仓储码头）	41	23	395	17	11	487	2017年拟关停34个
2	小船厂及砂石场	73	51	106	11	6	247	2017年拟关停76个
3	养殖场	192	110	234	126	24	686	2017年全部关停搬迁

注：邗江区数字包括扬州经济技术开发区和蜀冈—瘦西湖风景名胜区，广陵区数字包括生态科技新城。

截至2016年底,高邮湖、宝应湖、邵伯湖扬州市范围内围网养殖面积19.45万亩,占湖泊总面积的13.5%,其中有证养殖面积14万亩、无证养殖面积5.44万亩。

二 江淮生态大走廊建设的价值和意义

建设江淮生态大走廊,既是我们贯彻党的十九大精神和落实习近平总书记生态文明建设思想、绿色发展理念的具体实践,也是主动对接长江经济带战略、服务南水北调国家工程的战略需要,更是扬州推进生态文明建设、彰显"人文、生态、精致、宜居"城市特质,打造美丽中国扬州样板的现实需要。这条大走廊沿线地区拥有丰富的生态资源和历史文化遗存,具有鲜明的产业特色,把这条大走廊建设好了,既有助于保护好大自然赋予扬州的生态家底,为子孙后代和人民群众积累更多生态财富、提供更好的生态福利,更有助于推进沿江沿河联动发展,为后发地区探索出一条生态、文化与经济协调发展的新路。

1. 生态价值

众所周知,森林、湿地可以有效调节气候、改善区域环境,其中湿地更是被称为"地球之肾"。而江淮生态大走廊区域内湿地面积超过100多万亩,占全市湿地总面积的55%,成为纵贯扬州南北的一条生态绿廊;这条走廊向南北延伸,将江苏省境内的微山湖、骆马湖、洪泽湖、白马湖、宝应湖、高邮湖、邵伯湖、太湖等众多淡水湖泊串联起来,形成一条纵贯江苏南北的湖泊链,湖泊面积占全国淡水湖泊的18%,成为整个保障江苏生态安全的绿色长廊;这条走廊还沿京杭大运河北抵京津、南达浙江,形成了中国东部地区的重要生态屏障。丰富的湿地资源也为鸟类提供了良好的栖息场所,这条走廊是东亚候鸟迁徙的重要通道,高邮湖地区更是候鸟迁徙的重要"驿站",周边地区(扬州)拥有野生鸟类约260种,其中国家一级保护鸟类有东方白鹳、大鸨、丹顶鹤、中华沙秋鸭等;大走廊区域内气候条件优越,一年中适宜鱼类生长的时间有八个多月，为各种水产的生长繁殖创造了优越的环境，其中长江口区域受潮汐作用明显，水体交换量大、溶解氧丰富，带来众多的有机物和饵料资源，不仅布局有长江家鱼原种场，三江营地区更是"长江三鲜"的重要产区和国家一级保护动物江豚的传统栖息地，对于保护生物多样性具有重要意义。因此，建设好江淮生态大走廊，在全国生态文明建设中既有样本意义又有标杆作用。

2. 水利价值

首先，江淮大走廊是江苏省南水北调的主干线，覆盖全省60%的省域面积，涉及4000万人的饮水和生态安全。其次，江淮大走廊位于南水北调东线工程源头，大走廊南端的三江营是南水北调东线工程的主要引水口，由此抽取的长江水，通过夹江、芒稻河提水后分两条水路上溯，一条通过高水河、京杭大运河，一条向东通过芒稻河、通扬运河、三阳河、潼河，两条水路在潼河与京杭大运河交汇处汇合后逐级提水北送。源头水质、沿线环境状况直接关系到数亿华北人民的健康和安全。再次，江淮大走廊也是淮河入江水道所在，淮河干流自西向东，经河南省南部、安徽省中部，在江苏中部注入洪泽湖，经洪泽湖调蓄后，主流经入江水道至扬州三江营注入长江。作为东线抽江引水河道的夹江、芒稻河、廖家沟三条河流也是淮河的入江水道，高邮湖、邵伯湖及其下游与江都水利枢纽工程相连的各入江河道，为淮河入江行洪走廊，高邮湖上承淮河中上游流域15.82万平方千米的来水，下经邵伯湖泻入长江。70%的淮河水经江淮生态大走廊通江入海，因而这条廊道也是长江大保护的重要组成部分。

3. 文化价值

2017年2月24日，习近平总书记视察大运河森林公园时强调，保护大运河是运河沿线所有地区的共同责任；2017年6月，习近平总书记对大运河保护作出重要批示："大运河是祖先留给我们的宝贵遗产，是流动的文化，要统筹保护好、传承好、利用好。"江淮生态大走廊与京杭大运河基本同向同线，区域内有最古老的运河邗沟及在此基础上修建的淮扬运河，沿线有2个国家历史文化名城（扬州、高邮）、19处国家

重点文物保护单位。扬州是大运河的历史原点,据《左传》记载,鲁哀公九年(公元前486年),"秋,吴城邗,沟通江淮"。由此拉开了京杭大运河和扬州城2500年的历史。扬州也是大运河申遗的牵头城市,2007年国家明确,在扬州设立大运河联合申遗办公室,由扬州牵头,大运河沿线35个城市联合申报世界文化遗产;在2014年多哈第38届世界遗产大会上,中国京杭大运河成功被列入世界文化遗产名录,在大运河首批列入世界遗产的27段河道、58处遗产点中,扬州有10个遗产点、6处河道(153公里)入选,为沿线城市中拥有遗产点最多、遗产利用率最高的遗产区。尤为难得的是,沿江淮生态大走廊扬州段文化遗产丰富,从7000年前至5000年前的高邮龙虬庄遗址到2500年历史的古邗沟,从汉代的广陵王墓到南北朝的邵伯埭,从唐城宋城到明清古城,几乎就是一部运河通史甚至中国通史。

4. 经济价值

江淮生态走廊串起了扬州沿江和沿河地区,沿线地区经济比较发达。根据中小城市经济发展委员会、中小城市发展战略研究院、中国社会科学院发展与环境研究所等单位发布的"2017年中国中小城市科学发展指数研究成果",高邮位居"全国综合实力百强县市"第62位,邗江、江都分别位居"2017年全国综合实力百强区"第26位、37位。沿线地区产业特色十分鲜明:农业方面,宝应是全国唯一的有机食品基地示范县,高邮是全国推进农业现代化优秀城市,宝应荷藕、高邮鸭蛋都是国家地理标志产品,高邮罗氏沼虾、宝应湖大闸蟹等特色水产深受消费者喜爱;工业方面,宝应的电线电缆、高邮的户外照明、江都的汽车及零部件、邗江的压力机床都享有盛誉,拥有宝胜、苏发、九龙、金方圆等一批全国知名企业;建筑业方面,沿线的江都、邗江、高邮、宝应都是建筑强县(市、区),拥有江苏华建、江都建设、建设弘盛、邗建集团、扬建集团、江建集团、兴厦建设、安宜集团等8家总承包特级资质施工企业。与此同时,沿江的邗江、广陵与腹地的高邮、宝应在经济发展水平上还存在一定差距,2016年,宝应、高邮人均GDP分别为全市平均水平的67.5%、73.6%,而邗江、广陵人均GDP分别为全市平均水平的109%、126%。建设江淮生态大走廊,一方面可以更好地发挥沿江地区对沿河地区发展的带动作用,另一方面意味着里下河腹地地区的发展跳出了传统的"赶超型"发展思路,要求高邮、宝应更好地发挥生态优势,进一步把绿色资源转化为绿色资本,坚定不移走绿色发展、特色发展之路。

三 江淮生态大走廊建设的主要目标和基本思路

我们要把"江淮生态大走廊"规划建设成为践行绿色发展理念的核心工程和服务全国、全省绿色发展的战略性工程,努力打造扬州乃至江苏绿色发展的中轴线和全国绿色、低碳、可持续发展的先行区和示范区。

1. 主要生态目标

以南水北调清水通道为核心,以"七河八岛"生态保护区、高邮湖、宝应湖、邵伯湖、夹江等区域为重点,实施一批产业转型升级、河湖生态修复、流域水污染防治、国土绿化、环境基础设施、智慧环保等工程,使规划区域内公众生态文明理念显著增强,生态文明制度体系不断完善,绿色发展水平显著提升,污染排放总量显著下降,生态环境质量显著改善,生态安全得到有效保障,最终将江淮生态大走廊打造成清水走廊、安全走廊和绿色走廊,再现"江淮三百里生态风光图"和"百里大江风光带"。

2. 主要指标

坚持一次规划、分步实施,近期到2020年,中远期到2025年。到2020年主要指标具体包括:一是生态空间有效拓展,建成"一纵一横"生态防护林,林木覆盖率达20%,林地、水面及湿地占比达到65%,自然湿地保护率达50%,生态系统稳定性明显增强;二是环境质量明显改善,地表水省控以上断面水质优良率(达到或优于Ⅲ类)达75%,南水北调和淮河入江水道水质稳定优于Ⅲ类,市区空气环境质量优良率达73.9%以上;三是美丽扬州展现形象,城乡污水和垃圾实现全收集、全处理,建成十大生态中心、城市公园体系以及一批美丽乡村和旅游特色小镇;四是制度建设创新突破,生态文明制度体系基本建立,绿色生产、生活方式逐步确立,生态空间管控、资源环境区域补偿等制度更加完善,绿色政绩考核、资源环境审计等制度建设取得进展,生态文明群众满意度显著提升。远期2025年,江淮生态大走廊规划区域林木覆盖率达25%,林地、水面及湿地占比达到70%,自然湿地保护率达60%,地表水省控以上断面水质优良率(达到或优于Ⅲ类)达80%,南水北调和淮河入江水道水质稳定优于Ⅲ类,市区空气环境质量优良率达75%以上。

3. **基本思路**

以生态建设和环境保护为主要内容,在推动生态质量明显提升的基础上,统筹推进生态保护与文化发展、经济建设,把江淮生态大走廊扬州段建设成为高颜值的生态长廊、高品位的文化长廊、高效益的经济长廊。

一是规划建设好"三大空间",包括人的生产生活空间、产业发展空间和野生动物的生存活动空间。所谓"人的生产生活空间",就是结合"江淮生态大走廊"建设,进一步优化该区域的城市、城镇布局,合理划定人的生活居住空间和生产活动空间,减少人对自然生态空间的过度干扰,实现人与自然的和谐相处。所谓"产业发展空间",就是结合"江淮生态大走廊"建设,强化主体功能区的限制作用,根据城市城镇布局和产城融合发展需要,优化大走廊区域内的产业园区空间布局,实施产业准入"负面清单制度",引导高耗能、高污染、低效益和对生态环境可能产生负面影响的产业(企业)有序退出,科学合理地发展先进制造业、现代服务业和战略性新兴产业。所谓"野生动物的生存活动空间",就是借助生态大走廊建设,规划建设一些连片规模较大、彼此又有通道连接的野生动物栖息地,恢复生物多样性,让本该也是这些地方"主人"的各类动物能够在这里自由迁徙和繁衍生息。

二是切实做到"四个结合"。把江淮生态大走廊建设与长江大保护相结合,按照"共抓大保护、不搞大开发"的要求打造好百里大江风光带,与百里运河绿色长廊相连相融,形成扬州大地上绿色发展的壮美画卷。把江淮生态大走廊建设与落实"263"专项行动计划部署相结合,按照"严于省要求、高于省标准、快于省进度"的要求,建立了最高层次的组织领导机制、最有震慑力的曝光机制和最大力度的督查推进机制,实施最严格的考核机制和最严肃的责任追究机制,以更大的决心、更高的标准、更实的举措,全力实现主要污染物排放显著减少、环境质量显著改善、群众生态环境满意度显著提升。把江淮生态大走廊与大运河文化带建设,按照习近平总书记"把大运河保护好、传承好、利用好"的重要指示精神,争做运河遗产保护的示范、运河文化产业发展的示范和运河文化研究与交流的示范,努力走在全国大运河文化带建设最前列。把江淮生态大走廊和江淮生态经济区建设相结合,坚持结构调整,将生态农业、旅游业、先进制造业、养老服务业等作为大运河文化带和江淮生态经济区经济发展的核心工程,把以高邮湖、宝应湖为中心的里下河地区打造成支撑扬州永续发展的"绿心"。

三是完善建设"五个配套体系"。要完善交通体系。目前,扬州市大走廊范围内南水北调东线工程已经全面通水,淮河入江水道整治工程已经基本完成,233省道、环邵伯湖大道建成通车。下一步,我们要进一步规划建设高邮湖环湖大道和连湖大道,加密里下河地区的交通网,既改善该区域居民生活质量,也为发展生态旅游、农业观光旅游和其他轻型产业打好基础。要调整城市(城镇)布局体系。按照城市总体规划和城镇发展规划思路,本着集约节约发展、提高土地利用效率的原则,优化城镇空间布局,综合历史、自然、人文、经济等因素,通过合并整合,进一步优化城镇布局。要优化调整产业布局体系。根据主体功能区规划,在大走廊范围内按照优化开发区域、重点开发区域、限制开发区域、禁止开发区域的管控思路,制订产业、行业准入清单,凡清单之外的项目一律不得入内,在大走廊范围内着力构建绿色、低碳、循环的产业体系。要构建坚强的生态保障体系。实施沿湖、沿河、沿路的植树造林工程,构建区域"城边、路边、水边"防护林体系,打造沿江风光林带和环湖景观生态林带,推动各生态板块形成有机生态整体。做好公园体系和生态中心建设工程,分类推进市级公园、区级公园、社区公园建设,规划建设5大核心公园、50个社

区公园、50个"口袋"公园；同时加快推进宝应湖、高邮清水潭、生态科技新城"七河八岛"等生态中心建设，不断累积生态财富。要配套完善政策支撑体系。制定生态补偿政策，按照"生态损害者赔偿、受益者付费、保护者得到合理补偿"的原则，建立公平公正、权责一致的生态补偿机制。探索流域上下游"双向补偿"模式，按照"谁达标、谁受益，谁超标、谁补偿"的双向补偿原则，建立覆盖江淮生态走廊内主要河流的区域补偿制度。设立生态补偿基金，专门支持重点生态功能区域的生态补偿、污染修复、退渔还湖、湿地修复等工程建设。完善法律保障，将"江淮生态大走廊"内的湿地、绿地、公园等通过法律法规实现固化，确保得到永久性保护。

四 推进江淮生态大走廊建设的建议举措

目前，纳入国家《长江经济带生态环境保护规划》、江苏省《"十三五"生态环境保护规划》，并写入省第十三次党代会报告，作为省级战略推进实施。我们要在继续加大向上争取力度、推动江淮生态大走廊建设列入国家战略的同时，坚持不等不靠，具体而务实地推进相关项目建设。

1. 坚持生态优先，做好环境治理和生态建设的"四则运算"

要以江淮生态大走廊建设为抓手，以保障南水北调清水北送为重点，统筹实施产业转型升级、清水活水保持、良好湖泊保护、公园体系和生态中心建设、生态廊道和生态安全屏障建设、农村环境综合整治、环境基础设施建设、环境监管能力提升等"八大工程"，高标准完成"263"专项行动各项任务，确保江淮生态大走廊天蓝水清地绿。一是做好"加法"。推进良好湖泊保护工程，与淮安、滁州等周边城市携手，加快高邮湖、宝应湖、邵伯湖、白马湖的生态修复，增强湖泊自净功能。沿京杭大运河及高邮湖、宝应湖、邵伯湖沿线建设宽100米的防护林带，深入推进九大沿线生态中心和公园体系建设，切实增加人民群众的生态福利。二是做好"减法"。加快大走廊沿线小化工厂、养殖场、砂石场、小船厂和禁养区畜禽养殖场的关停搬迁，对宝应湖、高邮湖、邵伯湖三个湖泊沿岸三公里范围内实施以"退耕、退渔、退养，还林、还湖、还湿地"为内容的"三退三还"，努力以人类对自然干扰的"减法"换得生态环境提升的"加法"。三是做好"乘法"。推进污水处理厂提标改造，大力实施"清源计划"，推进居民小区雨污分流、生活污水全部进入管网，健全完善黑臭河"河长""断面长"制，切实提高污水处理率和污水处理负荷率。着力保护和建立多样化的乡土生态系统，维护和恢复河道的自然形态与湿地系统。坚持把产业转型升级作为大走廊建设的治本之策，积极发展生态农业、生态林业、生态渔业和绿色新能源产业，继续加大节能减排力度，真正使绿色成为城市的发展主色。四是做好"除法"。大力开展治理城乡垃圾"大扫除"和打击垃圾偷倒专项行动，推进城乡生活垃圾分类收集和集中无害化处理，加快建设建筑垃圾受纳场，着力消除城乡环境隐患。结合南水北调水源地保护、清水活水工程，在大走廊沿线全面开展截污控污、河道清理、黑臭水体整治等工程，在消除环境隐患的同时不断提升环境质量和生活质量。

2. 坚持文化为魂，充分彰显江淮生态大走廊的文化魅力

在习近平总书记支持和倡导下，大运河文化带建设已经提上议事日程，江淮生态大走廊作为大运河文化带最重要的一段，完全可以搭乘大运河文化带的快车，借此成为国家战略。作为中国大运河的原点城市、大运河申遗的牵头城市，扬州有条件、有能力也有责任、有义务在大运河文化带建设上继续发挥牵头作用。我们要认真贯彻习近平总书记的批示和指示精神，坚守保护规划的红线，认真遵守《大运河遗产保护管理办法》，高质量修订并严格执行《大运河扬州段遗产保护规划》，确保将扬州段的大运河遗产保护工作做到最好。我们要充分发挥好大运河遗产保护城市联盟牵头城市的作用，充分利用好扬州深厚的文史专家资源，充分发挥好中国大运河研究院等研究机构和世界运河历史文化城市合作组织（WCCO）组织的作用，讲好运河故事，扩大中国大运河在全世界的影响。我们要找好抓手，排定项目，在大运河沿线，规划建设以"一馆多园"为代表的重大项目，"一馆"就是在扬州主城内新建或改建一批大运河文化博物馆、展览馆和主题公园，规划建设环古城大运河遗产公园,将扬州主城打造成为一个大的"运河文化博览馆"。多园,即在运河沿线打造一批展示运河文化特别是水工文化的综合性园区,包括瓜洲(包括瓜洲古渡、瓜洲闸、瓜州外排大闸等在内的瓜洲文化产业园)、三湾(包括三湾湿地生态中心、文峰寺、高旻寺、扬子津古渡在内,重点展示"三湾"水工文化)、"七河八岛"(包含湾头古镇、万福大桥、万福闸等在内,重点展示"归江十坝"水工文化)、江都水利枢纽(治理淮河和南水北调文化展示园)、邵伯(包括邵伯船闸、大运河水工文化博物馆、谢太傅祠等,重点讲好谢安与邵伯埭的故事、邵伯船闸的变迁史)、高邮(打造融大运河高邮段、明清运河故道、高邮湖、运河西堤石工头渔民避风港、镇国寺、平津堰为一体,可与成都都江堰媲美的历史文化群落)、宝应(以南水北调宝应站为原点打造南水北调水利风光园)、仪征(仪扬运河和十二圩历史街区)几个运河文化展示园区。

3. 坚持富民优先,推进沿河地区特色发展、加快崛起

习近平总书记反复强调,绿水青山就是金山银山。宝应、高邮等地要充分发挥自然禀赋和生态环境的优势,充分利用江淮生态大走廊和江淮生态经济区建设的机遇,大力推进绿色产业化和产业绿色化,真正把绿色资源变为实实在在的绿色财富。一方面,把发展生态农业作为推进江淮生态经济区建设的核心工程。立足实际做好生态农业特色文章,推动宝应、高邮着力建设"一园一区三基地"。"一园"就是与扬州大学、里下河农科所、省家禽研究所等展开战略合作和项目共建,建设高邮国家农业科技园。重点实施扬州大学生态智慧牧场、中法生猪养殖示范基地、省家禽研究所异地新建等项目,努力打造国内一流、国际有影响的现代农业科技园区。"一区"就是建设省级宝应湖有机农业开发区。3年内建成有机食品基地20万亩,努力打造中国有机农业第一县。"三基地"就是整县(市)推进高标准农田建设,做大做响高邮鸭、宝应荷藕等地理标志产品,规划布局以高邮、宝应为重点的百万头现代化生猪养殖产业集聚区,将两地打造成为永久性"放心米""放心菜""放心肉"现代农业基地。另一方面,紧扣建设国际运河文化旅游目的地,推动江淮生态美与运河文化美叠加融合。充分发挥扬州、高邮两座中国历史文化名城的联动效应，率先打造运河经典旅游线路，包括连接扬州、高邮两个国家级历史文化名城和瓜洲、邵伯等多个古镇的运河历史文化之旅，让游客尽情赏湖景品湖鲜的运河生态之旅，串联起宝应新四军一师及苏中公学旧址、柳堡二妹子故事、高邮抗战最后一站纪念馆、邵伯保卫战纪念馆、熊成基故居、许晓轩故居等红色景点的运河红色之旅，同时精心培育宝应射阳湖荷藕文化小镇、高邮菱塘回族风情小镇等，规划建设一批特色田园乡村，走出一条文化引领、绿色发展的新路。

B.3
宁镇扬一体化发展战略研究

扬州市发展改革委课题组*

摘　要： 作为长三角经济圈的最重要核心层之一，宁镇扬经济一体化的推进和加速，对江苏经济乃至长三角经济圈的发展都具有极其重要的意义。本文通过对宁镇扬区域经济一体化现状的分析，在有效结合区域经济学相关理论的基础上，指出目前宁镇扬区域经济一体化发展存在的主要问题及其原因，提出扬州要在长三角经济一体化大背景下找准宁镇扬一体化发展的定位，并就未来宁镇扬区域经济一体化发展提出相关的政策建议。

关键词： 宁镇扬一体化　协同发展　战略研究

宁镇扬板块由南京、镇江、扬州三市构成，全域面积1.7万平方千米，范围内有南京、镇江、扬州3个地级市及17个市辖区和6个县（市）。宁镇扬板块是以南京为中心的经济区域带，位于长江中下游沿江城市地带核心地区，也是中国唯一的跨省都市圈——南京都市圈的核心。宁镇扬连南接北、承东启西，地理位置特殊，正处于江苏长江经济带、江苏沿海地区开发和国家级南京江北新区建设等多个国家战略的交汇点上，是带动江苏经济乃至长三角地区发展的重要区域，在国家长江经济带发展战略中也具有重要地位。

---

* 课题组成员：卞吉，扬市发展改革委党组成员、市经协办副主任；康志勇，扬州大学副教授、博士；沈诗贵，扬州市发展改革委经济合作处副处长；徐辰韬，扬州市发展改革委经济合作处科员。

宁镇扬三市经济基础和产业实力雄厚、金融体系完整、科教优势明显、文化底蕴深厚，既是历史上南北文化的交融区域，也是近代文明兴起之地，具有兼容并蓄、富有活力和创新精神的多元文化特征。伴随着区域经济的不断发展，三市在产业分工、城市功能、技术水平、市场化建设等方面显示出迫切的一体化发展愿望。

2002年，扬州市委市政府首次提出了"宁镇扬同城化"的构想。十多年来，经过宁镇扬三市的不断努力，宁镇扬一体化走出了区域融合的第一步，逐步实现交通等资源和要素在空间上的有序流动。2014年8月22日，江苏省政府正式发布《宁镇扬同城化发展规划》，这是江苏省首个区域同城化发展规划，标志着宁镇扬三市抱团发展的新格局全面开启。

一 宁镇扬一体化的现状分析

为深度分析宁镇扬区域发展的差异，需要对一体化程度进行度量。测度区域经济一体化的主要指标包括 Max/Min 系数、变异系数（V）、基尼系数（Gini）等，前者为绝对差异测量，后两者为相对差距测量。实际应用中多以变异系数和基尼系数为主，采用上述衡量指标的优点是各种研究结果可以进行直观的比较。

本文选用四类指标反映宁镇扬一体化的程度，包括地区生产总值、人均地区生产总值和地区生产总值增长率反映地区综合经济水平，全社会固定资产投资反映该地区的增长动力，进出口总额反映经济的开放程度以及国际化水平，授权专利数量反映地区创新能力。样本期限从2007年到2016年，所有数据均来自江苏省统计年鉴以及三市各自的统计年鉴。

为更加直观和准确地对宁镇扬区域发展差异进行刻画和描述，本文使用 GDP 总量、GDP 增长率以及人均 GDP 的 Max/Min 系数、变异系数 V 以及 Gini 系数等统计指标对经济一体化发展的程度和趋势进行分析，上述系数越大，则说明各地区的经济发展相对差异程度越大，区域间的非均衡性就越大；反之，则一体化程度越高。从表1~3以及图1~3可知，从 GDP 总量上看，评价期内宁镇扬三市的一体化水平并未显著提升；从 GDP 增长率看，差异化程度有扩大趋势，只有人均 GDP 在评价期内差异化程度逐步减小。

表1　三市 GDP 总量差异化分析

	Max/Min 系数	基尼系数	变异系数
2007	2.653	0.233	0.591
2008	2.556	0.223	0.560
2009	2.530	0.220	0.552
2010	2.582	0.224	0.562
2011	2.659	0.231	0.576
2012	2.738	0.239	0.601
2013	2.716	0.237	0.595
2014	2.712	0.235	0.589
2015	2.776	0.240	0.601
2016	2.739	0.236	0.589

表2　三市 GDP 增速差异化分析

	Max/Min 系数	基尼系数	变异系数
2006	1.001	$1.90E-04$	0.001
2007	1.002	$3.80E-04$	0.001
2008	1.012	$2.60E-03$	0.006
2009	1.021	$4.50E-03$	0.012
2010	1.004	$7.80E-04$	0.002
2011	1.003	$5.90E-04$	0.001
2012	1.010	$2.20E-03$	0.006
2013	1.010	$2.20E-03$	0.005
2014	1.008	$1.80E-03$	0.004
2015	1.009	$2.00E-03$	0.005
2016	1.013	$2.20E-03$	0.007

表3　三市人均 GDP 差异化分析

	Max/Min 系数	基尼系数	变异系数
2007	1.822	0.130	0.292
2008	1.671	0.111	0.249
2009	1.500	0.087	0.199

续表

	Max/Min 系数	基尼系数	变异系数
2010	1.311	0.058	0.145
2011	1.294	0.055	0.135
2012	1.348	0.064	0.152
2013	1.330	0.061	0.146
2014	1.301	0.057	0.135
2015	1.318	0.060	0.139
2016	1.284	0.054	0.127

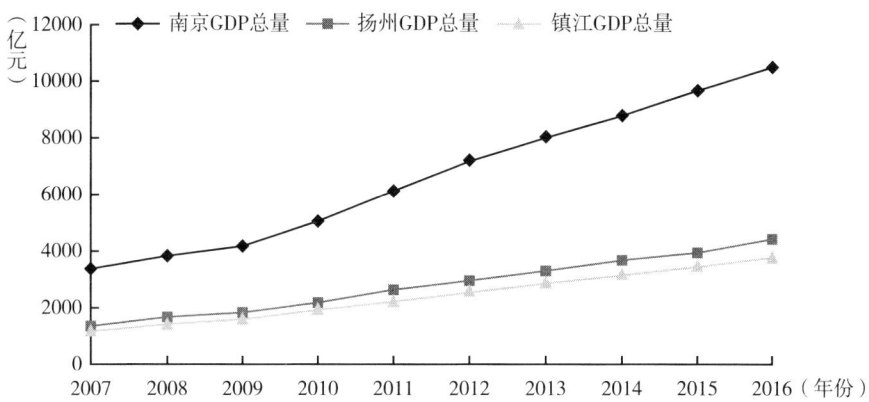

图1 三市 GDP 总量差异化指标

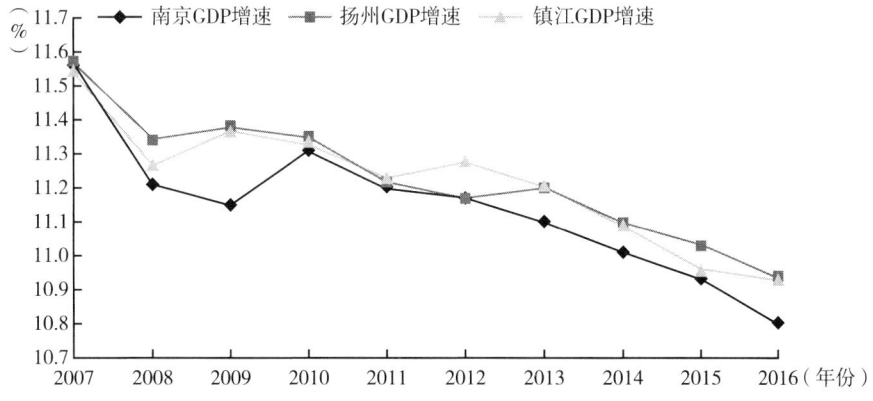

图2 三市 GDP 增速差异化指标

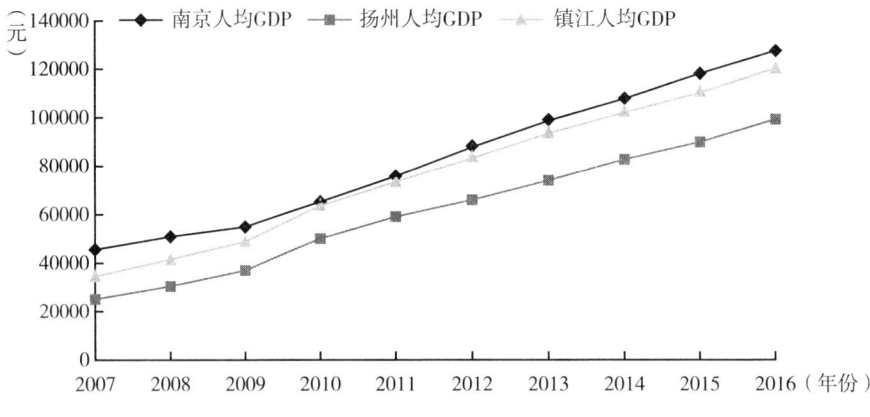

图3　三市人均GDP差异化指标

从表4~6以及图4~6可知，宁镇扬三市固定资产投资、进出口总额、授权专利数量的差异呈现不同程度的缩小。综合上述分析可知，在近十年的评价期内，虽然在不同统计层面一体化存在差异，但宁镇扬区域经济一体化程度总体正在逐步提高。

表4　三市固定资产投资差异化指标分析

	Max/Min系数	基尼系数	变异系数
2007	3.177	0.269	0.666
2008	3.000	0.250	0.605
2009	2.639	0.233	0.596
2010	2.491	0.221	0.574
2011	3.062	0.261	0.648
2012	3.037	0.260	0.646
2013	2.906	0.251	0.627
2014	2.535	0.219	0.548
2015	2.135	0.178	0.439
2016	1.926	0.175	0.367

表5 三市进出口总规模差异化指标分析

	Max/Min 系数	基尼系数	变异系数
2007	8.044	0.450	1.136
2008	6.548	0.422	1.077
2009	6.241	0.418	1.076
2010	5.561	0.402	1.045
2011	5.673	0.406	1.055
2012	5.412	0.391	1.002
2013	5.874	0.410	1.059
2014	5.720	0.406	1.052
2015	5.267	0.390	1.012
2016	5.708	0.401	1.040

表6 三市授权专利数量差异化指标分析

	Max/Min 系数	Gini 系数	变异系数
2007	2.396	0.199	0.472
2008	2.404	0.188	0.427
2009	2.611	0.206	0.467
2010	2.414	0.183	0.412
2011	2.321	0.187	0.433
2012	2.294	0.194	0.480
2013	1.986	0.158	0.382
2014	1.929	0.155	0.387
2015	2.015	0.168	0.434
2016	2.172	0.191	0.473

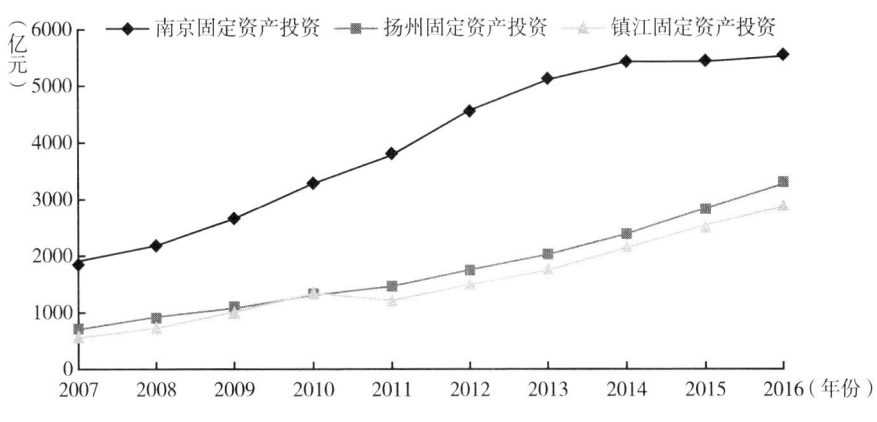

图4 三市固定资产投资差异化指标

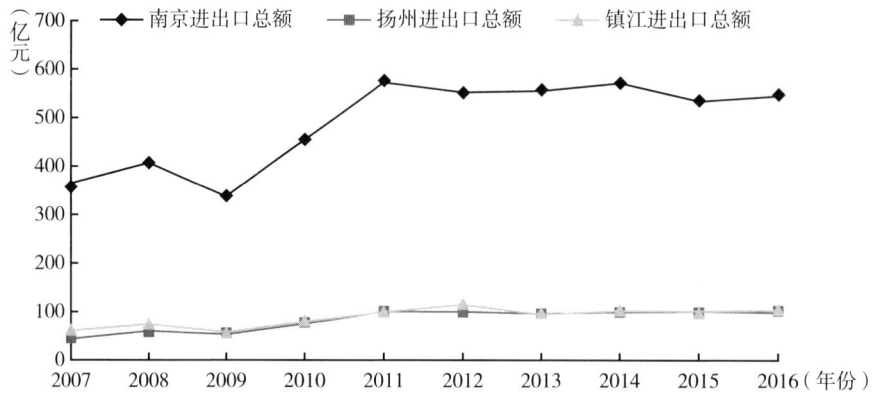

图5　三市进出口总规模差异化指标

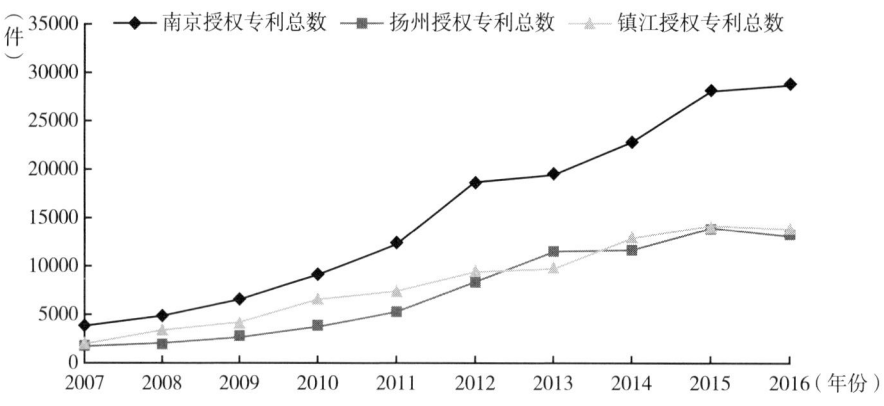

图6　三市授权专利数量差异化指标

为了对宁镇扬经济一体化趋势有更为直观的理解，本文采用β-绝对收敛的方法考察三市经济的收敛程度。β-绝对收敛是指不同经济体中，初始经济发展水平较低的经济体人均产出增长率高于初始经济发展水平较高的经济体，即不同经济体人均产出增长率与经济体初始的人均产出水平负相关。本文关注的是β-绝对收敛，即指仅在初始经济发展水平不同的条件下，不同经济体最终达到相同的稳态。为检验宁镇扬三市在上述方面是否存在β-绝对收敛，本文根据鲍莫尔（Baumol）的模型进行计量检验。如果β值显著小于零，则经济发展存在收敛的趋势。

无论宁镇扬数据的回归还是南京和镇江的数据的回归，结果都显示回归系数 β 值为负值，且具有很强的统计显著性，从而我们可以接受评价期内 β-绝对收敛的存在。但是对比上述两个回归结果发现，无论是回归系数 β 值的大小还是显著性程度，剔除扬州以后的回归结果更加明显，说明宁镇扬地区在剔除扬州后地区发展差异的绝对收敛更加显著（见表7）。

表7 β-绝对收敛的检验结果

变量	宁镇扬	宁镇
α	2.9147 (2.51)**	2.7682 (2.48)**
β	-0.26168 (-1.94)*	-0.30891 (-2.09)**
R^2	0.4867	0.4068
F统计量	3.78	2.87

注：*** 为 $p<0.01$，** 为 $p<0.05$，* 为 $p<0.10$。

这一实证研究结论与宁镇扬发展的客观实际相符合。从空间上看，宁镇扬被长江划分为江南和江北两个部分，虽然扬州与南京的直线距离约为100千米并随着跨江大桥和隧道的逐步建设，南京和扬州之间的交通状况已经大为改善，但同属江南的南京与镇江的联系更为便捷。改革开放以来，镇江经济的发展一直游离于苏锡常城市群之外，利用空间上的便利实现与南京的协作成为镇江发展的必然。在现有格局下，扬州在宁镇扬一体化发展中处于尴尬地位。

二 宁镇扬一体化面临的困境

（一）南京在宁镇扬一体化中的辐射和支撑作用有待提升

一是从南京市自身发展水平看，尽管在国家新一轮城市规划中被定位为宁镇扬地区唯一的"特大城市",但南京的经济辐射能力同扬州、镇江的期待值相比,还存在很大的差距。南京当下主要的任务是实现自身的发展,否则无法成为有效拉动宁镇扬一体化发展的增长极。二是从经济增长新动力来看,南京对宁镇扬经济新动能尚未形成有效的支撑作用。南京市原始创新能力、全球创新要素资源聚集能力正处于提升阶段,科研活动存在基础创新向应用创新的转化效率不够、原始创新向产业创新的辐射作用不够等问题,创新能力对经济新动力的支撑作用还有很大提升空间,对宁镇扬经济新旧动能的转化以及辐射和支撑作用有待进一步加强。三是从经济发展的总量看,南京还处于城市发展的集聚阶段,自身发展不均衡,内部也存在经济欠发达地区和板块,自身经济发展迫切需要产业转移的支撑,这可能会削弱南京向扬州和镇江两地产业转移的动力,强化三地产业的同质化竞争格局,导致构建宁镇扬区域创新共同体以及推进区域协同创新中心的动力不足,在宁镇扬一体化中无法有效扮演如上海在长三角或北京在京津冀中的引导角色。此外,南京自身发展的重点一直不是宁镇扬一体化,相反,安徽始终是南京不断谋求合作的方向,无论是此前重金投入并已经取得实际效果的河西新城建设,还是当前正在大张旗鼓、大干快上的江北新区建设,其对邻近安徽城市的辐射作用,要远远大于对扬州、镇江的辐射能级。

(二)宁镇扬产业链有序分工和产业一体化协同发展的格局尚未形成

一方面,镇江和扬州均将装备制造业定位为主导产业,存在定位重叠问题,同质化竞争明显。镇江市"十三五"规划中产业发展的重点是做大做强高端装备制造和新材料两大支柱产业,重点发展新材料、生物技术与新医药产业,大数据、新能源产业,高端化、智能化工程电气产业,统筹发展新能源、新一代信息技术、生物技术与新医药等战略性新兴产业。扬州市"十三五"规划将新能源、新光源、新材料、节能环保、高端装备制造产业作为本市重点发展的产业。现阶段宁镇扬三地的工业增长态势相对孤立,有同质化竞争现象,并未形成产业链有序分工和产业一体化协同发展格局。另一方面，工业园区共性问题突出。当前三市工业园区普遍面临产业链分工及产业集聚效应尚未形成、园区功能发育不全、产业配套设施不足、产业定位和发展战略不明确等一系列问题。三市产业结构有待进一步升级，经济发展新动力、新动能有待进一步激发。

（三）宁镇扬软件一体化发展明显滞后于区域经济一体化的实际需要

区域经济在硬件一体化和软件一体化两个维度的协同合作是推进宁镇扬区域经济一体化的核心问题。在落实宁镇扬一体化发展战略的具体措施中，交通基础设施的一体化是优先重点推进的方面，它既是推进宁镇扬一体化发展的基础条件，也是推进宁镇扬产业转移和产业协同发展的前提条件。从宁镇扬区域经济一体化目前发展的实际情况看，在推进硬件一体化方面成绩斐然，但是软件一体化建设严重滞后于区域经济一体化的实际需要，还存在明显的落差乃至发展阶段的差异。软件一体化建设是指一个区域的经济政策、文化价值观念、社会制度等影响自身发展潜力和感召力的因素。从宁镇扬区域一体化发展的内在需要看，市场机制、金融体系、产业政策、行政体系效率和官员专业能力等软件方面的一体化建设亟待加强，这些软件方面的一体化建设，是宁镇扬一体化发展和产业协同发展的基础条件和必要条件。三地政府在推进区域一体化进程中，在推进硬件一体化基础上，更应加大软件一体化推进力度，着力完善市场机制、加强政策协调、提高行政效率，只有真正实施软件一体化建设，才能从根本上落实和推进宁镇扬一体化和产业协同发展战略。

（四）政府主导下的利益冲突影响宁镇扬一体化进程的难题亟待化解

政府主导的行政力量在经济发展和区域经济合作中扮演着极其重要的角色。但目前宁镇扬地区行政化问题突出，三地的横向交流落后于经济发展的现实需要，三地协同发展规划目前还停留在最简单的"分食蛋糕"阶段，

"僧多粥少",争夺项目,各自为战,"守土"意识依然浓厚。宁镇扬三地缺乏统一、稳定的区域产业发展规划,导致三地产业结构布局容易出现雷同和交叉,产生同质化竞争。因此,既要差异化发展,又要寻求各自的融合点,以产业链的合理分工来整合三地产业是一体化发展的关键。三地需要打破多重利益壁垒,清晰明确各自的定位与分工,形成合力,逐步实现整个区域的平衡。

政府主导的区域经济合作中,利益冲突是不可回避的现实问题,宁镇扬三地产业转移中的各种利益冲突,已经成为当前阻碍宁镇扬产业协同发展最为突出的因素之一。产业协同最为核心的问题就是政府、社会、企业家和民众等诸多利益相关者的利益分配格局。化解三地利益冲突,实现三地产业结构重新布局,迫切需要更为深入的系统性改革破局。

三 宁镇扬一体化发展取向和战略选择

(一)创新区域合作机制,完善宁镇扬服务体系

宁镇扬在发展中应充分发挥政府、市场以及民间组织等多种力量的共同作用,聚力一体化发展,政府间要加强合作与交流,降低区域间经济发展的成本,为各类经济体提供公平有序的市场环境;要通过市场的推动促成城市圈产业一体化的形成,在区域内形成良好的分工协作体系;要以民间力量作为桥梁,有效连接诸多要素,形成宁镇扬统一的服务体系。

一是构建和完善区域政府间合作机制。加快推进宁镇扬一体化发展,就必须打破地域限制,使生产资料、劳动力、资本等在区域内自由流动。针对各城市经济发展程度不一,各地政府实施政策不统一的现状,需要省政府层面制定符合宁镇扬一体化实际、具有行政约束力的统一规划。既要充分发挥区域内各城市经济的发展优势、凸显城市发展特色,又要在区域内部进行资源的合理配置,提高资源使用效率,有效推动整个区域经济一体化快速发展。探索和加快实施政府行政体制改革措施,完善各级政府"权力清单"

"负面清单"，继续深化宁镇扬区域内政府创新治理机制的改革试点，加快宁镇扬区域各级政府由研发管理向创新服务职能全面转变，由主导经济发展向引导经济结构转型升级全面转变。积极营造公平竞争的市场环境，打破行政区划界限，大力培育统一、开放、竞争、有序的市场体系，使企业突破行政区的界限，形成具有竞争力的区域产业组织模式。

二是构建和完善区域利益协调机制。促进宁镇扬区域协调发展，政府部门必须解放思想、转变观念，树立整体意识，从整体利益出发开展工作，以系统的观点考虑和处理问题，促进宁镇扬区域协调发展。需要通过产业政策调整与产业的合理纵向分配，区别不同区域产业的利益差别，尽可能照顾到各地区的经济利益，实现利益分享。也可以对因顾全宁镇扬区域整体利益而放弃部分利益的地方给予利益补偿，如建立区域发展基金，扶持落后地区的发展，推进区域公共服务设施共享、环境设施和基础设施建设等。因此，宁镇扬区域合作要实现参与者的双赢或共赢，必须建立区域利益协调机制，各地方政府应在平等、互利、自愿、协作的基础上，实现区域地方利益的协调，从而实现各种利益在地区间的合理分配。

三是健全和完善区域一体化发展制度。其一，要克服发展中的路径依赖。演化理论认为，"路径依赖"指一个具有正反馈机制的体系，一旦受到外部性偶然实践的影响，极易被其他潜在的甚至已有的体系所取代。宁镇扬各级政府必须协调行动，注意制度安排的协同效应，促进知识溢出扩散效应，并把逆流效应限制在合理的范围内，让报酬递增逐渐向相对落后或欠发达地区转移。其二，要制定克服路径依赖的策略措施。宁镇扬各级政府在进行区域发展决策时，要依据区域发展差距和收入差距的演化特点，抓住主要矛盾，根据不同区域的变化特征，区域发展政策要以聚合单位实际为基础，并根据影响区域发展的要素，进一步细化区域发展政策。要突破"不良锁定"，不断开拓创新，推动经济不断向前发展。其三，要构建有利于区域发展的制度和环境。制度演化理论说明，政策制定者在一个演化世界中起着相当大的作用，地方环境也在很大程度上决定区域政策可能的选择及结果。必须根据宁镇扬总的不均衡和极化的演化结果，结合宁镇扬各地经济发展的现实情况，制定因地制宜的区域发展政策；同时打造有利于发达地区向欠发达地区溢出的环境，使政策目标能很好地嵌入各地发展环境。

(二)完善区域市场体系，优化产业结构

一是加快政府职能转变，规范市场秩序。宁镇扬已经形成的市场体系受区域管理机构等级化、复杂化影响，各类市场主要在自己的范围内运行，缺乏整体发展意识，制约着宁镇扬区域的协调发展。为此，宁镇扬各政府部门应积极推进职能转换，通过共同协商完善价格体制、外贸体制以及一体化市场运作机制，规范市场秩序和法律服务体系，尽快消除各地壁垒限制，建立统一有序的区域共同市场，包括商品物流共同市场、产权交易共同市场、人力资源共同市场、科技成果及知识产权保护共同市场、信息共享共同市场以及文化旅游共同市场等。要利用现代化信息技术推进市场体系网络化，规范宁镇扬区域内的人才市场、技术市场、资本市场等，改革知识产权保护、技术转让等体制机制，实现商品、资金、劳动力、技术和信息的交流、自由流动和生产要素的优化配置，形成开放、协调、有序的市场网络。

二是加快推进基础设施的合理布局和高标准建设。当前的宁镇扬基础设施建设因缺乏协调，存在重复性建设和资源低效利用，各地区交通网络系统性差，发达地区和欠发达地区、农村和城市的基础设施建设差距较大等问题。为此，宁镇扬地区要统一规划，强化基础设施连接，加速形成完善的交通运输、信息交流和物流网络，促进宁镇扬整个地区的资源共享，以此带动落后地区的经济发展。要做好区域公路网规划，加快欠发达地区高速公路、干线公路和市域公路建设，并做好城市道路与高速公路、干线公路的相互衔接与过渡，协调好区域铁路、城际铁路线位与城市总体布局的关系。要充分利用国家的有力政策，发挥潜力，加强国际交流合作，吸收先进技术，利用本身优越的交通和得天独厚的地理位置条件，提升企业及区域竞争力。

三是加快构建和完善相互依存的开放型产业结构。在完善区域市场体系的基础上，宁镇扬各地还应加快产业结构整合，避免产业结构趋同现象，打破自我封闭型产业结构，构建和完善相互依存的开放型产业结构。其一，在省级层面成立具有相应行政调控权、能够协调区域内各地经济利益、跨行政区的管理机构，负责宁镇扬区域内重点基础设施建设、重大战略资源开发等项目，从区域经济整体出发强化产业整合，优化产业结构，协调各地因行政区域造成的利益矛盾。其二，突出专业化和个性化的结构特点，形成各个地区自身的产业特色，使宁镇扬整体产业结构形成"地方特色，错位发展"的格局。要以产业转移为切入点，搭建产业转移平台，推进沿江和沿海的资本、技术与人才转移。其三，各地区要共同制定统筹区域发展的产业政策，加强与其他地区的产业协调，促进区域内产业协调发展。通过跨区域的产业整合实现优势互补，使各种生产要素得到最优配置，使要素的空间分布有利于促进宁镇扬整体的区域协调发展。同时，要善于发挥宁镇扬得天独厚的区位优势，增强对外商投资的吸引力，利用外资的溢出效应引进先进的生产设备和管理技术，促进产业优化升级和本土企业成长。

（三）注重研发能力建设，打造有利于知识溢出的区域环境

一是注重加强区域知识能力建设。宁镇扬区域经济发展不均衡和区域差距扩大的深层次原因在于研发乃至知识溢出不畅，而知识存量和吸收能力是决定区域接受知识溢出多少的主要因素，这就要求各地区加强区域知识能力建设。宁镇扬欠发达地区应加大研发投入，改善研发经费不足导致的知识溢出效应欠缺对区域经济增长的消极影响；优化区域人力资源结构，加大对高级管理人员、专业技术人员、复合型人才等人力资源的培养和引进力度；加大创新储备，增加教育和培训投入，提高科研能力和管理水平；加强公共图书馆、数据库及信息化服务建设，为区域及时提供最新标准信息和国内外发展动态；努力提高自身知识存量和学习能力，积极利用知识溢出平台加速实现赶超。

二是注重发挥和利用园区产业集聚效应。为充分发挥和利用产业集聚产生的溢出效应，政府有关部门要健全宁镇扬区域内的溢出合作机制，增强先进区域的辐射作用，提高落后地区对溢出效应的吸收能力。其一，要培育宁镇扬溢出源经济，加快人才流动。宁镇扬三市应分析学习成功地区的先进经

验,实行积极的人才引进和培育政策,加强对企业创新急需的高科技人才及海归人才的引进和使用。特别是要采取切实有力的措施,逐渐消除户籍制度、教育、医疗、住房、社保等对人才流动的限制,建立和完善人才互动交流机制,增强宁镇扬相对落后地区的人才集聚效应。其二,充分利用宁镇扬区域产业集聚带来的成本降低、生产率提高以及专业化制度等优势,营造良好的创业创新环境,增加知识溢出和吸收机会,增加新企业产生和新产品开发的可能性,以先进地区产生的增长极扩散效应带动周边区域的发展。其三,构建创新网络体系,提高区域创新能力。宁镇扬区域应形成多元的社会创新文化,加强高新区企业内部人员之间、企业与企业之间、企业与区域内公共机构(大学、研究机构、商会等)之间的密切合作和交流,建立有利于知识溢出的产学研机制,形成有利于发挥宁镇扬区域知识溢出效应的合作网络体系,增强区域自主创新能力,并缩小区域间的创新差距,提升宁镇扬区域的整体竞争力。

三是注重完善区域内技术创新体系建设。将企业作为技术创新的主体,选择具有条件的大企业建立专项技术开发研究中心,同时引导和扶持中小企业自主创新,不断提高技术创新能力。必须时刻关注市场发展动向,以市场为导向开展科技创新活动,开发适应市场需求的新技术。加强"产学研用"结合,推动宁镇扬区域新型工业化发展。

(四)明确发展定位与目标,推动扬州在宁镇扬一体化建设中实现新突破

当前,江苏省正在全面谋划实施"1+3"功能区战略,以新的发展布局带动江苏发展优势重塑,推动区域协调发展。"1+3"功能区,"1"是指扬子江城市群,扬子江城市群涵盖南京、镇江、常州、无锡、苏州、扬州、泰州、南通沿江八市;"3"分别指连盐通一线的沿海经济带,以宿迁、淮安及里下河地区为主的江淮生态经济区,以徐州为中心的淮海经济区。江苏省委省政府的一个重要战略意图,就是要打破三大板块的地理分界和行政壁垒,使苏南苏中进一步融合,形成更为强大的经济增长核,更好地辐射、带动和支撑包括苏北腹地在内的其他区域发展。扬州是连接贯通江苏南北城市、东西城市的交汇点，在宁镇扬一体化中，扬州要从江苏发展乃至长三角发展的大视角找准位置，积极发挥承南起北、承东启西的空间优势，建设承继江南发展势能、辐射江北广袤腹地的长三角核心区北翼中心城市；要重点围绕深度融入"1＋3"功能区战略布局，致力于"五个一体化"发展目标，力争在交通基础设施快联快通、产业共建共兴等五个方面取得新突破。

一是力推交通基础设施快联快通新突破。在前期互联互通取得明显成效的基础上，重点推进主枢纽、主景区、主城区之间的快联快通，积极构建以城际轨道、城际快速公路和过江通道为骨干的复合型城际通道，强化城际交通与城市内部交通系统的无缝对接。会同南京、镇江加快推进北沿江、扬马等城际铁路的前期筹备工作，争取早日开工建设。主动对接南京、镇江城市轻轨和快速路网建设，推动宁扬、镇扬城际轨道交通建设。联合镇江开展过江通道的规划研究，通过加强过江通道建设，尽快实现真正意义上的交通同城化与一体化。

二是力推产业共建共兴再上新高度。联合宁镇两市着力营造区域营商优势，在加快打造宜居宜游宜创的环境优势、便捷高效的行政服务优势的同时，厚植产业特色优势。重点推进扬州市特色产业和园区建设，着力在规模扩张上下功夫，形成规模化、特色化、集群化效应，在产业协同协作中占据主动。发挥上汽平台作用，加快汽车科创和教育基地建设；抢抓宁镇扬400万辆整车生产能力建设机遇，加强协作分工，彰显汽车产业优势。依托山水宜居特色品质，大力推进健康养老、生态康复产业，培育高端养老服务产业。挖掘旅游资源潜力，发展生态、健康、休闲旅游，以举办世园会、省园会为契机，探索"两园"后时代园博会展经济发展。

三是力推科教共建共荣再有新进展。充分利用南京人文荟萃、高校院所科教资源的溢出效应，增强扬州市承载接纳能力。深化校企合作，探索建立重大科技成果跨区域转化的市级协调机制，帮助和引导企业与高校建设大学生实习实训基地和创业孵化基地，积极开展多种形式的合作交流，促进优质教育资源的共建共享和转化。深化园区建设，以高新区为核心，强化与南

京、镇江高校院所、人才特别社区、科技产业园的合作，联合建设一批与主导产业紧密结合的重点实验室或研发中心，搭建产业项目及资源的信息集成和供需对接平台。深挖职教资源，共同打造职业教育品牌；鼓励有条件的学校组建区域职业教育联盟，构建职业学校交流和学习平台；加强三市职业院校合作办学，扩大双向招生规模。

四是力推公共服务共建共享取得新亮点。重点承接南京公共服务建设过程中的医院、学校等非核心业务转移，鼓励开展名校跨区域牵手共建，推进南京名医院来扬州合办医联体。以大学生实训基地建设为抓手，争取更多高校和科研院所在扬州设立研发中心、创新中心和技术转移中心。充分发挥宁镇扬三市差别化旅游资源优势，积极开展宁镇扬旅游线路联合开发、旅游产品联合推介、旅游资源共建共享。鼓励和推动部分行业通过组建股份制集团公司等形式，打破行政壁垒，突破行业地域界限、身份户籍门槛等束缚，参与和实施公共服务一体化建设。鼓励优质教育、医疗资源及养老机构等民间组织，扩大服务范围，在教育、医疗、养老等方面推动实现公共服务均等化。

五是力推生态环境共治共保取得新成效。严格落实"长江不搞大开发，共抓大保护"的要求和江淮生态大走廊建设行动方案，实施最严格的环境准入制度，对生态红线区实行严格的分类分级管控措施，倒逼产业、企业转型升级。充分利用"人文、生态、宜居"的扬州城市特质，发挥生态资源对高层次人才流动的虹吸效应，吸引各类高端产业、科研院所研发中心和创新中心汇聚扬州市。加快实施环境治理"263"行动计划，全面协同开展水气污染治理、固体废弃物综合利用与安全处置、新型污染防治等区域重大环境整治保护工作。

参考文献

1. 2007~2016年《南京统计年鉴》。

2. 2007~2016年《扬州统计年鉴》。
3. 2007~2016年《镇江统计年鉴》。
4. 《南京市2016年国民经济和社会发展统计公报》。
5. 《扬州市2016年国民经济和社会发展统计公报》。
6. 《镇江市2016年国民经济和社会发展统计公报》。
7. 陈春林、梅林、刘继生、韩阳：《国外城市化研究脉络评析》，《世界地理研究》2011年第1期。
8. 方创琳：《中国城市群形成发育的新格局及新趋向》，《地理科学》2011年第9期。
9. 赵城琦、后藤秀昭、田中滋夫：《东京首都圈规划修订过程及其成果评价——以第1~3次首都圈基本规划为对象》，《城市与区域规划研究》2012年第1期。
10. 王玉珍：《区域经济一体化视角下宁镇扬同城化发展的几个问题》，《市场周刊》2013年第9期。
11. 晁先锋：《宁镇扬同城化产业转型的研究与思考》，《中共南京市委党校学报》2015年第1期。
12. 邵俊、姚云霞：《"宁镇扬板块"产业协调发展研究》，《当代经济》2013年第1期。

B.4
2017年扬州市重点领域深化改革研究

许德奎 陶小军 张克辉[*]

摘 要： 2017年，扬州市按照"五位一体"总体布局和"四个全面"战略布局，贯彻落实五大发展理念，经济、文化、社会、生态文明等重点领域改革全面发力、多点突破、纵深推进，改革红利得到进一步释放，为全市经济社会持续健康发展提供了动力和活力。2018年是贯彻落实党的十九大精神的起始之年，需要进一步聚焦决胜全面建成小康社会目标，聚力构建系统完备、科学规范、运行有效的体制机制，推动各项改革工作落地落细落实，为建设"经济强、百姓富、环境美、社会文明程度高"的新扬州提供强有力的体制机制保障。

关键词： 扬州市 重点领域 深化改革

2017年，扬州市按照中央、省全面深化改革的总体部署和《市委全面深化改革领导小组2017年工作要点》的工作安排，以推进供给侧结构性改革为主线，明确改革目标任务，制订改革实施方案，落实改革推进计划，全市经济、文化、社会、生态文明等重点领域改革取得了积极进展。

---

[*] 课题组负责人：许德奎，扬州市发展改革委副主任、市重大项目办主任。成员：陶小军，扬州市发展改革委经济体制改革处处长；张克辉，扬州市发展改革委经济体制改革副主任科员。

一 2017年扬州市重点领域深化改革进展情况

（一）经济体制改革有力助推实体经济发展

一是供给侧结构性改革取得突破。扎实推进"三去一降一补"五大任务。坚定不移去产能，全市累计化解造船产能290万载重吨、压减钢铁（粗钢）产能88万吨、削减水泥产能90万吨。分类施策去库存，至10月末，全市商品房去化周期比2016年末减少2.6个月。稳妥有序去杠杆，全市完成直接融资183亿元。多措并举降成本，全市降低企业各类成本和税费负担共计56.5亿元。抓好关键补短板，高质高效推进县域经济、基础设施、城乡统筹、民生建设、对外开放、现代农业等六大补短板工程。

二是行政管理体制改革不断深化。加大简政放权力度，推进权力清单标准化，梳理出市级47个部门6803项行政权力，编制了每项行政权力的"办事指南"。在仪征市、广陵区推行县（市、区）综合执法试点，深化蜀冈—瘦西湖风景名胜区综合执法改革。政务服务"一张网"正式上线，推广"不见面"审批，发布"不见面"审批（服务）事项清单两批次共4061项。清理规范涉审中介服务，行政审批中介服务网上超市列入全省15个行政审批制度改革典型案例。经省政府同意，扬州经济技术开发区、江都经济开发区被确定为全省首批开展相对集中行政许可权改革试点的开发区。

三是国资国企改革加快推进。加快法人治理结构改革，完善市属国有企业负责人业绩考核和薪酬管理办法。推动国有资本向城市基础设施、公用事业、民生等领域集聚，古运河三湾湿地保护与开发利用、头桥水厂深度处理、南部快速通道和东部客运枢纽建设等一批项目预计全年可完成投资100.6亿元。推进国有企业职工家属区"三供一业"分离移交工作。发展混合所有制经济，支持扬州玉器厂、漆器厂等国有控股混合所有制企业开展员工持股试点，全市混合所有制企业达78户。

四是财税金融改革助力企业发展。深入推进政府预决算公开，在市财政

局统一平台上公开政府和部门预算，主动接受社会监督。成立市政府与社会资本合作（PPP）工作领导小组，9个项目列入全省PPP项目库，推进污水设施、开发区临江路、湾头玉器小镇等一批PPP项目建设，扩大PPP模式建设规模。深化征管体制改革，全面推行国税、地税主要税费一体化征收改革。深化金融服务"直通快办"工作，开展"亲商助企"、金融服务活动，组织银行以制造业、小微企业、战略性新兴产业、企业技术改造为重点，开展综合性、专题性银企对接。发挥小微企业创业创新e贷网作用，e贷网注册企业已达1313家，发布融资需求1078笔、153.7亿元。

五是现代市场体系不断健全。深化商事制度改革，出台扬州市"多证合一""证照联办"登记制度改革工作实施方案，市政务服务中心成立"多证合一、证照联办"综合窗口，实行"多证合一"。加快推进工商登记全程电子化、放宽住所登记、简易注销登记等改革，核发新设企业营业执照均在3个工作日内完成；全面推行企业简易注销登记改革，简化退出程序。构建以信用管理为核心的市场监管机制，建成并开通了覆盖市级43个部门的市场监管信息平台，实现"一个平台管信用"。建立市场主体守信奖励、失信惩戒机制，实现"一处失信、处处受限"。落实价格信用承诺制度，开展市、县价格诚信单位创建。

六是科技体制改革深入推进。启动新一轮创新型城市建设，6月中旬顺利通过国家科技部组织的工作评估。推进全国"两创"基地城市示范建设三年行动计划。加快知识产权强市建设，市政府出台《关于加快推进知识产权强市建设的若干政策措施》。出台支持科技产业综合体运营发展的实施意见，新增综合体、众创空间建设面积71万平方米。深化市产业技术研究院体制机制创新，完善运营组织模式。启动创新型企业培育"150"计划，推动高新技术企业和省级以上"两站三中心"建设。扩大科技贷款规模，围绕"苏科贷""扬科贷""市级风险池"开展工作，合作银行从3家增至6家，已累计放贷1.73亿元。

七是新型城镇化与城乡发展一体化体制机制加快完善。全面完成土地承包经营权确权登记颁证工作，确权登记颁证工作的建档率、发证率、验收率分别为100%、99.5%和94%。规范引导土地经营权有序流转,大力发展土地集中型适度规模经营,新增土地集中型经营面积7.96万亩。稳妥开展农民住房财产权抵押试点,帮助新型农业经营主体融资总额超过6亿元,土地承包经营权抵押贷款总额达1.2亿元。推动市县乡三级农村产权交易市场公开、公正、规范运行,实现交易额8.39亿元,增长50%。大力培育新型农业经营主体,新创省级示范家庭农场25个,11家农业合作社入选全省百强合作社。大力开展特色小镇培育和创建工作,头桥医械小镇进入首批省级特色小镇创建名单,编制了10个市级创建类特色小镇3年投资项目计划。

八是开放型经济体制机制不断创新。引导和规范境外投资方向,市级权限内境外投资项目全部采取备案制。培育跨境电商的外贸新业态,打造4家市级跨境电商试点。加快实施新一轮"530"招商行动计划,新落户世界500强、跨国公司项目4个。深化对接上海、苏南地区,全市开发园区落户上海、苏南亿元以上项目21个,计划总投资169.4亿元。围绕国际产能合作重点国家和"一带一路"重要节点城市,引导园区、企业积极参与境外园区项目投资、建设和管理,推动机械装备、汽车、电缆等制造业企业"走出去"项目8个,投资额5756万美元。

(二)文化体制改革有力促进文化繁荣

一是思想理论建设工作制度进一步健全。研究起草《扬州市党委(党组)理论学习中心组学习实施细则》,已经市委常委会审议。全面推动落实《党委(党组)意识形态工作责任制实施方案》,推动各级党委(党组)履行主体责任。贯彻落实《扬州市精神文明建设指导委员会2017年工作要点》,扬州市"'我是党课主讲人'宣讲团"被中宣部表彰为全国基层理论宣讲先进集体。加强中国特色新型智库体系建设,创立扬州智库论坛,推进社科强市建设,发布课题指南,对233项重点课题、31项蓝皮书课题、30项中国特色社会主义理论研究中心课题予以立项。

二是新闻媒体及互联网管理体制机制进一步健全。推进媒体深度融合,进一步打造新型主流媒体,举行"喜迎党的十九大:紧扣'两聚一高'办

好'十件大事'环市行"大型融媒体新闻行动。完善互联网管理体制,完善突发事件舆论引导快速反应和应急协调机制,充实市委网络安全和信息化领导小组及办公室。组建扬州市新媒体联盟,加强对商业网站、自媒体账号、网上意见人群的团结引领。开展净化舆论环境专项整治工作,建立常态化信息沟通和定期汇报机制。

三是文化体制机制进一步健全。探索市管文化企业薪酬制度改革,研究制订《扬州市市管文化企业负责人薪酬管理暂行办法》。推进国有文化企业资产的监督管理工作,研究起草《扬州市市属文化企业国有资产监督管理暂行办法》。推进两大国有文化集团加强文化金融发展,报业集团投资的江南大业传媒股份有限公司已进入"新三板"创新层,广电集团投资的江苏华东文化融资租赁有限公司发放融资额 5 亿元。深化文化市场综合执法改革,加强文化产权和艺术品交易场所管理,规范交易行为,建立健全信息披露机制,表彰了全市艺术品经营十佳诚信单位。

四是文化发展政策支持力度进一步加大。促进全民阅读,加快建设书香扬州,推进 10 个篇章 260 余项全民阅读活动;举办了第三届"朱自清读书节"、第二届"书香扬州"摄影大赛;建成了 7 家 24 小时城市书房。集中优势力量打造一批高质量的文化艺术精品,扬州群舞《望闻问切》、木偶《乐伢与垃圾精灵》、歌曲《芦柴花开是故乡》、歌曲《月亮城》等 6 个项目入选 2017 年度国家艺术基金资助项目,列全省各设区市第二位;扬州弹词《梅兰芳·蓄须明志》入选 2017 年度国家艺术基金滚动资助项目。推动文化产业结构调整和布局优化,组织申报第三批江苏省重点文化科技企业和重点文化产业园区,全市有省级重点文化科技企业 11 家、文化产业园区 2 家。引导琴筝企业规模化、集聚化、品牌化发展,打响"中国琴筝产业之都"招牌。

(三)社会体制改革有力保障富民惠民安民

一是综合医改试点加快推进。推进公立医院管理体制改革,实质运作政府公立医院管理委员会,全面完成市直公立医院人员编制备案制改革。加强分级诊疗制度建设,年内18家农村区域性医疗卫生中心将全部建成投用。完善医联体纵向帮扶和分工协作机制,全市共有17个医联体、115家医疗卫生机构参与医联体建设。开展家庭医生签约服务,全市家庭医生签约113.44万人,全人群签约覆盖率达25.3%。健全药品供应保障机制,巩固完善基本药物制度。按照"非禁即入"原则,鼓励各类资本投资医疗保健领域,发布《2017年度扬州市鼓励和引导社会资本举办医疗机构投资指引》,促进非公立医院健康发展,全市有医疗机构1789所,非公立医疗机构达487所,占27.2%。

二是教育综合改革向纵深推进。推进学前教育优质普惠发展,全市适龄儿童在省优质园就读的比例达80%。促进义务教育优质均衡发展,推进全市义务教育现代化学校创建,全市80%的学校达到省义务教育现代化学校标准。深化职业教育改革,推进"现代学徒制"试点。着力推进公共实训基地建设,新建西门子公共实训基地、埃斯顿工业机器人公共实训基地等6个公共实训基地项目。探索义务教育教师"县管校聘"管理体制改革,建立教师和校长交流轮岗常态化机制,执行区域内义务教育学校教师校长交流制度,充分发挥政策的激励导向作用,引导优秀教师向农村学校、薄弱学校流动,促进县(市、区)域内师资均衡配置,推进教育公平。

三是深化社会保险制度改革。市政府出台《关于印发扬州市整合城乡居民基本医疗保险制度实施方案的通知》,管理职能调整、经办资源整合及基金移交合并等全部到位。以总额控制为基础,深化医疗保险支付方式改革,稳步建立按病种付费、按人头付费和按服务项目付费等复合式支付方式体系。同步推进国家基本养老保险制度改革和机关事业单位养老保险制度改革,调整全市社会保险基数、企业和机关事业单位退休人员养老保险待遇。按照省政府《关于机关事业单位工作人员养老保险制度改革的实施意见》的要求,加快推进机关事业单位"人员身份核定"和"参保登记"工作。

四是推动富民惠民改革举措落地见效。市委市政府出台《关于聚焦富民 持续提高城乡居民收入水平的实施意见》,确定了增收目标和工作措施,完善富民工作体制机制。完善收入分配制度,严格执行省定最低工资标准，7月份起上调了最低工资标准。完善城乡低保标准自然增长机制，市区低保标准从月人均600元提高至月人均630元，宝应、高邮提高至585元，仪征提高至600元。前三季度，全市城乡居民收入分别达到28926元和15187元，增长8.4%和9.0%，实现农村居民人均收入增幅高于城镇居民人均收入增幅，人均年收入7000元以下低收入农户全部脱贫。健全促进就业创业体制机制，出台并实施全民创业行动计划和职业技能提升行动计划。

五是加快建立安全生产制度体系。研究制定《扬州市安全生产领域改革发展的实施意见》。健全防范遏制重特大事故工作机制，推动安全风险分级管控和隐患排查治理双重预防性工作机制在全市铺开，在冶金等工矿商贸行业，组织开展较大危险因素辨识管控、遏制重特大事故行动。依托江都区，引进第三方技术公司开发了安全生产智慧云平台。在危化品重点行业领域推进落实企业安全生产主体责任试点示范，确定了384家企业为重点培育对象。深化危险化学品专项整治，开展危险化学品安全综合治理，对14家构成一二级重大危险源的化工企业开展专家会诊检查。

六是推进社会治理创新。全面推进"雪亮工程"建设，构建立体化、信息化治安防控体系，加快推进升级版技防城市建设，全市现有社会面监控探头近15万台，联网2.4万台，入户134万户。制定《扬州市完善矛盾纠纷多元化解机制的实施意见》，实现专业性行业性调解组织全覆盖。出台《关于进一步加强全市实有人口视频门禁系统示范小区建设的实施意见》，推进实有人口视频门禁系统示范小区建设。举办心理危机干预技能暨心理咨询师国家职业资格培训班，成立了扬州市心理危机干预技能培训基地。

（四）生态文明体制改革有力推动绿色发展

一是落实环境保护党政同责、一岗双责要求。市委市政府印发《扬州市生态环境保护工作责任规定（试行）》。加大对党政领导干部绿色发展政绩考核力度，增加生态环保约束性指标的考核权重，市委市政府出台《扬州市"263"专项行动和江淮生态大走廊建设考核办法》，将江淮生态大走廊建设和"263"专项行动等重点工作纳入县（市、区）、功能区和部门年度工作考评。

二是建立健全严格的生态文明保护制度。严格落实《扬州市生态红线区域保护规划》。探索开展环评审批制度改革，扬州经济技术开发区按照国家环保部要求完成规划环评工作，开展规划环评清单式管理试点。修订《扬州市区水环境区域补偿工作方案》，在全市范围推行水环境区域双向补偿，调整补偿基数。推动企业参与碳排放权交易，组织钢铁、化工、电力等八大行业29家碳交易重点企业完成2016年度温室气体排放年度报告；组织电力、水泥行业碳交易重点企业开展碳交易分配试算。落实全省"263"专项行动，推进江淮生态大走廊规划建设，编制江淮生态大走廊规划建设实施方案。关停搬迁小船厂、砂石码头84家和禁养区内养殖场742家。

二 2018年扬州市重点领域改革思路和对策建议

（一）总体思路

2018年是全面深化改革的关键之年。全市重点领域改革工作的总体思路：贯彻落实党的十九大关于全面深化改革工作的总体要求，聚焦全面建成小康社会的总体目标，以供给侧结构性改革为主线，突出经济体制、文化体制、社会体制、生态文明体制等重点改革领域，推动经济社会发展质量变革、效率变革、动力变革，以改革促发展，为加快建设"经济强、百姓富、环境美、社会文明程度高"的新扬州注入动力和活力。

（二）对策措施

1. 深化经济体制改革

（1）深化供给侧结构性改革。坚持用市场和法治的办法加快化解过剩产能，深入实施淘汰落后产能、违法违规建设项目清理和联合执法三项行动。按照分类指导和因城施策原则，坚持去库存与稳市场并重，既防过热又防风险，促进房地产市场供需平衡，逐步建立符合市场规律、购租并举的住

房制度。降低企业杠杆率，扩大直接融资规模，实现各类直接融资200亿元以上。落实国家、省和市降低实体经济企业成本的政策意见，重点降低交易成本、中介评估费用、企业税费负担和要素成本。协调推进六大补短板工程，完善补短板项目储备和推进机制。

（2）深化"放管服"改革。加快完善上下贯通、互联互通的政务服务"一张网"，实现"一张网络管服务"。进一步推进权力清单标准化工作，实现行政权力清单办事指南全覆盖，为打造水平一流、方便快捷的政务服务"一张网"提供支撑。建立"一单两库一细则"的"双随机一公开"抽查机制，实现随机抽查事项全覆盖。推进市级部门执法队伍整合。全面落实"企业3个工作日内注册开业、5个工作日内获得不动产权证、50个工作日内取得工业生产建设项目施工许可证"的"3550"改革部署。在市直、高邮市、扬州经济技术开发区、江都经济开发区开展相对集中行政许可权改革试点，探索"一枚印章管审批"。

（3）深入推进国资国企改革。创新国有资产监管体制，实现市属国有资产监管全覆盖。修改完善市属企业违规经营投资责任追究办法。开展市属企业领导人员市场化选聘和职业经理人制度建设试点。继续推动国有资本向基础设施、公用事业、民生等领域集聚。按照完善治理、强化激励、突出主业、提高效率的要求，积极稳妥开展混合所有制改革试点。以实体企业和新办企业、新上项目等为重点，积极引入非公有资本，优先发展混合所有制经济。支持推进国有控股混合所有制企业开展员工持股试点。

（4）加快财税金融改革。加大政府性基金预算转列一般公共预算力度。健全政府债务管理机制，加强政府性债务管理，加强地方政府融资平台风险管控。加快各类政府引导基金投资运营，更快推进政府和社会资本合作（PPP）项目规范运作和落地实施。完善市区财政体制，优化财政支出结构。持续深化国税地税征管体制改革，落实资源税改革的政策措施。加强金融风险监测研判，着力防范化解重点区域、重点领域金融风险。规范发展各类非银行金融机构，推动新金融业态发展。完善农业保险保障体系。大力发展科技金融和文化金融、绿色金融。

(5) 加快现代市场体系建设。建立健全覆盖全市的公共信用信息系统，加强信用信息归集、存储和应用。继续深入推进企业"多证合一、一照一码"和个体工商户"两证整合"改革。全面推进个体工商户统一社会信用代码换证赋码工作。大力推动全程电子化登记，加快电子营业执照的发放速度。落实国家、省推进输配电价改革、天然气管道运输价格改革任务。统筹推进农业水价综合改革。落实阶梯价格制度，加强对县级城市居民阶梯水价制度落实的督察。调整基层医疗卫生机构医疗服务价格，完善"一般诊疗费"政策。加强机动车收费政策实施，落实机动车驾驶许可考试训练、停放服务、安全性能检测收费政策。

(6) 深入推进科技体制改革。进一步落实省"40条"、市"28条"科技创新政策措施。继续推进实施全国"两创"基地城市示范建设三年行动计划。加快知识产权强市建设，完善跨市县、跨部门协商机制，实施知识产权密集型企业培育计划和高新技术企业发明专利清零计划。加快三大创新板块建设。改革财政扶持和科技计划项目管理方式，探索直接资助、项目后补助、基金引导相结合的多元化财政扶持模式，完善科技管理信息平台，组织第三方对科技计划项目绩效开展评估。扩大科技贷款规模，优化科技金融风险补偿工作机制，构建"投、保、贷"联动的科技金融支持模式。

(7) 深入推进新型城镇化改革。出台农业转移人口市民化财政支持政策，建立城镇建设用地增加规模同吸纳农业转移人口落户数量挂钩机制。稳步扩大经济发达镇行政管理体制改革试点。推进农村土地"三权分置"改革，完善土地承包经营权流转机制。构建市、县、乡三级联动的农村产权流转交易和信息服务体系，实现农村集体产权进场交易达100%。扩大农业保险覆盖面，发展创新型险种。培育新型农业经营主体，构建新型农业经营体系。积极推进供销社综合改革。培育创建一批特色小镇。

(8) 推动开放型经济体制机制创新。进一步加强吸引外资工作，落实外商投资准入前国民待遇负面清单管理制度。健全外商投资、对外投资事中事后监管体系。借鉴上海自贸区、苏州工业园区经验，探索开发区大部制机构改革试点。培育跨境电商新动能，推动现有省级外贸综合服务企业向跨境电商综合平台升级，融合订单、融资、信保、通关等全链条功能。加快推进扬州国际贸易"单一窗口"建设。推动海关、检验检疫、海事、边检等口岸管理部门条线内部跨区域一体化建设。进一步加强市"走出去"综合服务平台建设。

2. 深化文化体制改革

（1）完善文明城市建设长效机制。以社会主义核心价值观为引领，加强思想道德建设和社会诚信建设，全面提高公民素质和社会文明程度。深入推进道德模范和先进典型学习宣传活动，打造"寻找最美系列人物""扬州好人进万家""诚信企业"等一批践行社会主义核心价值观的品牌。弘扬"勤劳节俭、孝慈礼让、崇文重教、行善积德、文明健康"的好家风，广泛开展"晒乡景、赞乡贤、传家风"主题活动。深化文明城市、文明社区、文明村镇、文明单位创建，不断完善文明城市建设长效机制，引导市民争做勤奋勤勉、文明文雅的扬州人。

（2）构建现代公共文化服务体系。以城乡基层文化设施建设为重点，以流动文化设施和数字文化阵地建设为补充，建成覆盖城乡、布局合理的公共文化设施网络体系。提升"四位一体"公共图书馆服务体系建设水平，推广城市书房模式，在城市最热闹的地方开辟最安静的阅读空间。丰富公共文化产品和服务，创作更多弘扬社会主义核心价值观、思想性艺术性观赏性相统一的文艺作品，推出一批优秀的、具有可持续发展价值的品牌文化活动，提供更加优质的公共文化产品。

（3）创新公共文化服务管理运行机制。大力开展"结对子""种文化"活动，推动建立图书馆联盟、文化馆联盟，推动文化从城市"高地"流向农村"洼地"，加快区域文化共建共享。建立健全政府购买公共文化服务机制，鼓励社会力量和社会资本参与公共文化服务。鼓励群众自办文化，扶持各类群众文化团队。完善文化志愿者工作机制。完善群众反馈和评价机制，进一步提高公共文化活动的针对性和实效性。创成国家现代公共文化服务体系示范项目、省级现代公共文化服务体系示范区。

（4）推进文化产业转型升级。完善文化产业布局，规划建设"一带四片区"特色文化产业板块。以创意设计为引领,重点打造一批文化产品服务平台,大力发展文化创意产业。积极推动琴筝、毛绒玩具等传统特色产业向中高端发展,进一步提升"中国琴筝产业之都""中国毛绒玩具礼品之都"品牌效应。培育一批特色鲜明、创新能力强的文化科技企业,形成一批知名文化品牌,优选一批有较大发展潜力和市场空间的文化产业项目。

(5)深化文化管理体制改革。健全党委领导、政府管理、行业自律、社会监督、企事业单位依法运营的文化管理体制。深化公益性文化事业单位改革,探索管办分离的有效形式。推动国有文化企业建立现代企业制度,提升文艺精品创作和演艺市场经营能力。扎实推进文化行政执法改革,构建职责法定、行为规范、运行协调、监督有效、保障有力的文化行政执法体系。

3. 深化社会体制改革

(1)深入开展综合医疗改革试点工作。继续推进公立医院管理体制改革。加强分级诊疗制度建设,全面启动二级医院创建工作。全面推进公立医院薪酬制度改革。完善医联体纵向帮扶和分工协作机制,促进各级各类医联体取得明显成效。以村(社区)为单位,实现家庭医生签约服务全覆盖,重点人群签约服务覆盖率达到60%。健全药品供应保障制度。鼓励各类资本投资医疗保健领域,探索鼓励社会办医的政策措施。

(2)积极推进教育综合改革。继续推进学前教育优质普惠发展,促进义务教育优质均衡发展。深化职业教育改革,推行产教深度融合的职业发展模式,加强产教融合实训平台建设。加强教师队伍建设,组织特级教师到乡镇农村学校支教、送教,结对帮扶农村教师。完善义务教育教师"县管校聘"管理体制改革,实现教师和校长交流轮岗常态化。

(3)深化社会保险制度改革。按照国家、省基本养老保险制度改革要求,分步推进落实相关改革。扎实推进城乡居民基本医疗保险制度整合,全面推进总额控制下的复合式医保支付方式改革。推进长期护理保险制度试点,稳妥推进生育保险和基本医疗保险合并实施试点。全面实施省内异地就医联网结算,加快推进以退休安置人员为重点的跨省异地就医住院医疗费用直接结算。

（4）深化事业单位和社会组织改革。在事业单位分类的基础上，稳步推进从事生产经营活动事业单位转企改制。积极稳妥推进事业单位和国企公务用车制度改革。深入推进行业协会商会与行政机关脱钩改革，促进行业协会商会成为规范的社会组织。

（5）推动富民惠民改革举措落地。落实《关于聚焦富民 持续提高城乡居民收入水平的实施意见》，完善富民工作体制机制。进一步完善收入分配制度，严格执行省定最低工资标准。进一步完善市区城乡低保自然增长机制。实现农村居民人均收入增幅高于城镇居民人均收入增幅。健全促进就业创业体制机制，出台并实施全民创业行动计划和职业技能提升行动计划。完善基层基本公共服务。

4. 深化生态文明体制改革

（1）完善主体功能区制度。以主体功能区规划为基础统筹各类空间性规划，深入推进"多规合一"。深化规划体制改革创新，探索构建以空间规划、用途管制、自然资源离任审计、差异化绩效考核为主要内容的空间治理体系。建立资源环境承载力监测预警体系和管理考评体系。

（2）完善生态环境保护制度。完善生态环境补偿制度，实施与污染物排放总量直接挂钩的财政政策，进一步深化水环境资源"双向补偿"制度，全面推行排污权有偿使用和交易制度。有序推进省以下环保机构监测监察执法垂直管理改革。实施排污许可制度改革。加快推进江淮生态大走廊沿岸绿色转型发展，更大力度保护优质自然资源。推动企业参与碳排放权交易。探索开展林业碳汇监测计量试点工作。落实环境保护党政同责、一岗双责要求，出台县（市、区）、乡镇《生态环境保护工作责任规定》。推动自然资源产权制度改革，推进不动产统一登记工作。

（3）全面推行河长制。加快建立河长制组织体系，健全完善全市河长制配套制度，全面落实以党政领导负责制为核心、覆盖市县乡村四级的河长体系，全面建成河长制。

B.5 扬州协同推进扬子江城市群建设研究

扬州市发展改革委课题组*

摘 要: 2016年江苏省提出,江苏沿江八市要强化一体化协同发展理念,协力打造扬子江城市群。2017年6月,省委省政府明确建设扬子江城市群是着眼江苏未来发展的战略之举,要进一步集思广益,凝聚共识,明确战略定位,科学谋划推进,做好扬子江城市群建设这篇大文章。本文在分析扬州参与扬子江城市群建设的基础上,对扬州在扬子江城市群建设中的定位和对策进行了研究思考。

关键词: 扬子江城市群 城市定位 发展对策

在经济发展进入要素分工的新阶段,省委省政府打破苏南、苏中、苏北三大板块的地理分界和行政壁垒,提出包含扬子江城市群在内的"1+3"功能区战略,强化了主体功能区的概念,重塑江苏经济地理版图。扬子江城市群包含南京、苏州、无锡、常州、镇江、扬州、泰州、南通八市,是我国发展基础最好、综合竞争力最强的地区之一。本区域经济规模超过6万亿,人均GDP达到1.8万美元,具备高起点规划建设世界级城市群的坚实基础。

对扬州而言,建设扬子江城市群,有助于提升扬州在全国乃至全球价值

---

* 课题组负责人:许德奎,扬州市发展改革委副主任,市重大办主任。成员:胡新林,扬州市发展改革委规划处副处长(正科,主持工作);万东民,扬州市发展改革委规划处副处长。

链和产业分工体系中的位置,增强城市的国际竞争力和影响力;在更大范围内推动区域一体化,加快改革创新转型;进一步做好联系长三角城市群和苏北广大腹地的纽带,提升城市发展能级和辐射带动作用;更好地对接和融入南京,将城市群发展能级向长江中上游传递,做好"中继站"和"加压器"。

一 找准扬州在扬子江城市群中的城市定位

推进扬子江城市群建设,扬州应抓住机遇,深化宁镇扬一体化建设,找准自身的角色分工和使命担当,打造扬子江城市群建设的扬州典范。

一是打造贯通南北、承接东西的枢纽型城市。充分发挥扬州的地理优势,进一步加快打造扬子江城市群与苏北广大腹地联系的纽带和区域统筹协调发展的"中继站""加压器"。

二是打造扬子江城市群一体化发展的先行区。扬州持续推进跨江融合发展综合改革和"宁镇扬一体化"等工作,积累了一些经验,有条件在扬子江城市群一体化发展中先行先试。

三是打造江淮生态大走廊建设的示范区。2016年以来,扬州市牵头制定《江淮生态大走廊规划》及行动方案,并成功上升为省重大战略,有条件在江淮生态大走廊建设中努力探索出一条经济发展与生态文明相辅相成、相得益彰的发展新道路,打造清水走廊、安全走廊和绿色走廊。

四是打造创新经济与生态经济协调发展的试验区。扬州里下河地区腹地广阔,高邮宝应地区既处在扬子江城市群,又处在里下河生态经济区,有条件探索一条创新经济与生态经济融合互动、绿色发展与致富百姓相得益彰的转型发展之路。

二 理清扬州推进建设扬子江城市群的基础条件

近几年,事关扬州未来发展大局的连淮扬镇铁路开工建设,扬州纵贯南北、连接东西的交通区位优势将进一步凸显；省委省政府确定的扬州全省跨江融合发展综合改革试点，助推了扬州进一步释放资源要素集聚潜力，有力提升了扬州在沿江八市中的地位，全市上下紧扣"聚力创新、聚焦富民、高水平全面建成小康社会"这一核心任务，努力打造全省创新发展的扬州板块、美丽中国的扬州样板、健康中国的扬州样本，为扬州深入推进扬子江城市群建设打下了基础。2017年以来全市上下积极响应省委省政府关于扬子江城市群建设的决策部署，不断努力，进一步夯实了这一基础。

第一，聚力创新，经济总量不断做大做强。围绕实体经济发展，扎实推进"12345"创新工程，深入实施"两创"示范三年行动计划，实施智能制造提升工程、千企技改行动计划，重点推进制造业向智能制造、两化融合、绿色制造转型发展。前三季度，扬州市主要经济指标实现了均衡协调增长，GDP、固定资产投资、工业增加值、社会消费品零售总额分别增长7.8%、12.7%、7.4%和10.2%，其中战略性新兴产业产值同比增长12.9%，占规上工业比重43.3%。

第二，交通先行，加快基础设施互联互通。以推进宁镇扬三市主枢纽、主景区、主城区之间的快联快通为重点，加快推进交通基础设施建设。连淮扬镇铁路扬州段建设进度领先，成功推动北沿江高铁列入国家中长期铁路网规划，宁扬城际已完成工程可行性招标，五峰山过江通道连接线工程完成初步设计，扬州泰州国际机场一期扩建工程完成初步设计，328国道改扩建仪征段完成初步设计和江都段可行性研究，江六高速公路枣林湾互通可行性研究、345国道仪征新集至刘集段可行性研究相继获批，陆续进入实质性推进阶段。扬泰机场一期扩建工程进度加快，前三季度旅客吞吐量突破136万人次，国际货站即将竣工，力争年底开通国际货运。

第三，绿色发展，加速江淮生态大走廊建设。成功推动江淮生态大走廊建设纳入国家《长江经济带生态环境保护规划》和省《"十三五"生态环境保护规划》，并作为省级战略推进实施。42个项目列入省《江淮生态大走廊建设工程实施方案》（征求意见稿），占项目总数的40.4%，位居全省首位。推动江广融合区域"七河八岛"先导区建设，开展沿湖、沿河、沿路植树

造林工程，加快建设环高邮湖、宝应湖大道和沿线生态中心。大力推进"263"环保专项行动，重点行业落后产能整治任务全面落实，禁养区畜禽养殖治理全面完成省定任务，"控霾、治水、净土"三大战役全面打响。减煤进度走在全省前列，是全省未列入预警的3家地级市之一。

第四，加速融合，不断加快宁镇扬一体化步伐。坚持围绕基础设施、产业布局、公共服务、旅游开发、生态保护等"五个一体化"，推进宁镇扬一体化相关重点领域取得明显进展。全市46个在建项目、11个前期项目和12个三市合作重要事项分别列入《2017年度宁镇扬一体化合作项目协议》和《宁镇扬一体化发展2017年重大项目投资计划》。截至2017年9月底，在建项目已完成投资161.62亿元。推动仪征与六合围绕交通基础设施及公共交通、仪征取水口头部延伸工程、旅游业等方面达成一批项目合作意向。

第五，量质并举，加快构建城乡发展新格局。认真贯彻落实国家、省关于推进新型城镇化和城乡发展一体化的各项工作部署，全面推进各县（市）城市中心区域和重点中心镇建设，编制了《扬州市新型城镇化与城乡发展一体化规划（2015~2020年）》，高邮市和月塘、邵伯、氾水镇国家新型城镇化综合试点持续推进。推动小城镇差别化发展、特色化发展，制定了《关于推进小城镇差别化发展的指导意见》，出台了《扬州市特色小镇创建指南（试行）》。推动头桥医械小镇入选首批省级特色小镇创建对象名单，引入江苏省特色小镇发展基金，与中国银行江苏省分行签订融资协议；组织评定首批10个市级特色小镇创建名单和15个培育名单，组织召开全市特色小镇创建工作现场推进会。

三 探索扬州协同推进扬子江城市群建设的发展对策

当前扬州市经济规模居全省第八位，主要经济指标在扬子江城市群八市中居第6、7位。扬州的经济总量、产业基础、交通区位等在沿江八市中无明显优势，因此需要校准发展定位、聚集发展重点、彰显特色优势，实现差异发展、协调发展、融合发展，绘就建设扬子江城市群的扬州华章。

第一,做强产业新引擎,用发展新动能提升加速度,做好创新这篇文章。建设扬子江城市群中部崛起城市,创新是核心,产业是引擎。一是增创产业发展优势。产业高度决定城市高度,坚定地走产业强市之路,推动全市广泛应用绿色可再生新能源、数字化互联网通信方式、智能化交通方式,实现绿色生态文明与智能化生产、数字革命相融合,建立物联网平台,大力发展共享经济,促进商业模式创新,有效降低社会边际成本,打造成为第三次工业革命的引领者、示范者。二是抢占高端产业和价值链的高端环节。研发投入不够、企业创新活跃度不高、缺少大院大所支撑等,是扬州产业发展中明显的短板。扬州市应力争引进一批大院大所、高等院校分支机构支撑每一个重点产业,形成一批战略性重大创新载体。积极对接上海综合性国家科学中心建设,发挥临近南京科教人才资源优势,持续增加创新资源供给。三是培育企业联盟。针对沿江各市产业同构下恶性竞争导致的资源分散、重复建设问题,发挥产业同构的正面效应,推动区域内企业兼并重组,培育企业联盟,打造城际产业链。四是继续加大力度构筑三大创新板块。推动软件和互联网产业板块、高端装备制造业板块、农业和食品加工业板块加快发展。其中,江广融合区是扬州市"一体两翼"和"南江北湖"发展战略的交汇点和核心区,应以"国际创新活力区"的高端定位,加快集聚创新要素,使其成为沿江板块地理中心和经济中心的重叠区域。

第二,突出轴带引领,强化快联快通,大力推动基础设施对接融合。交通是融合的重要支撑,必须推动城市间有效联系、快通快动。一是确立"枢纽扬州"定位。从铁路来讲,扬州是连淮扬镇铁路和北沿江高铁、宁启铁路交汇的枢纽城市,2020年将实现县县通高铁;从公路来讲,京沪高速和沪陕高速纵横全境,是沟通全省中部的关键节点;从水运来讲,扬州是长江和运河的交汇处,随着2018年南京12.5米以下深水航道建成投入运行,将进一步强化扬州市的水运枢纽地位;从航空来讲,扬泰机场是全省唯一两市共建的机场,且发展速度快。扬州具备争取成为全国性、区域性综合交通枢纽的条件。二是以实现南北跨江融合为主基调,配合省相关部门加快形成以高铁、城铁、高速公路为骨架,国省干道、高等级航道为支撑,民航、通用航空、城际公交为导向的多层次综合交通运输体系,实现扬州从高铁洼地向高铁枢纽转变。积极规划建设第四代港口,打造以港口、临港工业区、临港新城为载体的新一代港口。三是围绕增强承接产业、资本、技术、人才转移的竞争力,以高铁场站建设为契机,加快打造大通道、大口岸、大载体"三合一"的开放高地。加快谋划推进润扬过江通道项目这一实现"扬镇同城"的关键工程,实现"市区连市区"。

第三,突出水韵标识,实行"水系+",彰显"文昌水秀"品牌。水是最重要的生产要素和战略资源,创新经济、生态经济,都与"江、河、湖、海"密切相关。一是做好长江的文章。发挥长江航道优势,着力建设南京都市圈区域性航运物流中心;加强港口资源整合,优化港口功能布局,积极探索宁镇扬三港错位、联动发展,着力打造江河海联运枢纽。加快整合长江岸线资源和功能,把扬州港建设成为"亿吨大港、百万标箱"。二是做好大运河的文章。迅速开展大运河文化带建设的"扬州行动",努力在大运河保护传承利用上走在全国前列。全面梳理大运河扬州段的历史、自然、人文、生态、旅游等资源,打好历史名人、盐商漕运、水利工程等扬州"特色牌",并与文化、生态、水利、交通、旅游体育、特色小镇等项目建设相结合,以点带面、以线串珠,打造生态长廊、文化长廊和经济长廊。三是做好水乡古镇的文章。按照全域旅游的要求,打造文化特色小镇,通过文化活动彰显邵伯的运河风情、瓜洲的春江花月夜、湾头的玉文化、方巷的渔文化,让文化旅游成为文化特色小镇的重要支撑。扬州的特色小镇可与浙江、苏南一些小镇等结为一对一的姊妹小镇,在小镇发展的思路、方法、机制等方面学他人之长、创扬州之新。

第四,强化特色发展,放大生长新优势,实现城市价值最优化。一是提升经济价值,拿出最好资源、最优地段用于扬州创新空间的规划布局。二是提升文化价值,从战略、资金、硬件、内容、营销等方面打造文创之都,形成以园区化、楼宇化为载体模式,以重大产业项目带动,以骨干企业为支撑,实现资源向财源、文物向宝物、遗产向财产成功转变。针对文化园区"赔本赚吃喝"的现实,推动"文化产业开发区""文化创意产业园区"的初级阶段逐步过渡到"城市文化与创意城市融合"的高级阶段。三是提升生态价值，把生态这抹城市底色描得更靓，努力把生态安全廊道建设成特色风光带，让水亲绿透的城市风貌成为扬州的闪亮名片。

第五，彰显生态优势，创新体制机制，打造生态经济的先行示范区。一是突出以河湖湿地为重点，以主体功能区为支撑，以体制机制创新为保障，推动高邮、宝应打造生态经济先行示范区。加强水林田湖生态系统保护修复，加快城市公园体系建设，实施江淮生态大走廊八大工程，全面提升高邮宝应地区自然资源资产水平。二是突出布局优化，强化空间用途管控，构建更加清晰的城镇、农业和生态三类空间；健全空间治理体系，严控生态保护、永久基本农田和城市开发边界"三条红线"，推动高邮、宝应积极创建国家和省级重点生态功能区。三是突出改革创新，完善生态经济体制机制新构架，探索推进自然资源资产产权制度、水资源税、社会化第三方治理、绿色金融体系等生态文明体制改革，创新生态产品供给体制。

第六，突出机制创新，缩小战略单元，探索发展新路径。实行分类管理和考核，"推动主体功能区战略格局在市县层面精准落地"。一是突出县级主体作用，在省级顶层设计指导下让跨江融合战略首先在县域落地。二是对全市县级单位进行分类管理，建立与功能板块相适应的差别化经济财税政策、考核评价体系。三是争当扬子江城市群建设先行区。省建设扬子江城市群文件和规划鼓励在很多领域开展试点，扬州经济总量、人口、地域、位置在沿江八市中属于中间，有条件、有优势开展各类试点。四是借助重大会展驱动城市质变。学习南京（2014年青奥会）、杭州（2016年G20峰会）、厦门（2017年金砖国家峰会）等地做法，积极通过争取承办重大会展活动实现"镀金"，推动扬州包括地铁在内的重大基础设施快速改善和城市功能更加完备。

B.6 扬州对接长江经济带发展战略研究

郭志咸　吉爱平　张　锋*

摘　要：	近年来，扬州牢牢把握"共抓大保护，不搞大开发"的主基调，坚持生态优先、绿色发展，经济建设和社会发展取得了长足进步。《长江经济带发展规划纲要》的发布，标志着推进长江经济带建设进入加速期。扬州作为长江经济带29个节点城市之一，迎来了新一轮发展机遇，研究扬州如何对接长江经济带不仅十分必要而且很重要。
关键词：	长江经济带　比较优势　发展战略

依托黄金水道推动长江经济带发展，是党中央、国务院作出的重大战略决策。扬州是长江经济带重要的节点城市，面对国家战略实施带来的重大发展机遇，如何顺势而为、乘势而上，把战略机遇转变为发展动能，把区位优势转化为发展优势，已是一个现实且紧迫的课题。

一　扬州在长江经济带发展中的战略定位

1. 长江经济带发展对扬州提出的新要求

长江经济带发展不仅是区域协调的国家战略、整体联动的系统战略，更

---

* 郭志咸，扬州市发展改革委党组成员、副主任，扬州大学商学院兼职副教授；吉爱平，扬州市发展改革委外经处处长、扬州大学商学院兼职副教授；张锋，扬州市发展改革委外经处副主任科员。

是驱动改革的创新战略。这一重大战略,对扬州秉承自身发展需要,加快对接融入提出了一系列新的要求。

第一,扬州应当好思想解放的引领者。对接长江经济带发展战略的过程也是思想解放的过程,与该战略对接融合的深度最终将取决于发展理念的更新程度。《长江经济带发展规划纲要》明确提出"生态优先、绿色发展"和"一盘棋思想、统筹发展"等总体要求。扬州作为以生态为底色、以跨江融合为总抓手的滨江城市,不仅要率先突破唯GDP论,更要深刻总结千年古城人与自然傍江依存的和谐历史发展观,以创新包容的开放心态,适应经济结构的持续调整和发展方式的不断转变,对接、融入长江经济带,精心打造集先进制造业、历史文化、秀美古一体和水园绿相依的长江经济带重要节点城市。

第二,扬州应当好生态文明的推动者。长江经济带的生态发展是实现中华民族母亲河永葆生机活力的根本要求,"共抓大保护、不搞大开发"是长江经济带沿线地区共同的社会责任和历史责任。在对接长江经济带一体化发展过程中,扬州积极践行"绿水青山就是金山银山"理念,创造了"治城先治水"的扬州经验,精心构筑了"河畅、水清、岸绿、景美"的城乡水环境,更以建设沟通江淮、纵贯南北的江淮生态大走廊[1]为主抓手,奋力打造美丽中国的"扬州样板",不断传承光大"绿杨城郭是扬州"的千年佳话。

第三,扬州应当好创新发展的先行者。创新能力强的地区必然是未来科技革命和产业转型升级的领跑者。扬州正以创新驱动发展为主战略,以全国小微企业创业创新基地城市示范、国家创新型试点城市为基础,以"12345"创新发展工程[2]为主抓手,持续推动城市转型和产业升级,积极打造在全省、全国易复制、可推广的创新发展扬州经验,进而形成"大众创业、万众创新"的生动局面。

第四,扬州应当好对外开放的示范者。以开放促改革是我国改革发展的成功实践。扬州素有"江淮孔道"之称,承接苏南、辐射苏北,长江经济带和"一带一路"在扬州形成交汇,京杭大运河串接起长江经济带和京津冀两大区域发展板块,南京都市圈和扬子江城市群正在扬州孕育叠加效应。扬州应充分发挥这一独特的优势,因势利导,吸引、融汇国内外各类资源,

以更大力度、更宽领域、更高水平持续推进对外开放。

2. 扬州在长江经济带发展中的战略定位

根据《长江经济带发展规划纲要》《长江三角洲城市群发展规划》和扬州自身的发展条件，扬州在对接长江经济带发展中的战略定位建议为：依托"一带一路"国际通道、"江海河联运"水上枢纽，彰显"大学城""旅游城""汽车城""休闲城"特色魅力，加快建设集头脑产业、生态休闲和慢生活于一体的宜居、宜业、宜创之城。

二 扬州在长江经济带发展中的比较优势

1. 区位优势

如果把长江比作以上海为"龙头"的巨龙，扬州与南京、镇江则同处于"龙肩"位置，共同担当着衔接东西、沟通南北的重任，构成长江经济带的"战略扁担区"。南京都市圈圈层发展规划进一步彰显了扬州在长江经济带发展中的枢纽点和中转站的区位功能。连淮扬镇铁路和北沿江高铁在扬州的交汇，意味着长江江苏段"动车环"和"高铁环"即将成形。长江12.5米深水航道整治、国际新航线的不断开辟和高速路网的不断完善，进一步提升了扬州立体交通走廊的地位。

2. 生态优势

扬州是全国第一批编制实施生态规划的城市之一，先后荣膺"国家生态文明建设示范区""国家森林城市""联合国人居奖城市""水生态文明城市"等桂冠。近几年来，扬州持续推进"绿杨城郭新扬州"三年行动计划，着力打造了廖家沟城市中央公园、三湾公园、宝应湖生态中心、高邮清水潭生态中心等10个生态中心。正在建设的江淮生态大走廊，总规划面积1800平方千米，最终将再现"江淮三百里生态风光图"和"百里大江风光带"的壮丽篇章。

3. 产业优势

目前，扬州已形成以汽车、旅游、软件和信息服务、建筑、机械和教育等与城市特质相吻合、发展相伴随、经久不衰的"基本产业"。以新能源、新光源、新材料、智能电网、节能环保与高端装备制造、新一代信息技术、生物技术和新医药为主的"5+3"新兴产业发展体系基本形成。服装玩具、工艺美术、食品制造、酒店用品、户外照明灯具等传统特色产业通过配套完善上下游产业链,放大了产业集聚、整合、延伸和裂变等效应,正在焕发新的活力。

4. 创新优势

扬州是聚集了国家级经济技术开发区、高新技术开发区和综合保税区等各种形态的对外开放区域,是国内投资条件最好的地区之一。2016年,扬州成为全省唯一入围"全国小微企业创业创新基地城市示范"的城市。2017年,扬州顺利通过国家创新型试点城市评估验收,并正以"创新驱动"战略为引领,着力推进"12345"创新发展工程,以创新带动产业转型,推进经济健康发展。

5. 环境优势

扬州市委市政府坚持把优化营商环境作为推动改革的突破口,连续四年出台以降低企业成本为核心的服务企业"2号"文件。2017年,扬州把行政审批制度改革作为先手棋、当头炮,认真按照"3550"目标[3]要求,聚焦工商登记、不动产登记、联合审图等三个最难的领域和最繁杂的环节,着眼于全流程、全要素、全方位,全面推进"多证合一""不见面审批""一张网"建设等改革举措,全面落实"容缺预审""归并办理""联合评估"等创新举措,从根本上提高行政审批规范化程度和办事效率。

总之,一系列比较优势将成为扬州对接长江经济带要素交汇、生态发展、产业融合、互动创新的加速器,与沿江地区形成功能互补、错位竞争、联动发展、互利共赢的新型协同发展战略关系。

三 扬州在对接长江经济带发展中的主要策略

1. 坚持"生态强市",美丽中国的"扬州样板"悄然形成

扬州在全省率先提出"生态强市"发展战略,探索走出了一条生产发

展、生活富裕、生态良好的文明发展道路。一是拓空间。编制了《扬州市主体功能区实施规划》，划分出优化、重点、限制三类区域，将重要生态功能区作为禁止开发区域，占市域面积的20.11%。出台了《市政府关于扬州市长江岸线资源开发利用和管理的意见》，将岸线功能区优化为生产、生活和生态三类，不断加强长江岸线保护。实施了公园体系建设，把绿色发展和百姓需求有机结合，城区大部分市民出门步行10分钟、骑车5分钟即可到达一个公园。在全国率先建成"清水活水、不淹不涝"水生态文明城市，累计投入资金125.9亿元。二是抓重点。把淮河入江口和南水北调东线源头约80平方千米的区域作为江淮生态大走廊先导区建设，完成21家船厂和砂石场搬迁、100万平方米的拆迁和环境整治，启动实施了湖泊治理、淮河入江水道整治工程，切除高邮湖、邵伯湖行洪区域阻水浅滩总面积3万亩，从根本上消除了淮河行洪瓶颈。实施了300多项重点减排工程、59个流域水污染防治项目，关停小化工小电镀企业102家，退渔还湖30万亩。市人大通过了《关于切实加强"七河八岛"[4]区域生态环境保护的决议》，配套编制实施了《"七河八岛"地区"四控一禁"[5]规划》。三是重保障。每年从土地出让金中提取5%专项用于城市绿化；从土地出让收益中安排1亿元资金，用于河道管护奖补。专门设立扬州市生态中心建设工作领导小组，着力推动每个县（市、区）至少建一个面积在10平方千米以上的生态中心，并纳入政府督察考核。以"治企、限煤、管车、抑尘、禁燃"为重点，实施了"五气"共治、"共保蓝天"专项行动，关停了一批生产企业，倒掉了一批"黑烟囱"，全面淘汰了黄标车。在城市开发建设中，坚守产业门槛、空间布局、技术物理、执法监管、生态保护"五条底线"。在项目引进上，设置了项目工艺技术水平低、投资强度低、环境污染大、安全隐患高的"四不进"门槛，对高污染、高排放的项目"一票否决"。

2. 坚持"开城先开路"，"公铁水空管"五位一体的综合立体交通走廊基本成形

把打造综合立体交通走廊作为融入长江经济带建设新的支撑。一是加快外联。启扬高速、江六高速建成营运，宿扬高速、江广高速扩容加快建设，

"一环七射"高速路网[6]初步形成。宁启铁路开通动车,连淮扬镇铁路全面开工。长江 12.5 米深水航道二期工程顺利推进,京杭运河"三改二"全面完成,高速铁路、高速公路、深水航道三大国家级干线十字交汇的格局跃然成形。扬州泰州机场升级为国际机场,预计 2017 年旅客吞吐量超过 180 万人次。扬州港整体纳入江苏省港务集团,成为地区性重要港口。"西气东输"和"川气东送"管线在扬州交汇,实现双气源供气。二是加速内通。文昌路东延和西延工程把主城区主干道延伸至 60 千米,新淮江公路和 333 省道的建成、611 省道和金湾路的开工让"邵伯湖被抱进城里、高邮湖被拉进城里","东水西山一路连、南江北湖一河牵"的"一核多组团"[7]大扬州发展格局基本形成。三是加快重塑。扬州泰州国际机场扩建和提档升级、内河船闸扩容改造和航道整治提升等工程加快推进,扬州港综合物流体系初步形成,连淮扬镇铁路扬州段进度全线领先,高铁扬州东站基础工程开工建设。北沿江高铁扬州段、宁仪扬城际轨道项目开展前期工作,扬子江城市群"一小时通勤圈"加快闭环,扬州成为区域国际航空货运中心、长江—运河江河中转中心、江河海联运中心指日可期。

3. 坚持"项目为王",契合扬州特质的现代产业体系基本构建

以重大项目建设为支撑,现代服务业为重点,新兴产业为突破,三次产业结构加快从"二三一"向"三二一"转型。一是持续推进项目建设。沿江地区 100 亿元、沿河地区 50 亿元重特大项目实现两轮全覆盖。2017 年,21 个列省重大项目开工在建 18 个,30 个参加全省集中开工项目全部实质性启动。二是着力调优产业结构。抢抓"互联网+"、《中国制造 2025》等战略机遇,充分发挥基本产业对经济增长的"压舱石"和富民增收的"推进器"作用,不断加大投入、加快发展。"5+3"新兴产业发展已形成集聚效应,预计全年新兴产业增加值占 GDP 比重将达 16.5%。现代服务业成为转型发展的新动力,服务业增加值增速领跑全省。三是创新驱动转型发展。重点推进先进制造业向智能制造、两化融合、绿色制造转型发展,并顺利通过国家创新型试点城市评估验收。深入实施"双创示范"三年行动计划,近两年新开工的科技产业综合体和众创空间达到 157 万平方米。

4. 坚持"以人为本",以新型城镇化为统领的城乡一体化发展新格局基本形成

大力促进公共资源在城乡之间均衡配置、生产要素在城乡之间自由流动。一是持续推进市县镇村四级联动发展。全面推进各县(市、区)城市中心区域建设和重点中心镇建设,高邮市和月塘、邵伯、氾水镇国家新型城镇化综合试点持续推进,全市城镇化率达到64.4%。杭集镇列入全国第二批特色小镇名单,头桥镇被列入江苏省首批特色小镇,11个村入选省级美丽乡村建设示范项目。农村河道清淤整治、垃圾集中处理和村"五个一"文体活动广场[8]实现全覆盖,沿长江、沿运河地区80%的村集体经营性收入分别达50万元和40万元。二是持续建设宜居宜游宜创城市。加快完善城市功能、提升城市承载能力,陆续建成市文化艺术中心、科技馆、李宁体育公园等一大批功能性设施。持续提升"两古一湖"文化核心区,古城东关街创成中国十大历史文化名街,古运河沿线实施生态修复和历史风貌恢复工程并全面贯通水上游览线,瘦西湖景区扩容,全面恢复清二十四景,打造世界级景区。三是基本公共服务水平不断提高。全面实施居住证制度,基本实现户口迁移"零门槛"。市县镇村四级就业服务平台实现全覆盖,来扬州务工人员子女就学享受"市民待遇"。

5. 坚持"开放融合",推进新一轮更高水平对外开放步伐不断加快

积极顺应经济全球化大趋势,全面融入"一带一路"建设,积极构建全方位宽领域多层次更高水平对外开放的新格局。一是经贸合作水平稳步提高。前三季度,全市新批外资项目86个,同比增长37.1%;完成进出口总值78.44亿美元,同比增长9.8%;完成外经营业额6.92亿美元,同比增长10%。二是对外开放领域不断拓宽。以建筑建材、装备制造、新能源等领域为重点,着力推进国际产能合作,在30个国家和地区储备项目39个。加快对外科教文卫合作交流,连续多年实施"科教合作新长征"和"科技产业合作远征"计划,与德国、以色列、俄罗斯等国家的高校和科研院所建立了科技合作关系;与英国、澳大利亚等10多个国家开展合作办学;苏北人民医院牵头推动了中国·以色列医院联盟的设立。三是国际交流合作日益频繁。先后举办了"2017 中国扬州峰会""2017 扬州鉴真国际半程马拉松赛""2017 亚布力青年论坛创新年会""2017 世界地理标志大会""2017 世界城市运河论坛"等一批具有影响力的国际性活动。

四 扬州在对接长江经济带发展中的难点

一是绿色发展任重而道远。土地利用率低的问题尚未从根本上得到改变，国土空间开发有待进一步优化。循环经济持续发展的同时，依然存在循环产业链条偏短偏细、再生资源回收体系不够健全、促进推动机制不够完善等问题。控制煤炭消费总量、调整能源结构受经济发展和产业结构调整的影响较大，绿色能源发展有待进一步深化。

二是污染防治压力较大。大气环境虽呈持续改善之势，但总体脆弱，极易受气象条件、外来输入污染等因素影响，面临刚性目标的持续考验。镇、村污水处理设施还存在处理能力不足、收集范围不广、运行不正常等问题。农村面源污染控制压力较大，化肥农药难以持续控减，部分中小型养殖场畜禽粪便处理设施运行不正常，水体富营养化问题还很严重。

三是水质管理有待加强。全市地表水水质虽逐年改善但仍不够稳定，优于Ⅲ类水的比例还不高，与 2020 年达到 75% 的目标要求差距较大。饮用水源相对单一，仍然存在一定的航运事故风险及上游化工、石化企业污染事故风险。围网养殖、围垦种植、挖塘养鱼等导致湿地功能下降的问题依然存在，恢复进度相对较慢。

四是岸线利用比较粗放。长江沿线建成项目中，还存在未批先建、违规建设、占而不用、深水浅用、多占少用等诸多问题，特别是一些沿江企业自建专用码头，挤占了公用码头建设的岸线资源，降低了岸线开发利用效率。长江干流区域崩岸隐患仍然存在，干流沿线及通江河道部分闸站有不同程度的安全隐患。长江非法采砂管理形势相对严峻，时有反弹。

五是制度措施有待完善。生态文明建设和环境保护在县（市、区）经济社会发展中的重视程度还不够高，"权责一致"的环保责任体系和问责制

度需进一步完善。全市网格化监管工作机制和相应配套保障机制尚需进一步健全完善,基层尤其是镇村环境监管力量还较薄弱,环保能力建设有待加强。

五 扬州对接长江经济带发展的政策建议和举措

1. 扭住生态优先、绿色发展不动摇

一是控制源头。持续推进"五气同治",大力实施能源消费总量和煤炭消费总量"双控",2020年前,煤炭消费占能源消费总量降到72%以下并实现负增长,PM2.5平均浓度下降到50微克/立方米以下。落实水污染防治计划,加快推进建制镇污水处理设施全覆盖,全面完成"十小"企业[9]取缔整治和"十大"重点行业[10]清洁化改造。落实"河长制"和"断面长制",组织实施断面达标方案,取消不满足水功能区管理和影响取水安全的排污口,消除劣V类入江支流。大力开展化肥、农药使用量"零增长"行动,禁止在沿长江、沿运河开展规模化畜禽养殖,控制水产养殖。推进土壤污染防治、化工污染防治、船舶和港口污染防治、垃圾收集处理、城乡生活垃圾无害化处置等专项行动,从源头减少污染给环境带来的压力。二是突出重点。持续推进江淮生态大走廊建设,排出重点项目清单,力争将南水北调输水沿线区域水面和湿地、绿地和林地面积提高到75%左右。三是修复生态。严格落实主体功能区实施规划和生态红线区域保护规划,实施建设用地总量和强度"双控"行动。统筹实施山水林田湖生态保护和修复工程,推动生态环境协同治理、环境第三方治理,落实生态补偿、水权、碳排放权、排污权交易等治理措施。继续推进长江干流应急治理工程和入江支流治理、沿江岸线生态化改造,确保岸线保护和开发利用总体规划执行到位。

2. 构建综合立体交通走廊不减速

一是提升江河水道功能。以长江南京以下12.5米深水航道为依托,加快实施沿江港口码头升级改造、京杭运河航道和船闸扩能升级工程,支撑长江干线通道与南北腹地有机衔接。二是优化港口功能布局。以扬州港并入江苏省港口集团为契机，修编《扬州港总体规划》，完善港区公用泊位建设，构建联系沿江主要港口的电子化协作联动网络。推动京杭大运河扬州内河集装箱码头建设，通过水公、水铁、水水联运方式，拓宽与长江中上游的物流通道。三是完善陆空交通网络。加快构建与苏南、上海快速连通、无缝对接的现代交通体系，加快推进北沿江高铁、宁扬城际等轨道交通项目前期工作，开展铁路入港前期研究。实施扬州泰州国际机场一期扩建工程，建设国际货运区。

3. 狠抓创新驱动转型升级不松懈

一是启动新一轮创新型城市建设。持续推进"三大创新板块"[11]建设，实施"两化融合"提升、自主创新、知识产权密集型产业培育等创新工程，扎实推进"绿扬金凤""英才培育"等人才工程，引进高层次领军人才、支柱产业发展急需的专业技术人才和基础性人才。进一步推动省级以上开发区与上海及沿江城市开发区的交流与合作，继续推进中外园区和南北园区共建。二是推动三次产业转型升级。深入推进农业供给侧结构性改革，加快国家农业科技园区建设，加快打造6个50亿元产值连片特色产业基地。实施"专精特新"培育、智能制造提升、特色高端装备引领、船舶产业转型升级等专项行动，加快淘汰低端低效产能，稳妥处置"僵尸企业"。优先发展生产性服务业，大力发展软件和互联网产业、现代金融业、文化创意产业，到2020年，服务业增加值占GDP比重突破50%。三是培育特色产业竞争优势。加快信息基础设施建设，实施"宽带扬州"提速工程、"无线扬州"覆盖工程、"高清扬州"普及工程等基础工程，超前规划布局5G网络等新一代数字基础设施，创建国家"宽带中国"示范城市。促进文体产业繁荣发展，加大非遗传承发展和人才培养力度，支持创作扬剧、木偶剧、扬州曲艺等一批具有扬州地方特色的优秀文艺作品。实施一批文化旅游项目，力争文化产业增加值占GDP比重达5%以上。着力推进大运河文化带建设，争做运河遗产保护的示范。

4. 统筹推进城市融合发展不止步

一是优化城乡空间布局。编制扬州市参与扬子江城市群建设行动方案，落实《宁镇扬一体化发展重大项目行动计划（2017~2020年）》。修编城市总体规划，调整完善土地利用总体规划，推进各类空间性规划"多规合一"。围绕"一核多组团"，整体推进古城保护和利用，完善南河下等片区服务配套功能，江广融合区规划建设"七河八岛"和"三河六岸"[12]滨水工程，西区新城改造提升明月湖周边区域，南部新城推进三湾公园、瓜洲旅游度假区等片区建设，蜀冈—瘦西湖景区加快实施唐子城保护和利用等项目。二是推进农村转移人口市民化。深化户籍制度改革，加快健全以居住证为载体的基本公共服务提供机制，研究制定财政转移支付、建设用地新增规模与农业转移人口落户数量挂钩政策。实施促进充分就业行动，鼓励农民工返乡创业，培育生产经营型、专业技能型和专业服务型农民。三是统筹城乡一体化发展。继续推进城乡"六个一体化"[13]，力争在农业转移人口市民化、基本公共服务常住人口均等化、城乡发展一体化等方面形成经验。加快宝应、高邮、仪征老城区改造，继续实施国家新型城镇化综合改革试点项目。市县联动、分层分级，启动首批10个特色小镇建设。加大扶贫开发力度，以人均年收入7000元以下低收入农户全部脱贫为目标，宝应、高邮、仪征城乡低保标准以县为单位实现同标。

5. 争创全方位开放新优势不懈怠

一是打造对外开放新高地。积极复制推广国家自贸区新一批改革试点经验，全面实施外商投资准入前国民待遇负面清单管理制度，有序推进服务业扩大开放，鼓励外资以特许经营方式参与基础设施建设，支持外资企业在国内上市、发债。继续深化南北合作共建，江都开发区争创国家级开发区，生态科技新城、高邮湖西新区打造具有竞争力的高新技术产业基地。二是培育外贸发展新优势。深入实施对外贸易"优进优出"行动计划，积极应对贸易摩擦，加强出口品牌培育，提高高新技术产品出口占比。鼓励企业"走出去"，稳步提升外经营业额。开拓海外文化市场，加快对外文化贸易发展。加快扬州综合保税区省级跨境电商产业园试点和江苏信息服务产业基地、扬州市商贸物流园等市级跨境电商产业园试点建设，稳步推进电商企业建设海外仓。三是深化与"一带一路"战略的融合。贯彻落实江苏省国际产能合作三年行动计划，更深更广融入全球供给体系。支持企业以增强核心竞争力为目标开展海外并购重组，推动开发区、企业参与阿联酋中阿产能合作示范园、柬埔寨西哈努克港经济特区、埃塞俄比亚东方工业园等境外园区的建设。

名词解释

1. 江淮生态大走廊：江淮生态大走廊扬州段包括"一带一廊"："一带"为沿长江、廖家沟、芒稻河、高水河、京杭大运河及周边湖泊水系、湿地形成的生态带，"一廊"为沿长江、新通扬运河、三阳河、潼河形成的清水走廊。江淮生态大走廊规划总面积 1780 平方千米，其中生态红线区域面积 1112.24 平方千米。规划的主要内容是：以南水北调清水通道为核心，以长江、"七河八岛"生态保护区、高邮湖、邵伯湖、宝应湖等区域为重点，总投资 200 多亿元，实施一批生态红线保护、生态中心建设、河湖生态修复、流域水污染防治和植树造林等工程，使南水北调输水廊道和淮河归江水道水质长期稳定优于Ⅲ类水水质，沿线生态红线保护区域得到保护和恢复，区域水环境质量持续改善，生态安全得到可靠保障，最终将南水北调输水廊道和淮河归江水道打造成清水走廊、安全走廊和绿色走廊。
2. "12345"创新发展工程：以"全国小微企业创业创新基地城市示范"为抓手，大力推动"大众创业、万众创新"；以产业创新平台建设为重点，加快打造 20 个特色小镇；以重点特色行业为主体，集中建设扬子津智能制造、江广融合区软件和互联网、高邮八桥国家级农业科技园区三大创新板块；确保新开工 40 个重大服务业项目、50 个重大工业项目。
3. "3550"目标：申办企业 3 个工作日内完成、不动产登记 5 个工作日内完成、工业建设项目施工许可 50 个工作日内完成的改革目标。
4. "七河八岛"：扬州市生态自然环境保持最完好的湖泊、平原型湿地，境内自然资源丰富，湿地功能强大，是扬州城的"绿肺"。"七河八岛"区域，以广陵区泰安镇为主体，包括湾头镇、杭集镇的部分区域，北起邵伯湖，南至沪陕高速，东至高水河、廖家沟一线，西至京杭大运河、廖家沟一线。区域面积约 51.5 平方千米。"七河"自西向东分别为：京杭大运河、壁虎河、新河、凤凰河、太平河、金湾河、高水河。在这七条河流的分割下，天然呈现了八个岛屿。"八岛"自东向西分别为：聚凤岛、芒稻岛、金湾岛、自在岛、凤羽岛、山河岛、壁虎岛、新河岛。
5. "四控一禁"：严控廊道宽度、建筑高度、开发强度和污染排放，禁止违法建设。

6. "一环七射"高速路网:"一环"是指由沪陕高速江六段、扬溧高速(西北绕城段)和京沪高速构成的扬州高速公路环线,"七射"是指京沪高速、江海高速、沪陕高速江广段、京沪高速南延、扬溧高速、沪陕高速江六段以及宿扬高速。
7. 一核多组团:以古城为"核",加快推进若干个组团发展,打造现代化大扬州发展格局。
8. "五个一"文体活动广场:即每个行政村要有一片300平方米的水泥或橡胶铺设平地、一个四向篮球架或一副标准篮球架、一盏太阳能灯、10米长椅和至少10棵大树配套绿化的健身广场。
9. "十小"企业:不符合国家产业政策的小型造纸、制革、印染、染料、炼焦、炼硫、炼砷、炼油、电镀、农药等严重污染水环境的生产企业。
10. "十大"重点行业:造纸、焦化、氮肥、有色金属、印染、农副食品加工、原料药制造、制革、农药、电镀等行业。
11. 三大创新板块:集中力量打造江广融合区,国家级开发区、高新区和扬子津科教园区融合发展,以及高邮八桥农业科技园区等三大板块。
12. 三河六岸:芒稻河、金湾河、新通扬运河等3条河流及两岸地区,位于江广融合区核心区域。
13. "六个一体化":是指城乡规划一体化、城乡产业发展一体化、城乡市场体制一体化、城乡基础设施一体化、城乡公共服务一体化、城乡管理体制一体化。

参考文献

1. 《中共中央、国务院关于印发〈长江经济带发展规划纲要〉的通知》(中发〔2016〕14号)。
2. 《国家发展改革委、住房城乡建设部关于印发〈长江三角洲城市群发展规划〉的通知》(发改规划〔2016〕1176号)。

经济发展报告

Reports on the Economic Development

B.7
2017年扬州工业经济发展研究

扬州市经济和信息化委员会课题组*

摘 要： 工业是扬州城市发展的历史见证和精神所在，更是"迈上新台阶、建设新扬州"的重要基础和支撑。2017年，党的十九大胜利召开，供给侧结构性改革全面深化，市场趋向回暖、政策持续利好、产业变革加快，为扬州工业发展创造了良好机遇，全年工业经济运行呈现增速稳定、结构优化、实力提升的良好态势。2018年，扬州将深入贯彻落实十九大精神，坚持质量第一、效益优先，以供给侧结构性改革为主线，以科技创新为第一动力，以智能制造为主攻方向，加快建设形成实体经济、科技创新、现代金融、人力资源协同发展的产

---

* 课题组成员：王正年，扬州市经济和信息化委员会主任（负责人）；赵宽安，扬州市经济和信息化委员会副主任；周咸欣，扬州市经济和信息化委员会综合规划处处长；李晖，扬州市经济和信息化委员会综合规划处副处长（执笔人）。

业体系,努力实现工业经济平稳增长和提质增效。

关键词: 工业经济运行 产业转型升级 创新转型

一 2017年扬州工业经济运行情况

2017年,扬州坚持"工业强市"战略不动摇,扎实推进供给侧结构性改革,统筹推进重大项目、基本产业、百强企业、小微双创、开发园区等协调发展,工业经济运行呈现增速稳定、结构优化、实力提升的良好态势。

(一)主要指标稳中向好

1~9月份,全市规模以上工业完成总产值8308.8亿元,同比增长12.2%;工业增加值1850.1亿元,增长7.4%。全市工业完成开票销售3487.4亿元,增长17.4%,累计增幅居全省第8位,总量居全省第7位;实现入库税收151.8亿元,增长4.5%。工业用电119.5亿千瓦时,增长2.3%,增幅居全省第8位。

(二)主导产业全面增长

1~9月份,全市汽车、机械、船舶、石化、新能源新光源等五大主导产业开票销售同比分别增长5.8%、11.6%、56.2%、17.9%和10.8%,连续七个月保持全面增长,对全市工业贡献不断增大。冶金、食品、建材、电子产业分别增长60%、16.7%、24.3%和9.9%。

(三)工业投资逐步提升

1~9月份,全市累计完成工业投资1451.3亿元,同比增长10.7%,高于江苏省平均水平4.5个百分点,居全省第3位;工业技术改造投资1113.6

亿元,同比增长26.4%。累计完成设备抵扣增值税15.15亿元,同比增长40.8%,折合设备投资104.3亿元。

(四)百强企业支撑明显

1~9月份,全市工业百强企业合计完成开票销售1727.9亿元,同比增长16.1%,拉动全市工业增长8.1个百分点,总量占全市工业的49.5%。百强企业开票销售增长面达73%,较2016年末提高17个百分点。恒润海工、中海工业、仪征化纤开票销售分别同比增加40.2亿元、24.7亿元和19.6亿元,为增量最大的三家企业。

(五)区域工业向好发展

1~9月份,全市9个县(市、区)和功能区规模以上工业增加值和开票销售全部实现增长,其中邗江、仪征、江都、高邮等地规模以上工业增加值分别达到8.2%、8.2%、8.1%和8.0%,广陵、江都、高邮等地工业开票销售分别增长36.1%、29.3%和23.1%。

二 2017年加强工业经济运行的主要做法

(一)推进产业高端化转型、特色化发展

以智能制造和高端装备产业为核心,大力发展先进制造业。加强政策引导。出台《关于促进先进制造业加快发展的政策意见》《关于进一步支持软件和互联网、机械及特色高端装备、汽车、食品产业加快发展的政策意见》,推动新一轮工业奖励扶持政策聚焦先进制造业。开展专项行动。制定《扬州市智能制造及高端装备产业发展行动计划(2017~2020年)》,着力实施智能制造"四大工程"、高端装备产业发展"四大行动",强化关键要素"四大支撑",形成智能制造和高端装备联动发展、相互支撑的先进制造业格局。强化金融扶持。市经信委、人民银行、银监局等部门积极搭建投融

资服务平台,开展"银行服务直通车"和高端装备项目对接活动,量身定制综合金融服务方案,推出了"科技贷""鑫转贷""苏科贷""扬科贷"等一批创新信贷产品,累计为全市高端装备制造业企业授信超过50亿元。

(二)优化工业重大项目推进机制

坚持项目认定联合核查机制,同时积极拜访对接央企集团,争取军民融合重大项目落户。加大项目考核推进力度。修改印发《扬州市工业重大项目"四新"认定办法》,进一步完善工业重大项目"新签约、新开工、新竣工、新达产"认定考核体系,由10个市级机关部门组成工业重大项目联合核查组,紧扣5000万元设备投资和2000万元开票销售等核心指标开展联合核查,全市上下正逐步形成"招商一线大力招引、核查组严格认定、后方部门全力服务"的重大项目联合推进体系。1~9月份,全市累计新开工工业重大项目37项,新签约34项,新竣工74项,新达产60项。加快推进智能车间建设。在全市范围内启动实施智能车间推进计划,1~8月份创成国家和省级智能车间6家,培育21家企业申报省智能车间待批,预计全年达到30家。推进招商引资合作。开展"大拜访、大招商、大合作"活动,先后在北京、上海及香港、澳门、深圳等地开展拜访对接活动,积极推进中船重工风帆电池、中船国家级试验场、中电科装备试验场等项目落地,李尔电子、宝应光伏逆变器和储能系统、高邮石墨烯电池等一批项目实质性开工;市领导率队赴北京、上海、南京等地拜访中电科、上海咪咕、焦点科技、科远自动化等知名企业,市政府与江苏移动签署了战略合作协议,"华云大数据基地""盛世云项目""软通动力创新产业园"等一批行业重大项目相继建成投入运行。

(三)积极推进供给侧结构性改革

按照供给侧结构性改革深化年和省"263"行动的要求,坚决打好去产能攻坚战和降成本持久战,全面整治化工行业,推进产能整合和置换,优化产业结构,打造优良的生态环境和经济环境。不折不扣完成去产能任务。宝应拾屯煤矿已闭井,省验收组已进行了现场验收;开展四轮"地条钢"整治情况"回头看",未出现钢铁落后产能、生产销售"地条钢"、违规新建项目等情况;督促指导两家列入省级年度淘汰低端低效产能任务项目顺利拆除相关生产线;在全市范围内开展多轮水泥、玻璃等重点行业产能设备情况摸排、核实,强制拆除2家淘汰不彻底的水泥企业落后产能设备。精准落实降成本政策。贯彻落实《省政府关于降低实体经济企业成本的意见》要求,引导企业积极参与电力直接交易试点。截至9月底,已结算交易电量36.7亿千瓦时,节约企业电费成本7665万元,预计全年降低电费成本超过9000万元。同时,牵头推进落实各项降成本政策,全年预计直接降低企业成本达86亿元。全面开展化工行业整治。建立化工企业"四个一批"专项行动联席会议制度和五大工作机制,召开专项行动推进会,与各地签订目标责任书,在全省率先出台了化工企业关停核查验收标准,并组织督察、推进与验收。截至10月底,全市已上报关停98家化工企业,提前超额完成年度目标任务。

(四)创新开展优化企业服务活动

围绕市委市政府目标任务、企业发展需求和亟须解决的重点问题开展针对性服务。完善中小企业服务体系。按照《扬州市"两创示范"三年行动计划》要求,制定出台小企业创业基地、特色产业小镇、乡镇企业服务中心等考核管理办法及相关扶持政策,对小微企业在厂房租赁、购买专业服务、提升信息化水平等方面给予奖补,预计年度奖补资金7000万元;鼓励各地利用工业闲置厂房或新建高标准厂房兴办小企业创业基地,正式新认定13家市级小企业基地,目前全市共建成小企业创业基地50个,其中国家级1家,省级20家。规范管理小微企业服务券,组织30余场对接活动,组建服务券自律委员会,签约刷卡企业超过6500家,年底前完成预算资金5000万元的兑付工作;牵头做好"1+N"网络服务平台建设,开发了手机App和微信公众号。开展专项调研和服务活动。针对全市15个行业180家重点企业开展大走访,了解、征集企业需求和困难,并报至市优化办分解至相关部门;举办"第十一届扬州软件和信息服务外包大会暨共享经济发展论坛""育鹰2.0首期'群鹰汇'""北创营'创行扬州'",开展"扬州市第二届软件和互联网产业'双十佳'评选活动""双软评估县市行""IT人力资源管理研讨会"等服务活动,作为全省首个"伙伴城市"在南京软博会上全面展示扬州软件和信息服务业发展成果;制定《中央银行资金定向精准扶持计划》和扶持企业名录,会同扬州人民银行搭建e贷网,平台注册企业达1352家,融资总额超过153亿元;完善市公共信用信息系统,出具信用信息审查(查询)报告800多份,认定市级信用管理贯标企业14家,创建省级信用管理示范企业4家,位居全省第二。积极争取上级项目。获批国家工业转型升级项目智能制造专项3项,数量位居全省前列;6家企业、7名个人获得江苏制造突出贡献奖先进表彰;智途地理信息产业园获批"江苏省地理信息产业园示范园区",宏创科技成功挂牌新三板,爬山虎科技荣获省优秀版权作品三等奖;累计拥有省级以上企业技术中心175家,总数居全省第5位;152项重点技术创新项目入选省级项目库,47个重大装备产品列入省级保险补偿目录,分居全省第4位、第5位。

三 当前工业经济运行面临的形势

2017年,从国际形势看,发达经济体不确定性增强,新兴经济体面临资本流出和货币贬值压力,趋弱态势一时难以扭转。在这样的大背景下,扬州工业经济运行也面临一些突出问题和矛盾,主要体现在:从产业来看,工业结构总体偏重,轻型工业和生产型服务业发展与苏南有较大差距。特别是冶金企业新增能耗较大,受此影响,能源消费持续增加;从企业来看,部分企业对产业高端化、智能化发展背景下"缺芯少核"的巨大竞争威胁认识不足,关键技术、核心装备依赖引进,对较大的资金、人才、设备、研发等投入较为谨慎,制约了高端装备产业的发展。

但同时我们应看到,随着十九大的召开,宏观经济正呈现一系列积极变化。经济预期向好。2018年经济增长总体来看会延续2017年回升向好态势。2017年前三季度,全国规模以上工业增加值同比实际增长6.7%。9月份全国制造业采购经理指数(PMI)达52.4%,连续12个月保持在51%以上，创下2012年5月以来新高，表明国内经济增长趋稳的大势比较明确。近期，国际货币基金组织（IMF）、亚洲开发银行等多家机构纷纷上调2017年中国经济增速预期。政策持续利好。习近平总书记在党的十九大报告中指出："建设现代化经济体系，必须把发展经济的着力点放在实体经济上，把提高供给体系质量作为主攻方向，显著增强我国经济质量优势。"这是党中央立足全局、面向未来作出的重大战略抉择，对于扬州工业抢抓新一轮科技革命和产业变革机遇，适应把握引领经济发展新常态、加快新旧动能接续转换具有重大意义。

四 加快推动扬州工业经济创新转型的思路举措

2018年，扬州工业将深入贯彻落实党的十九大精神，围绕落实"加快发展先进制造业"这一要求，坚持质量第一、效益优先，以供给侧结构性改革为主线，以科技创新为第一动力，以智能制造为主攻方向，大力实施《中国制造2025》，努力实现工业经济平稳增长和提质增效，加快建设形成实体经济、科技创新、现代金融、人力资源协同发展的产业体系。

1. 突出抓运行强保障，提高工业经济组织水平

继续把稳增长、保态势作为全市工业发展的首要任务，确保工业经济稳定运行。运用政府部门大数据，开展企业资源集约利用综合评价工作体系建设，实施资源要素差别化政策，推动资源要素向高效益、高产出、高技术、高成长性企业集聚。培育工业经济新增长点，重点围绕2018年500项左右工业经济新增长点的产能释放，着力化解要素要件制约。狠抓工业规模以上企业提质增量，继续完善对各地规模以上企业数完成实绩的考核，努力实现狠抓项目建设、新增一批，培育小微企业、成长一批，鼓励集团裂变、扩大一批的目标，不断夯实工业经济发展后劲。

2. 突出项目提质增效，优化工业产业结构

进一步完善工业重大项目"新签约、新开工、新竣工、新达产"认定考核体系，确保全年新签约50项、新开工50项以上，工业投资占固定资产

投资比重超过55%,充分发挥工业重大项目对先进制造业发展的支撑作用。推动各地走出去找项目、争项目,鼓励实施MEMS微机电产品、电动汽车"三电"电机电控电池、电子信息制造、生物医药健康、高端食品轻工纺织、服务型制造等重大项目,进一步优化产业结构,争取全年50个新开工项目中新建项目比重不低于50%。对新签约、新开工、新竣工、新达产进行一体化认定考核,"真考严核"倒逼项目建设水平提升,力争2018年"四新"认定的重大项目两年内实现竣工率、达产率、列统率3个"百分百"。重新激活重大项目免缴制度,抓紧出台零收费办法,给予符合条件的重大项目减免行政事业性规费基金等优惠政策。狠抓亩均投资强度和亩均产出,对受土地资源约束较大的地区,加快推动技术创新、装备升级,实现"腾笼换鸟"。

3. 突出创新第一动力,大力构建工业创新体系

发挥工业创新主战场作用,突出产业升级、企业发展、产品开发等重点领域,加速创新资源集聚。组织实施企业技术中心建设"三百计划",新增市级企业技术中心100家左右,滚动培育省级以上企业技术中心100家,组织企业技术中心实施重点技术创新项目100项左右。组织专家咨询服务活动,帮助企业解决创新体系建设、质量管理、品牌创建中的难题,为企业发展出谋划策。大力实施新技术新产品研发及推广应用"十百千"计划,全年力争获批省级首台(套)重大装备及关键部件10件,研发及推广应用重点新技术新产品100项,全市工业实现新产品销售1000亿元。

4. 突出智能制造,激发工业发展活力

牢牢把握智能制造主攻方向,大力实施智能制造工程,集中力量攻克关键技术装备,培育智能制造生态体系。聚焦高档数控机床、粮食机械、精密液压等行业,遴选一批重点培育企业,瞄准国内外同行先进水平,实施对标赶超,创新研制国内领先、国际先进水平的首台套重大装备及关键零部件10项以上。引导支持国家级和省级开发区、高新区以及重点乡镇工业集中区,进一步优化布局提升,做强做优特色产业集群,创成1家以上省级高端装备示范和特色产业基地。在全市范围内广泛实施"千家车间问访、制造业唤醒、智能车间建设、智能车间示范"等四项智能车间推进计划（2017~2020年），加快形成企业、服务商、政府的三方共推体系，强化"诊断免费、技改补贴、示范奖励、荣誉宣传"的政策引导，全年新建成智能车间10个以上，工业机器人保有量达3000台套以上。加快推进中航宝胜电气环保节能电气设备智能制造、亚威机床高档机床关键部件柔性制造智能车间等3个工业和信息化部"智能制造试点示范"项目，打造全市制造业项目的典型示范，以点带面推进智能制造发展。大力推动物联网在相关行业、领域的应用，带动无线射频标签、MEMS相关器件和专业集成电路产品的研发和制造，打造"长三角物联网专用元器件和成品件制造中心及物联网应用示范城市"。

5. 突出创新突破，深化小微双创工作

推广完善"1+N"网络服务平台，加快推进各部门N平台资源共享，为解决小微企业"四难"搭建公共服务平台，形成政策集成、服务集中，争取注册用户突破1万家，集聚服务机构超过100家，更好地发挥政府和专业化服务机构的作用。进一步提升市中小企业服务大厅功能，完善运行机制，切实担负起"1+N"网络服务平台和微信公众号的运营维护。进一步发挥乡镇（园区）服务中心作用，落实县乡服务中心考核奖补政策，指导、鼓励各地围绕惠企重点工作开展服务。发放新一批小微企业服务券，完善服务券线上系统，实现申领、审核、选择产品等操作环节都在网上完成，营造小微企业想用券、愿用券、用好券的良好态势。推进小微企业创业创新载体建设，新认定不少于5家市级基地，积极争创国家和省基地，新增入驻企业超过1000家，新增企业人数1.4万人。推进特色产业小镇建设，引导鼓励具备条件的市特色产业园、区中园创建特色产业小镇，带动小微企业创业创新。

6. 突出优化服务，强化工业发展保障

按照供给侧结构性改革的要求，推动政策、资金、技术、人才等要素汇聚到发展先进制造业的大潮中。贯彻落实《省政府关于切实减轻企业负担的意见》，最大限度发挥政策叠加效应，推动各项降成本政策落地落实。全面推进依法行政，深化"放管服"改革，贯彻落实政务一张网要求，维护

不见面审批事项的办事指南、流程图更新、材料提交方式修订等,简化优化办事流程,最大限度降低制度性交易成本。强化金融支持制造业发展,深化"直通快办"银企对接工作机制,为企业提供实时、批量、全业务品种的个性化金融服务。进一步放大 e 贷网融资信息沟通的效应,力争到 2018 年底注册银行达 40 家、注册企业达 1800 家,落实融资授信 160 亿元。推进应收账款融资业务,以关联企业从产业链核心龙头企业获得的应收账款为质押,为关联产业链大企业、供应商中小微企业提供融资服务,拓展成长型、轻资产型中小企业融资渠道。实施产业精英人才培育工程,与清华大学、上海交通大学等高校合作,举办"智能制造""互联网+制造业"主题研修班,加快培养一批具有创新精神和国际视野的企业家人才、各行业各领域技术创新的专家型人才和高级经营管理人才。树立宣传企业家先进典型,激发和保护企业家精神,弘扬劳模精神和工匠精神,营造劳动光荣的社会风尚和精益求精的敬业风气。

B.8 扬州市聚焦富民 提高城镇居民收入对策研究

程兆君 赵 亮 宋犁犁*

摘 要： 党的十八大、十九大要求千方百计增加居民收入，江苏省第十三次党代会提出，要"聚焦富民，让百姓过上更好生活"，扬州市第七次党代会也将"力争城乡居民收入达到全省平均水平"列为"十三五"时期"十件大事"之一，提高城乡居民收入已经成为全面建成小康社会的应有之义和重要内容。面对城镇居民收入低于周边城市尤其是全省平均水平的现实，扬州市应当以构建完善五大体系为重点，加快实施一批富民增收工程，促进城镇居民收入持续普遍较快增长。

关键词： 聚焦富民 城镇居民收入 五大体系

一 扬州市城镇居民人均可支配收入基本状况

2014年，扬州市城镇居民人均可支配收入（以下简称"城镇居民收入"）首次突破3万元达到30322元，2016年继续上升至35659元，同比增长8.2%，增幅高于全省平均水平0.2个百分点。2017年前三季度，扬州市城镇居民收入同比增长8.4%，城镇居民收入保持稳定增长态势。

---

* 程兆君，扬州市发展和改革委员会副主任；赵亮，扬州市发展和改革委员会社会处处长；宋犁犁，扬州市发展和改革委员会社会处副主任科员。

从收入结构来看，以2016年为例，扬州市城镇居民收入中工资性收入、经营净收入、财产净收入和转移净收入比例为60.4∶14.3∶9.6∶15.7。与2015年相比，工资性收入和经营净收入比重分别下降0.9和0.2个百分点，财产净收入和转移净收入比重分别上升0.5和0.6个百分点（见表1）。

表1 2013～2017年前三季度扬州市城镇居民收入构成情况

单位：元

指标名称	2013年	2014年	2015年	2016年	2017年前三季度
可支配收入	27700	30322	32946	35659	28926
其中：工资性收入	17203	18732	20196	21538	17839
经营净收入	4181	4652	4777	5099	4348
财产净收入	2467	2688	2998	3423	2545
转移净收入	3849	4250	4975	5599	4194

第一，工资性收入仍是城镇居民收入的主力军。近年来，工资性收入占总收入比重稳定在六成以上，始终是扬州市城镇居民收入的最主要来源，对居民收入起着稳定器的作用。受最低工资标准连续提高和机关事业单位工资补贴改革等因素影响，2016年，扬州市城镇居民工资性收入为21538元，较上年增加1342元，同比增长6.6%，对城镇居民收入增长的贡献率为49.4%，拉动城镇居民收入增长4个百分点。

第二，经营净收入是城镇居民收入的重要组成部分。近年来，扬州市营商环境不断优化，经营净收入连续四年高于全省平均水平。2016年，扬州市城镇居民经营净收入为5099元，较上年增加322元，同比增长6.7%，对城镇居民收入增长的贡献率为11.9%，拉动城镇居民收入增长近1个百分点。

第三，财产净收入基数小、增速快。2016年，扬州市城镇居民财产净收入为3423元，较上年增加425元，同比增长14.2%，对城镇居民收入增长的贡献率为15.7%，拉动城镇居民收入增长1.3个百分点。

第四，转移净收入大幅增加。转移净收入表现突出，已成为新的收入增长点。2016年，扬州市城镇居民转移净收入5599元，较上年增加624元，同比增长12.5%，对城镇居民收入增长的贡献率为23%，拉动城镇居民收入增长1.9个百分点。转移性收入的增长受政策影响显著，近年来扬州市不断加大转移支付力度，企业退休人员养老金增长、城乡居民基础养老金最低标准提高、大病保险制度建立等都推动了转移净收入的增长。

二　扬州市城镇居民增收的主要难点

在保持平稳增长的同时，扬州市城镇居民收入也面临增速下滑、地区收入差异大、增长后劲缺乏等问题，与全省平均水平差距明显。

一是与全省平均水平差距较大。2013~2016年，扬州市城镇居民收入仅为全省平均水平的87.7%、88.3%、88.6%和88.8%，虽然略有增长，但始终低于全省平均水平。从总量来看，扬州市城镇居民收入分别比全省平均水平低3885元、4024元、4227元和4493元，差距不断拉大；从收入结构来看，除经营净收入高于全省平均水平外，其余指标尤其是工资性收入和转移净收入与全省平均水平差距明显。以2016年为例，扬州市城镇居民收入中的工资性收入、财产净收入、转移净收入分别比全省平均水平低2676元、728元和1776元。

二是增长势头持续回落。得益于经济的快速发展，2007年后扬州市城镇居民收入持续保持两位数的高速增长态势。但2013年以来，随着国际、国内经济环境的变化，扬州市城镇居民收入增速出现了明显回落，增速逐渐趋缓并下降为个位数，2017年前三季度扬州市城镇居民收入增幅进一步下滑至8.4%。

三是地区收入水平不均衡。扬州市不同区域间城镇居民收入差异较大，以2016年城镇居民收入为例，从人均收入来看，邗江、广陵、江都、仪征四地城镇居民收入高于全市平均水平，但高邮和宝应收入仅为全市平均水平的88.1%和75.3%；从极差来看，收入最高的邗江区是最低的宝应县的1.5倍；从增速来看，仅有邗江增幅高于全市平均水平（见图1）。

四是收入增长空间不足。其一，在扬州市经济结构中，约50%的规模以上企业为生产基地型企业，基本由总部管理，往往缺少工资调整自主权；

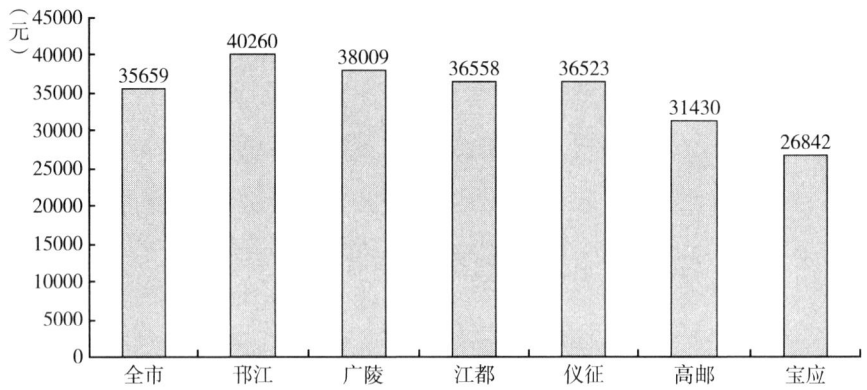

图1　2016年各县（市、区）城镇居民收入情况

约25%为出口加工型企业，尚未形成自主品牌，在经济增速放缓的新常态下，受市场低迷、成本提高、资源环境约束加剧等因素制约，企业运行困难，盈利水平下降，大幅增资动力不足。其二，城镇居民家庭经营效益下行压力较大，部分个体户和私营企业抗风险能力较弱，经营效益增长后劲不足，经营净收入增速已由2014年的11.3%下降至2016年的6.7%。其三，城镇居民理财多局限于国债、定期存款和理财产品等比较稳妥的理财渠道，财产净收入增收途径单一。同时，受实体经济下行影响，各类金融投资类产品回报率不断下降，不安全性却日益增加。

五是人口红利逐步消失。近年来，扬州市老年人口比重不断攀升，人口结构逐渐由"树型"向"倒金字塔"型转变，人口红利逐步消失。老龄化带来的退休人群不断扩大，一方面，财政资金用于养老金、退休金等转移支付的压力逐渐加大，在总量有限的情况下单体转移净收入相对降低；另一方面，这一群体收入的增长基本靠政策性工资增长，但政策性工资增长通常低于城镇居民收入增长，势必拉低城镇居民收入平均水平。

三　国内促进城镇居民收入的经验借鉴

1. 无锡：乡镇企业的成功转型促进了工资性收入快速增长

"十二五"期间，无锡市城镇居民工资性收入贡献最大，居民从本地企业获得的工资收入一直占城镇居民收入的一半以上。2010~2016年，城镇居民工资性收入从16718元增长到33305元，增幅达99.2%，占城镇居民收入的比重保持在55.7%~68.5%。无锡市居民工资性收入的高贡献率是在乡镇企业实现二次创业的有利背景下实现的。随着新苏南模式的崛起，无锡市乡镇企业在体制、经营等方面也由过去单一的集体所有制转变为集体、个体私营、三资、股份与股份合作制并存，非农产业迅速发展，为农村劳动力向本地非农产业转移提供了条件，促进城乡富余劳动力充分就业。数据显示，2011~2016年，无锡市连续6年上调最低工资标准，从每人每月1140元提高到1770元，增幅达55.3%。此外，无锡市建立了完善的企业工资集体协商制，有效地将工资收入与企业经济效益挂钩，使已经就业的城镇居民共享经济发展成果，促进城镇居民工资性收入较快增长。

2. 苏州："大众创业、万众创新"大力提高经营性收入

作为"新苏南模式"的重要阵地，近年来，苏州市采取多种积极有效措施，大力发展民营经济，鼓励城镇居民自主创业，居民通过创业当上老板的越来越多。"十二五"期间，城镇居民年人均经营性收入从1458元增长到4489元，年均增幅达25.2%。苏州市政府先后出台了《关于进一步做好新形势下创业就业工作的实施意见》等政策，通过鼓励各类群体创业、加大创业减税降费力度、帮助大学生就业等方式，为苏州市营造出良好的就业、创业氛围。例如，对于符合条件人员在苏创业，可申请享受一次性开业扶持补贴和创业带动就业补贴，并引进天使投资基金支持一批大学生初创企业项目。同时大力支持电子商务企业发展，鼓励利用电子商务平台自主创业，加强知识指导和培训，搭建电子商务企业就业实践和双向选择平台，全力打造苏州众创空间模式，规划建设好国家级苏州市大学生公共创业实训基地，进一步优化创业担保贷款模式，对于符合条件的科技型小型企业和劳动密集型小企业吸纳就业，贴息贷款最高额度提高到300万元。在苏州市"大众创业、万众创新"的新模式下，2016年，苏州市全年新发展各类市场主体超过20万户，新增注册资本5178.33亿元，同比分别增长19.5%、43.2%，带动了苏州居民经营性收入持续增长。

3. 杭州：金融创新助推居民财产性收入增长

作为长三角金融服务中心的杭州，通过金融创新，在盈利和同业竞争的驱动下，以大开放、大合作的方式，努力满足"互联网+"时代新的金融需求，已成为长三角地区的先锋队。来自杭州市统计局的数据显示，2016年杭州市金融业累计实现增加值987.67亿元，占GDP比重达8.9%；同比增长6.5%，拉动全市GDP增长近1个百分点。2015年6月25日，网商银行在杭州开业。它是国内第二个开业的网络银行。没有实体网点，仅以信息技术和互联网技术为依托，一切业务都在互联网上开展，一方面降低了银行经营成本，另一方面也降低融资成本，从而为小微企业的融资带来了更多可能。杭州互联网金融创业气氛浓厚，总体水平居全国前列，并形成了"一超多强，遍地开花"的大好局面。"一超"，即蚂蚁金服，"多强"包括挖财、微贷网、鑫合汇、盈盈理财等，它们代表了杭州互联网金融细分领域的融合发展。随着杭州金融业的创新，杭州的存贷款余额增速明显，居民获得的利息、红利等财产性收入显著增长。

4. 上海：完善的社保体系为转移性收入提供了保证

上海是我国最大的经济中心城市，也是国内探索城乡一体化发展最早的城市之一。"十二五"期间，上海市逐步统一城乡居民基本养老保险制度，使"新农保"和"城居保"基础养老金标准一致，在农村居民"市民化"上迈出了重要一步。2016年，上海市城镇居民人均转移净收入达13466元，增幅达14.8%。在建立城乡居民大病保险制度方面，上海市扩大因病支出型贫困家庭生活救助受益面，完善低收入困难家庭专项救助政策，提高养老金、城乡低保等待遇标准。建设服务供给、需求评估、服务保障、政策支撑、行业监管"五位一体"的社会养老服务体系，启动老年照护统一需求评估试点，进一步放宽住房保障准入条件，使政策衔接更趋合理。此外，上海还组织机关事业单位定向招录残疾人，为残疾人提供就业保障，进一步提高城乡居民社会保障水平。

四 进一步提高扬州市城镇居民收入的对策建议

针对增收难点和结构短板，扬州市应以构建完善五大体系为重点，努力推动城镇居民收入由"劳有所得"向"劳有丰酬"转变,不断充实居民"钱袋子",切实提升城镇居民的获得感和幸福感。

1. 着力构建完善创业就业服务体系,充分夯实富民根基

一是实施全民创业工程,进一步强化小微企业税收优惠、融资担保等政策扶持力度,不断放大众创空间等创业平台和创业载体效应,切实提升创业培训和创业服务能力,让居民想创业、敢创业、创成业、创大业,并以创业带动就业。通过优化企业发展环境,营造创业创新生态,促进经营净收入继续稳步增长。二是坚持把扩大就业作为经济社会发展的优先目标,协调发展先进制造业、现代服务业和特色高效农业,大力发展旅游、建筑、软件和互联网、食品工业等就业容量大、岗位质量高的基本产业,实现产业层次和居民收入双提升。大力发展以"三把刀""扬州工"为代表的历史经典产业和以毛绒玩具、牙刷、服装为代表的传统特色产业,分别制定扶持政策,打造产业集群,使这些根植民间的富民产业惠及更多百姓。

2. 着力构建完善基本公共服务体系,努力提升居民收入含金量

一是增加基本公共服务的范围领域。逐步将基本市政公用服务设施、环境保护、公共安全等内容纳入基本公共服务体系建设。二是增加基本公共服务的内容项目。逐步增加特殊教育、0~3岁儿童保育、全民创业、完善和融合社会保障制度、精准扶贫精准脱贫、完善保障性住房管理、全民阅读等内容项目。三是提高基本公共服务的保障标准。加大公共财政尤其是新增财力民生领域投入力度,根据经济发展水平和财政情况有序提高公共服务供给标准。同时在养老服务、技能培训、残疾人帮扶等领域探索推行"代金券"制度,常态化提升城乡居民转移净收入水平。四是扩大基本公共服务的受众群体。加快基本公共服务实现基本全覆盖,如将免费中等职业教育扩大到全体学生,职业技能培训扩大到全体劳动年龄人口,流浪未成年人救助保护扩展到困境儿童,公租房保障范围扩展到符合条件的农业转移人口等。

3. 着力构建完善职业教育培训体系,切实提高就业和就业转换能力

一是加强职业技能实训基地建设。探索建设面向全社会开放的公共实训基地,实现资源共建、共享和一体化运行。加大政府支持力度,鼓励社会投

资尤其是行业龙头企业将最新技术和设备投到校企共建的实训基地，改善实训条件，提高实训效能。二是提高职教发展水平。根据扬州市经济社会发展水平，大力发展高职教育。同时，及时更新、调整职业技能培训项目和内容，帮助居民掌握多种职业技能，提高快速再就业能力和就业层次。三是营造崇尚职业技能的氛围。积极开展职业教育宣传教育，引导社会树立"技能型人才和智力型人才都是人才"的科学人才观和"职业教育不仅是就业的需要，更是终身学习的需要"的职业教育观。制定出台扬州市行政事业单位面向职业教育毕业生和高技能人才的录用制度，完善多劳多得、技高者多得的技能人才收入分配政策，从制度层面切实提高技能型人才的经济待遇、政治待遇和社会地位。

4. 着力构建完善财产收入保障体系，不断优化居民收入结构

一是拓宽居民财产投资渠道。积极培育专业理财机构，引导资产管理、融资、代理等中介服务组织健康有序发展，普及理财知识，提升城乡居民理财能力。大力开拓保险市场，引导居民通过投资保险增加收益。推动以租代建的公租房保障机制，积极发展房屋租赁市场，支持利用已建成住房或新建住房开展租赁业务，允许将商业用房等按规定改建为租赁住房。二是在初次分配中更好地贯彻公平原则。保证劳动、资本、技术和管理等生产要素按贡献大小得到公平合理的回报和补偿。健全资本、知识、技术、管理等由要素市场决定的报酬机制，多渠道增加居民财产性收入，建立健全国有资本收益分享机制，完善公共资源占用及其收益分配机制，尤其是要通过提高就业质量，改进最低工资制度和工资谈判机制，建立企业职工工资确定和正常增长机制。必须采取一系列综合措施，解决劳动报酬在初次分配中占比偏低的问题，包括促进就业机会公平、提高劳动者职业技能、促进中低收入职工工资合理增长、加强国有企业高管薪酬管理和完善机关事业单位工资制度，等等。三是保护居民合法财产收入的安全。推进理财协会建设，增强居民投资风险防范能力。深入推进互联网金融专项整治，支持依法合规经营的互联网金融平台做大做强。依法惩治非法吸收公众存款、集资诈骗等非法集资犯罪活动，保护居民财产安全。在拆迁、征地、征用公民财产过程中，依法保护公民财产权利不受侵犯。

5. 着力构建完善收入监测评估体系，确保增收政策有效执行

一是加强统计和核算的科学性。在确保信息安全和规范利用的前提下，多渠道、多层级归集居民收入、财产等相关信息，建立不同行业、不同群体、不同收入水平的收入数据收集机制，逐步扩大统计范围。运用大数据、云计算等现代信息技术创新收入监测方式方法，加快建立电子化居民收入调查统计系统，提升居民收入监测水平。强化居民收支调查数据质量全过程控制，抓好数据核查评估，确保数据的真实性、准确性、协调性和匹配性。二是开展收入政策调研评估。建立包括发展改革、人社、农工办、农委、财政、统计、民政等部门组成的联席会议制度，定期组织开展城乡居民收入情况调查分析，加强部门间统筹协调，形成政策合力。同时，建立收入分配政策评估体系，采取第三方评估等方式对增收政策的执行情况和效果进行评估，及早发现新形势，及时解决新问题，加快推广可复制、可推广的经验做法。

B.9
扬州"颐养城市"建设的金融支持研究

扬州市金融学会课题组*

摘　要： 我国正逐步进入老龄化社会，扬州地区的老龄化水平显著高于全省和全国平均水平，且高龄化趋势日益明显。近年来，建设"颐养城市"，提升和完善养老服务已成为全社会关心的焦点。为了解扬州颐养城市建设的金融需求和养老金融支持情况，近期人民银行扬州市中心支行进行了专题调查。调查显示：金融作为现代经济的核心，能够为老年人提供养老服务金融，为其他年龄阶层预防养老提供养老预防金融服务，为养老服务产业提供养老产业金融支持，同时养老金融本质上是一种普惠金融，也需要金融部门承担更多的社会责任。近年来，扬州市在上述领域取得了一定成绩，但也面临养老服务金融的普惠性和商业可持续性之间的矛盾、养老预防金融缺乏深层次发展规划和创新动力、养老服务业尚未形成完善的融资模式、金融支持需破除体制障碍等若干问题，需要进一步改革创新加以解决。

关键词： 颐养城市　金融支持　养老

---

* 课题组负责人：叶小玲，扬州市金融学会副会长，中国人民银行扬州市中心支行副行长，高级会计师。成员：周懿，中国人民银行扬州中心支行办公室主任，中级经济师；张翼，中国人民银行扬州中心支行调查统计科副科长，中级经济师；傅佳伟，中国人民银行扬州中心支行调查统计科科员；和树贺，中国人民银行扬州中心支行调查统计科科员。

一 扬州老龄化状况和颐养城市建设目标

扬州地区从20世纪80年代开始逐步进入老龄化社会，人口老龄化呈现时间早、老年人比例高，老年人口基数大、增长速度快，高龄化趋势日益明显、空巢化比例越来越高，农村养老形势较为严峻、介助介护需求量大等特点。根据扬州市《老年人口信息和老龄事业发展状况报告》，截至2016年末，全市60周岁以上老年人口113.26万人，占户籍人口总数的24.53%；65周岁以上老年人口75.18万人，占总人口数的16.28%。根据联合国定义，65周岁以上老年人口占总人口数20%以上即进入超老龄化社会，从近年来的变动情况看，目前扬州市老年人口占比正在以每年1个百分点左右的速度增长。按这一趋势，扬州市即将在未来几年内进入超老龄化社会。

面对日益加快的人口老龄化状况，扬州市将建设颐养城市、落实老龄人口社会保障、发展养老服务业作为工作重点，先后颁布了《扬州市老龄事业发展"十二五"规划》《关于加快健康与养老服务产业的实施意见》《市政府关于鼓励民间资本参与健康和养老服务项目建设和运营的意见》《关于加快扬州市老龄事业发展的实施意见》等文件，逐年加大对老龄事业的投入，扎实推进养老服务业发展。截至2016年末，全市已建成养老机构103家，其中公办养老机构10家，社会办养老机构21家，农村五保供养机构72家。全年各类养老床位数共计36083张，较上年同期增加4.6%，其中护理型床位数12630张，占养老机构床位数的35%；社会力量举办或经营的机构床位数19846张，占养老床位总数的55%。每千名老人拥有养老床位数达33.2张。截至2016年底，全市建成3个街道级老年人日间照料中心、197个老年人助餐点和352个标准化居家养老服务中心，全市社区（村）标准化居家养老服务中心城乡覆盖率分别达47%和17.5%。

尽管扬州市近年来养老服务事业发展加快，投入明显加大，但与社会老龄化的速度以及颐养城市的发展需求相比还有较大的差距，资源缺口较为明显。特别是从国际普遍经验看，超老龄社会的到来，将会伴随着经济增长速

度的下降，也会导致居民消费储蓄比例的改变，还会对社会管理、整体基础设施提出更多新的要求。金融作为现代经济的核心，为迎接超老龄社会的到来，我们应该从战略角度对养老金融作出长期计划，借鉴国内外应对老龄化的对策和建设颐养城市的成功经验，根据扬州实际情况对养老金融开展深入系统研究。

二 养老金融的特点与现有的金融支持情况

根据《中国养老金融发展报告（2016）》的定义和扬州颐养城市的建设目标，对颐养城市的金融支持分为三大类。

一是养老服务金融，即直接为老年人群体提供的各种支付结算、投资理财、消费信贷、资产信托、金融知识咨询等金融服务。

二是养老预防金融，即为各年龄阶层预防养老支出而进行的各种储蓄和投资活动，包括养老金投资管理、养老保险等。

三是养老产业金融，即为养老院、养老社区、医疗康复设施等养老服务产业发展提供支持的金融服务。

从业务特点看，养老金融具有以下特点。

一是长期性。在养老服务金融方面，老年群体往往选定金融服务机构后就较少改变；在养老预防金融方面，预防养老储蓄和保险具有资金投资期限长的特点；在养老产业金融方面，养老产业项目投资周期长、收益低。这些因素决定了金融机构在开展养老金融业务时，需要充分考虑业务的长期性、持续性，并与客户建立长期的业务合作关系。

二是普惠性。一方面，养老金融具有普遍性。养老金融不仅涉及老年群体和为预防养老的其他年龄阶层，还包括开展养老服务的各级政府和企事业单位。另一方面，老年群体收入来源单一、抗风险能力弱，是社会弱势群体，这使得养老金融具有公益性。普遍性和公益性就决定了养老金融本质上是普惠金融，需要金融部门承担更多社会责任。

三是稳健性。与小微企业金融、科技金融、互联网金融等领域相比，养老金融的核心目的是保障老年生活需要,因此养老金融更加注重资金的安全性和流动性,更加强调稳健性。

2013年,国务院出台了《关于加快发展养老服务业的若干意见》,提出完善养老服务业融资政策,拓宽融资渠道;2014年12月,江苏省颁布《关于金融支持养老服务业发展的意见》。2016年,中国人民银行等五部门联合出台了《关于金融支持养老服务业加快发展的指导意见》。人民银行扬州市中心支行等职能部门及时转发了指导意见,并推动辖区内金融机构在下列方面开展帮扶支持。

一是在养老服务金融方面。2015年12月,扬州首个"老年金融服务示范点"在江苏银行琼花支行揭牌,2016年,江苏银行扬州分行又在邗江甘泉镇成立了"老年金融服务网点"。上述网点除了正常的银行业务之外,还增加了老年人专享的服务和专享的产品,老年人在办理业务时,如遇有急事或者是行动不便等情况,也可以享受优先服务。交通银行扬州分行在社区养老中心周边开设"普惠网点",提供金融服务的同时,通过社区宣传、保险推荐等沙龙活动提供增值服务。兴业银行扬州分行则开设绿色通道,方便老年客户办理业务及享受优先服务,及时帮助客户解答各类金融问题,并为老年客户设计"安愉人生"养老金融方案,针对50周岁以上、已退休或有退休规划的客户提供专属理财、信用贷款、便利结算等相关服务,涵盖旅游、医疗等各个领域。邮政储蓄银行扬州市分行为方便老年客户使用存折办理业务,在各网点增设存折存款机,方便老年客户存折取款,缓解柜面压力,避免等待时间过长。广发银行扬州分行面向50岁以上的客户群体推出专属金融产品——"自在卡",集合理财服务、支付结算、增值服务、商场超市优惠等特色服务。

二是在养老预防金融方面。扬州市相关金融机构结合居民预防养老的实际需求,创新推出了相关金融产品。例如,高邮农商银行的"驿养贷"助保贷款:由银行与地方财政合作,采用当地财政贴息的方式,鼓励年龄65周岁以内、市属改制企业的下岗失业人员,从改制置换身份之日起未正常续保,且当年已达到法定退休年龄的客户申请贷款。该贷款可用来补缴养老保险，之后每月扣除一部分养老保险金用于还款。该产品为下岗失业人员解决了养老的后顾之忧，为没钱缴纳养老保险金的下岗职工提供了退休后的经济来源，产生了良好的社会效益。

三是在养老产业金融方面。根据《江苏省政府关于加快构建社会养老服务体系的实施意见》的政策指导，金融机构要有选择地支持公办老年公寓或福利院，社会投资兴办的养老机构。近年来，扬州市部分金融机构已经进行了积极尝试，如江苏银行扬州分行向扬州某国际老年公寓发放贷款1000万元，为高邮市某福利中心发放贷款1000万元。仪征农商银行拟向某养老产业有限公司发放2200万元项目贷款，用于支持建设"石柱山国际康养城"，中信银行扬州分行与某养老项目进行前期融资对接，计划总投资18亿元；中国银行扬州分行制定了为养老机构提供含表内外授信产品的综合授信方案，包括短期流动基金贷款、贸易贷款、自建固定资产贷款、表外直接融资业务等。此外，公私合营（PPP）等新兴方式也被尝试引入养老服务领域，2015年，扬州仪征枣林湾养老中心项目被列入国家发展改革委首批健康养老类PPP项目库名单，项目计划投资10亿元。

三　金融支持颐养城市的主要难点

1. 在养老服务金融方面，普惠性和商业可持续性面临一定矛盾

在金融服务方面，老年客户对金融机构的实体网点和人工服务依赖度较高，但目前金融机构为控制成本，削减实体网点特别是柜面人工服务已经是大势所趋，加之多数养老服务机构位于城郊地区，距离相关金融网点较远。普惠性与金融业务的商业可持续性存在一定矛盾。另外，在产品设计方面，各金融机构为老年人提供的金融产品种类仍较为单一，多集中于个人储蓄、代发养老金、代缴费等，仅被动迎合养老需求，产品简单、收益低，缺乏针对性。与此同时，大量社会上的非法集资、金融诈骗却瞄准老年群体，通过各种广告宣传向老年人推销所谓高收益的虚假理财产品，与正规金融部门争夺客户资源。

2. 在养老预防金融方面，缺乏深层次发展规划和创新动力

对全市金融机构开展的调查显示，绝大多数机构认为发展养老金融非常重要，但多数机构只关心具体金融产品，缺乏深层次发展规划。对于预防养老的资金管理主要集中在传统的企业年金运营管理和商业养老保险、理财产品。对于新产品推广积极性不高。以"以房养老"业务为例。2014年7月，我国在北京、上海、广州、武汉四地进行住房反向抵押养老保险，即"以房养老"保险试点。2015年3月，试点进入实质性运作阶段。2015年12月，扬州市政府出台《关于加快发展现代保险服务业的实施意见》，将"探索开展老年人住房反向抵押养老保险"列入重点任务。但从试点地区实践情况看，截至2017年6月末，全国参加以房养老保险业务的签约客户仅有100多户，领取养老保险金的客户共50多户，在扬州地区一直没有实际业务发生。根据对扬州多家保险公司的调查，它们目前对研发"以房养老"保险产品兴趣不大，主要考虑到产品受众规模小、成本高，而且作为新业务，以房养老在开展过程中遇到诸多障碍。比如，传统社会养老观念阻碍，多种产权性质房产难以参保问题，房屋70年产权问题，风险分散和共担机制不完善，业务流程漫长、烦琐等等。而近期北京等地发生借"以房养老"实施诈骗的案件，进一步增加了居民办理此类业务的担忧。

3. 在养老产业金融方面，养老服务业尚未形成完善的融资模式，金融支持面临体制障碍

一是养老服务机构难以成为合格的融资主体。尽管现行法律法规对金融支持养老机构没有限制，但目前本地区养老业总体发展层次不高，大多数民营养老机构财务管理粗放，加之没有税务申报要求，现金流、公司治理等指标难以达到融资授信标准。二是融资缺乏信用保障的配套措施，难以有效控制风险。在资产抵押时，养老机构形成的固定资产，因其公益性质，难以设定抵押，不利于信贷资金的有效投入。在融资担保时，目前融资担保机构的主要担保对象为工商企业，对养老服务业而言，目前还缺乏统一的制度规范和操作标准，因缺乏反担保手段，还款来源难以确认，目前无论政府背景还是民营担保机构均很少愿意介入。从银行自身角度看，增建养老机构，需要

项目贷款或固定资产贷款，一次性投入资金额较大，投资周期长，经营风险较难控制。三是相关人才和政策扶持不足。当前基层银行内部研究养老服务业的授信人才也比较缺乏，授信审批机制和内部信用评级体系不能体现养老服务机构的差异性，贷款期限、利率水平、额度规模等方面无法体现养老机构鲜明的特殊性，信贷服务和管理严重滞后于快速发展的养老服务业。而养老机构自身的微利性和福利性，决定了很难通过市场获得经济效益，政府补贴的缺失和盈利模式的不清晰，也导致养老服务机构对资金的吸引力降低。

四 对策建议

1. 加强服务意识，完善基础设施和科技手段，进一步提升养老服务金融水平

金融机构要贯彻落实全国金融工作会议精神，进一步增强服务意识和社会责任意识，向老人宣传普及基础金融知识，提供简明易懂的风险识别、资产管理和理财咨询服务，引导老年群体有效防范金融欺诈、非法集资、骗保骗存，保护老年群体的金融消费者权益。同时，优化网点布局，对营业网点实施"亲老适老化"改造，并积极运用物联网、移动支付、人工智能等新技术，提高老年群体对自助服务和远程服务的接受度，降低对实体网点和人工服务的依赖度，在普惠性和商业可持续性之间获得较好的平衡。

2. 加快金融产品创新，降低交易成本，拓展养老预防金融市场发展空间

金融机构应充分认识养老金市场的巨大潜力，密切跟踪养老金制度、养老保险制度的改革进展，推动各类金融机构提供差异化、有特色的养老预防金融服务，争取更多的养老金资源管理、年金、信托、保险等金融创新产品在本地区先试先行。针对"以房养老"等养老预防金融产品办理流程漫长、烦琐的问题，建议相关部门在房地产交易、登记、公证等机构设立绿色通道，降低收费标准，简化办事程序，提升服务效率，为养老预防金融的未来发展打开更大的空间。

3. 加大政策扶持力度，突破担保抵押瓶颈，加大对养老产业金融的支持力度

一是充分发挥政府引导作用，根据人口老龄化进程和颐养城市的发展规划，测算养老产业总体资金需求，并通过公益性担保、财政贴息等方式，为养老服务机构提供融资增信服务。二是加强对养老机构的财务监督管理，提高财务透明度，搭建养老机构与金融机构的信息交流平台，完善信用评价和风险控制体系，定期发布优质项目和机构名单，鼓励金融机构对其给予融资便利和利率优惠。三是吸收民间资本进入，拓宽多元化融资渠道。通过PPP项目、产业基金等渠道，引导民间资本参与养老服务机构建设。对于民营养老服务机构，根据服务质量，允许制定比公立养老服务机构高的价格标准，并引导其通过资产证券化等方式直接融资。

B.10
扬州市主要政府投融资平台债务分析与发展路径研究

张苏煜 潘涵 管宇*

依托投融资平台,债券融资成为地方政府解决财政缺口的重要渠道,有力促进了城镇化的发展。但2017年以来,国家出台一系列文件对政府平台负债进行了规范,促使平台转型发展。市发展改革委对全市16家主要投融资平台现状进行梳理,提出新形势下政府平台发展的路径。

一 政府投融资平台债务情况分析

全省发行过债券的投融资平台共计293家,发行各类债券1675期,发行规模近1.4万亿元,发行期数和规模均位居全国首位(见表1)。

扬州市发行过债券的投融资平台共计16家,总资产3513.85亿元,总负债1999.12亿元,投融资平台各项规模指标位列全省第8~12位。

二 扬州市主要政府投融资平台债务与偿债能力分析

1. 政府投融资平台债务分析

(1)扬州市债务的规模与结构

截至2016年底,扬州市投融资平台总负债规模为1999.12亿元,其中,

---

* 张苏煜,扬州市发展改革委党组成员、重大项目办公室副主任;潘涵,扬州市发展改革委财金处处长;管宇,扬州市发展改革委财金处科员。

表1 全省已发行债券投融资平台资产负债情况

地区	地级市	已发行债券投融资平台家数（家）	排名	投融资平台总资产（亿元）	排名	投融资平台总负债（亿元）	排名	一般公共预算收入（亿元）	排名
苏北	淮安	15	11	7168.94	7	3378.48	7	315.51	10
	连云港	15	11	4259.58	9	2490.25	8	211.47	13
	宿迁	9	13	1614.37	13	795.23	13	238.1	12
	徐州	21	5	3902.63	11	2044.27	11	516.06	5
	盐城	20	6	4262.47	8	2391.60	10	415.18	7
苏南	常州	20	6	7433.95	6	4804.17	4	480.29	6
	南京	46	1	18202.69	1	11677.65	1	1142.6	2
	苏州	45	2	14427.89	2	8629.88	2	1730.04	1
	无锡	25	4	8394.41	3	5313.78	3	875.00	3
	镇江	16	9	7877.42	4	4452.98	6	293.01	11
苏中地区	南通	26	3	7804.84	5	4644.65	5	590.20	4
	泰州	19	8	4093.43	10	2405.50	9	327.60	9
	扬州	16		3513.85	12	1999.12	12	345.30	8
江苏合计		293		92956.48		55027.55		8121.23	

贷款融资占比较高、规模较大，总额达到1310.46亿元，占总负债规模的65.55%；债券融资规模相对较低，债券融资存量489.9亿元，在总负债中的占比为24.51%（见表2）。

表2 扬州市主要政府投融资平台债务类型表

	总负债规模（亿元）	贷款规模（亿元）	债券融资存量（亿元）	贷款/总负债（%）	融资/总负债（%）
扬州	1999.12	1310.46	489.9	65.55	24.51

（2）债券融资的规模和结构

目前扬州市主要政府投融资平台的债券融资较之前有了较快增长。从债券类型看，债券融资以企业债和中期票据为主，短期融资券和公司债较少（见表3、表4）。

表3　2011~2016年扬州市主要政府投融资平台债券融资额

单位：亿元

	2011年	2012年	2013年	2014年	2015年	2016年
扬州	13	51.08	47	117.4	114.6	95

表4　扬州市主要政府投融资平台债券融资明细

单位：亿元，%

	企业债	公司债	私募债	定向工具	短期融资券	中期票据
扬州	147.4	15	65.5	87	46	129
债务占比	11.25	1.14	5	6.64	3.51	9.84

（3）债务期限分析

从债务期限看，扬州市目前债务以非流动性负债（偿还期在一年或超过一年的一个营业周期以上的负债，常见的非流动性负债主要有长期借款、应付债券等）为主，流动负债占比为45.47%，贷款融资中，短期债务占比为28.96%，整体债务期限结构较为合理。目前，扬州市存量债券还本高峰期为2019~2021年，规模在100亿元以上（见图1）。

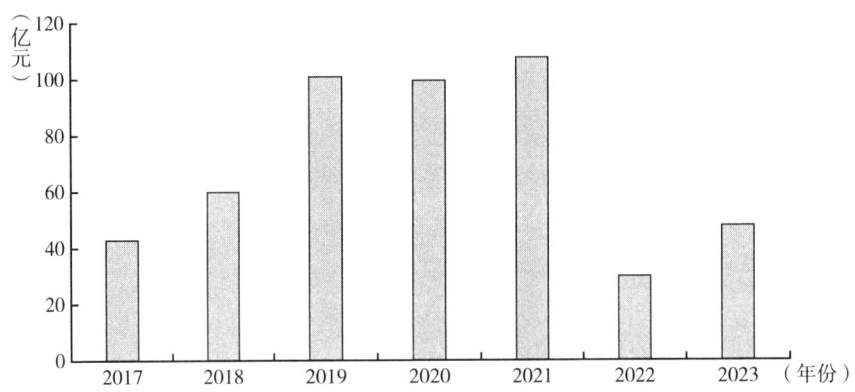

图1　扬州市主要政府投融资平台存量债券年还本安排

2. 政府投融资平台自身偿债能力分析

（1）政府投融资平台资产对债务的覆盖情况

扬州市16家投融资平台总资产3513.85亿元，净资产1514.73亿元，综合资产负债率为56.89%，低于全省的59.41%。其中，货币资产435.20亿元，而同期债券存量规模为489.90亿元，覆盖率为88.83%，自身偿债能力较强（见表5）。

表5 扬州市投融资平台资产对债务覆盖情况

	总资产	净资产	货币资产
金额(亿元)	3513.85	1514.73	435.20
对总债务的覆盖率(%)	175.77	75.77	21.77
对存量债券覆盖率(%)	717.26	309.19	88.83

（2）盈利能力对债务的保障情况

2016年，扬州市投融资平台实现营业总收入234.96亿元，利润总额43.43亿元。从整体看，随着贷款规模的增加，收入和利润对债券的覆盖率有所下降（见表6）。

表6 扬州市投融资平台营业收入和利润对债务覆盖情况

	营业总收入	营业外收入	利润总额
金额(亿元)	234.96	34.94	43.43
对总债务覆盖率(%)	11.75	1.75	2.17
对存量债券覆盖率(%)	47.96	7.13	8.86

（3）现金流量对债务的覆盖情况

2016年，扬州市投融资平台经营性现金流净额为-20.36亿元，投资活动产生现金流净额为-69.24亿元，筹资活动产生的现金流量净额为179.78亿元，现金流净流入90.18亿元（见表7）。从现金流量可以看出，经营活动现金流呈现净流出，日常经营的现金压力较大；投资活动净现金流呈现净流出，投融资平台的支出压力较大，对再融资依赖程度较高，造成一定的融资压力；同时，现金流入对债务的覆盖程度较低。

表7 扬州市投融资平台现金流量对债务的覆盖情况

	经营活动	投资活动	筹资活动	现金净流入
金额(亿元)	-20.36	-69.24	179.78	90.18
对总债务覆盖率(%)	-1.02	-3.46	8.99	4.51
对存量债券覆盖率(%)	-4.16	-14.13	36.70	18.41

3. 地方政府连带偿债能力分析

2016年，扬州市GDP总量达4449.38亿元，实现一般预算收入345.30亿元，本外币存款总额达5448.23亿元。

其中，GDP和存款余额与投融资总债务的比值分别为222.57%和272.53%，与存量债券的比值分别为908.22%和1112.11%。另外，扬州市一般预算收入对投融资平台总债务和存量债券的覆盖率分别为17.27%和70.48%（见表8）。

表8 扬州市经济财政实力对投融资平台债务保障情况

	GDP	一般预算收入	存款余额
金额(亿元)	4449.38	345.30	5448.23
对总债务覆盖率(%)	222.57	17.27	272.53
对存量债券覆盖率(%)	908.22	70.48	1112.11

扬州市投融资平台营业外收入34.94亿元，占一般公共预算收入的比重为10.12%。一方面说明投融资平台自身的"造血"能力不足，另一方面说明政府补贴对财政资金的压力较大。

4. 主要结论

（1）目前，扬州市16家投融资平台总负债为1999.12亿元，总资产3513.85亿元，综合资产负债率为56.89%，低于于全省的59.41%，位列全省第12位。

(2) 债券融资规模为489.90亿元，在总负债中的占比为24.51%，债券融资规模相比贷款规模较低。从近年债券融资额可见，扬州市政府投融资平台的债券融资较之前有了较快增长。

(3) 扬州市投融资平台存量债券偿还高峰期集中于2019~2021年，到期规模在100亿元以上。

(4) 扬州市投融资平台自身偿债能力较强，总资产和净资产对各债务指标覆盖率较高，其中，货币资产对存量债券的覆盖率为88.83%，但盈利能力和现金流对债务的覆盖率较低。

(5) 扬州市GDP、一般预算收入和存款余额对各债务指标覆盖率良好，地方政府连带偿债能力较强，但政府对投融资平台的补贴对财政资金造成一定占用。

三 近期国家政策及金融环境对政府投融资平台融资的影响

一是政府加大对地方债务的监控力度，"疏堵结合"的管理思路进一步深化。国发〔2014〕43号文明确了"疏堵结合""开明渠、堵暗道"的地方政府债务管理原则，近期出台的一系列文件本质上是从执行层面落实这一方针政策。一方面堵住投融资平台诸多不规范融资的暗道，另一方面打开地方政府一般债券、专项债券以及PPP等明渠。

二是遏制地方基础设施建设投资冲动。本轮监管的目的在于引导信贷资金流入实体经济的同时，化解地方债务风险，引导地方政府在基础设施建设资金投入和债务风险控制之间寻求新的平衡。这对平台公司而言，则意味着转型升级必须适应新的形势，争取政府支持，进行实体化运营。

三是倒逼平台公司实现市场化转型。在流动性收紧、融资成本上升、债务链循环、金融体系去杠杆形势下，平台公司若再不进行市场化转型，将面临生存危机。过去依靠财政承诺函等政府背书形式实现融资的方式已然不现实，目前市场上各种融资方式均对平台公司的资产规模、资产质量、资产负

债率、现金流、利润、信用等级及增信手段等财务指标有一定要求,投融资平台将更依靠企业自身实力从资本市场筹集资金。

四 在新形势下推进政府投融资平台转型发展的建议

一是政府投融资平台应准确判断和把握目前形势。从近期文件出台密集度和力度可以预见,后续规范地方政府债务和平台公司管理的政策文件仍将陆续出台,新的监管举措将持续实施,在新政冲击下,平台公司将加剧分化。建议扬州市政府投融资平台进一步梳理清楚债务情况,争取地方政府债务置换、优质资产资源注入、无效资产剥离与置换等下一步政策支持。

二是脱离政府信用后,平台公司应积极通过市场化增信,维持或增强融资能力。首先,金融生态持续发生变化,平台未来融资需符合金融机构对风险防范和市场化决策的需求;其次,通过整合手段,实现融资平台的集约化和规模化,为政府开展全方位投融资提供强有力的载体支撑;再次,设立担保公司及担保基金,以市场化增信,减缓政府信用背书斩断带来的冲击;最后,平台转型应契合国资国企改革方向,去行政化,做强做优,补齐管理短板。

三是对平台公司进行详细分类,明确转型方向,并划定转型时间表。针对目前政府投融资平台定位过宽、数量过多、资金分散的状况,锁定平台公司目录名单,分类处理,提出切实可行的转型措施,并明确转型时间表。特别是县(市、区)平台,政府要帮助平台树立正确的融资理念,谋划符合投资机构、金融机构要求的城镇化项目,增加公司的市场化融资能力和县级政府未来的支付能力。

四是找准转型发展定位,从单纯城建投融资向市场化、实体化、多元化、规范化转型。一方面,要围绕城建运营产业,进行产业链的前后向延伸,进行相关多元化发展;另一方面,围绕城市发展规划、城市资源等,实现投资类、投机类、理财类的非相关多元化发展。同时利用企业债、公司债、ABS、PPN、境外融资、银行直接融资、统贷统还、搭建融资租赁投融资平台等金融工具进行多渠道融资。做大做强扬州市现代金融集团,并投资县(市、区)金控平台,参股、入股牌照类公司。

附表

已发行债券的16家投融资平台主要财务数据

单位:亿元

发行人	债券余额	资产	负债	净资产	营业总收入	利润总额
扬州市城建国有资产控股(集团)有限责任公司	82	753	432	321	59	8
扬州经济技术开发区开发总公司	81	342	183	159	19	4
扬州化工产业投资发展有限公司	68	220	136	84	15	3
扬州龙川控股集团有限责任公司	3	330	207	124	25	3
仪征市城市建设发展有限公司	20	237	140	98	19	3
扬州市扬子江投资发展集团有限责任公司	10	87	53	35	9	1
扬州市邗江城市建设发展有限公司	18	179	92	88	9	2
扬州瘦西湖旅游发展集团有限公司	46	191	112	79	14	5
扬州市江都沿江开发有限公司	23	107	69	38	8	1
高邮市建设投资发展集团有限公司	10	171	60	111	7	2
宝应县城市建设投资发展有限公司	16	154	86	68	9	4
扬州市广陵新城投资发展有限公司	15	194	151	42	9	1
高邮市经济发展总公司	10	83	18	64	8	4
扬州绿色产业投资发展控股(集团)有限责任公司	50	206	126	80	9	1
扬州新盛投资发展有限公司	33	131	68	63	6	1
扬州市交通产业集团有限责任公司	6	129	68	61	10	0.2

B.11
2017年扬州居民收入与消费状况分析

国家统计局扬州调查队课题组*

摘　要： 2017年以来，扬州市委市政府奋力推进富民增收工作，认真落实各项增收举措，努力补齐短板，挖掘潜力，扩大优势，城乡居民收入实现较快增长。前三季度全体居民人均可支配收入同比增长9.1%。与此同时，居民消费能力也日益增强，生活品质进一步提高。前三季度全体居民人均生活消费支出同比增长9.9%。由于增长基数不断提高、传统增收动力减弱、经济发展不平衡不充分等因素，保持城乡居民收入持续较快增长面临新的压力。需要进一步创新富民思路，靠实增收举措，持续拓宽富民增收渠道，完善分配制度，促进共享发展，不断满足人民群众对美好生活的需要。

关键词： 居民收入　收入结构　消费支出

2017年以来，市委市政府将促进城乡居民增收作为全市重点工作，出台了《关于聚焦富民　持续提高城乡居民收入水平的实施意见》，强化增收工作组织领导，将增收各项任务细化分解，明确牵头部门，常态化推进落实。全市城乡居民收入保持了平稳较快增长，城乡统筹发展更加协调，居民生活水平稳步提高。

---

* 课题组负责人：刘春来，国家统计局扬州调查队队长，高级统计师。成员：游立华，国家统计局扬州调查队副队长，高级统计师；张晶晶，国家统计局扬州调查队综合处处长，高级统计师；解国元（执笔），国家统计局扬州调查队住户处处长，中级统计师。

一 2017年扬州城乡居民收入总体状况

2017年,在宏观经济下行压力依然较大、居民收入增长空间收窄的形势下,经过全市上下的共同努力,扬州城乡居民收入仍保持了较快增长,主要呈现以下特点。

(一)居民收入稳步增长

前三季度,扬州市全体居民收入23409元,绝对值比全省平均水平低3121元,列全省第7位;增长9.1%,增幅比全省平均水平高0.2个百分点,列全省第9位。其中城镇常住居民人均可支配收入(下称"城镇居民收入")28926元,列全省第8位,绝对值比全省平均水平低1666元;增长8.4%,增幅与全省平均水平持平,列全省第7位;农村常住居民人均可支配收入(下称"农村居民收入")15187元,列全省第7位,绝对值比全省平均水平高683元;增长9.0%,增幅高于全省平均水平0.3个百分点,列全省第5位(见表1)。

表1 2017年前三季度全省分地区城乡居民收入及增速

地区	城镇				农村			
	收入(元)	排序	增幅(%)	排序	收入(元)	排序	增幅(%)	排序
江苏省	33161		8.4		14504		8.7	
南京市	40671	2	8.9	2	17643	4	9.2	4
无锡市	39991	3	8.2	11	21278	2	8.2	12
徐州市	23507	11	9.0	1	12703	10	9.3	3
常州市	37687	4	8.2	11	19465	3	8.4	11
苏州市	44609	1	8.2	11	22631	1	8.1	13
南通市	32407	6	8.7	4	15405	6	9.0	5
连云港市	22982	12	8.6	5	11647	12	9.5	2
淮安市	24883	9	8.4	7	11929	11	8.8	8
盐城市	24732	10	8.4	9	14207	9	8.9	7
扬州市	28926	8	8.4	7	15187	7	9.0	5
镇江市	34347	5	8.6	5	17199	5	8.5	10
泰州市	30224	7	8.8	3	14639	8	8.8	8
宿迁市	19836	13	8.3	9	11619	13	9.6	1

（二）农村居民收入增速快于城镇居民

前三季度，农村居民收入增速快于城镇0.6个百分点。由于注重城乡统筹协调发展，最近五年全市农村居民收入年均增速快于城镇1.2个百分点。城乡居民收入比逐年下降，从2012年的2.06∶1降至2017年前三季度的1.90∶1，明显低于全省2.1∶1和全国2.81∶1的水平（见表2）。

表2 2012~2017年前三季度扬州市城乡居民收入对比

年份	城镇		农村		城乡差距	
	绝对值(元)	增幅(%)	绝对值(元)	增幅(%)	绝对值(元)	城乡比
2012	25306	12.6	12294	13.1	13012	2.06
2013	27700	9.5	13775	12.0	13925	2.01
2014	30322	9.5	15284	11.0	15038	1.98
2015	32946	8.7	16619	8.7	16327	1.98
2016	35659	8.2	18057	8.7	17602	1.97
2017年前三季度	28926	8.4	15187	9.0	13739	1.90

（三）区域发展不均衡现象依然存在

各县（市、区）由于经济发展水平的差异，前三季度居民收入水平也不够均衡。从全体居民收入水平看，广陵、邗江、江都三地分别为30378元、29010元和24388元，分别比全市平均水平高6969元、5601元和979元；仪征、高邮、宝应三地分别为21987元、19523元和17660元，分别比全市平均水平低1422元、3886元和5749元。从城镇居民收入水平看，三区及仪征市均高于全市平均水平，其中邗江区最高，前三季度人均收入32040元，比全市平均水平高3114元；高邮市、宝应县均低于全市平均水平。从农村居民收入水平看，三区全面高于全市平均水平，其中广陵区最高，前三季度人均收入19823元，比全市平均水平高4636元；其他县（市）均低于全市平均水平（见表3）。

表3 2017年前三季度扬州分地区城乡居民收入及增速

地区	城镇		农村	
	收入(元)	增幅(%)	收入(元)	增幅(%)
江苏省	30592	8.4	14504	8.7
扬州市	28926	8.4	15187	9.0
广陵区	31243	8.4	19823	8.7
邗江区	32040	8.3	16758	9.0
江都区	30047	8.4	15995	9.1
宝应县	22101	8.7	14004	9.0
仪征市	29509	8.1	14571	8.9
高邮市	25590	8.1	13997	9.2

（四）收入四项构成全面较快增长

从城乡居民收入的四项构成来看，四部分均实现了较快增长。全体居民人均工资性收入14710元，增长8.6%；经营净收入3742元，增长9.3%；财产净收入1642元，增长12.5%；转移净收入3315元，增长9.5%。其中城镇居民人均工资性收入17839元，增长7.8%；经营净收入4348元，增长8.6%；财产净收入2545元，增长10.8%；转移净收入4194元，增长9.1%（见图1）。农村居民人均工资性收入10047元，增长8.9%；经营净收入2840元，增长9.6%；财产净收入295元，增长14.3%；转移净收入2005元，增长8.2%（见图2）。

二 收入结构状况

1. 工资性收入平稳增长

2017年以来，全市以"好就业就好业"为抓手，通过增加就业岗位、提高薪资水平促进城乡居民工资性收入增长，工资性收入对可支配收入的支撑作用进一步凸显。前三季度，全体居民人均工资性收入为14710元，同比

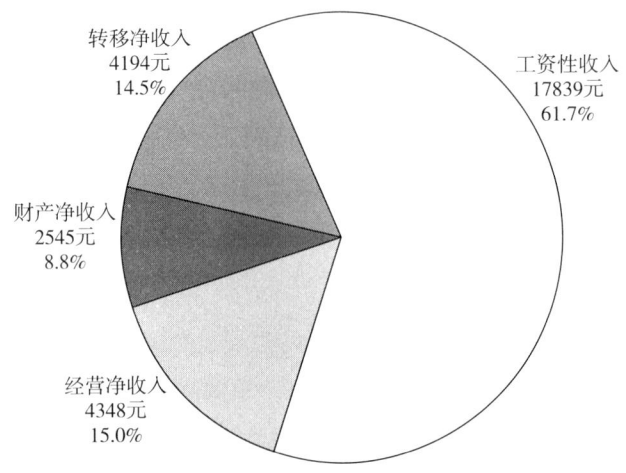

图1 前三季度城镇居民收入构成

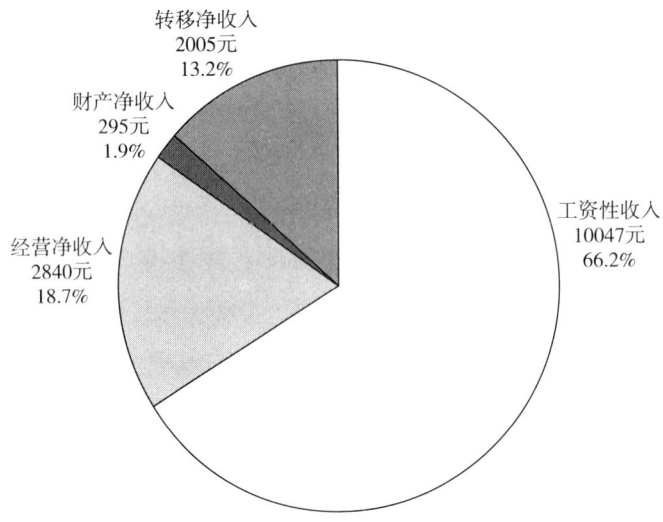

图2 前三季度农村居民收入构成

增长8.6%,拉动可支配收入增长5.4个百分点,对居民收入增长的贡献率为59.7%。分城乡来看,城镇居民人均工资性收入为17839元,增长7.8%,拉动可支配收入增长4.8个百分点,对居民收入增长的贡献率为57.7%;农村居民人均工资性收入为10047元,增长8.9%,拉动可支配收入增长5.9个百分点,对居民收入增长的贡献率为65.1%。从占比看,全体居民工资性收入占可支配收入的比重为62.8%,其中城镇和农村占比分别为61.7%和66.2%。工资性收入占比均超过六成,是城乡居民增收的主要动力。前三季度城乡居民工资性收入较快增长主要得益于四方面因素:一是全市经济稳中向好,企业家信心和企业景气指数逐步回升,企业效益趋向好转,职工报酬有所增加;二是劳动与社会保障部门实施了更加积极的就业政策,采集就业岗位9.8万个,保障了农民务工比例;三是提高了全市最低工资标准,市区和县(市)月最低工资标准分别上调至1890元和1720元,分别上涨6.8%和7.8%;四是城乡居民基础养老金标准从115元上调至125元,上涨8.7%,企业职工退休金总体上涨超过6%。

2. 经营净收入增幅有所提高

全市不断优化企业经营环境,加大对小微企业的扶持力度。同时突出加快农业结构调整,大力发展设施农业。从多个层面扶持农民工、大学生、退役士兵、农业科技人员等返乡下乡创业创新,通过"新农"带"老农",努力提高农民经营净收入。加之2017年夏粮丰收,品质明显好于上年,单价较上年提高四成以上,实现丰产丰收。前三季度全体居民人均经营净收入3742元,同比增长9.3%,拉动可支配收入增长1.5个百分点,占可支配收入的比重为16%。其中城镇居民人均经营净收入4348元,同比增长8.6%,拉动可支配收入增长1.3个百分点,占可支配收入的比重为15%。农村居民人均经营净收入2840元,同比增长9.6%,拉动可支配收入增长1.8个百分点,占可支配收入的比重为18.7%。

3. 财产净收入增长最快

2017年以来,市委市政府大力推进城建重大项目建设,不断提高城市宜居品质。市区楼市出现回暖,成交量明显上升,成交价格也有所上涨,推动城乡居民特别是城镇居民自有住房价值和租金提升。全市积极加快发展新型村集体经济,多渠道多层次帮助农户盘活资产。加强金融产品和金融工具创新,加快构建农村金融服务体系,居民理财渠道更加多元,理财产品更加丰富。积极推进农村土地承包经营权流转,进一步激活农村存量资产。城乡居民财产净收入增加明显,增速居四项构成之首。前三季度全体居民人均财产净收入1642元,同比增长12.5%,拉动可支配收入增长0.9个百分点,占可支配收入的比重为7%,占比较上年同期提高0.2个百分点。其中城镇居民人均财产净收入2545元,同比增长10.8%,拉动可支配收入增长1个百分点,占可支配收入的比重为8.8%。农村居民人均财产净收入295元,同比增长14.3%,拉动可支配收入增长0.3个百分点,占可支配收入的比重为1.9%。

4. 转移净收入增长较快

近年来,全市在民生保障上不断完善机制,加大投入。市委市政府持续加大投入,连年上调城乡居民、企业职工养老金标准。2017年以县域为单位,全面实现低保"同城同标"。坚决打赢脱贫攻坚战,按照年内全面完成人均年收入7000元以下低收入农户脱贫目标,高标准推进精准扶贫、精准脱贫。进一步统筹城乡医保、社保政策。合理提高社会保险待遇水平,强化社会救助托底功能,减轻群众就医负担,城乡居民转移净收入大幅度增加。在苏中苏北第一家实现被征地农民纳入城镇职工养老保险,让失地农民和城里人一样享受养老保障。同时在大病救助、贫困儿童入学等方面加大了投入。全市城乡居民转移净收入保持较快增长,前二季度全体居民人均转移净收入为3315元,同比增长9.5%,拉动可支配收入增长1.3个百分点,占可支配收入的比重为14.2%。其中城镇居民人均转移净收入为4194元,同比增长9.1%,拉动可支配收入增长1.3个百分点,占可支配收入的比重为14.5%;农村居民人均转移净收入2005元,同比增长8.2%,拉动可支配收入增长1.1个百分点,占可支配收入的比重为13.2%。

三 城乡居民消费状况

随着收入水平不断提高,城乡居民消费支出也明显增加,消费层次不断提高,八大类支出全面增长(见表4)。城乡居民消费主要呈现以下几个特点。

表4 前三季度扬州市城乡居民人均消费支出结构

指标名称	城镇		农村	
	支出(元)	增幅(%)	支出(元)	增幅(%)
生活消费支出	17826	9.3	9734	9.8
（一）食品烟酒	5615	8.9	3075	8.9
（二）衣着	1693	8.1	740	6.9
（三）居住	3797	9.8	2122	12.4
（四）生活用品及服务	1016	7.4	594	6.3
（五）交通通信	1801	10.4	1178	11.7
（六）教育文化娱乐	2282	11.9	1061	12.9
（七）医疗保健	1105	7.5	662	4.4
（八）其他用品和服务	517	5.7	302	9.8

（一）居民消费支出不断增加

前三季度，全体居民人均消费支出14575元，同比增长9.9%，增速较上年同期提高1.4个百分点。其中城镇居民人均消费支出17826元，同比增长9.3%，增速较上年同期提高0.8个百分点；农村居民消费支出9734元，同比增长9.8%，增速较上年同期提高1.5个百分点。全体居民消费率（消费支出占可支配收入比重）为62.3%，同比提高0.5个百分点。其中城镇居民消费率为61.6%，同比降低0.5个百分点；农村居民消费率为64.1%，同比上升0.4个百分点。农村居民消费率高出城镇居民2.5个百分点。

从过去五年的数据看，随着经济发展、收入持续增加，扬州城乡居民消费水平逐步提高。全体居民人均消费支出从2011年的11676元增加至2016年的18054元，五年间累计增长0.55倍，年均增长9.1%。其中城镇居民人均消费支出从2011年的14301元增加至2016年的21064元，五年间累计增长0.47倍，年均增长8.1%；农村居民人均消费支出从2011年的8122元增加至2016年的13722元，五年间累计增长0.69倍，年均增长11.1%。

（二）居民消费结构更加合理

在消费总量增长的同时，消费结构也更加科学合理。从恩格尔系数看，前三季度全体居民恩格尔系数为31.5%，扬州居民生活总体处于相对富裕阶段，恩格尔系数稳定在30%~40%。近几年城乡居民消费支出中的食品、衣着等生存型消费比重有所下降，而交通通信、文化教育娱乐服务等享受型、发展型消费比重不断上升。

从食品支出费用看，2016年与2012全年相比，全体居民人均食品消费支出占比（恩格尔系数）从32.2%下降到31.5%，降低了0.7个百分点。其中城镇居民从32.8%下降到31.5%，降低了1.3个百分点；农村居民从32.8%下降到31.0%，降低了1.2个百分点。

（三）城乡居民消费热点逐步显现

1. 汽车、网络等成为消费热点

家庭汽车拥有量上升，自驾游日渐普及，相关的支出随之增加。由于第三方支付更加便捷，年轻一代趋向于无现金消费、网络消费，网购交易额不断扩大。前三季度，全体居民人均交通通信支出1550元，同比增长11.1%，占消费支出的比重为10.6%。其中城镇居民人均交通通信支出1801元，同比增长10.4%，占消费支出的比重为10.1%；农村居民人均交通通信支出1178元，同比增长11.7%，占消费支出的比重为12.1%。

2. 教育文化娱乐支出快速增长

休闲娱乐活动成为市民生活的一部分，参加旅游、摄影、健身等娱乐活动的人数明显增多。家庭教育费用开始成为教育支出的新增长点。前三季度，全体居民人均教育文化娱乐支出1792元，同比增长12.8%，占消费支出的比重为12.3%；城镇居民人均教育文化娱乐支出2282元，同比增长11.9%，占消费支出的比重为12.8%。农村居民人均教育文化娱乐支出1061元，同比增长12.9%，占消费支出的比重为10.9%。受文化娱乐消费渠道和教育资源的限制，农村居民教育文化娱乐消费支出仍显著低于城镇居民。

3. 居住消费支出较高

2017年以来，随着人工费用、房屋交易价格的较快上涨，市场上房屋装修、房租价格以及包括车位租赁在内的物业相关费用支出增长较快。前三季度，全体居民人均居住支出3124元，同比增长11%，占消费支出的比重为21.4%。其中城镇居民人均居住支出3797元，同比增长9.8%，占消费支出的比重为21.3%。农村居民人均居住支出2122元，同比增长12.4%，占消费支出的比重为21.8%。

四 制约城乡居民收入持续稳定增长的主要因素

尽管城乡居民收入实现了较快增长，对照"十三五"发展规划和市第七次党代会目标，以及城乡居民日益增长的美好生活需要，增收任务依然较重。分析2017年以来制约扬州城乡居民收入持续较快增长的因素，主要有以下几方面。

（一）企业经营压力较大制约工资性收入增长

尽管前三季度扬州经济总体呈现稳中有升的发展态势，地方政府也适时上调最低工资标准，出台工资指导线，但部分企业仍面临市场需求弱、成本上升快、融资借贷难等一系列困难和问题，从业人员工资报酬持续上调缺乏强有力的支撑。而扬州城乡居民收入中的六成以上来自工资性收入，因此工资性收入增长快慢与企业经济效益密切相关，企业经营压力较大一定程度上制约了城乡居民收入的较快增长。

（二）多重因素制约经营收入持续较快增长

前三季度全体居民人均经营净收入增长9.3%，但是经营性增收固有难题尚未完全破解，主要有以下几重因素。一是产品销售难度大。世界经济仍处于深度调整阶段，"逆全球化"有所抬头，外贸出口难度较大；国内买方市场已经形成，企业竞争加剧。二是新经济冲击。电子商务等新兴产业的迅猛发展，对传统的二、三产业造成了较大冲击，一些经营方式相对落后的小微企业受到了较大冲击。三是难以稳定增收。传统种植业受气候、病虫害影响较大，尽管2017年夏粮实现丰产丰收，但受耕地、资源瓶颈制约，增收后劲不足。四是成本压力大。由于人工、房租、原材料、营销等成本的上升，以及机械使用费、种子、人工等费用上涨，无论是企业还是农户，成本压力都比较大。

（三）投资渠道不畅影响财产净收入增长

前三季度，受房地产回暖的推动，居民房屋折算租金等财产性收入保持较快增长，全体居民人均财产净收入1642元，同比增长12.5%。尽管如此，城乡居民财产性收入进一步增加难度依然较大。一是近年来银行利率持续下调，居民利息、红利等收益有所下降；二是金融体制尚不完善，城乡居民尤其是农村居民便捷透明的投资理财渠道较少；三是农民拥有的土地、房屋、集体资产股权等资产资源尚未得到有效激活，农村资产确权、赋权、活权改革推进程度还需加强，土地承包经营权、农户宅基地使用权等农村居民权益还不能有效产生财产性收入；四是少数小信贷公司不规范融资甚至跑路，对民间投资造成不良影响，一定程度上也制约了居民财产净收入的增长。

五 促进城乡居民收入持续较快增长的建议

在宏观经济环境复杂多变、实体经济经营压力加大的形势下，隐性失业风险依然较大、就业结构性矛盾未能化解、居民收入结构不尽合理等因素导致持续较快增收仍然面临较多困难。因此，各地各部门应紧紧围绕"两聚一高"主题，按照"1号"文件要求，不折不扣落实好"市富民增收39条"的具体部署，促进全市城乡居民收入持续较快增长。

（一）强化落实发挥政策效应

1.全面落实居民增收政策

坚持民生导向，系统梳理和整合各类居民增收政策，研究制定综合性的扶持政策和推进举措。加大宣传和执行力度，组织宣传服务专项行动。紧紧围绕"市富民增收39条"明确居民增收的主要目标、工作举措和保障措施。相关部门要对照目标任务，狠抓推进落实，强化督察考核，使每一项惠民政策落地生根、取得实效。同时建立政策申请的"绿色通道"，进一步精简审批事项、缩减办理流程，切实解决居民增收中遇到的问题和困难，确保政策尽快落地生效。

2. 着力解决居民增收难点

坚持问题导向，全面研究分析城乡居民在创业、就业中遇到的困难，针对创业资金需求，研究制定扶持小微企业贷款的相关优惠政策。拓宽融资渠道，完善担保、再保险、抵押等金融服务机制，推进城乡居民信用体系建设，搭建服务平台，提高创业融资能力。同时要重点围绕扶贫工作，扎实推进农村扶贫开发，着力解决当前收入不足的衍生矛盾。在年初开展的"聚焦富民·走千村访万户"大走访基础上，继续做好结对帮扶，确保所有低收入农户有人扶、有人帮，逐户制订帮扶工作方案，靠实脱贫增收措施。

3. 注重城乡统筹发展

加快完善城乡发展一体化机制，促进城乡要素平等交换和公共资源均衡配置。畅通农民工进城落户通道，保护农民权利。围绕"提低、扩中、调高"，着力推进收入分配制度改革，在初次、二次分配中都要兼顾效率和公平，进一步扩大中等收入群体规模。健全以税收、社会保障、转移支付为主要手段的再分配调节机制，确保发展成果更多惠及广大人民群众。加快"特色小镇"建设，加快农业转移人口市民化。同时巩固和完善农村基本经营制度，完善承包地"三权"分置制度，保持土地承包关系稳定并长久不变，保障农村转移就业人员土地收益权。

（二）突出重点补齐增收短板

1. 推进城乡贫困人口尽快脱贫

近年来，通过强化外出农民工的培训组织、养殖罗氏沼虾、发展荷藕产业等，全市范围内涌现出一批富民产业和致富能手。在带动面上增收的同时，帮助了一批贫困群体实现脱贫。应进一步推广脱贫工作好经验好做法，按照有能力、有意愿、有经验的要求，针对城乡低收入户，科学合理安排结对挂钩对象，尽可能实现双向选择。牵好线搭好桥兜住底，分情况多层次发准力，确保年收入7000元以下低收入户尽快脱贫。

2. 着力提高农村居民经营净收入

在全面完成农村土地承包经营权确权登记颁证的基础上，进一步明晰所有权，稳定承包权，放活经营权。通过延长农村土地经营权30年，提高农村居民增收潜力。进一步规范流转管理，鼓励、引导农户参与企业发展，以转包、出租、股份合作等形式流转土地承包经营权，参与农业生产和开发。针对传统种植业增收动力不足的现状，大力开展农业招商引资，积极引导推广"罗氏沼虾"等优势产业。充分发挥现有龙头企业的辐射带动作用，大力发展农产品精深加工业。同时以举办"两园"为契机，推进农村生态旅游业。建立新型职业农民培育对象数据库。加大农业信息技术推广与应用，实施农村电商培训万人计划以及"电子商务专业村镇"示范创建工作。

（三）立足就业提升工资水平

1. 提升稳岗能力

一是加强化解过剩产能的企业职工分流安置工作，落实税收减免、降低失业保险费率和援企稳岗补贴等政策，支持企业稳定岗位；二是通过评选"最佳雇主企业"等措施，营造良好的用工环境；三是继续开展创业大赛和创业明星评选活动，注重对核心团队重点人群的激励和扶持，加强典型就业引领和示范；四是注重就业服务信息化建设，加快新版就业管理信息系统开发，打造升级版的"智慧就业"数据服务云平台，提升就业服务水平。

2. 大力提升就业人员技能素质

充分发挥高素质高技能人才的培训优势，通过政府引导、市场化运作，进一步整合职教资源，加快培训基地建设；进一步扩大劳动者培训的范围，提高大中专职业技校技能培训水平，着重提高劳动生产率，实现劳动报酬的增长与生产效率的提高同步、与人的素质提升同步。

3. 引导居民转变就业观念

引导城乡居民尤其是农民工转变就业观念。积极倡导失业人员通过临时性、季节性、弹性工作等灵活多样的形式实现就业。要积极推进离校未就业高校毕业生就业促进计划，实施离校未就业高校毕业生技能就业专项行动。对离校未就业高校毕业生实现灵活就业的，给予社保补贴。通过保护灵活就业意识，鼓励通过勤劳双手创造财富。从主观上激发就业潜能，从客观上营造就业氛围，促进城乡居民收入不断提高。

B.12
2017年扬州市物价情况分析与研究

扬州市物价局课题组*

> **摘　要：** 2017年是供给侧结构性改革的深化之年，"三去一降一补"持续发力，振兴实体经济的改革措施不断升级，价格形势也随着改革的推进有所起落。在政府综合调控作用下，扬州市区市场物价水平保持了温和上涨的态势，物价水平稳定在合理区间。在这种有利的价格形势下，要更加注重价格调控监管服务、更加注重完善价格形成机制、更加注重运用价格杠杆推进供给侧结构性改革、更加注重依据法治原则开展工作，为全面深化改革创造更加平稳有序的价格环境。
>
> **关键词：** 市场价格　运行特点　价格形势

2017年1~9月，扬州市区CPI月同比涨幅在1.3%~2.4%范围内小幅波动，呈现温和上涨态势。展望2017年四季度和2018年的市场物价走势，价格上涨的外在压力已然减少，内在动力依然存在。在国家各项宏观政策调控下，价格总水平的上涨总体温和可控。

一　市场物价的基本情况

2017年1~9月，扬州市区CPI累计上涨1.8个百分点，比全国高0.3

---

* 课题组负责人：吴顺文，扬州市物价局局长。成员：管兴余，扬州市物价局副局长；周兵兵，扬州市物价局综合处处长；陆长昀，扬州市物价局综合处副处长

个百分点，与省平均水平持平。从消费结构看，构成CPI的八大类商品七涨一降。其中，教育文化和娱乐、居住类涨幅最高，分别上涨3.6%和3.5%。其他涨幅由高到低排序分别为：衣着类上涨2.2%，其他用品和服务类上涨2.0%，生活用品及服务类上涨1.8%，交通和通信类上涨1.5%，食品烟酒类上涨0.2%，医疗保健类下降0.1%。从各月情况看，市区1~9月份CPI与2016年同比分别上涨2.4%、1.8%、1.9%、2.4%、1.8%、1.3%、1.3%、1.8%和1.4%，同比涨幅均未突破3%的调控线，为经济社会发展提供了相对平稳的价格环境。预计四季度物价月同比涨幅可能有所上升，全年CPI涨幅在1.8%左右（见表1、图1）。

表1 扬州市区2017年1~9月居民消费价格指数汇总

项目名称	2017年1~9月同比指数									1~9月同比指数
	1月	2月	3月	4月	5月	6月	7月	8月	9月	
居民消费价格总指数	102.4	101.8	101.9	102.4	101.8	101.3	101.3	101.8	101.4	101.8
一、食品烟酒	102.0	99.0	99.7	100.4	99.9	100.0	99.3	100.7	100.9	100.2
粮食	103.1	103.8	101.8	102.1	103.3	104.0	103.5	105.7	103.6	103.4
鲜菜	101.4	79.6	81.2	88.3	95.2	100.2	100.8	108.4	104.1	94.7
畜肉	102.8	100.5	99.9	98.2	94.2	88.4	90.4	92.9	93.9	95.6
水产品	104.3	103.3	109.8	110.0	104.5	102.8	100.6	102.3	103.2	104.4
蛋	91.4	85.3	83.4	85.3	82.9	87.0	92.7	106.1	107.4	91.4
鲜果	104.4	106.9	112.2	114.5	116.7	127.9	107.5	105.8	108.0	111.6
二、衣着	100.9	101.8	101.7	100.7	102.2	102.2	101.5	104.0	104.5	102.2
三、居住	104.3	105.4	105.0	103.9	102.6	102.6	102.6	103.3		103.5
四、生活用品及服务	100.9	100.5	100.5	101.4	101.6	102.3	102.8	103.3	103.0	101.8
五、交通和通信	101.7	101.8	101.8	101.6	100.9	100.7	100.9	102.1	101.5	101.5
六、教育文化和娱乐	103.3	102.9	103.1	108.7	104.3	101.7	104.3	102.4	101.3	103.6
七、医疗保健	101.4	101.4	101.4	99.4	99.4	99.6	99.6	98.5	98.6	99.9
八、其他用品和服务	102.0	101.4	100.5	101.7	102.6	102.3	101.8	102.3	103.1	102.0

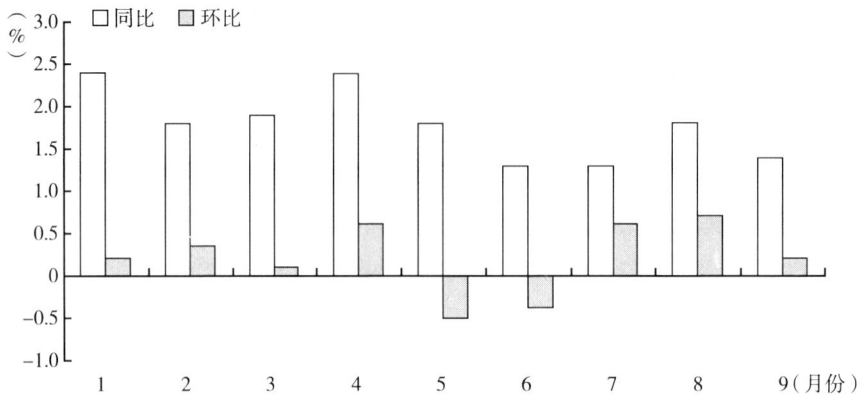

图1　扬州市区2017年1~9月居民消费价格指数走势

二　市场物价的运行特点

（一）主副食品价格总体稳定

2017年以来，扬州市主副食品价格总体保持了较为稳定的运行态势，粮油价格基本平稳，蔬菜价格低位波动，肉蛋价格探底回升，水产价格涨跌互现，水果价格普遍上涨。

1. 粮油价格基本平稳

我国粮食生产连年丰收，前期粮食库存充裕，市场供给充足、需求稳定。受临储粳稻迟拍、市场供应量减少等因素影响，扬州市大米价格由稳转升，但面粉、玉米粉价格小幅下调；杂粮价格有所波动，均呈现先涨后跌的走势（见表2）。近两年来全球大豆丰收，食用油现货供给充裕，价格低位运行。扬州市食用油价格稳定性进一步增强，监测品种价格保持平稳，其中，大豆油、玉米油1~9月同比上涨2.13%、5.28%，花生油同比微降0.16%，其他品种基本与上年持平（见表3）。

表2 2017年1~9月扬州市区粮食价格变化情况

商品名称	规格等级	2017年1~9月平均销售价格(元/500克)									1~9月同比增幅(%)
		1月	2月	3月	4月	5月	6月	7月	8月	9月	
晚籼米	二级	2.07	2.07	2.07	2.07	2.07	2.07	2.07	2.07	2.07	0.49
粳米	三级	2.22	2.22	2.22	2.22	2.23	2.24	2.24	2.24	2.24	1.36
粳米	东北产二级	3.02	3.02	3.03	3.03	3.03	3.03	3.03	3.03	3.03	1.02
面粉	标准粉	2.42	2.42	2.40	2.40	2.40	2.40	2.40	2.40	2.40	-0.42
面粉	特一粉	3.01	3.01	2.86	2.86	2.86	2.86	2.86	2.86	2.86	-3.98
玉米粉	脱坯玉米粉	3.12	3.12	3.15	3.15	3.15	3.15	3.15	3.15	3.15	-0.95
红小豆	中等	6.54	6.54	6.45	6.45	6.45	6.82	7.00	6.43	6.32	0.92
绿豆	中等	5.75	5.75	6.08	6.08	6.08	5.73	5.60	5.98	5.80	4.26
黄豆	三等	3.88	3.88	3.87	3.87	3.87	4.17	4.33	4.10	4.06	0.76

表3 2017年1~9月扬州市区食用油价格变化情况

商品名称	规格等级	2017年1~9月平均销售价格(元/5升)									1~9月同比增幅(%)
		1月	2月	3月	4月	5月	6月	7月	8月	9月	
菜籽油	桶装一级压榨	69.70	69.70	69.70	69.70	69.70	69.70	69.70	69.70	69.70	0
菜籽油	桶装一级浸出	56.94	56.94	56.94	56.94	56.94	56.94	56.94	56.94	56.94	0
大豆油	桶装一级浸出	43.44	43.44	43.44	43.44	43.44	43.44	43.44	43.44	43.44	2.13
花生油	桶装一级压榨	134.98	134.98	134.98	134.98	134.98	134.98	134.98	134.98	134.98	-0.16
玉米油	桶装一级压榨	72.76	72.76	72.76	72.76	72.76	72.76	72.76	72.76	72.76	5.28
大豆调和油	桶装一级	53.04	53.04	53.04	53.04	53.04	53.04	53.04	53.04	53.04	0

2. 蔬菜价格低位波动

年初,蔬菜价格延续了上年底相对低位的态势,1月受春节效应的推动,省报监测的32个蔬菜品种价格"15涨6平11降",蔬菜价格环比上涨4.3%;2月节日效应消退,蔬菜零售均价为4.23元(每500克,下同),环比下降1.93%,同比下降17.52%。由于2017年以来气候适宜,蔬菜供应充足,蔬菜价格持续回落,6月蔬菜零售均价为3.06元,环比下降7.49%,同比下降1.61%。7~8月,受持续高温天气影响,蔬菜价格迅速反弹,涨幅超过20%的有芹菜、油菜、萝卜、圆白菜、西兰花、生菜等。9月随着气温回落,菜价逐步回调(见表4、图2)。

表4 2017年1~9月扬州市区蔬菜价格变化情况

商品名称	2017年1~9月平均销售价格(元/500克)									1~9月同比增幅(%)
	1月	2月	3月	4月	5月	6月	7月	8月	9月	
芹菜(西芹)	3.52	3.76	3.36	3.16	3.36	3.44	3.73	4.29	4.14	-3.16
芹菜(旱芹)	3.50	2.65	2.37	2.09	1.98	2.21	2.81	3.53	3.56	-17.64
大白菜	1.22	1.37	1.31	1.28	1.16	1.46	1.61	1.85	1.76	-4.48
油菜(青菜)	1.32	1.41	1.34	1.62	1.49	1.69	2.08	3.72	3.02	-24.37
黄瓜	4.12	4.18	2.83	2.84	2.60	1.85	1.85	3.42	2.78	-15.21
萝卜	1.63	1.54	1.53	1.15	1.08	1.10	1.39	1.45	1.49	-19.11
茄子	5.25	5.43	4.37	3.60	3.35	2.52	2.06	3.17	3.02	-11.10
西红柿	4.94	4.86	4.49	4.57	3.77	3.20	2.84	4.02	3.68	6.69
土豆	1.98	1.98	1.98	2.47	2.54	2.26	2.21	1.98	1.78	-19.48
胡萝卜	2.15	2.21	2.25	2.53	2.40	2.30	2.58	2.58	2.51	-15.21
青椒(菜椒)	3.85	3.85	3.85	3.85	3.85	3.85	3.62	3.65	3.59	-20.89
薄皮青椒	3.72	3.59	3.50	3.58	2.62	2.17	2.35	3.45	3.18	-6.66
尖椒	5.40	5.40	5.40	5.33	5.40	5.27	5.20	5.33	5.27	-5.25
圆白菜(包菜)	2.58	2.20	1.93	1.67	1.26	1.21	1.95	2.14	1.96	-6.32
豆角	6.37	5.97	5.70	6.27	4.48	3.89	3.53	4.97	5.96	-4.59
蒜薹	8.18	8.53	7.77	5.31	3.83	3.64	4.33	5.60	5.23	-5.48
韭菜	5.32	4.35	3.18	2.80	2.05	1.96	2.27	2.91	2.44	-12.28
花菜	3.41	2.92	2.60	2.63	2.53	2.70	2.95	3.51	3.55	-28.46
洋葱	2.32	2.39	2.45	2.21	2.00	2.00	1.90	1.83	1.69	-27.89
冬瓜	1.94	1.98	2.07	2.22	2.20	1.71	1.21	1.13	1.17	-20.13
黄豆芽	2.00	2.00	2.00	2.00	2.00	2.00	2.00	2.00	2.00	14.72
绿豆芽	1.83	1.83	1.83	1.83	1.83	2.00	2.00	2.00	2.00	4.13
菠菜	3.92	3.59	3.31	3.91	4.40	5.22	5.45	6.92	8.80	-6.24
山药	3.77	3.78	4.11	4.26	4.27	4.27	4.45	4.77	4.58	6.48
西兰花	5.68	5.14	5.19	5.02	3.91	3.86	5.50	6.13	6.17	-14.99

续表

商品名称	2017年1~9月平均销售价格(元/500克)									1~9月同比增幅(%)
	1月	2月	3月	4月	5月	6月	7月	8月	9月	
生菜	3.72	3.35	2.85	2.08	1.93	1.81	2.17	5.20	4.31	-17.78
蘑菇	9.20	9.20	8.60	8.47	8.40	8.40	8.60	10.00	9.80	4.47
平菇	4.74	5.00	4.63	4.27	4.67	5.07	5.51	6.33	5.40	2.22
丝瓜	6.98	6.49	5.99	5.34	3.89	3.55	2.34	3.88	3.21	3.19
毛豆	8.22	8.83	8.50	8.39	6.50	2.84	2.20	2.26	2.27	-8.66
蒜头	10.76	10.76	10.74	9.57	5.79	4.35	4.59	5.39	5.59	6.09
生姜	4.56	4.90	4.91	4.63	4.21	4.08	4.17	4.56	5.78	4.76

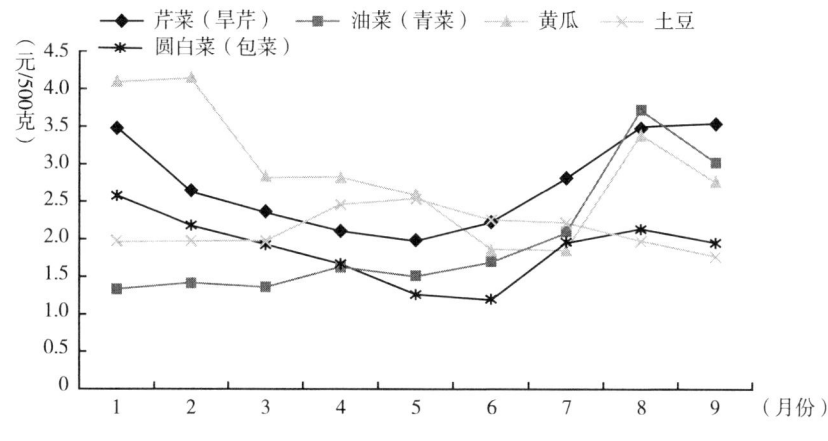

图2 2017年1~9月扬州市区蔬菜价格变化情况走势

3. 肉蛋价格探底回升

年初,猪肉价格进入下行通道,受生猪出栏价下跌的影响,猪肉零售价格持续下滑,零售均价从1月的14.80元(每500克,下同)一路跌至7月的12.57元。8月生猪出栏价格略有回调,零售价格随之回升(见图3、表5)。受生猪出栏价格上涨影响,畜肉副产品价格同步上涨,农贸市场猪腰、猪肝、猪脚每千克均价分别由7月的47.0元、14.75元、25.75元涨至8月的47.75元、15.13元、26.50元,畜肉副产品价格环比上涨1.6%。牛肉、羊肉、鸡肉价格相对稳定,受供求关系变化影响小幅波动。上半年鸡蛋价格一路下滑,5月零售均价创历史新低。在扬州市"263"专项行动推进过程中，部分不符合环保要求的蛋禽养殖场被陆续关停，导致高温季节后，蛋鸡存栏锐减，鸡蛋市场供应量大幅下降。随着中秋节临近，食品加工企业备货，市场需求量加大，鸡蛋市场出现了供小于求的现象，洋鸡蛋零售均价从5月的2.76元迅速反弹至9月的4.98元。

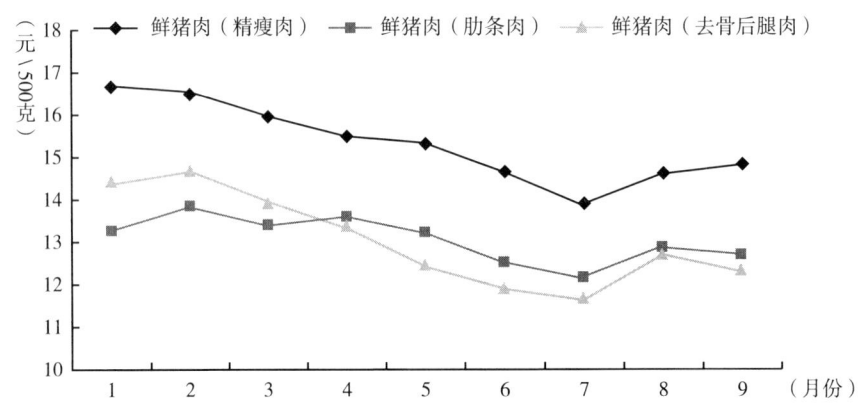

图3 2017年1~9月扬州市区猪肉价格变化情况走势

表5 2017年1~9月扬州市区肉蛋价格变化情况

商品名称	规格等级	2017年1~9月平均销售价格(元/500克)									1~9月同比增幅(%)
		1月	2月	3月	4月	5月	6月	7月	8月	9月	
鲜猪肉	精瘦肉	16.70	16.54	15.98	15.51	15.31	14.66	13.91	14.58	14.86	-11.43
鲜猪肉	肋条肉	13.26	13.86	13.39	13.62	13.22	12.48	12.13	12.90	12.72	-9.05
鲜猪肉	去骨后腿肉	14.43	14.71	13.96	13.37	12.46	11.89	11.66	12.72	12.33	-14.14
鲜牛肉	腱子肉	32.60	32.68	32.89	33.00	33.00	33.00	33.40	33.60	33.60	0.56
鲜牛肉	牛腩	30.81	31.68	30.80	30.36	30.36	30.36	30.36	29.96	29.96	-1.61
鲜羊肉	新鲜去骨	27.48	27.48	27.48	27.48	27.48	27.48	27.48	27.48	27.48	-1.06
鲜羊肉	新鲜带骨	21.94	22.94	22.94	22.94	22.94	22.94	22.94	22.94	22.94	3.05
鸡肉	白条鸡、开膛上等	8.02	8.02	8.06	8.08	8.08	8.08	8.08	8.08	8.08	0.55
活鸡	活肉鸡1~1.5公斤	12.33	12.67	12.67	12.67	12.67	12.67	12.67	12.89	13.00	2.95
鸡蛋	新鲜完整(洋鸡蛋)	3.72	3.43	2.82	2.98	2.76	3.09	3.59	4.59	4.98	-14.11
鸡蛋	品牌草鸡蛋	8.66	8.66	8.66	8.66	8.66	8.66	7.93	7.89		-1.92

4. 水产价格涨跌互现

一季度扬州市淡水鱼供应量充足，受禽流感疫情影响，部分居民选择鱼虾作为替代品，淡水鱼、虾蟹类价格分别同比上涨7.8%、2.2%。由于淡水鱼养殖一般都是"春放冬捕"，受长江禁捕期提前一个月的影响，加之淡水鱼、河虾陆续进入产籽期，养殖场减少捕捞量，鱼、虾供货量减少，价格出现季节性上涨，3月淡水鱼、虾蟹类价格分别环比上涨8.3%、5.5%。4月，淡水鱼正值投苗养殖期，价格继续上涨，但鲳鱼受上游库存压力影响价格明显下跌。5月河虾大量上市，供销两旺，均价从62.29元（每500克，下同）降至43.25元，虾蟹类价格环比下降16.7%。上半年扬州市市场鲫鱼、鲢鱼（白鲢）、鳙鱼（花鲢）、鳊鱼零售均价分别为10.58元、3.83元、8.00元、9.34元，同比分别上涨13.16%、持平、上涨3.63%、上涨2.41%。夏季高温导致河虾价格迅速反弹，均价由41.96元涨至64.38元，环比涨幅高达53.43%。三季度禁捕期结束，淡水鱼上市量加大，价格出现小幅回调，鲳鱼价格继续下滑，1~9月同比下跌10.23%（见表6、图4）。

表6 2017年1~9月扬州市区鱼类价格变化情况

商品名称	规格等级	2017年1~9月平均销售价格(元)									1~9月同比增幅(%)
		1月	2月	3月	4月	5月	6月	7月	8月	9月	
带鱼	冰鲜250克左右	16.45	17.12	17.32	18.16	18.16	18.16	18.16	16.89	16.43	8.21
鲳鱼	冰鲜250克左右	31.12	31.12	31.12	27.32	27.32	27.32	27.32	25.12	24.39	-10.23
鲫鱼	活350克左右	9.72	9.94	10.17	10.84	11.11	11.72	11.99	11.52	9.56	2.15
鲢鱼（白鲢）	活1000克左右	3.83	3.83	3.83	3.83	3.83	3.83	4.00	4.17	4.00	1.97
鳙鱼（花鲢）	活1500克左右	7.42	7.59	7.90	8.02	8.09	8.99	9.45	9.02	7.37	3.43
鳊鱼	活500克左右	8.58	9.13	9.25	9.09	9.50	10.49	10.85	10.79	9.05	-6.33

5. 水果价格普遍上涨

年初，北方水果库存量普遍偏少，市场供应量减少，加之2016年脐橙等部分水果减产，价格高于往年，一季度扬州市水果价格保持小幅上行态势。二季度冬储水果库存量进一步减少，反季节水果因货源较紧，价格出现

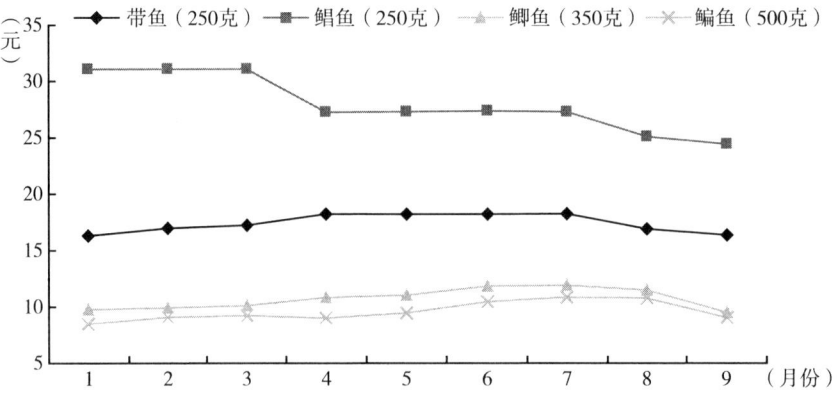

图4 2017年1~9月扬州市区鱼类价格变化情况走势

明显上涨，如脐橙、红富士苹果5月均价分别为6.92元、5.09元（每500克，下同），环比分别上涨15.53%、上涨12.36%。5月后地产西瓜、香瓜、桃子、葡萄等批量上市，新上市水果价格较高，但非耐贮品种水果价格很快开始小幅回落；7~8月西瓜、葡萄等水果大量上市，价格持续下降，但脐橙、苹果等水果价格继续上涨。9月西瓜尾市价格低位反弹，脐橙新果在望，价格大幅下跌（见表7、图5）。

表7 2017年1~9月扬州市区水果价格变化情况

商品名称	规格等级	2017年1~9月平均销售价格（元/500克）									1~9月同比增幅（%）
		1月	2月	3月	4月	5月	6月	7月	8月	9月	
脐橙	一级	5.10	5.11	5.03	5.99	6.92	6.92	7.47	8.56	6.19	24.03
苹果	红富士一级	4.61	4.63	4.63	4.53	5.09	5.21	4.92	4.99	5.09	-0.30
香蕉	国产一级	3.15	3.33	3.29	3.01	3.01	3.07	4.44	3.92	3.19	9.78
西瓜	地产主销一级	3.76	3.84	4.06	3.81	3.51	2.33	1.24	0.91	2.11	7.80
梨	当地主销一级	2.77	2.88	2.97	3.22	3.22	3.28	3.41	2.94	2.24	5.65

（二）工业品价格整体上涨

2016年下半年以来，逐步复苏的宏观经济环境、"三去一降一补"

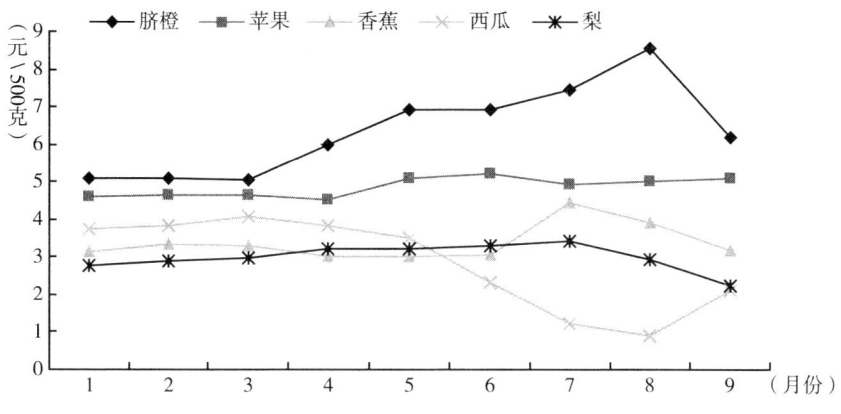

图5　2017年1~9月扬州市区水果价格变化情况走势

的政策环境、宽松的货币环境相叠加对工业品价格形成了"三级助推",主要工业品价格打破了不断下跌的走势。2017年,扬州市工业生产资料价格整体上涨,为实体经济发展打了一剂"强心针",市场需求回暖,工业开票增长。其中,钢材价格震荡回升,有色金属价格小幅盘整,化工产品价格先跌后涨,建材价格稳步回升,煤炭价格高位震荡,成品油价格振荡回落。

1. 钢材价格震荡回升

1月,扬州市建筑钢材、板材价格呈全线下跌走势,单月整体环比跌幅超过10%;2~3月随即大幅回升,钢价波动频率加快,涨跌幅度较大,监测的8个品种钢材3月末综合均价为3958元/吨,同比涨幅54%。4月再次大幅下跌,逐步呈现振荡调整走势。夏季高温多雨,不利于房地产和基建施工,但受供给侧改革、清理"地条钢"和环保等因素影响,钢价再次大幅上涨,"黑色系"期货价格出现短暂的阶段性小幅回调后仍继续大幅上涨。9月由于下游需求未能如市场预期出现"金九银十"的火爆局面,钢材价格逐步止涨回落,9月末钢材综合均价为4060元/吨,环比跌幅4.66%,同比涨幅54.67%(见表8、图6)。

表8 2017年1~9月扬州市区钢材价格变化情况

商品名称	规格等级	2017年1~9月平均销售价格(元/吨)									1~9月同比增幅(%)
		1月	2月	3月	4月	5月	6月	7月	8月	9月	
圆钢	16mm,Q235	3603	3887	4160	3907	3593	3653	3783	4087	4120	62.98
螺纹钢	22mm,HRB400E	3343	3513	3877	3470	3703	3643	3787	4180	4107	58.37
螺纹钢	12mm,HRB400E	3400	3610	3990	3590	3743	3763	3907	4140	4227	58.40
热轧中厚板	10mm,Q235普碳	3837	3877	4027	3867	3763	3760	3837	4120	4173	53.87
热轧中厚板	6mm,Q235普碳	3990	3983	4133	3900	3813	3790	3877	4173	4240	50.96

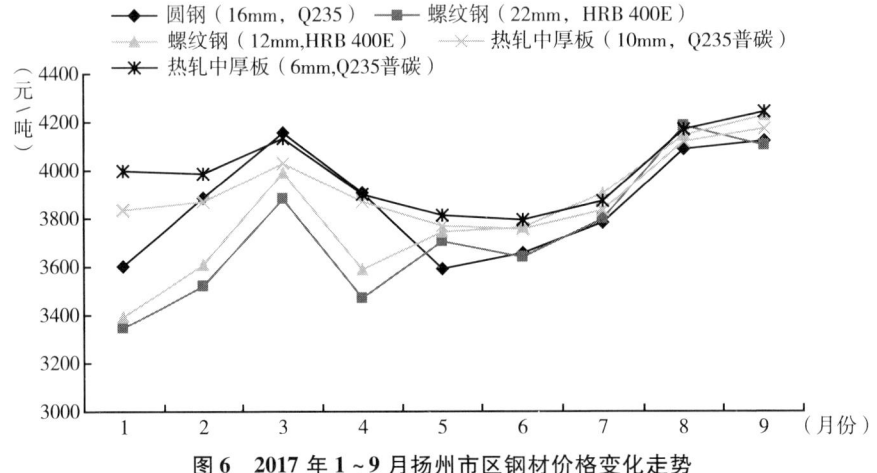

图6 2017年1~9月扬州市区钢材价格变化走势

2.有色金属价格小幅盘整

1月，扬州市监测的6个有色金属品种价格3升3降，铜、铝、锌价格上涨，铅、锡、镍价格下跌。2月，有色金属品种价格全线小幅上涨，月末综合均价为57972元/吨，环比上涨4.55%，同比涨幅35.18%。3~6月，有色金属价格涨跌互现，由于供应压力依旧较大，淡季下游需求逐渐显弱，价格保持窄幅振荡。7~8月在其他工业品价格上涨的带动下，有色金属也出现一波上涨行情，8月末综合均价为60052元/吨，环比累计上涨7.03%，同比涨幅22.93%。9月涨势减缓，连续两个报价期呈持续小幅回落态势，9月末综合均价为58185元/吨，环比下跌3.11%，同比涨幅15.87%（见表9、图7）。

表9 2017年1~9月扬州市区有色金属价格变化情况

商品名称	规格等级	2017年1~9月平均销售价格(元/吨)									1~9月同比增幅(%)
		1月	2月	3月	4月	5月	6月	7月	8月	9月	
电解铜	1号	46677	49363	48900	48153	47697	47043	49167	52050	52673	30.63
铝	A00	13313	14010	14387	14583	14357	14163	14743	16207	17073	19.10
铅	1号	18617	19427	18960	17183	16587	17353	18240	19587	20350	31.66
锌	0号	22977	23697	23553	22993	22713	22137	23627	25317	25923	45.33
锡	1号	152750	150617	150067	145863	147947	148410	149180	150247	150037	28.92
镍	1号	86033	88247	88510	84573	81160	75007	79827	89863	92987	14.04

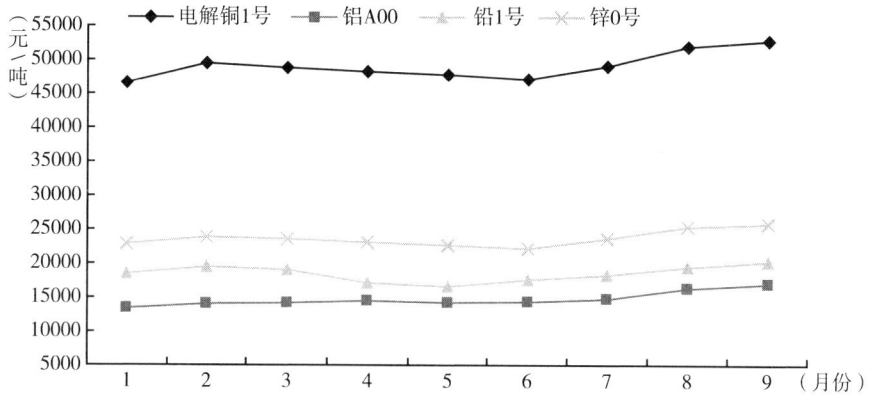

图7 2017年1~9月扬州市区有色金属价格变化走势

3. 化工产品价格先跌后涨

上半年，国际原油价格总体震荡下跌，1~2月原材料成本价格高位运行，化工产品销售价格上涨；3~6月，原油价格逐月持续下跌，6月23日国际原油创下2017年以来42美元/桶低点，化工产品价格随之整体振荡下行。6月均价比1月下跌13.86%，价格波动频率较快，化工企业库存量同比高位运行，下游产品销售节奏缓慢。7月国际原油价格止跌回升，而国内在夏季设备检修和环保压力加大的双重背景下，化工产品价格总体呈现小幅上涨的趋势，8月化工产品综合均价为7729元/吨，环比涨幅4.96%，同比涨幅19.17%；9月综合均价为7843元/吨，环比涨幅1.48%，同比涨幅19.7%（见表10、图8）。

表10 2017年1~9月扬州市区化工产品价格变化情况

商品名称	规格等级	2017年1~9月平均销售价格（元/吨）									1~9月同比增幅（%）
		1月	2月	3月	4月	5月	6月	7月	8月	9月	
高压聚乙烯	薄膜1F7B	11967	11867	10533	10900	10267	10233	9933	10333	10933	10.23
线性低压聚乙烯	注塑级	10600	10600	10133	10067	9767	9767	9733	10067	10700	7.50
聚丙烯	拉丝2401	8833	8933	8400	8000	7767	7833	7967	8200	8833	15.24
聚氯乙烯	悬浮液	6367	6587	6733	6333	5967	6033	6633	7367	7450	20.10
ABS树脂	通用级	16567	16983	16567	15000	14700	14867	15567	16167	17300	48.93
硫酸	98%硫酸	403	397	410	390	353	333	337	357	377	10.17
纯碱	工业碱含量≥98.5%	2400	2500	2500	2367	1833	1817	1800	1783	1950	34.72
烧碱	液碱（离子膜法）含量在30%~40%	983	947	940	1020	1017	1067	1073	1027	1060	49.73
橡胶	国产天然1号标胶	17200	18800	17467	14267	13633	12933	13300	12933	12967	37.31

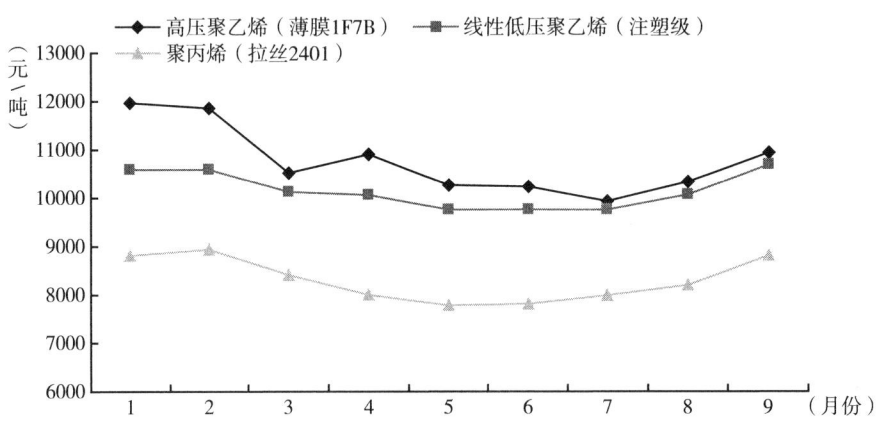

图8 2017年1~9月扬州市区化工产品价格变化走势

4. 建材价格稳步回升

由于 2016 年下半年以来房地产投资需求拉动国内建材需求增加，建材价格普遍小幅上涨，建设及装修消耗量稳步回升。年初为水泥传统需求淡季，价格平稳；3 月逐步进入施工旺季，水泥出厂价格持续回升；6 月进入雨季后价格小幅回落；夏季受传统淡季和高温天气等因素影响，水泥市场需求有所减弱，扬州市水泥价格稳中有降；随着气温下降，工程施工进度加快，加上原材料（熟料、粉煤灰、矿渣）价格上涨等因素，水泥社会需求和销售再次抬升，9 月扬州市区的水泥销售综合均价为 358 元/吨，环比上涨了 13 元/吨，环比涨幅达 3.86%，比 2016 年同期上涨了 93 元/吨，涨幅为 35%。其他建材价格以稳为主，木材价格随着销量增加略有上涨（见表 11、图 9）。

表 11　2017 年 1~9 月扬州市区建材价格变化情况

商品名称	规格等级	单位	2017 年 1~9 月平均销售价格									1~9月同比增幅（%）
			1月	2月	3月	4月	5月	6月	7月	8月	9月	
松原木	长4米	元/立方米	2683	2700	2700	2700	2700	2700	2700	2700	2700	1.82
杉原木	16~18厘米（4米长）	元/立方米	2193	2200	2200	2200	2200	2200	2200	2200	2200	0.88
密度板	中密度1220mm×2440mm×15mm	元/张	75	75	75	75	75	75	75	75	75	0.00
普通硅酸盐水泥	52.5强度散装	元/吨	290	290	350	350	390	387	380	390	410	50.93
普通硅酸盐水泥	42.5强度散装	元/吨	260	260	305	305	340	330	320	310	310	40.84
复合硅酸盐水泥	32.5强度袋装	元/50千克	15	15	14	16	18	17	17	17	17	39.33
浮法平板玻璃	5mm	元/平方米	35	35	35	35	35	35	35	35	35	0.00
钢化平板玻璃	5mm	元/平方米	53	53	53	53	53	53	53	53	53	0.00

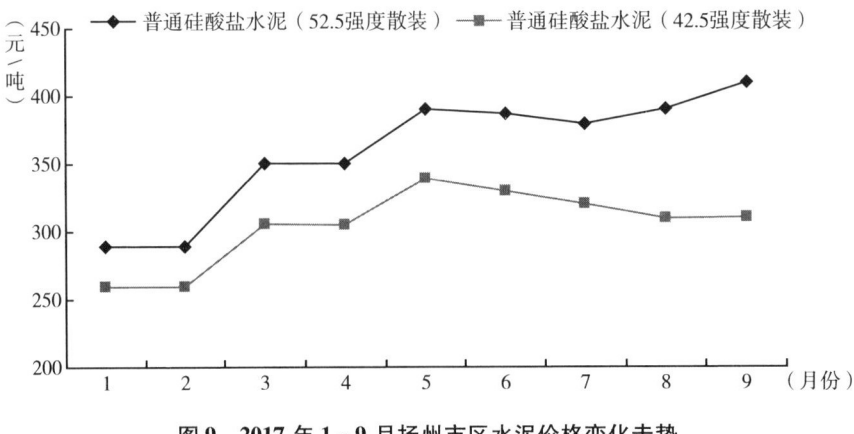

图9　2017年1～9月扬州市区水泥价格变化走势

5. 煤炭价格高位震荡

2017年以来煤炭价格呈现"W"形震荡走势，但同比仍处于高位，煤炭企业的盈利整体处于较高水平，行业普遍扭亏。一季度受低温干旱、水电供应短缺等因素的影响，市场需求支撑煤价高位运行。煤炭综合均价从1月的735元/吨波动上涨至4月的760元/吨。4月22日环渤海动力煤指数呈下跌格局，煤炭市场综合价格止涨转跌，市场需求急速下降，交易萎缩，煤炭价格逐月下跌。8月，受高温影响动力煤进入消费旺季，扬州市电厂库存较低，港口排队采购等煤现象逐步突出，市场成交急速放大，电煤、锅炉煤价格先跌后升。9月底扬州市煤炭综合均价745元/吨，电煤（5000大卡）涨至670元/吨，锅炉煤涨至820元/吨；环比分别上涨6.35%、7.89%，同比分别上涨31%、28%（见表12、图10）。

表12　2017年1～9月扬州市区煤炭价格变化情况

商品名称	规格等级	2017年1～9月平均销售价格（元/吨）									1～9月同比增幅(%)
		1月	2月	3月	4月	5月	6月	7月	8月	9月	
电煤（贫瘦煤）	5000大卡以上	680	603	620	677	630	620	617	616	660	45.71
混煤	工业锅炉混煤粒度<50mm	790	733	763	843	797	770	730	747	807	41.57

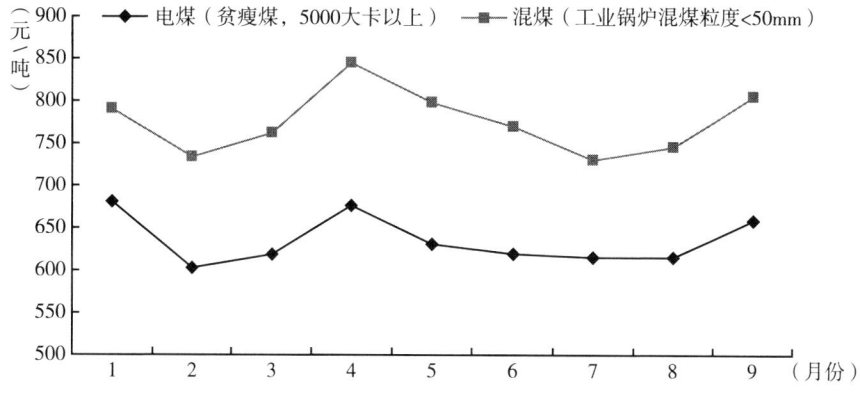

图10　2017年1~9月扬州市区煤炭价格变化走势

6. 成品油价格振荡回落

1~9月扬州市成品油经历19次调价窗口14次调价，分别为8涨6跌5搁浅，汽柴油批发价1~9月较2016年同期分别上涨9.41%、15.85%。近几年国内汽柴油产销量非常平稳，保持了相对稳健的走势。一季度国际原油价格处于高位，国内主营成品油行情稳中有涨。二季度终端需求平淡，导致社会库存消化进度缓慢，中下游补库心态较为谨慎，成品油价格持续下跌。在7月下旬原油大涨提振下，成品油价格出现回升。随着国庆、中秋两节黄金周到来驾车出行增加，以及秋收农忙、基建工程开工率提高等因素共同作用，终端需求扩大，汽柴油零售价格进一步上调（见表13、表14）。

表13　2017年1~9月扬州市区成品油批发价格变化情况

商品名称	规格等级	2017年1~9月平均销售价格（元/吨）									1~9月同比增幅(%)
		1月	2月	3月	4月	5月	6月	7月	8月	9月	
柴油	0号	5850	5567	5533	5500	5333	5133	5200	5450	5577	15.85
汽油	苏五92号	6033	6133	6000	6217	6117	5883	5350	5733	5933	9.64
汽油	苏五95号	6233	6333	6200	6417	6317	6067	5667	5883	6100	9.17

表14 2017年1~9月成品油零售价格调整情况

单位：元/升

调整日期	92号汽油	95号汽油	0号柴油	趋势
2017年1月13日	6.52	6.94	6.12	↑
2017年1月26日	6.47	6.88	6.06	↓
2017年2月15日	6.51	6.92	6.10	↑
2017年3月15日	6.44	6.85	6.03	↓
2017年3月29日	6.25	6.65	5.84	↓
2017年4月13日	6.41	6.82	6.00	↑
2017年5月12日	6.21	6.61	5.80	↓
2017年5月26日	6.33	6.73	5.92	↑
2017年6月12日	6.18	6.58	5.77	↓
2017年6月24日	5.98	6.36	5.56	↓
2017年7月22日	6.04	6.43	5.63	↑
2017年8月5日	6.18	6.57	5.77	↑
2017年9月16日	6.26	6.66	5.85	↑
2017年9月30日	6.43	6.83	6.01	↑

备注：调价日期为：国家发展改革委发布油价调整的第二天零时执行。

（三）重要民生价格稳中有涨

1. 商品住房价格快速上涨

2016年以来，在去库存政策引导下，楼市全面回暖，商品住房销售火爆，价格逐渐走高。2017年以来房价继续上涨，且涨幅扩大，9月19日国家统计局发布的70个大中城市住宅销售价格变动情况显示，自2015年8月以来，扬州房价已连续上涨25个月。一季度房价涨幅较大，累计涨幅达4.23%。为保持扬州市区房地产价格稳定，3月28日，市物价局召开市区房地产价格政策提醒会，重申开发企业在开盘销售前应当向市物价部门书面报送商品房销售价格，并不得超过报送的一房一价进行销售。为规范商品房市场，4月10日，市政府制定出台《关于进一步促进市区房地产市场平稳健康发展的通知》，明确"备案价不得高于周边地块同类产品住房的价格，下一批次备案价格不得高于上一批次同类型住房成交均价"，"同一批次分批销售时,不得提高销售价格。严禁将商品住房总价不合理拆分、虚假装修、虚高装修价格、捆绑销售车位(库)"。市物价局组织开展房地产价格专项检查,发现价格违法行为,当场责令改正,并组织跟踪检查,确保整改措施落实到位。在政府的及时调控下,4~5月新建商品住房涨速放缓,但二手住房价格涨幅继续扩大。6月新楼盘供给收紧,房价涨幅再度扩大。市物价部门进一步加强对房地产企业的行政指导,完善市区新建商品住房销售价格备案制度,从8月25日起,把备案范围扩大至非普通商品住房及车位、车库、储藏室。新备案制度有效控制了非普通商品住房的价格涨势,9月新建商品住房环比涨幅降至0.46%,二手住房价格走势也终止了连续上涨,环比下降2.04%(见表15、图11)。1~9月共实施房价备案83批次153.14万平方米,备案总金额162.29亿元,核减9.06亿元,平均备案均价10597元/平方米(其中普通商品住房备案均价9909元/平方米),有效遏制房价过快上涨。

表15 扬州市区2017年1~9月住房成交均价情况

商品名称	2017年1~9月平均成交价格(元/平方米)									1~9月同比增幅(%)
	1月	2月	3月	4月	5月	6月	7月	8月	9月	
新建商品住房	10055	9983	10421	10539	10558	11004	11257	11364	11416	15.87
二手住房	8937	9031	9374	9941	10343	10847	11060	11220	10991	28.55

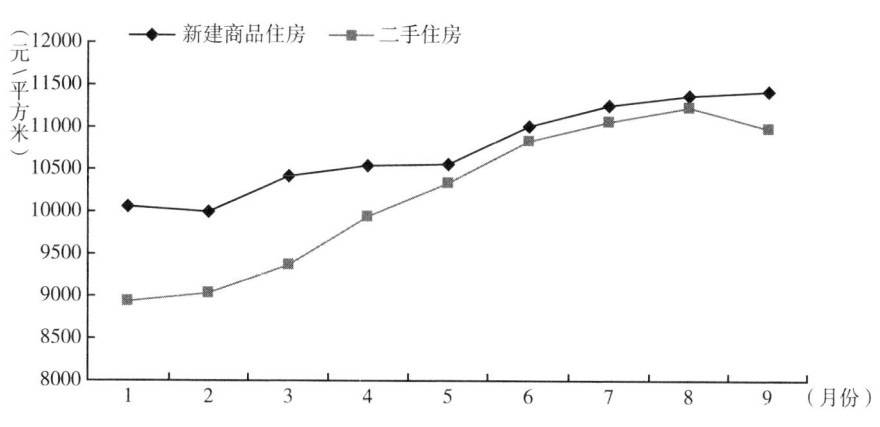

图11 扬州市区2017年1~9月住房成交均价情况走势

2. 教育收费有所调整

收费年度统计报告显示,2016年教育部门收费增加5700万元,主要是因为高中学费、公办高校学费和全日制自筹经费研究生收费和幼儿园保育教育费额的增加,这四项收费合计增加5700万元。2017年,扬州市未调整公办教育收费标准。根据成本变动情况,从2017年秋学期起,对部分民办教育收费进行调整。其中,扬州世明学校小学学费由5300元/生·学期调整为6500元/生·学期,初中学费由5800元/人·学期调整为7000元/生·学期;扬州中学教育集团树人学校高中学费从9500元/生·学期调整为12000元/生·学期,国际班(中加3+3项目、中加2+1项目)学费从19000元/生·学期调整为25000元/生·学期(见表16)。

表16 扬州市区2017年教育收费情况(秋学期)

学校类别		现行学费标准
公办学校	幼儿园	省优质园2200元/生·学期(上浮幅度最高不得超过10%)、市优质园1600元/生·学期、合格园1200元/生·学期
	义务教育	免费
	高中	一星480元/生·学期、二星640元/生·学期、三星840元/生·学期
	大学	扬州大学文科类专业收费5200元/生·学期,理科类专业收费5500元/生·学期,工科类专业收费5800元/生·学期,农林类专业收费2500元/生·学期,艺术类专业收费6800元/生·学期,中外合作办学19200元/生·年
民办学校	幼儿园	吉的堡双语艺术幼儿园7500元/生·学期
	小学	扬州世明双语学校6500元/生·学期
	初中	扬州大学附中东部分校4550元/生·学期,扬州世明双语学校7000元/生·学期
	高中	扬州中学教育集团树人学校12000元/生·学期,国际班(中加3+3项目、中加2+1项目)25000元/生·学期
	大学	扬州江海学院13000元/生·年

3. 医药价格改革效应评估

市物价局组织对公立医院医药价格综合改革效果进行评估。在市管12家城市公立医疗机构自评的基础上,选取有代表性的市级综合性医院(苏北人民医院)、中医院(扬州市中医院)、传染病医院(扬州市第三人民医院)、妇幼医院(扬州市妇幼保健院)和扬州市第一人民医院(儿科最强的医院)共5家医院2015年11月~2016年10月改革实施情况进行重点评估。通过全面了解改革实施情况,汇总医改数据,进行统计分析,总结了医改实施成效,提出了存在的问题,并提交了政策建议。按测算年度合理的差价率15%测算,重点评估的5家医院合理药品差价额合计为17822.67万元,提高医院服务项目价格补偿额为13006.40万元,价格调整对合理药品差价补偿率为72.98%;政府财政对药品差价补偿额为2160万元,政府财政对合理药品差价补偿率为12.12%,总补偿率为85.10%,基本实现改革目标。

通过医疗收费"巡查会诊"活动,对医药价格改革落实情况进行跟踪督察,检查药品和医疗服务价格公示,抽查患者收费清单,书面提出整改意见,不断提高医院价格管理水平。进一步完善医疗服务价格动态调整机制,针对部分医疗服务项目价格依然偏低的情况,特别是部分中医治疗项目原价格标准远低于实际成本导致无法开展的情况,组织32个中医项目成本监审,以成本为依据合理核算调整价格,于11月1日起实施(见表17)。加快完善基层医疗卫生机构医疗服务价格政策,建立动态调整机制,选择宝应县和邗江区进行调价模拟测算和社会影响评估,推动分级诊疗制度落实。加强市场调节价药品价格监管,建立5个常用药品价格监测点,做好基本药物和低价药价格监测工作,上报省价格监测数据1.4万条。

表17 扬州市部分中医项目价格调整情况

编码	项目名称	项目内涵	计价单位	调整前价格(元)	调整后价格(元)	调价幅度(%)	备注
	一、中医外治						
410000003	中药涂擦治疗	含药物调配	10%体表面积	13	14	7.69	
410000003-a	中药涂擦治疗		次	20	21	5.00	大于全身体表面积10%
410000004	中药热奄包治疗	含药物调配	每个部位	13	14	7.69	

续表

编码	项目名称	项目内涵	计价单位	调整前价格（元）	调整后价格（元）	调价幅度(%)	备注
410000005	中药封包治疗	含药物调配	每个部位	13	14	7.69	
410000006	中药熏洗治疗	含药物调配	局部	26	27	3.85	
410000008	中药塌渍治疗	含药物调配	10%体表面积	13	14	7.69	
410000008-a	中药塌渍治疗		次	26	28	7.69	大于全身体表面积10%
410000009	中药熏药治疗	含药物调配	次	39	42	7.69	
	二、中医骨伤						
420000008	关节错缝术		次	65	68	4.62	
420000013	中医定向透药疗法	含仪器使用、药物	部位	33	35	6.06	
	三、中医肛肠						
460000001	直肠脱出复位治疗		次	65	180	176.92	
460000001-a	直肠脱出复位治疗		次	33	50	51.52	三度直肠脱垂加收
460000002	直肠周围硬化剂注射治疗	不含药物	次	52	160	207.69	
460000003	内痔硬化剂注射治疗	不含药物	每个痔核	20	70	250.00	
460000004	高位复杂肛瘘挂线治疗		次	715	750	4.90	
460000005	血栓性外痔切除术		次	130	360	176.92	

三 价格形势的分析与展望

(一)价格改革取得阶段性成效

扬州市贯彻落实《中共江苏省委江苏省人民政府关于全面推进价格机制改革的实施意见》(苏发〔2016〕13号),加快完善主要由市场决定价格的机制,坚决落实供给侧结构性改革重大战略,积极推进各项价格改革措施,完善价格监管服务体系,完成了阶段性目标任务,取得一定的成效。

1. 完善价格形成机制

贯彻新版《江苏省定价目录》,放开部分农业生产资料、电信邮政非基本业务、部分医疗服务、绝大部分药品、竞争性交通运输、民办养老机构、民办中等职业教育等原实行政府定价和政府指导价的价格和收费管理权限,实行市场调节,进一步促进市场决定价格机制的形成。建立完善上下游价格联动机制,使燃煤蒸汽价格适时反映煤炭成本变化,实行出租车客运价格与油、气价格双联动;根据上游成本变化,调整公路客运燃油附加费,实行在政府限价下企业自主浮动并提前报备。实行灵活的定价形式,对重点景区门票价格实行阶段性优惠,核定多种联票价格,为游客提供更多的选择和实惠。用好价格杠杆,对重点景区周边停车实行旅游旺季价格上浮,引导本地车辆分流、外地车辆在换乘中心免费停车场停车;对主城区18个道路临时停车泊位点实行计时收费,提高利用率和周转率。改善价格结构,实现所有公立医院药品按零差率销售,提高明显偏低的医疗服务价格,建立动态调整机制,推动分级诊疗制度落实。

2. 增强价格调控能力

坚持价格调控目标责任制和联席会议制度,做好"4·18"等重大城市活动和重要节日期间价格保障工作。完善价格调节基金使用管理,修订《扬州市价格调节基金使用管理办法》。加强农产品价格调控,做好粮食收购期间的价格监测和市场督察,检查各收购点收购价格挂牌公示情况,现场接受群众举报。每日监测七大类66个品种主副食品价格,按旬监测工业生产资料、生活用品等各类价格走势。建设"民生商品价格采集分析预警系统",探索编制菜篮子价格指数。及时开展雨雪冰冻、禽流感疫情、高温天气、城市活动等应急监测,迅速判断对经济社会发展的影响,通过《价格内参》及时向政府提出调控建议。加强住房价格调控,改进房价备案制度,加大成本审核力度,实行备案价审核与购房合同网签连动,对个别开发企业超过备案价格销售的,责令退还多收房款,停止办理"预售许可证"和网签业务,将违规行为纳入企业信用档案,遏制了房价过快上涨势头。

3. 服务生态环境建设

全面完成市县两级城市居民阶梯水价、阶梯气价改革任务,增加阶梯梯度,扩大价格级差,进一步引导节约用水用气。积极推进农业水价改革,高邮市作为第一批农业水价综合改革试点县市,已完成对相关农作物水价的测算工作,其他县市区均已出台改革方案,开展调查摸底,安装用水计量设施,加快试点推进。落实超能耗惩罚性电价政策,督促企业改造落后产能并通过考核验收。完成上调污水处理费改革任务,实行按环评信用等级差别化收费政策,倒逼企业加快整改。对新建工业建设项目以及现有工业企业新、改、扩项目新增排污权实行有偿使用,全市已累计实施有偿使用和交易258笔,总额1320万元。调整城市施工工地扬尘排污费标准,共征收扬尘排污费46个项目,总额2292.82万元。补贴57个项目自动化冲洗设备、喷雾式降尘器、防尘布费用154.25万元;退还21个项目2236.01万元。严格执行生活垃圾处置、医疗废物处置收费标准,科学核定工业危险固废处置收费标准,促进废弃物分类处置。

4. 助力降低企业成本

组织工业企业用电大户申报电力直接交易试点,累计完成直接交易量39.58亿千瓦时,降低企业用电成本9370万元。引导非居民用户与气源供应方协商议价,年降低企业用气成本208万元。对天然气基准门站价格降低、天然气增值税税率下调对终端销售环节的影响进行测算,调降市区非居民用管道天然气销售价格0.16元/方,可减少工商企业用气成本973万元/

年。持续清费减负，2013~2016年，共取消行政事业性收费142项，免征70项，降低标准49项，暂停18项。收费总量由2013年的28.7亿元，降低为2016年的23.92亿元，降幅达16.66%。2017年先后落实国家、省取消、停征、降低41项、35项收费的政策，及时清理编印涉企收费目录清单。多次组织涉企收费专项检查，重点对建设、房管、规划、交通、环保、人防、工商、公安、商业银行、农机、质监等83个部门、单位涉企收费进行检查，纠正违规收费行为，维护企业价格权益。

5. 促进市场公平竞争

针对行业特点，先后在足浴、银行、保险、药品零售、景点、餐饮、停车场等重点行业，出台10个明码标价的规范性文件，为行业价格行为提供细化标准。建立公平竞争审查制度，发挥公平竞争审查联席会议办公室职能，对市委市政府《关于服务来扬旅游旅行者的实施意见》以及城管、规划、工商、环保部门等6个新制定文件开展审查，针对相关部门在政策起草中提出的餐饮企业优惠政策、指定提供服务、运输企业准入等条款，提交审查意见。组织"商贸企业价格自律联合体"活动，参与企业30家，为重点商贸企业搭建价格业务学习、经验交流的平台。定期发布价格行为警示榜、消费警示，曝光典型案例，加强以案说法。构建价格信用档案，将被2次以上警示或处罚的单位列入重点监督检查对象。积极推动价格诚信创建，全市创成"2015~2016年度江苏省价格诚信单位"26个，数量居全省第一。

6. 提升价格公共服务

创新建立市级政府采购监测网络，做好政府采购定点单位的办公耗材和文化用品的价格监测工作，定期公布51个类别368个品种商品的市场平均价，促进定点采购单位合理定价。协同交通产业集团做好停车场大数据系统建设，对全市237个停车场、2.7万停车泊位进行统一动态数据管理，通过高德地图公布市区停车场收费方式与标准、经营泊位数量、服务时间、实时剩余车位数等信息。全面推进价格争议调解，成立扬州市价格争议调解人民委员会，全市建立201个价格争议调解站，初步形成市、县、乡、村四级网格化体系。在东关街旅游景区、家具装饰城、特色玉器小镇等价格争议多发

区域设立工作室,相关试点工作在全省领先。全国首创执行案件询价平台,运用批量估值技术为人民法院处置拍卖中的价格争议进行认定,共完成网上自动评估58起,涉案金额6000多万元,为当事人节约了数十万元的评估费,认可率达到100%。

(二)通胀预期温和可控

2018年扬州市居民消费价格预计仍将温和上涨,但经济运行中的不确定因素增多,一旦超出预期,有可能引发价格较快上涨,需要保持高度警惕,加强监测预警,提前做好防范。

1. 宏观经济环境复杂因素累加

综观国内外形势,经济平稳运行的基础还不牢固,困难和风险不容低估。从国际看,贸易保护主义和"逆全球化"倾向抬头,外部风险和不确定性会通过贸易、投资、金融等多渠道影响我国经济平稳发展。从国内看,我国经济虽然表现出更多积极变化,但长期积累的深层次矛盾并未得到根本性解决,供给侧结构性矛盾依然突出,传统产业产能过剩问题仍然严重,新兴产业发展仍有许多体制障碍。经济发展的各种不确定因素有可能对价格走势产生难以预料的影响。2016年10月,PPI结束连续57个月的下跌开始快速回升,钢材、煤炭、石油等价格大幅上涨,上游成本将通过多种渠道向下游传导,市场上部分家电价格已经上涨,工业品价格受经济形势影响较大,其价格变动也将对消费品价格走势造成影响。

2. 食品、住房价格上涨的动力减弱

2017年房价高企对消费价格指数具有明显的推动作用,自有住房同比上涨4.6%,带动总指数上涨0.6个百分点;住房保养维修及管理价格同比上涨6%,带动总指数上涨0.2个百分点。而随着房地产调控叠加监管趋严,房地产市场降温趋势明显,房价后续上涨动力不足,居住价格水平将维持在一个较为稳定的水平,对CPI的拉动作用将逐步弱化。粮食、蔬菜生产继续保持稳定的供给,价格上涨的可能性较小,猪肉价格处于波动周期的低位,短期内不会大幅反弹。在农业生产稳中有增的基础上,如不出现自然灾害或畜禽疫情，预计食品价格将保持相对稳定。

3. 人工成本上涨将继续支撑价格上行

受人口红利逐渐消失、劳动力成本上升，以及居民生活水平提高、消费结构发生改变等因素影响，服务项目价格持续走高。2017年7月1日起，扬州月最低工资标准调整为1890元，非全日制用工小时最低工资标准调整为17元，人工费用持续上涨，成为推动消费价格上涨的重要力量。服务项目价格同比上涨3.0%，对价格总水平上涨的影响程度达63.16%。累计涨幅较大的服务项目有鞋类加工服务、家政服务、家庭维修服务、学前教育、课外教育、旅行社收费、宾馆住宿、美发等。当前市委市政府高度重视富民增收工作，提出稳步提高职工工资性收入的目标要求，服务价格走高的趋势仍将持续，消费价格水平将在人工成本的支撑下保持温和上涨态势。

四 调控市场物价的对策建议

（一）把调控市场物价与坚持稳中求进总基调相结合

牢牢把握稳中求进工作总基调，坚持"稳"字当头，既保持价格总水平平稳运行，又稳慎做好价格改革监管，服务各项工作。

落实价格调控目标责任制。发挥价格调控联席会议办公室职能，协调相关部门做好地方粮食储备轮换，严格落实猪肉、耐贮蔬菜储备指标任务。认真执行社会救助和保障标准与物价上涨挂钩联动机制，加强价格调节基金效用管理，进一步规范价格调节基金的筹措安排、使用和管理，充分发挥基金作为政府调控市场价格经济手段的作用。

强化价格监测预警和形势分析。加强重要商品和服务价格监测预警，健全价格形势分析联动机制，围绕价格运行的重大问题开展专题研究分析，及时提出调控建议。完善菜篮子价格指数，逐步建成生猪价格预警系统，加快价格监控平台建设进度。优化农本调查网络，推进调查样本动态调整，狠抓数据质量和分析质量。强化调查成果应用，提出有针对性的政策建议，努力提高分析质量和预测水平,充分发挥农本调查数据在服务政府决策、服务农业经济发展方面的积极作用。

巩固平价商店建设成果。继续完善规范化建设长效机制,提升平价商店日常运营管理质量,积极创新管理,提升标准化、常态化、信息化水平。积极发挥平价商店"四两拨千斤"的稳价保供作用,更好地保证困难群众"菜篮子"价格稳定。

审慎推进重点领域价格改革。稳步落实资源环境、医药、交通运输、公共事业等价格改革政策,把握好推进改革的时机和力度,做好风险预判和后续效应跟踪,严格落实减轻群众价费负担的优惠政策。

(二)把调控市场物价与推进供给侧结构性改革相结合

坚持以供给侧结构性改革为主线,充分发挥价格机制的激励、引导、倒逼功能,努力从供给侧发力,激发市场活力。

促进公平有序竞争。实施公平竞争审查,保障市场竞争机制不被干预扭曲,对已经形成充分竞争的价格坚决交给市场,对需要政府制定的价格坚决管好管到位,使价格真实反映供求状况和资源稀缺程度,逐步确立竞争政策基础性地位,引导资源实现优化配置。

减轻实体经济企业负担。巩固和推行收费目录动态调控制度、收费公示制度、重点单位巡访制度,从源头上规范收费行为,切实减轻企业负担。做好收费清理工作,进一步加大对协会、商会、中介违规收费的整治力度。加强对收费单位和企业的巡访,及时发现并纠正增加企业负担的问题。根据企业反映的乱收费线索开展涉企收费检查,维护企业价格权益。对目录之外仍然乱收费的行为,通过媒体公开曝光,提高收费透明度。

整顿规范市场价格秩序。加强市场价格监督检查,全面推广网格化市场价格监管制度,实现市场价格监管广覆盖。认真做好12358价格举报案件的查处工作,发挥应急联动机制,高效处置突发性价格案件;采取集中力量、集中时间、集中办案的形式,对价格举报热点问题进行重点检查,并将处理结果向社会公布,确保治理一个行业,规范一个行业。

（三）把调控市场物价与实现"两聚一高"目标相结合

围绕"聚力创新"，着力在制度创新、工作创新、方法创新上下功夫；围绕"聚焦富民"，着力完善价格便民、惠民、利民举措，不断增强人民群众的获得感。

正面引导价格舆情。围绕重要价格改革方案出台，积极开展宣传解读，保证改革方案平稳实施。积极争取新闻宣传主管部门及媒体、专家支持，建立与媒体的良性沟通机制，针对突发性事件，及时回应社会关切；针对社会热点矛盾，集中力量解决实际问题。

加强民生价格监管。实行民办教育差别化收费政策，完善中外合作办学收费政策，规范教育收费试点行为，不得借试点之名随意涨价、牟取暴利。开展市场调节价药品价格跟踪评估，加强药品价格行为监管。坚持"房子是用来住的"的定位，释放价格监管措施在稳定市场预期方面的积极信号，坚决"防过热"，坚决"去库存"。加大价格监督检查力度，切实做到放管结合，更好地发挥市场"无形之手"和政府"有形之手"的作用。加大教育、医疗、商品房、网络购物等民生领域价格违法行为查处力度，集中整治不正当价格行为。

优化价格公共服务。积极顺应大数据信息化时代对价格工作提出的新要求，进一步丰富价格公共服务内容，着力构建完善涵盖价格信息、成本调查、价格争议调解处理、价格举报办理、价格认定、价格诚信等民生价费服务体系，不断拓展服务空间，打造价格特色服务品牌。

B.13
2017年扬州市民营经济发展报告

胡春风 蒋斌 孙学政 黄鹏 刘勇[*]

摘 要： 2017年，在全国深化"放管服"和供给侧结构性改革、大力推进"双创"的宏观背景下，扬州市充分利用成功争创"全国小微企业创新创业基地城市示范"的有利条件，从优化服务、强化扶持、搭建平台等多个方面入手，进一步加大行政推动力度，促进民营经济保持了旺盛的发展活力。2018年，扬州市应进一步加强民营经济发展现状的调查，采取因地制宜、分类施策的发展策略，促进民营经济提质增效。要着重扶强，积极帮助区域、行业龙头企业做大做强；要着重扶优，积极帮助特色优势产业做精做深；要着重扶新，积极发展壮大以新技术、新材料、新模式、新业态为代表的新兴产业；要着重扶弱，积极创新社会管理，引导小微企业和城市流动经营的小商小贩规范守法经营。

关键词： 民营经济 市场主体 新兴产业

一 2017年扬州市民营经济发展情况

2017年，在全国深化"放管服"和供给侧结构性改革、大力推进"双

---

[*] 课题组负责人：胡春风，扬州市工商局党组书记、局长。成员：蒋斌，扬州市场监督管理学会秘书长；孙学政，扬州市工商局个体私营企业监督管理处副处长；黄鹏，扬州市工商局信息中心科员；刘勇，扬州大学马克思主义学院副教授，法学博士

创"的宏观背景下，扬州市充分利用成功争创"全国小微企业创新创业基地城市示范"的有利条件，狠抓商事制度改革、小微企业"双创"、企业转型升级、特色优势产业培育等各项工作，从优化服务、强化扶持、搭建平台等多个方面入手，进一步加大民营经济发展的行政推动力度，促进民营经济保持了旺盛的发展活力，民营经济市场主体总量继续攀升，质态持续改善。主要特点如下。

（一）市场主体总量再创新高，万人拥有量逼近千户关口

截至2017年10月底，扬州市登记在册的各类市场主体总量为42.93万户，较2016年底净增长3.62万户，增幅为9.22%。其中，登记在册的私营企业为12.63万户，较2016年底净增长1.37户，增幅为12.16%；登记在册的个体工商户28.26万户，较2016年底净增长2.07万户，增幅为7.9%。

从期末登记在册市场主体的实有数来看，截至2017年10月底，扬州市登记在册的民营经济市场主体（含私营企业、个体工商户）总量为40.89万户，较2016年底净增长3.43万户，增幅为9.16%；登记在册的民营经济市场主体在全市市场主体总量中的占比为95.25%，与2016年底持平。

按照万人拥有企业数计算，截至2017年10月底，扬州市万人拥有登记在册的民营经济市场主体910户，逼近千户关口。其中，私营企业281户、个体工商户629户，与2016年底相比，分别增长12.04%和7.88%。

从新登记数看，2017年1~10月，扬州市新登记私营企业1.92万户，同比增长3.94%；新登记个体工商户3.47万户，同比增长0.82%；累计新登记民营经济市场主体（含私营企业、个体工商户）5.39万户，同比增长1.96%；新登记民营经济市场主体在全市新登记市场主体总量中的占比为95.9%，同比下降1.37%。

（二）新增市场主体质态良好，户均注册资本逾500万元

截至2017年10月底，扬州市登记在册的各类市场主体注册资本总额为11373.34亿元，其中民营经济市场主体（含私营企业、个体工商户）注册资

本总额为6271.98亿元,同比增长23.64%;民营经济市场主体注册资本在各类市场主体注册资本总额中的占比为55.15%,同比增长了1.1个百分点;民营经济市场主体户均注册资本为153.38万元,同比净增加15.72万元,增幅为11.42%。

2017年1~10月,扬州市新增各类市场主体注册资本总额1199.22亿元,其中民营经济市场主体(含私营企业、个体工商户)新增注册资本830.43亿元,同比增长11.12%;新增民营经济市场主体注册资本在新增各类市场主体注册资本总额中的占比为69.25%,同比下降了6.16个百分点;新登记民营经济市场主体户均注册资本为153.87万元,同比净增加12.67万元,增幅为8.97个百分点。其中私营企业户均411.52万元,个体工商户户均11.1万元。

此外,2017年1~10月,扬州市新登记"个转企"1562户,同比增长了8.1%,在新登记的私营企业中占比为11.4%。

(三)民营经济市场主体在稳定就业方面发挥重要作用,累计吸纳从业人员192万人

截至2017年10月底,扬州市登记在册民营经济市场主体(含私营企业、个体工商户)申报的从业人员为192.32万人,同比增长5.89%,登记在册的民营经济市场主体户均吸纳从业人员4.7人,同比下降4.67%。其中私营企业户均10.17人,个体工商户户均1.9人。

2017年1~10月,扬州市新登记民营经济市场主体(含私营企业、个体工商户)申报的从业人员为15.19万人,同比下降7.83%;户均吸纳从业人员2.81人,同比下降9.65%。其中私营企业户均4.49人,个体工商户户均1.89人。

(四)供给侧结构性调整力度加大,"商改""双创"激活效应持续凸显

2017年,随着"放管服"改革和"供给侧结构性"调整的深化,市场主体退出通道进一步畅通,各级工商和市场监管部门对"僵死"企业、落

后产能企业的清理力度进一步加大。2017年1~10月,扬州市共注销、吊销各类市场主体1.94万户,其中民营经济市场主体(含私营企业、个体工商户)1.89万户,相当于2017年1~10月新登记民营经济市场主体数的35.12%。

但是受"商改""双创"的激活效应影响,扬州市民营经济的发展活力得到有效激发,扣除注销、吊销的市场主体,当年市场主体继续实现"净增长",并且保持了较高的增幅。截至2017年10月底,扬州市登记在册的民营经济市场主体较2016年底净增长3.44万户,增幅达9.16%,其中私营企业净增加1.37万户,增长12.16%;个体工商户净增加2.07万户,增长7.9%。

(五)第三产业占比提高,对经济社会发展贡献度进一步提升

截至2017年10月底,扬州市登记在册私营企业共12.63万户,其中第一产业0.39万户、第二产业5.14万户、第三产业7.1万户,在总量中的占比分别为3.08%、40.7%、56.22%;与2016年底相比,第一产业、第二产业占比分别减少0.2、1.54个百分点,第三产业增加1.74个百分点。

2017年1~10月,扬州市新登记私营企业1.92万户,其中第一产业0.04万户、第二产业0.61万户、第三产业1.27万户,在总量中的占比分别为2.15%、31.5%、66.35%;与2016年底相比,第一产业、第二产业占比分别减少1.39、4.49个百分点,第三产业增加5.88个百分点。

截至2017年10月底,扬州市登记在册个体工商户28.26万户,其中第一产业0.56万户、第二产业2.9万户、第三产业24.8万户,占比分别为1.98%、10.26%、87.76%;与2016年底相比,占比分别增加0.01、-0.09、0.08个百分点。

2017年1~10月,扬州市新登记个体工商户3.47万户,其中第一产业0.08万户、第二产业0.28万户、第三产业3.11万户,在总量中的占比分别为2.19%、8.26%、89.55%;与2016年底相比,占比分别增加-0.43、0.99、-0.56个百分点。

统计数据显示，扬州市登记在册的私营企业、个体工商户和新登记的私营企业、个体工商户主要集中在第二产业和第三产业，其中以传统服务业为主的第三产业比重较2016年底进一步提升，以工业和建筑业为主的第二产业和以农业为主的第一产业比重略有下降。

（六）行业分布相对集中，新产业、新业态、新模式发展较快

从行业分布情况来看，截至2017年10月底，扬州市登记在册的私营企业中，居前三位的依次是制造业、批发和零售业、租赁和商务服务业，各有42936户、40005户、9320户，分别占总量的33.99%、31.67%、7.38%；登记在册的个体工商户中，居前三位的依次是批发和零售业、居民服务修理和其他服务业、制造业，各有177991户、29265户、27671户，分别占总量的62.98%、10.36%、9.79%。

2017年1～10月，扬州市新登记私营企业中，居前三位的依次是批发和零售业、制造业、科学研究和技术服务业，各有6476户、4263户、1804户，分别占总量的33.65%、22.15%、9.37%；新登记个体工商户中，居前三位的依次是批发和零售业、住宿和餐饮业、居民服务修理和其他服务业，各有17106户、5266户、3840户，分别占总量的49.26%、15.16%、11.06%。

与2016年底相比，扬州市民营经济市场主体中，批发和零售业地位稳固。在私营企业的实有数和新登记数中，占比分别为31.67%、33.65%；在个体工商户的实有数和新登记数中，占比分别为62.98%、49.26%。

从统计情况来看，2017年扬州市民营经济虽然总体上行业布局较2016年没有发生大的变化，但是在局部区域也出现了新的可喜变化。特别是受商事制度改革、"大众创业、万众创新"和互联网经济浪潮的影响，扬州市的信息传输和软件信息技术服务业、租赁和商务服务业、科学研究和技术服务业等新兴行业增长迅速。信息传输和软件信息技术服务业在私营企业的实有数和新登记数中，占比分别为1.98%、3.3%，较2016年底分别增长0.26、1.1个百分点；在个体工商户的实有数和新登记数中，占比分别为0.26%、

0.52%，较 2016 年底分别增长 0.04、0.15 个百分点。

租赁和商务服务业在私营企业的实有数和新登记数中，占比分别为 7.38%、9.22%，较 2016 年底分别增长 0.41、0.65 个百分点；在个体工商户的实有数和新登记数中，占比分别为 1.51%、2.24%，较 2016 年底分别增长 0.13、1.07 个百分点。科学研究和技术服务业在私营企业的实有数和新登记数中，占比分别为 5.42%、9.37%，较 2016 年底分别增长 0.85、2.17 个百分点；在个体工商户的实有数和新登记数中，占比分别为 0.29%、0.33%，与 2016 年底持平。

（七）地方政府招商引资更趋理性，项目引进成果颇丰

2017 年，扬州市在民资招商引资工作方面，除了继续借助"烟花三月国际经贸旅游节"等节庆招商平台组织集中邀客和签约仪式外，更加注重理性、务实招商。一方面，积极利用中国商标金奖企业颁奖大会和世界地理标志大会在扬州召开的契机，举办了"中国商标金奖企业走进扬州"活动；另一方面，积极承接上海、浙江、广东等民资富集地的产业转移，由各县（市、区）结合自身实际，自行组织精准对接的小分队式招商引资活动。2017 年 1~10 月，扬州市累计开工建设亿元以上民资项目 124 个，完成了年度目标任务的 103%，超序时进度近 20 个百分点，为民营经济发展注入了新活力，进一步壮大了扬州市民营经济的体量和规模。

（八）在周边城市排位稳中有升，总体发展势头良好

2017 年 1~10 月，扬州市民营经济总体发展势头良好，市场主体数、注册资本额、从业人员数无论是期末数，还是新登记数、净增数，均实现了较快增长。

与周边城市相比，2017 年 1~9 月，扬州市私营企业净增长率为 11.04%，位列全省第七位，高于周边城市泰州（4.17%）、淮安（9.55%）；注册资金净增长率为 17.61%，位列全省第十，高于淮安（14.87%），低于镇江（20.64%）、泰州（20.09%）。截至 2017 年 9 月底，扬州市登记在册私营企业

12.5万户,位列全省第八,高于周边城市泰州(9.3万户)、淮安(8.1万户)和镇江(8万户);登记在册的民营企业注册资本总额为5919.97亿元,位列全省第八,高于镇江(5582.49亿元)、泰州(5158.44亿元)和淮安(4519.89亿元);扬州市登记在册的民营企业户均注册资本为473.28万元,在全省排第八位,与周边城市相比,低于镇江(699.37万元)、淮安(555.31万元)、泰州(556.99万元)。

2017年1~9月,扬州市登记在册的个体工商户净增长率为6.71%,在全省排第12位。截至2017年9月底,扬州市登记在册的个体工商户为27.95万户,在全省排第十位,高于淮安(26.88万户)和镇江(21.99万户),低于泰州(27.97万户)。

二 2017年影响扬州市民营经济发展的主要因素

2017年扬州市民营经济市场主体存量之所以能够保持较快增长,主要归功于以下几个方面的因素。

(一)商事制度改革走在前列,区域营商环境更趋优化,民营经济发展活力得到有效激发

2017年扬州市商事制度改革显著提速,"多证合一"、全程电子化、不见面审批等多项改革措施频出,市场主体准入门槛"有效降低",市场主体准入登记更加便捷、高效,在全省乃至全国都产生了一定影响。王勇国务委员、国家工商总局多位领导在扬州视察调研时,都对扬州商事制度改革的相关工作给予了较高评价。在2017年7月10日江苏省工商局发布的区域市场准入环境指数中,扬州位居江苏省第二位。统计数据也显示,2017年1~10月,扬州市民营经济保持了旺盛的发展活力,全市新登记市场主体继续保持了两位数的增速,每月净增市场主体5000户以上,其中90%以上为民营经济市场主体。

（二）互联网经济不断扩容，网络市场主体在优胜劣汰中逐渐发展壮大

2017年，"互联网+"经济浪潮继续席卷扬州，陆续催生了一批新的网络市场主体。虽然经历市场洗礼后，扬州的网络市场主体有相当一部分存活时间较短，但也有一批网络市场主体坚强地存活了下来，有的甚至发展到相当的规模，成为扬州市民营经济市场主体中的一道亮丽风景。同时，仍然不断有新生的网络市场主体涌现，持续壮大着扬州市的网络市场主体总量。总的来看，扬州网络市场主体已连续多年呈现净增长的上升势头，全市网络市场主体总量在各类市场主体总量中的占比稳步提高。截至2017年10月底，扬州市办理工商登记注册的网络市场主体超过4000户，如果加上那些因种种原因尚未办理工商登记注册的网络市场主体，这个数字的实际总量在1万户以上。

（三）"特色小镇"建设的推开，为地方优势特色产业集聚发展创造了新契机

2017年，扬州市全面启动了"特色小镇"建设工作，计划将一批传统特色优势产业较为集中的区域打造成"特色小镇"，借助国家和省、市"特色小镇"的相关培育发展政策，促进原有的特色优势产业加快转型发展。

目前，通过前期的宣传发动和富有成效的工作，全市各地"特色小镇"建设积极性已经被初步调动起来，一批"特色小镇"获得正式立项并挂牌建设，其中宝应县玩具小镇等25个"特色小镇"被纳入首批市级"特色小镇"创建和培育名单，头桥区域小镇入选省级"特色小镇"和全国"特色小镇"，还有一批"特色小镇"正在规划论证和申报过程中。

"特色小镇"是当前区域经济发展的新模式，从国内一些省市的成功经验来看，对促进区域特色产业集聚发展，探索"产城融合、绿色集约、宜居宜创"的发展新路，具有积极作用。从全市各地现有"特色小镇"的建设实践来看，"特色小镇"建设不仅有利于集中优势资源加速发展传统特色

产业，而且也有利于拉动基础设施建设、生活配套服务等相关服务产业的发展。

（四）"全国小微企业创业创新基地城市示范"建设的实质性启动，为"大众创业、万众创新"增添了新动力

2017年是扬州市实质性启动"全国小微企业创新创业基地城市示范"建设的第一年。市"两创办"以及各相关成员单位，围绕用足用好国家、省、市各级的创新创业扶持政策和资金，制定了全面而详细的工作规划，并按照序时组织推进了相关工作。总的来看，扬州市在"大众创业、万众创新"的政策宣传、氛围营造、平台建设、项目扶持等方面都较往年加大了工作力度，也取得了较为明显的工作成效。目前，扬州市"两创"示范微信公众号平台、扬州市小微企业名录库等已建成开通，创业创新的政策资讯获取渠道更加便捷畅通；扬州市的创新创业园区、创业工场、孵化器、创业咖啡、创业基地等一批创新创业的新平台陆续建成，并正在发展壮大之中；创新创业大赛等活动层出不穷，在创客群众中产生了较大影响；对各类创业群众的资金扶持较上年明显加强。据不完全统计，2017年1~10月，扬州市"两创办"的相关成员单位累计发放创新创业扶持资金和"创新券"2.88亿元。

（五）政府部门更加精准和务实的招商引资活动，为民营经济发展注入了源头活水

2017年，扬州市将民营经济招商引资的工作基调确定为精准、务实，更加注重招商引资的实效，摒弃了以往大组团招商的单一方式，改为集中招商与小分队招商相结合、以精准对接的小分队招商为主。从实践情况来看，这种务实的招商理念比较契合当前的经济发展形势，有利于纠正以往招商引资活动形式大于内容的弊端。全市各地围绕自身的区域特色，围绕市委市政府的总体发展要求和发展目标，积极主动地拜访客商、挖掘项目，新引进了一批大项目、好项目。

三 扬州市民营经济发展面临的主要问题

从统计数字来看，2017年扬州市民营经济总体发展势头良好，其中市场主体总量、注册资本总额、吸纳从业人员总量等指标均创历史新高。但是在调研中我们也了解到，当前扬州市民营经济的发展还存在不少值得关注的问题。

（一）实体经济"生存不易"，部分行业正经历转型升级的阵痛期

从对扬州各主要工业园区和工业集中区的走访调研情况来看，目前扬州的实体经济整体经营现状不容乐观，用工成本、金融成本、原材料成本、用地或场租成本、水电气成本等要素成本普遍高企，而市场销售情况却持续低迷，使得不少企业处于微利甚至负利经营的窘境，一些企业甚至停工停产。其中，服装玩具代加工、船舶制造、光伏、化工等产业显得尤为突出。涉及进出口的外贸企业，也普遍经营状况不佳，进出口贸易额呈现下滑势头，一些企业基本维持微利和保本运营。一些房地产企业经营效益不佳，资金链吃紧，资产负债率增加。

（二）传统商贸企业受互联网经济冲击较大，行业景气度不容乐观

互联网经济对实体经济特别是传统的商贸企业的影响和冲击较大，从调研了解的情况来看，目前扬州市的主要商贸街区和各大商场的经营状况都不太乐观。尤其是以销售日用品、服装鞋帽、家用电器为主的各大卖场和实体店铺，市场份额被网络购物严重挤占。2017年以来，扬州市主城区已经有世纪联华和可的连锁店等多家超市以及数量难以准确统计的实体销售店铺关停。仍在经营的各大商场，大多人气不旺，盈利状况堪忧。

（三）宏观经济大环境整体处于"恢复发展期"，使得民营经济招商引资工作难度增大

由于国内外的宏观经济环境整体上仍然处于"恢复发展期"，不少民营

企业经营效益下滑,投资扩张势头有所放缓,各地民营经济招商引资工作的难度进一步增大。从2017年扬州市民营经济招商引资的实践来看,尽管招商人员多方拜访、联络和深度挖掘,引进了一批具有一定体量和规模的大型项目,但总体上单体规模和体量较往年有所下降,且绝对数量也有所减少。"无商可招"让一线的招商引资工作人员十分头痛,区域间招商引资的竞争也更加激烈。

(四)以新技术、新材料、新模式、新业态为代表的"四新"经济虽然发展速度较快,但总体规模和实力还不够

近年来,扬州市"四新"经济发展速度惊人,每年的增速远超市场主体的平均增速,达到30%以上。截至2017年9月底,扬州市"四新"经济的市场主体总量已达21193户,注册资本总额达1521.94亿元。但是客观来看,整体规模和实力还不够大,在国内外的市场竞争中,还缺乏比较优势,特别是核心技术、现代物流等核心竞争力方面,还有很长的路要走。就单体规模而言,还缺乏在国内外有较大影响力的龙头企业。

(五)传统特色产业、优势主导产业发展不够充分,对地方经济的带动作用还有待深度挖掘

在历年的发展过程中,扬州各地都培育发展了各自的传统特色产业和优势主导产业,在区域经济发展中占据着举足轻重的地位。近年来,这些传统特色产业和优势主导产业的发展速度明显放缓,有的甚至面临转型升级的严峻考验。但是总的来看,这些传统特色产业和优势主导产业都有比较好的产业基础,也占据着相对稳定的市场份额,技术、装备、人才、渠道等要素资源相对集中,具有一定的发展潜力。在供给侧结构性调整的新形势下,亟待厘清发展思路,整体规划提升,激发潜在活力,壮大规模、体量和实力。

四 扬州市民营经济发展的对策建议

2018年，国内外的宏观经济形势、供给侧结构性调整、商事制度改革和"大众创业、万众创新"等，仍将持续影响扬州市民营经济发展。针对当前扬州市民营经济的发展现状，我们认为政府部门应当科学处理好政府与市场的关系，侧重从优化服务、加强扶持和引导的层面出发，更好地发挥行政推动作用，促进民营经济发展提质增效。

（一）要着重扶强，更加关注区域、行业龙头企业的生存发展状况

区域、行业龙头企业对地方经济的示范引领、影响带动作用显著，是稳定一方经济发展的"压舱石"。在当前宏观经济形势影响下，这些区域、行业龙头企业的生存发展往往会遇到许许多多的现实问题，需要政府部门给予更多的关注、关心和扶持、引导。各级党委政府应当按照分级负责的原则，分别对市级、县（市、区）级、镇（街道）级的区域、行业龙头企业逐一进行"把脉问诊"。可以通过组织召开座谈会、深入企业调研、委托第三方调查等多种形式，深入企业，了解其生存发展现状，总结推广好的发展经验做法，帮助企业解决发展过程中遇到的具体问题。要在深入调研的基础上，从充分调动企业的发展主动性和积极性出发，综合考虑区域、行业的产业发展方向和企业发展需求，科学制订有针对性的引导扶持措施，列出重点帮扶企业清单、具体帮扶任务责任清单和完成时间表，积极为企业解决问题、化解矛盾，提供个性化、务实管用的服务，助力企业做大做强。可以通过组织实施市民营经济百强企业、县（市、区）民营经济50强企业、镇（街办）民营经济10强企业帮扶工程，搭建制度化、长期化的区域、行业龙头企业服务平台，形成良性的跟踪培育服务机制，促进各级区域、行业龙头企业健康发展。

（二）要着重扶优，更加关注特色、优势产业的培育发展

经过多年的培育发展，扬州市各地都形成了一批传统特色和优势产业，

如邗江的医疗器械、广陵的酒店生活用品、宝应的教玩具、高邮的灯具、蜀岗—瘦西湖景区的毛绒玩具等。这些传统特色和优势产业在地理分布上呈现"块状"分布格局，大多形成了一定的体量规模和大中小相结合的企业集群。但是时至今日，这些"块状经济"总的发展势头往往是趋于稳定，也面临着进一步突破的瓶颈，有的甚至还出现了逐步萎缩的发展势头。如何让这些"块状经济"发展壮大，应当成为当前扬州市民营经济提质增效的重点。当前，扬州市应当抓住国家和省大力培育发展"特色小镇"的良机，结合"特色小镇"的培育发展，进一步加大这些传统特色、优势产业的培育发展力度。一是要尽快形成分级培育发展的格局，对全市区域、特色产业进行全面梳理，根据其体量规模和发展质态，分别组织申报国家、省、市、县（市、区）级的"特色小镇"。二是要整合国家、省、市现行的"特色小镇"培育发展政策和措施，科学制定全市"特色小镇"的培育发展规划。三是要针对每个特色、优势产业的发展现状，深入调查了解其发展中的困难和问题，加强国家供给侧结构性调整战略、"互联网＋"战略等的宣传教育，以解难题办实事、讲政策促转型为重点，切实加大对"块状经济"中的企业个体帮扶和引导力度，促进各地特色优势产业做精做深做特做优，在各个层级逐步培育一批具有一定规模和发展潜力的企业群体。

（三）要着重扶新，更加关注新技术、新材料、新模式、新业态的培育发展

新技术、新材料、新模式、新业态等创新型经济，是地方经济发展的重要增长点，也是地方经济转型升级的主动力，代表着未来经济发展的主导方向。从目前扬州市的"四新"经济发展情况来看，随着体量、规模和实力的提升，其在地方经济发展中的地位和作用也日益凸显。今后一个时期，在培育发展民营经济工作中，扬州市应突出将以"四新"经济为代表的创新型经济放在重要位置，制定专项发展规划。一是要立足现有基础，对扬州市目前"四新"经济的存量情况进行全面调查摸底，逐步引导其集聚发展。二是要对目前发展势头较好、具有一定体量规模和市场影响力的"四新"

经济企业予以重点关注,给予适当的政策倾斜,鼓励其加强技术研发,增强核心竞争力,助推其健康发展、做强做优,占据更大的市场份额,逐步培育发展成为区域、行业的龙头企业,乃至业内的"小巨人"企业。三是要在招商引资工作中,注重从拉长产业链、查漏补缺的基本原则出发,加强针对性宣传推介和招引,逐步壮大"四新"经济集聚区的规模和体量,使之发展成为具有一定影响力和带动力的"块状经济体"。

(四)要着重扶弱,更加关注小微企业发展壮大和弱势群体就业创业

要将支持促进小微企业发展壮大作为各级党委政府的重要工作,进一步理顺服务小微企业发展的工作机制。对扬州而言,当前尤其要充分发挥"全国小微企业创新创业基地城市示范"这块金字招牌的作用,进一步提升小微企业"双创"工作水平。要着力提高创业富民政策的知晓度,将各级创业富民的政策措施以宣传手册、媒体专栏、自媒体宣传、专题宣讲等多样化的形式,向小微企业宣传到位。要进一步简化政策落实流程,提高政策落实的便利化水平,努力做到让符合条件的小微企业应享尽享,切实提升小微企业的"获得感"。要进一步整合小微企业发展服务资源,对已经建成的各类创业孵化器平台和已经上线运行的"小微企业名录库"系统等各类服务平台进行认真梳理,完善管理制度,使之真正发挥激发创业就业活力、促进区域经济增长的作用。要重视人才引进和培养工程,一方面完善、优化人才引进政策,积极引进创业创新人才;另一方面要重视本土民营企业家及"富二代"的素质提升,帮助其提高经营管理能力,逐步实现做大做强。

要将关心帮扶弱势群体就业创业摆上重要位置,进一步转变管理理念,提高服务水平。弱势群体就业创业,既关系到社会的和谐稳定,也关系到富民增收的大局。在2017年4月6日的国务院常务会议上,李克强总理强调,要尊重小商小贩的利益,他们也是城市活力的一部分。"有的城市规划、管理理念存在偏差,一味追求'环境整治',牺牲了许多小商铺,这样的城市其实是一座毫无活力的'死城'。"在2017年8月国务院新公布的《无证无

照经营查处办法》中,一大亮点就是进一步放宽了不属于无证无照经营活动的范围,在"销售农副产品"之外,新增加了"日常生活用品"和"个人利用自己的技能从事依法无须取得许可的便民服务活动",已经从法规层面为城市"小商小贩"的合法化生存扫清了障碍。作为城市管理者,我们应当奉行积极行政的理念,努力克服简单化的"懒政"思维,对于城市小商小贩影响交通、市容、卫生等行为切实加强日常管理,注重教育引导和规范疏导,而不能以"市容""卫生"等由头"一禁了之"。更为重要的是,我们要充分认识到城市小商小贩对于促进地方经济繁荣发展、增添城市发展活力、促进富民增收的重要意义,对城市"小商小贩"给予更多的关心、帮助和扶持。一是要大张旗鼓地鼓励有能力、有条件的弱势群体自谋职业、就业创业,依靠自己的勤劳双手创造财富。二是要加强公共服务产品的创新和供给,在城市发展规划中为小商小贩经营预留空间,或者划定专门的地点、专门的经营时段等。三是要将城市小商小贩作为民营经济的重要组成部分看待。从我们对扬州市部分城市小商小贩的走访情况来看,大部分都属于《无证无照经营查处办法》中明确的可以依法不领取证照的范围。从目前扬州市城市小商小贩的保有量来看,虽然没有全面、准确的统计数据,但总体数量应当十分可观。这些城市小商小贩事实上对稳定就业、富民增收发挥着重要作用,是扬州市民营经济的重要组成部分。对于他们的发展现状,在今后扬州市的民营经济发展工作中,应当给予更多关注,逐步制订规范发展的制度体系和扶持引导的政策措施。

B.14
2017年扬州开放型经济发展研究

扬州市商务局课题组*

摘　要： 2017年，扬州开放型经济总体发展平稳，外贸进出口增长稳定，外经合作稳步推进，园区建设步伐加快，但利用外资形势较为严峻。2018年，扬州开放型经济发展面临的内外部环境依然错综复杂，应继续深化供给侧结构性改革，突出利用外资结构优化，推进国际贸易质态提升，鼓励企业理性开展境外投资，发展更高水平的开放型经济。

关键词： 开放型经济　对外贸易　营商环境

一　2017年扬州市开放型经济运行情况

2017年是供给侧结构性改革的深化之年，面对复杂的宏观经济形势和经济下行压力，全市开放型经济保持平稳发展态势，对外经贸增长稳定，开发园区持续提升，利用外资下滑较大。

（一）对外贸易企稳向好

1~9月，全市实现进出口78.4亿美元，同比增长9.8%，其中，出口57.5亿美元，同比增长6.1%。重点商品增长明显。1~9月，全市十大出口

---

* 课题组负责人：周春光，扬州市商务局局长、博士。课题组成员：张连生，扬州市商务局副局长；徐其祥，扬州市商务局综合处处长；胡慧娟，扬州市商务局科员。

商品累计出口32.9亿美元,占全市出口总额的57.2%,占比较2016年同期提高3.8个百分点。十大商品中8类同比呈正增长(见表1),船舶、机动车辆及零配件、电子纸与液晶装置、电动工具与机床等加工设备、化学化工出口增幅超过10%。重点企业支撑有力。1～9月,全市出口前30强企业累计出口25.7亿美元,占全市出口比重44.7%。前10强企业同比全部呈正增长(见表2),其中4家企业增幅在100%以上,中海工业出口4.3亿美元,位居全市第一。国有企业出口增幅较高。1～9月,全市民营企业实现出口27.4亿美元,同比增长5.0%;外资企业出口20.9亿美元,同比增长1.3%;国有企业出口9.3亿美元,同比增长22.6%。新兴市场增速较快。1～9月,对美国、欧盟出口分别占全市的23.8%、22.6%。累计出口13.7亿美元,同比增长4.2%。对欧盟出口12.9亿美元,同比增长5.0%。大洋洲、拉丁美洲分别增长43.6%、21.5%。对"一带一路"沿线国家地区累计出口额11.6亿美元,同比增长5.0%。

表1 2017年1～9月主要出口商品情况

序号	商品	出口额(万美元)	同比(%)	占全市出口比重(%)
1	化学化工	66279	11.3	11.5
2	纺织制品	54279	-6.3	9.2
3	船舶	44026	52.0	8.9
4	鞋帽	31276	-4.5	5.6
5	机动车辆与零配件	30343	18.2	5.3
6	电子纸与液晶装置	28419	15.8	4.3
7	新光源新能源	24017	6.5	4.1
8	电动工具与机床等加工设备	20039	14.6	3.4
9	牙刷	16115	4.3	2.7
10	玩具	13732	6.4	2.2
合计		328525		57.2

表2 2017年1～9月重点出口企业情况

序号	企业名称	累计出口额(万美元)	同比(%)
1	中海工业(江苏)有限公司	42627	227.7
2	扬州骏升科技有限公司	23713	14.1
3	川岳科技(扬州)有限公司	23253	18.1
4	江苏扬农化工股份有限公司	13196	0.9

续表

序号	企业名称	累计出口额（万美元）	同比（%）
5	海信容声（扬州）冰箱有限公司	12514	15.3
6	江苏优士化学有限公司	9746	8.3
7	森萨塔科技（宝应）有限公司	9173	2.4
8	江苏牧羊控股有限公司	8742	1.8
9	江苏汇成光电有限公司	8685	5.9
10	江苏金飞达电动工具有限公司	7933	12.2
11	高露洁三笑有限公司	7748	0.7
12	江苏长青农化股份有限公司	7699	26.6
13	扬州荣德新能源科技有限公司	7680	877.7
14	扬州金泉旅游用品有限公司	5923	-6.3
15	扬州英谛车材实业有限公司	5892	-6.8
16	扬州佳明航电科技有限公司	5643	25.7
17	扬州中集通华专用车有限公司	4996	148.5
18	扬州易凡贸易有限公司	4957	13.3
19	扬州龙川钢管有限公司	4938	2.9
20	扬州诚德钢管有限公司	4616	-7.3
21	扬州化工股份有限公司	4467	64.4
22	扬州联博药业有限公司	4114	-12.9
23	德奇电子（扬州）有限公司	4032	201.0
24	扬州通利冷藏集装箱有限公司	3919	-18.4
25	扬州巨钛科技有限公司	3824	
26	扬州润扬物流装备有限公司	3585	-49.4
27	扬州宝亿制鞋有限公司	3505	-25.1
28	江都国汇箱包有限公司	3407	75.4
29	宝胜科技创新股份有限公司	3182	-44.8
30	江苏省阿珂姆野营用品有限公司	3157	-5.6
	合计	256869	

（二）外经合作稳步推进

期末在外人数9331人，同比增长2%。累计备案境外投资项目15个，中方协议投资额6119万美元，同比下降89.3%。对外承包工程稳步增长。1~9月，23家有外经实绩的工程承包企业完成外经营业额6.93亿美元，同比增长10%（见表3）。营业额超千万美元的企业11家。境外投资制造业项目占据主导。1～9月，15个备案投资项目中，工业项目8个，中方协议投资额5756万美元，占全市境外投资的94%。

表3　2017年1～9月外经企业实绩排名

排名	公司名称	完成营业额（万美元）	同比（%）	所属地
1	江苏江都建设集团有限公司	22074	41	江都
2	中石化江苏油建工程有限公司	10900	30	开发区
3	江苏省华建设股份有限公司	10215	14	广陵
4	江苏牧羊控股有限公司	5332	104	邗江
5	江苏恒远国际有限公司	4750	-47	江都
6	迈安德集团有限公司	2670		邗江
7	江苏邗建集团有限公司	2366	-24	邗江
8	恒远国际工程集团有限公司	1750	-30	江都
9	扬州市世达对外经济合作有限公司	1389	117	开发区
10	江苏荣腾建设工程有限公司	1315	15	宝应
11	扬州市国际经济技术合作有限公司	1161	-16	广陵
12	江苏中油天工机械有限公司	900	200	江都
13	江苏中化建设有限公司	730	-5	江都
14	扬州海经对外经济贸易有限公司	587	14	江都
15	江苏牧羊集团有限公司	550	-74	邗江
16	江苏飞扬对外经济技术合作有限公司	523	14	仪征
17	扬州汇鸿国际经济贸易合作有限公司	494	-34	广陵
18	江苏省水利建设工程有限公司	450	-26	邗江
19	扬州市建盈建筑劳务有限公司	349	12	江都
20	龙腾照明集团有限公司	260		高邮
21	江苏宝泰建设工程有限公司	250	-64	宝应
22	扬州荣飞建筑工程有限公司	143	117	宝应
23	江苏天宇建设工程有限公司	93	-16	宝应
	合计	69257	10	全市

（三）利用外资下降较多

1~9月，全市实际利用外资6.51亿美元，同比下降30.8%（见表4）。利用外资结构优化。1~9月，落户第二产业项目50个，同比增长194.1%。第二产业实际利用外资3.2亿美元，同比增长6873万美元，占全市的比重提高27.6个百分点。招大引强成效明显。新落户芬兰瑞特格集团瑞特格散热片项目、台湾东贝LED封装项目、中化集团1万吨芳纶1414生产及纤维项目等世界500强和跨国公司地区总部项目5个，落户香港佳源并购扬州香江新城市中心置业公司和英属维尔京群岛NEWTON INDUSTRIAL LIMITED并购深能高邮新能源有限公司等外资并购项目2个。新批项目增长较快。1~9月，全市新批（增资）项目86个，协议外资13.5亿美元，同比分别增长62.3%、37.1%。其中，新批（增资）1000万美元以上企业46个，较上年同期多15个，同比增长48.4%。主要投资来源地到资下降。1~9月，全市实际使用亚洲（地区）外资4.8亿美元，同比下降46.29%，其中，实际使用港资4.7亿美元，同比下降44.5%；实际使用台资436万美元，同比下降80.2%。实际使用欧洲外资714万美元，同比下降39.2%。

（四）园区建设推进有力

工业经济呈波动性发展。1~8月，全市开发园区实现规模以上工业增加值1107.27亿元，同比增长7.36%；公共财政预算收入86.0亿元，同比下降7.9%；规模以上工业开票销售2015.9亿元，同比增长16.3%；规模以上工业入库税收87.35亿元，同比下降2.75%（见表5）。项目建设稳步推进。1~8月，全市开发园区新签约重大项目34个，新开工重大项目29个，新竣工重大项目52个，新投产重大项目39个。对接上海持续深入。1~9月，全市开发园区落地上海、苏南转移项目21个，总投资169.4亿元。创新活力明显提高。1~8月，全市开发园区集聚国家级高新技术企业516家；建成科技产业综合体10个，建成面积139.3万平方米，入驻企业

655家;引进高新技术创业服务中心31家、领军型人才579名,获批省级以上创新型开发区2家、知识产权园区9家。

表4 2017年1~9月全市外资实际到账及外商投资企业批准情况

项目 地区	外资实际到账情况		外商投资企业批准情况			
	1~9月确认数（万美元）	同比（%）	新批企业数（个）	协议注册外资额（万美元）	本期新批及净增资1000万美元以上企业	
					企业数（个）	协议外资额（万美元）
全市*	65054	-30.80	86	135199	46	134985
开发区	13839	-53.97	9	29408	7	27800
化工园区	3225	164.13	2	4140	3	12000
广陵	4223	-44.27	15	26152	7	23472
邗江	8226	-53.94	14	10480	7	14739
宝应	4191	33.60	9	11467	5	8484
高邮	5094	50.31	17	22702	8	19494
江都	12218	18.93	5	8953	1	10570
仪征	2856	-70.95	14	15831	6	12360
生态科技新城	0	—	1	5000	1	5000
蜀冈—瘦西湖风景区	6078	100.00	0	1066	1	1066

说明:* 全市数据含上年结转数。

二 2018年扬州开放型经济发展形势

1. 面临的挑战

从国际看,国际形势正在发生深刻复杂变化,世界经济复苏乏力,贸易全球化速度明显放慢,贸易保护主义抬头。美联储重启加息周期,欧盟和日本也采取极度宽松货币政策提振经济,发达国家重新成为资本流入地。欧洲恐怖主义威胁蔓延,中东、北非、南亚地缘政治风险有增无减。从国内看,我国经济已由高速增长阶段转向高质量发展阶段,经济发展面临速度换挡节

表5 2017年1~8月全市开发园区建设发展情况

项目 园区	规模以上工业增加值(亿元)		公共财政预算收入(亿元)		规模以上工业开票销售(亿元)		规模以上工业入库税收(亿元)		注册外资实际到账(万美元)		自营出口(万美元)		固定资产投资额(亿元)	
	累计	同比(%)	累计	同比(%)	累计	同比(%)	累计	同比(%)	累计	同比(%)	累计	同比(%)	累计	同比(%)
扬州经济开发区	186.00	6.00	18.40	-20.00	397.00	14.80	15.00	-20.50	13625	-54.68	83822	-7.60	142.50	1.30
扬州高新区	189.92	15.59	7.68	21.33	203.01	10.18	12.51	9.74	78	-98.13	40748	21.33	77.77	66.53
扬州化工园	93.47	4.50	3.59	-3.30	143.00	14.10	4.20	17.00	3125	155.94	11163	1.30	105.20	18.40
江都开发区	151.30	8.10	9.93	15.50	224.50	16.30	8.80	23.90	9713	54.79	77543	83.90	144.10	2.90
仪征开发区	102.2	6.57	10.90	-9.24	270.50	-30.50	19.38	-9.14	2071	-46.5	12045	-25.10	109.60	14.10
高邮开发区	71.35	16.30	8.59	14.10	154.90	41.50	5.26	31.20	3976	36.5	20828	29.40	105.70	32.80
宝应开发区	73.57	0.49	10.60	2.42	212.58	5.60	4.82	3.50	1233	-22.50	45012	-1.00	92.02	7.63
广陵开发区	83.96	9.82	4.85	3.92	127.77	64.50	4.05	20.15	3066	1903	51042	-9.90	79.98	3.20
维扬开发区	74.82	19.70	6.93	2.12	138.85	9.29	6.05	5.29	5176	-48.3	44847	61.20	100.16	17.60
杭集高新区	43.58	11.80	1.55	13.91	40.93	16.82	2.37	15.39	0	—	19462	1.27	11.96	15.34
高邮高新区	37.10		2.98	16.20	102.86	42.30	4.91	28.80	0	—	3540	11.20	103.07	14.30
合计	1107.27	7.36	86.00	-7.90	2015.90	16.30	87.35	-2.75	42063	-30.20	410053	9.46	1072.06	12.02

点、结构调整节点、动力转换节点。受人口结构变化、节能减排等多种因素影响,劳动力、原材料、能源、土地、环境等要素面临成本上升和供应趋紧的双重压力。从扬州看,国发5号文、国办发7号文发布后,全国各地密集出台利用外资政策意见,地区招商引资竞争更加激烈,吸引外资难度加大。占全市出口2/3的行业以轻工以及劳动密集型传统产业为主,大量传统产业和中小企业缺乏必要的资金、技术、人才积累,风险承受能力较弱,转型发展难度较大。

2. 面临的机遇

从国际看,在信息技术革命的带动下,全球化的深度发展进一步开放了世界市场,在全球价值链不断调整、重构的过程中,我国市场仍对全球资本保持着巨大吸引力。全球贸易格局"碎片化"发展,亚太自贸区进入建设新阶段,我国与亚洲近邻贸易一体化建设,与金砖国家贸易一体化建设,与发达国家贸易一体化建设都是外贸发展的新契机。从国内看,党的十九大报告明确指出,我国将以"一带一路"建设为重点,坚持引进来和走出去并重,形成陆海内外联动、东西双向互济的开放格局。我国将推进贸易强国建设,培育贸易新业态新模式,实行高水平的贸易和投资自由化便利化政策,全面实行准入前国民待遇加负面清单管理制度,大幅度放宽市场准入,扩大服务业对外开放,建设更高水平的开放型经济。从扬州看,近年来,扬州综合经济实力不断提升,"一带一路"、长江经济带战略拉动效应明显,跨江融合发展综合改革试点持续推进,"宁镇扬"一体化加快发展,都为扬州建设更高水平的开放型经济打下了坚实基础。

三 2018年扬州开放型经济发展对策建议

(一)高起点谋划招商引资,促进利用外资结构优化

一是继续实施"530"招商行动计划(5年内新招引世界500强及跨国公司项目30个)。瞄准国际知名企业,以产业链高端和技术创新环节为重

点,大力引进先进制造业和现代服务业项目,着力优化外资产业结构。二是大力实施产业链招商。围绕汽车、机械、船舶、石化、新能源新光源等重点产业,通过引链补链扩链强链进行招商选资,推动产业向高端化、智能化攀升。三是创新利用外资方式。实施"510"外资并购重组行动计划,鼓励境外知名企业与扬州市行业龙头企业并购重组,吸引跨国公司来扬州设立地区总部和功能性机构,鼓励和引导外国投资者来扬州市设立融资租赁、商业保险理财等新业态项目。鼓励外商以增资扩股、债转股、利润再投资等多种形式扩大投资。鼓励本地企业境外上市、境外融资、返程投资。

(二)推动外贸优进优出,促进国际贸易质态提升

一是实施品牌兴贸战略。在全市范围内针对重点企业开展境外商标、海外营销机构、产品标准认证的培训,着力帮助重点企业转型升级,提高国际营销与议价能力。鼓励企业发展自主品牌,提高外贸核心竞争力。加大对重点企业和具有发展潜力的中小企业的扶持,推动外贸竞争力由价格优势为主向技术、品牌、质量、服务为核心的综合竞争优势转变。二是大力开拓国际市场。针对化工、轻工等行业贸易摩擦增多的趋势,建立全过程应对指导机制,从资金、信息、培训等多方面鼓励企业积极应诉,维护原有市场。制定年度贸易促进计划,组织企业积极参加境内外各类展会。巩固欧美传统市场,进一步加强对"一带一路"沿线市场的开拓。三是突出贸易新业态培育。大力发展跨境贸易电子商务试点园区,探索设立跨境电子贸易基金,通过市场化运作为中小微外贸企业提供供应链金融服务。加快建立全市跨境电商综合培训体系,在规范流程的前提下,选择合适的服务商建立多层次、立体化培训体系,帮助扬州企业提升国际营销能力。重点培育新贸通和一达通等外贸综合服务企业,整合电商、外贸资源,实现平台"供应链+订单"全覆盖,促进外贸订单回流。

(三)服务企业"走出去",力争实现境外集聚区突破

一是实施对外投资和经济合作"522"计划。确保"十三五"期间实施

1亿美元以上对外工程承包项目20个、中方境外协议投资额500万美元以上项目20个。二是优化境外投资产业布局。大力推动扬州市汽车、光伏、水泥、建筑等优势产业转移至"一带一路"沿线国家开展投资合作。鼓励企业在境外设立贸易公司、销售窗口,或通过并购、参股等方式建立境外营销体系,带动产品出口。三是重点服务上市公司。落实江苏省上市公司海外并购五年行动方案,依托"走出去"公共服务平台和投资促进活动,建立"一企一册"台账,支持帮助扬州市13家上市公司并购海外研发中心、实验机构,吸纳高层次科技、经营管理人才。四是服务境外经贸集聚区建设。围绕恒远集团、牧羊集团在坦桑尼亚、缅甸的资源优势,帮助企业做好建立经贸集聚区可行性分析方案。从国家扶持政策、经贸集聚区优势等方面加大对恒远集团、牧羊集团等企业的宣传引导,力争境外经贸集聚区早日实现零的突破。

(四)加快开发园区建设,推动载体平台功能提升

一是编制全市开发园区总体发展规划。深入分析研究扬州市在"一带一路"、长江经济带、江淮生态大走廊和宁镇扬同城化中的比较优势,围绕开发区功能定位、空间布局、产业基础、特色资源、设施配套、生态保护等,科学谋划编制全市开发园区产业发展总体规划,指导开发园区做好自身发展规划,确保新规划具有较强的科学性、全局性、系统性和可操作性。二是强化园区"主阵地"作用。围绕产业链、供应链和价值链招大引强,聚焦高端产业、自主创新型项目和产业链发展缺失环节,加强重点产业、重点企业、重点人才招引,以增量优化带动存量提升,提高全市产业的整体素质。三是推进园区"一特三提升"。贯彻落实全省开发区改革创新大会和全市园区发展大会精神,以产业政策引导和个性化考核为手段,推动各开发区依托12个省级特色产业园和10多个国家级特色产业基地,做大做实做强现有主导产业,着力打造一批主题鲜明的特色创新集群。牢固树立"以亩产论英雄"导向,清理僵尸企业,实施"腾笼换鸟",加快淘汰劣质落后产能,大力推进园区循环化改造和资源循环利用,创建国家级、省级

生态工业园区和循环经济示范区。四是狠抓合作平台打造。在深化上海、苏南园区合作的基础上，加快在国际园区合作上形成突破、形成实效，重点争取中加合作园区项目落地，积极推动德国梅泰尔工业园上升至国家、省级层面。

（五）深化开放型经济体制改革，创造优良营商环境

一是落实外商投资准入前国民待遇负面清单管理制度。深入贯彻落实国发5号文、国发39号文文件精神，推动《市政府关于进一步推进利用外资工作的实施意见》（扬府发〔2017〕60号）17条措施落地。继续实施《外商投资企业设立及变更备案管理暂行办法》，除国家规定实施准入特别管理措施的企业外，其他所有外商投资企业设立及变更由审批改为备案管理，营造外资发展的优良投资环境。二是坚持实行以备案制为主的对外投资管理方式。按国家有关规定暂停房地产、酒店、影城、娱乐业、体育俱乐部等领域的对外投资。强化企业对外投资项目的真实性和合规性审核。把推进对外投资便利化和防范对外投资风险结合起来，规范市场秩序。三是加快开发园区体制机制创新。大力推进"放管服"改革，在全市率先实现"3550"目标（开办企业3个工作日内完成、不动产登记5个工作日内完成、工业建设项目施工许可50个工作日内完成）。加快推进国家级开发园区全链审批赋权改革试点和扬州开发园区、江都开发园区相对集中行政许可权改革试点。四是加快通关便利化改革。推进"三个一"电子口岸平台建设，完善"机场旅客团队出境申报"功能，进一步拓展电子口岸平台业务，推动国际贸易货物"单一窗口"建设。

B.15 2017年扬州市创新驱动发展研究

赵松林 胡军 葛羽丰*

摘 要： 2017年，扬州深入践行创新发展理念，推进双城同建、双百引领、双区叠加、双创载体、双向协同、双策带动六个"1+1"工程，科技创新工作取得显著成果，对社会经济发展的引领驱动作用越发明显。本文在全面总结2017年扬州科技创新成果的基础上，剖析当前扬州创新发展面临的形势，对如何进一步实施创新驱动发展战略、引领城市和经济转型升级提出对策建议。

关键词： 科技创新 创新驱动 转型升级

2017年是党的十九大开启发展新征程的关键之年，也是贯彻落实省、市党代会精神的起始之年。这一年，扬州深入践行中央发展新理念，紧扣"两聚一高"中的"聚力创新"和"十件大事"中的"'12345'创新发展工程"，全力攻坚双城同建、双百引领、双区叠加、双创载体、双向协同、双策带动六个"1+1"工程，推动城市创新能力提升和经济转型升级。

---

* 赵松林，扬州市科技局副局长；胡军，扬州市科技局办公室副主任；葛羽丰，扬州市科技局办公室科员。

一 2017年扬州市科技创新发展情况

1. 突出双城共建,"一试点、一示范"两大国家级城市品牌建设取得阶段性成果

国家创新型试点城市顺利通过评估验收。自2013年获批试点以来,扬州市深入实施创新型试点城市三年(2013~2015)建设计划(见表1),不仅将创新作为经济转型的主引擎,而且作为城市升级的主动力;不仅注重发挥企业主体作用,而且注重发挥政府引导作用;不仅聚焦科技创新这个"核心的核心",而且突出体制机制创新释放双创活力;不仅遵循创新型城市建设的普遍规律和要求,而且将其与人文、生态、精致的城市特质结合起来,建立了组织领导、政策保障、监测考评"三个体系",构建了创新园区、创新创业载体、公共服务平台"三大载体",集成了人才、金融、信息"三大要素",推进了产业、企业、政府服务"三大转型"。全市研发投入占GDP比重从2013年的2.05%提升至2015年的2.27%,科技进步贡献率从55%提升至59.9%,高新技术产业产值从3106亿元提升至4032亿元,高新技术企业数从336家提升至640家,每万名就业人员中研发人员数从63.8人年提高到96人年(见表2),得到评估组和专家组高度肯定,顺利通过科技部的验收评估。

表1 创新型试点城市三年建设计划推进情况

具体举措		推进情况
建立"三个体系"	建立组织领导体系	成立了以市政府主要领导为组长的创新型城市建设工作领导小组,并建立联席会议制度;召开了两次全市科技创新大会、一次创新型城市建设工作会议和八次领导小组会议
	建立政策保障体系	制定出台了《关于推进科技创新工程建设创新型城市的实施意见》《关于加快建设区域产业科技创新中心和创新型城市建设的政策举措》等政策文件19份
	建立监测考评体系	对照创新型城市建设推进计划,建立监测考核指标体系,动态掌握和定期通报指标任务完成情况,并从2013年起将科技创新工作纳入全市经济社会发展综合考评,实现市对县、县对乡考核全覆盖

续表

具体举措		推进情况
搭建"三大载体"	加快创新园区体系建设	创成国家高新区、国家农业科技园区和两家省级高新区,建成覆盖全部县(市、区)的8个国家特色产业基地和12家省级科技产业园,"1+2+N"的创新园区体系已经形成
	加快创新创业载体建设	累计建成科技产业综合体21个,建成使用面积281万平方米,入驻企业1132家。同时,还建成众创空间58个,小企业创业基地42个,入孵小微企业近2500家
	加快公共服务平台建设	构建"互联网+政务服务"平台体系,形成集管理咨询、融资会计、技术服务、创业辅导、检验检测、商贸流通等于一体的公共服务平台,为企业提供一站式、全天候、专业化服务
集成"三大要素"	大力集聚人才资源	制定"绿扬金凤"人才计划,出台"6+1"人才政策,每年投入1亿元资金专门解决人才住房、子女就学和健康保健等问题。连续四年开展"科教合作新长征"活动,柔性引进博士人才1600人,成功引进南邮通达学院,开工建设江苏旅游职业学院和扬州大学广陵学院
	切实强化金融支撑	市财政设立了18亿元风险资金池,引导100多亿元信贷投放,服务1000多家小微企业和科技型企业,惠及10000多人就业人口。推出"税e融""人才贷"等100多个全信用金融产品
	优化信息服务供给	连续四年入围"中国城市信息化50强"前十位,在全省率先建立中小企业服务平台、扬州企业服务网等线上综合性和科技文献平台、科创书院等信息服务平台,为企业创业创新提供优质服务
突出"三大转型"	突出产业转型,加快主导产业高端化步伐	推进智能制造"四个一"工程,创成省高端装备示范和特色基地4家,省示范智能车间19家,工业机器人保有量超1600台(套),两化融合指数达93.4,智能化水平全省领先;瞄准技术前沿,大力发展战略性新兴产业,运用高新技术改造提升传统产业
	突出企业转型,持续增强企业核心竞争力	全市建有国家高新技术企业706家,国际、国家专业标准化组织54个,主导或参与制(修)订标准379个,"十二五"以来规模以上企业研发支出和研发人员数分别增长88.4%、47.3%,获批专利5.06万件,首台(套)重大装备及关键部件总数居全省前列
	突出服务转型,全面优化创新创业环境	连续四年出台市委市政府服务企业"2号"文件,深化"放管服"改革,3年内取消53项、调整187项行政审批事项,取消79项非行政许可审批事项;制定实施鼓励科技创新的28条政策,每年安排1亿元创新券、1亿元技改券和1亿元服务券对小微企业创业创新实行精准扶持

表2 创新型试点城市建设（2013~2015）主要指标完成情况

序号	指标名称	2013年实绩	2015年实绩	增幅(%)
1	研发投入占GDP比重(%)	2.05	2.27	10.7
2	大中型企业R&D经费支出占主营业务收入(%)	0.82	0.94	14.6
3	每万名就业人员研发人员数(人年)	63.8	96	50.5
4	高新技术企业数(家)	336	640	90.5
5	拥有省级以上"三站三中心"数(家)	370	680	83.8
6	万人发明专利拥有量(件)	3.28	6.1	86.0
7	技术市场合同交易额(亿元)	6	17.8	196.7
8	科技进步贡献率(%)	55	59.9	89.1
9	高新技术产业产值(亿元)	3106	4032	29.8
10	信息化发展水平总指数	82.49	87.7	6.3
11	城镇化率(%)	60	62.8	4.7
12	空气质量达到二级标准天数占比(%)	64.9	68	4.8
13	服务业增加值占地区生产总值比例(%)	41	43.9	7.1
14	公民具备基本科学素质比例(%)	7	8.2	17.1
15	百万人口SCI论文数(篇)	200	258	29.0
16	风险投资管理资金总额占地区生产总值比例(%)	1.5	3.9	160.0
17	农业现代化水平指数	80	88.3	10.4
18	现代教育发展水平(%)	80	94	17.5

小微"两创示范"三年行动计划深入实施。对照扬州小微"两创示范"三年实施方案，开展指标任务月通报、季督察，按照"可定义、可量化、可操作、可考核、可追究"的"五可"要求，推进"两创示范"确定的119项考核指标个个有落实、条条有措施，全市创新创业载体加快建设，"1+N"公共服务平台基本完善，以"政务一张网""不见面审批""3550"（企业3个工作日内注册开业、5个工作日内获得不动产权证、50个工作日内取得生产建设项目施工许可证）等为核心的一系列商事改革举措全面推进，企业融资扶持政策多元发展。与此同时，全市还先后举办瘦西湖创客活动周、"绿扬金凤"众创大赛、天使投资创客行等多场专场活动，为小微企业、创业团队提供优质路演平台，助力"大众创业、万众创新"。

2. 突出双百引领,重大科技项目"双百"工程助力产业持续提质转型、调高调优

实施重大科技项目"双百"工程,截至三季度共启动产业重点研发项目150项、重大科技成果转化项目82项(见图1、图2)。在机械装备领域,持续推进对智能化成套装备、特种作业机械、基于多传感器信息的功能性(水下、看护)机器人等关键设备技术的攻关研发;在汽车领域,技术设备研发重点瞄准新能源(电动汽车)、智能化(无人驾驶技术、车联网)、后市场(挡风玻璃、发动机润滑设备)三大方向突进;在电子信息领域,基于云计算、大数据、物联网技术的智能生产生活装备研发取得进展,并在WebGIS 平台、NB–IoT"三表合一"集抄扩展应用、RFID 检测设备、高性能专用二极管等前瞻性领域拥有优势;在新能源新光源领域,钛酸锂等大容量超寿命新能源电池、分布式能源智能系统、蓝光 GaN 基 LED、碳化硅功率 mosfet 设计制造等技术瓶颈得到攻克;在新材料领域,面向重点制造领域,超级电容器用三维石墨烯负载金属氧化物/碳化物、新型可注塑纳米材料、核电用钢管线缆、航空航天用耐热耐蚀铝合金壳体、活塞式内燃机用精密合金材料等制备技术逐步成熟;在生物医药领域,新型药品、医疗器械及智能医疗室的攻关正在推进;在节能环保领域,烟气脱硫、固体污染治理、净水设备等新技术新工艺逐步投入应用;在农业食品领域,优质农业品种种养殖技术、食品加工储存和安全质量检测技术、营养品制备技术均取得突破。一批国家、省重点研发计划落户扬州市。其中,扬州大学、里下河农科所 2 个项目获批国家现代农业重点研发计划,中科半导体"超高密度小间距 LED 显示关键技术开发与应用示范"和"超高能效半导体光源核心材料及器件技术研究"2 个项目列入国家重点研发计划"战略性先进电子材料"专项;另有 19 个项目获省重点研发(现代农业)计划立项,立项数和资金数全省第一,17 个项目入围省重点产业前瞻共性关键技术和重大科技成果转化项目。

在"双百"工程的引领带动下,全市产业结构不断调高调优。截至 9 月底,扬州高新技术产业投资额达 370 亿元,同比增长 16.4%,新认定省

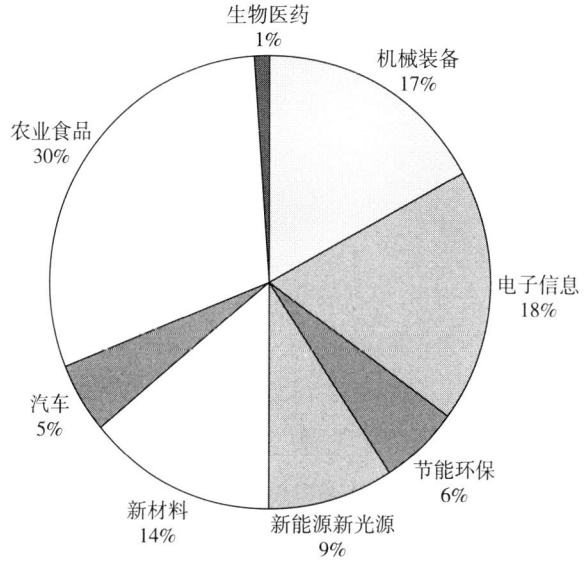

图1 2017年重点研发项目产业分布

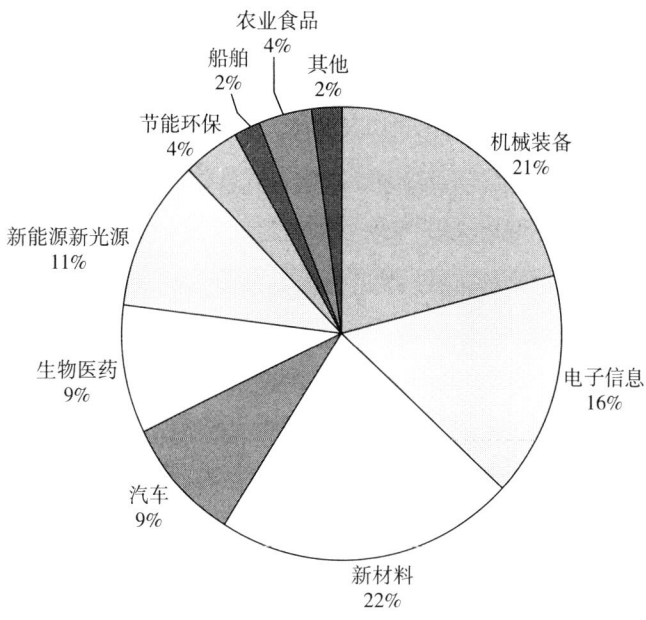

图2 2017年科技成果转化项目产业分布

级高新技术产品491件，位列全省第3，实现新产品产值236.1亿元，同比增长52.8%；实现高新技术产业产值3682.5亿元，同比增长12.5%，占规模以上工业产值比重达44.3%。八大细分领域中除规模较小的航空航天制造业外产值均呈正增长，新能源制造业、电子及通信设备制造业、新材料制造业、医药制造业、智能装备制造业实现两位数增长，分别同比增长19.3%、16.1%、14.3%、12%、10.8%；高新技术产品出口交货值达624亿元，在2016年高速增长的基础上继续保持增势，同比增长5.5%，其中电子及通信设备制造业、新能源制造业、电子计算机及办公设备制造业产品出口分别同比增长13.4%、12.5%、11.3%（见表3）。

表3 2017年前三季度全市高新技术产业产值及出口交货值情况

高新技术产业名称	企业数（家）	产值（现行价格）			出口交货值		
		绝对值（万元）		增幅（%）	绝对值（万元）		增幅（%）
		2017年1~9月实绩	2016年1~9月实绩		2017年1~9月实绩	2016年1~9月实绩	
总计	871	36824525	32724776	12.5	6240127	5912321	5.5
1.航空航天制造业	1	2540	2564	-0.9	0	0	0.0
2.电子计算机及办公设备制造业	6	32794	31763	3.2	7955	7147	11.3
3.电子及通信设备制造业	120	4275705	3683755	16.1	1915786	1689496	13.4
4.医药制造业	44	1675595	1495996	12.0	231191	229609	0.7
5.仪器仪表制造业	60	4000911	3646307	9.7	281559	308654	-8.8
6.智能装备制造业	456	16608203	14991633	10.8	977246	1059292	-7.7
7.新材料制造业	164	8132942	7116294	14.3	1075881	1061538	1.4
8.新能源制造业	20	2095835	1756464	19.3	1750509	1556585	12.5

3.突出双区叠加，涵盖三大创新板块和高新园区集群的创新空间布局渐次拉开

三大创新板块加快推进建设。在江广融合区软件与互联网产业板块，沿文昌路在建项目主体工程已基本完工，信息产业基地、马场创业街等正加速成为软件信息产业创新创业新高地,板块龙头项目扬州软件园以及创 E 地带、沿江科创中心等项目也加快建前准备工作,现已集聚高新技术企业 53 家、"双软"认证企业 41 家。在国家级开发区—国家高新区—扬子津科教园高端装备产业融合发展板块,扬州大学广陵学院新校区 20 个单体建筑土建和 70%的装修工程基本完成,江苏旅游职业学院预计年底完成一期工程建设,723 所科技园、中电科功率电子产业园等项目建成即将投运,中曼动力柴油发动机、晶澳太阳能电池片、中航宝胜海底电缆、李尔集团高端汽车配件、通快金方圆生产线等重大产业项目相继启动,形成拥有 7 家高职院校、121 家高新技术企业及一大批科技创新平台的经科教融合高地。在国家农业科技园现代农业和食品产业板块,扬州大学农业科教示范园、生态智慧牧场和农科特色小镇项目已开工,中法生猪养殖基地、惠扬花木种植及鲜花交易市场、丰庆种业国家农作物育种创新基地、恒熙工厂化植物栽培等 26 个高效农业项目落户,设施农田面积 4600 亩,形成了稻麦良种繁育和种植实验、花木种植、蔬果种植、生态立体种养四大基地,以双金大道为龙头的水电路气、桥涵闸站、绿化亮化等基建项目全面开工。目前创新板块已集聚规模以上企业 356 家、高新技术企业 175 家,分别占全市总量的 13.2%、24.8%,全市 1/4 的高层次人才和重大科技成果转化项目、1/3 的省级以上"三站三中心"均落户三大板块。

"1+2+N"高新园区体系加快提质升级步伐。扬州国家高新区和高邮、杭集 2 个省级高新区已集聚"四上"企业 616 家,1~9 月实现地区生产总值 493.3 亿元,同比增长 22.6%;规模以上工业营业收入 1412.9 亿元,同比增长 22.5%;入库税收和财政收入分别达 40 亿元和 44.1 亿元,同比增长 12.6% 和 6.2%;固定资产投资额 137.9 亿元,其中高新技术产业投资达 71.8 亿元,分别同比增长 33.6% 和 44.7%;进出口总额达 100.5 亿元,同比增长 31.8%(见表 4)。此外,仪征汽车产业园、宝应安宜创业园也加快创建省级高新区,其中安宜申创材料已提交省政府并通过专家论证,正待省六部门联合审查;仪征汽车产业园已完成规划初稿并通过专家论证,待新一轮省级高新区申报工作开始,即启动创建工作。

表4 2017年前三季度全市高新园区建设发展情况

地区\项目		扬州国家高新区	杭集省级高新区	高邮省级高新区	合计
"四上"企业数(家)		372	67	177	616
地区生产总值(亿元)	累计	329.5	89.8	74.0	493.3
	增幅(%)	23.8	28.8	11.3	22.6
规模以上工业营业收入(亿元)	累计	936.8	205.6	270.5	1412.9
	增幅(%)	19.3	15.1	16.2	22.5
入库税收(亿元)	累计	27.9	6.7	5.4	40.0
	增幅(%)	10.3	19.3	17.3	12.6
财政收入(亿元)	累计	30.8	7.1	6.2	44.1
	增幅(%)	9.4	18.3	5.7	6.2
固定资产投资(亿元)	累计	112.7	13.5	11.7	137.9
	增幅(%)	36.9	25.6	15.8	33.6
高新技术产业投资(亿元)	累计	63.4	4.1	4.3	71.8
	增幅(%)	47.9	26.1	22.0	44.7
进出口总额(亿元)	累计	74.7	16.1	9.7	100.5
	增幅(%)	43.9	0.4	17.0	31.8

4. 突出双创载体，科技产业综合体和众创空间逐步成为"双创"集聚新高地

科技产业综合体"建、管、用"同步推进。提升工作组织程度，召开全市创新驱动暨科技产业综合体现场推进会，针对县市区强化科技产业综合体建设运营考核奖励，形成市级有考核、县域有支持、综合体有政策的工作体系。推进综合体建设，Y-MSD一期、杭集综合体一期、大众广场综合体主体封顶，智谷二期全面开工建设，累计开工建设面积461.01万平方米，建成363.71万平方米。在广陵开展试点探索聘请专业运营团队管理综合体，组织赴北京、上海、深圳、西安、南京等科教资源富集的地区开展科技产业综合体专题招商，2017年新入驻企业338家，累计达1312家，信息产业基地、智谷等综合体入驻率突破90%，累计引进博士及以上人才310人、国家千人计划34人、省双创自主人才106人、市"绿扬金凤"资助人才155人，引进本科以上从业人员1.8万人，占全部从业人员数的63.8%，引进科技创新及服务机构118家、创投机构13家（见表5）。

表 5　全市科技产业综合体建设运营情况

名称	建设进展情况（万平方米）					企业人才集聚情况（人）			
	规划总面积	已开工面积	已建成面积	已使用产业面积	已使用配套用房面积	入驻企业数	就业人数	其中:本科以上人员数	其中:博士及以上人才数
扬州智谷	50	35.2	18.5	21.3	6	93	1032	503	13
江苏信息服务产业基地（一二三期）	78	78	78	30	8	221	20090	13025	48
智能装备科技园	40	40	40	30.5	9.5	242	1369	1091	66
仪征科技创业园	12.7	12.7	11.3	10	1.3	62	960	486	27
宝应科技创业园	16.8	16.3	15.1	10.85	1.5	57	470	333	15
西区扬州职业大学南科技产业综合体	23.66	23.66	23.66	7.68	0	85	425	403	0
广陵经济开发区科技产业综合体	24.8	24.8	20	16	4	66	622	275	26
高邮市科技产业园	13.5	13.5	13.5	10	3.5	67	366	290	21
湖西新区光电科技产业综合体	12	7	2	1.5	0.5	16	80	65	11
金荣扬州科技园	21	14.2	14.2	14.2	0	31	305	195	4
宝应软件信息产业科技综合体	8.2	8	7.5	4.8	1.6	71	268	187	22
税友软件园（南方）	10	10	5	4.5	0.5	4	477	259	0
甘泉生态科技园	10	10	10	9	1	26	181	100	28
通安科技园	10.5	6.6	6.6	6.6	0	15	100	61	1
江都软件产业科技综合体	6	4.25	4.25	4.25	0	52	634	326	9
天雨环保节能科技产业园	6	5	4	3.24	0.5	33	120	28	4
食品科技园	22	22	22	1.5	0.5	27	65	20	3
西安交大科技园	13.6	13.6	13.6	11.6	2	98	614	373	5
开发区科技园	8.8	8.8	8.8	8	0.8	5	55	23	1
杭集科技产业综合体	20	18	7.3	7	0.3	35	70	20	3
联创扬州软件园	40	27	0	0	0	0	0	0	0
Y-MSD项目（一期）	51	51	31	0	0	0	0	0	0
大众广场	18.3	11.4	7.4	0	7.4	6	18	16	3
合计	516.86	461.01	363.71	212.52	48.9	1312	28321	18079	310

众创空间持续提质增量。全市已兴建62家众创空间,其中国家级众创空间6家、省级众创空间28家,集聚了优客工场、微软创新中心等逾10家众创空间,拥有36.52万平方米孵化场地、566名导师、62家创投机构和154家公共服务机构,共吸引超过3000名创客、1000家企业入驻。哈工大机器人、宏普科技、盛世云等一批品牌项目纷纷落户,累计在孵项目373项,开展项目路演、投融资对接、创业培训等各类创新创业活动近1500场(见表6)。沈阳自动化所双臂机器人、北航四工位抛光机器人等项目已进入中试和产业化阶段,创新创业在众创空间新平台内蔚然成风。

表6 全市众创空间建设运营情况

地区	众创空间名称	场地面积(万平方米)	创客数(名)	导师数(名)	引进企业数(家)	在孵项目数(项)	引进创投机构(家)	引进公共服务机构(家)	举办活动(场/次)
宝应县	扬州纵横创客巢	0.13	206	7	22	4	0	2	7
	纵横时空	0.48	148	5	16	2	0	2	7
	鲁垛乱针绣创客工坊	0.2	36	1	4	0	0	0	1
	宝应科创中心创客空间	0.7	89	4	10	0	0	1	2
	东方圣诞创客园	0.08	16	1	5	0	0	0	1
高邮市	诚信创业吧	1.2	106	10	41	5	1	5	22
	文游汇	0.6	125	16	59	8	2	6	35
	高邮众创空间	0.45	80	6	11	5	2	5	36
	通邮梦工厂	0.5	120	15	55	7	2	13	40
	豪纬光电众创园	0.8	78	10	31	3	1	2	21
	创睿坊	0.4	83	10	17	7	1	2	16
	大邮众创空间	0.8	130	7	18	23	1	5	37
仪征市	创途在线	0.4	16	6	8	4	1	1	29
	众鑫创新梦工场	0.36	10	5	5	3	1	1	13
	真州创客工场	0.45	7	3	5	1	0	1	10
	鑫鑫众客坊	0.4	11	3	5	2	0	1	14

续表

地区	众创空间名称	场地面积（万平方米）	创客数（名）	导师数（名）	引进企业数（家）	在孵项目数（项）	引进创投机构（家）	引进公共服务机构（家）	举办活动（场/次）
江都	武汉理工大学扬州创客汇	0.1	6	4	1	5	0	0	4
	星客梦工厂	0.15	11	3	12	0	0	1	7
	创·艺985创客街区	0.63	112	18	53	3	4	5	22
	江都创客邦	0.15	45	10	33	4	3	0	21
	智创梦工厂	0	0	0	0	0	0	0	0
邗江区	扬州大学大学科技园众创梦工厂	0.3	80	50	66	0	2	7	103
	扬州创谷创客工场	0.75	44	9	28	4	1	9	20
	扬州上市基地创新工场	0.4	36	38	28	0	1	4	120
	扬州环保科技园创客"1+1"	0.286	23	8	9	3	0	5	6
	甘泉生态园创客汇	0.872	4	0	3	0	0	0	0
	西湖创客空间	0.7	13	0	10	0	0	0	0
	扬州金荣科技园创新创富工场	0.2	34	5	25	0	2	4	12
	3C创客空间	0.1	35	5	6	5	6	0	53
	通安创客空间	1.6	10	4	8	0	0	0	0
	和天下绿色建筑众创空间	0.11	11	3	5	0	1	0	0
	公道·汇智众创空间	0.18	15	9	7	0	0	0	8
	惠不同众创空间	0.25	0	0	0	0	0	0	0
	海昌新材众创空间	0.2	4	5	1	0	0	0	0
	扬州优客工场	0.15	6	0	8	0	0	0	2
	酷立方（扬州）众创空间	0.36	30	23	45	8	2	4	18
	1001京华城	0.72	38	10	0	38	0	16	7
	软通动力扬州乐业空间	0.2	31	30	25	4	4	3	11

续表

地区	众创空间名称	场地面积（万平方米）	创客数（名）	导师数（名）	引进企业数（家）	在孵项目数（项）	引进创投机构（家）	引进公共服务机构（家）	举办活动（场/次）
广陵区	圆梦创新工坊	0.63	72	10	21	3	0	7	52
	中国创谷	1	456	12	61	0	2	3	29
	江苏微软创新中心	0.12	20	3	20	7	0	0	7
	扬州青麦坊"互联网+"文创空间	0.35	30	8	9	0	1	0	139
	扬州设计谷众创空间	1.1	119	9	41	15	1	3	10
	食品科技园创新工坊	1.8	3	0	1	0	0	0	0
	两岸物联众创基地	0.25	37	24	3	6	1	4	26
	智创天地	0.92	19	3	17	17	2	4	6
	北京大学创业训练营江苏基地	0.87	130	15	12	3	1	1	54
	金枫达创新工场	0.15	12	0	6	0	0	0	2
	源湾头玉器创新工坊	0.5	172	3	56	0	0	0	5
	创客文昌	0.36	11	5	9	0	0	0	4
市开发区	智谷众创空间	0.9	62	17	9	29	1	8	26
	西安交大扬州科技园创客营	0.3	100	3	45	60	0	1	10
	多米创新工场	0.082	25	3	3	12	1	2	3
	霍比屯创客乐园	0.1	30	5	6	14	6	0	55
	睿智创客空间	0.2	36	5	15	18	1	1	7
	瑞丰众创空间	0.1	16	7	4	4	1	3	27
生态科技新城	尚锦汇都创业孵化工场	3	28	10	15	0	0	0	1
	杭集旅游日化产业众创空间	0.3	30	11	30	6	1	7	5

续表

地区	众创空间名称	场地面积（万平方米）	创客数（名）	导师数（名）	引进企业数（家）	在孵项目数（项）	引进创投机构（家）	引进公共服务机构（家）	举办活动（场/次）
市直	创新驿站	0.45	182	31	39	0	1	2	185
	左岸右转青创驿站	0.2	45	12	7	0	3	1	49
	扬州工业职业技术学院大学生创业园	0.28	112	25	8	31	1	2	31
	扬州486非遗创客空间	6.2	223	0	61	0	0	0	37
合计		36.52	3819	566	1181	373	62	154	1475

5. 突出双向协同，外部创新资源集聚和内部科技服务集成同步发力

启动"聚力创新"大招商大拜访大合作行动，通过"走出去"与"请进来"相结合，加强与大院大所、名校名企的对接，聚智聚力推进科教合作。赴上海、重庆、香港、西安、北京等地开展集中拜访活动，扬州市与清华大学签署关于MEMS（微机电系统）科研成果产业化合作协议，与重庆大学、香港城市大学深圳研究院合作共建离岸孵化器，扬州高新区与重庆高新区达成战略合作协议。组织企业参与中国江苏·大院大所合作对接会暨第六届产学研合作成果展示洽谈会，深化与大院大所的合作对接，促成304个项目达成合作意向。以智能汽车为主题，连续第五年举办科技成果展示洽谈会，集中展示19辆智能汽车整车和300余项相关科研成果，促成相关领域项目合作（见表7）。截至目前全市组织企业拜访高校院所95家，达成产学研合作签约项目402项（其中国际项目28项），引进知名高校和企业研创中心32家；累计登记备案技术合同475项，交易额达5.5亿元，较2016年同期增长8.7%（见图3、图4）。

表7 2017年引进名校名企研创中心情况

名称	合作单位	本地单位	研发领域	合作期限
智能变电器研发基地	上海电力学院	江苏金友电气	电工电气	2017～2020年
玩具产业创意设计研究中心	华东理工大学	宝应县曹甸镇人民政府	工业设计	2017～2020年

续表

名称	合作单位	本地单位	研发领域	合作期限
联合研发中心	江南大学	江苏自然爱食品有限公司	生物健康	2017~2010年
罗安院士工作站	湖南大学	江苏欧力特能源科技有限公司	智能电网	5年
大连理工大学—高邮北方动力机械有限公司"汽车零部件工程技术研发中心"	大连理工大学	高邮北方动力机械有限公司	汽车零部件	5年
济南大学高邮技术转移中心	济南大学	高邮高新技术产业开发区	全面合作	5年
同济大学高邮技术转移中心	同济大学	高邮高新技术产业开发区	全面合作	5年
河南理工大学扬州华胜电机技术研究所	河南理工大学	扬州市华胜机电制造有限公司	机电装备	5年
东南大学—瑞沃道路交通创新技术联合研究中心	东南大学	江苏瑞沃建设集团有限公司	道路桥梁	5年
西安交通大学国家技术转移中心高邮分中心	西安交通大学	高邮市人民政府	科技服务	3年
技术转移分中心	江南大学	仪征市政府	技术转移	3年
扬州大学江都高端装备工程技术研究院合作	扬州大学	江都区人民政府	机械制造	2017~2019年
扬州大学江都现代农业产业研究院合作	扬州大学	江都区人民政府	现代农业	2017~2019年
面向汽车节能环保的车载 NO_2 传感器创新中心	吉林大学	江苏奥力威传感高科股份有限公司	电子信息	3年
冰蓄冷制冷系统研发中心	扬州大学	江苏七彩建筑环境有限公司	节能环保	3年
混凝土变形缝止水型腔模研发中心	河海大学	扬州市勘测设计研究院有限公司	电子信息	3年
鹅肉表面细菌数直接计数的无损检测中心	扬州大学	扬州口缘食品有限公司	生物健康	3年
无线振动传感器及网络测试中心	东南大学	扬州英迈克测控技术有限公司	电子信息	3年

续表

名称	合作单位	本地单位	研发领域	合作期限
低分子量尿激酶检测与修复研发中心	扬州大学	扬州艾迪药业有限公司	生物健康	3年
科技检测服务平台	重庆市科学技术研究院	邗江区区政府	装备制造	长期
"南理工—科宇电力"智能配网工程技术研究中心	南京理工大学	扬州科宇电力有限公司	智能电网	2017~2019年
扬州市先进能源材料联合研究实验室	南京工业大学	江苏扬农化工集团有限公司	新材料	2017~2020年
青岛大学—纪元纺织新材料开发与应用研究中心	青岛大学	扬州纪元纺织有限公司	新材料	2017~2021年
浙江大学—中微生物控缓释微量元素研究基地	浙江大学	扬州中微生物技术有限公司	生物技术	2017~2018年
共建朱兆良院士工作站	中科院南京土壤研究所	江苏艾萨斯新型肥料工程技术有限公司	农业化肥	3年
赛艇运动技术研究发展培训中心	深圳深潜教育培训有限公司	扬州新盛投资发展有限公司	运动技术研究中心	长期
古籍文化科技研究中心	北京印刷学院	扬州古籍线装书文化有限公司	文化科技	5年
长距离大容量高可靠超、特高压输电GIL系统技术研发中心	AZZ CGIT SYSTEM INC	江苏金鑫电器有限公司	智能电网	2017~2018年
新型食品功能涂料研发中心	香港城市大学	扬州杨瑞新型材料有限公司	新材料	2017~2019年
费城之窗——扬州中心	美中商旅总会	生态科技新城管委会	科技创新平台	长期
扬州市—香港城市大学深圳研究院境外孵化器	香港城市大学深圳研究院	扬州市科技局	科技创新平台	长期
天然乳胶制品设计研发中心	泰国	江苏金世缘乳胶制品公司	新材料	2017~2019年

推动优质科技服务资源集成。2017年以来在工商部门登记备案的科技服务企业（机构）数达1948家，较2016年同期同比增长39.4%，前三季

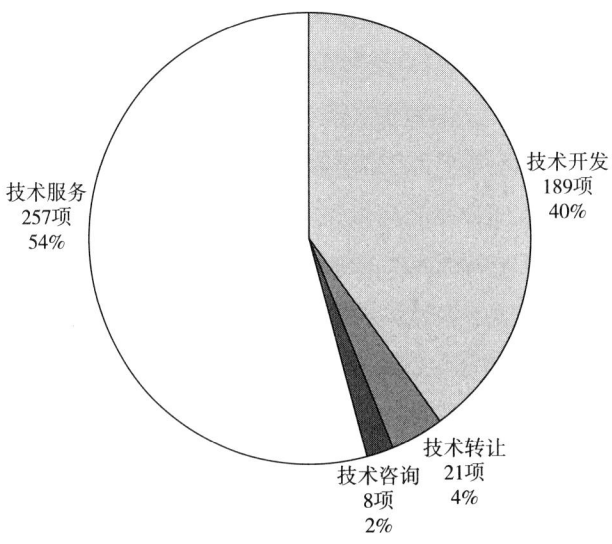

图3　2017年备案登记技术合同构成

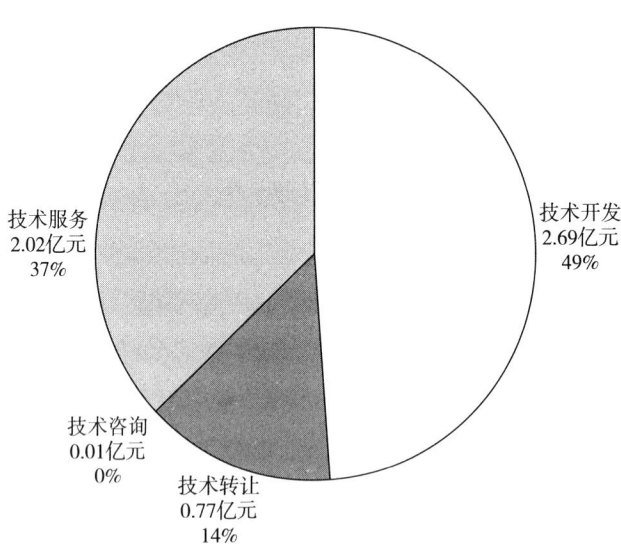

图4　2017年备案登记技术合同交易额构成

度科技服务业收入达68亿元,同比增长12%。与此同时,重点公共服务平台建设加快推进。扬州市技术产权交易市场以综合测评第一的成绩入选全省首批4家江苏技术市场分中心,现已入驻9家中介服务机构,省委书记李强寄语期盼其能成为"率先探索、效益最好、经验最多,又能起示范带头复制作用的分中心"。扬州市产业技术研究院与清华大学、重庆大学共建的智能化技术研究所获批省重大新型研发机构,与江南大学共建的食品生物技术研究所已正常运营,产业创新育成中心、清华启迪孵化基地也加快规划建设。与科技部、万方数据共建的万方科创书院正式开业,建设专业的科技信息资讯、数据共享、科普教育服务平台。

6. 突出双策带动,以科技创新28条和知识产权13条政策激发创新创造活力

强化精准施策,增强对科技创新的支持力度,引导和激励全社会加大研发投入、开展创新创造。一方面,全面推进市科技创新28条等重点政策的落实落地。关于国家高新技术企业培育和支持,向上一年度新认定的192家高新技术企业发放一次性奖励共5760万元,帮助270家高新技术企业减税6.7亿元,深入实施"小升高"计划,组织270家企业入库培育,按省市财政1:1给予滚动支持,遴选415家企业申报高新技术企业。关于企业研发投入配套支持,已帮助342家企业享受研发费用抵扣税政策2.7亿元,目前扬州市已有141家企业进入省政府研发费用补贴政策公示名单,拟按省市财政5:1给予配套支持。关于创新券,根据企业反馈意见修订完善实施办法,进一步提高券面额度、明确服务范围,全年发放1亿元创新券,更加精准支持企业购买创新成果及服务。关于科技金融支持,目前已累计放贷5.24亿元,其中为54家企业争取"苏科贷""扬科贷"放贷1.26亿元,帮助97家企业获得市级风险补偿资金池贷款3.98亿元,切实解决小微企业研发创新融资难问题。

另一方面,聚焦提升创新产出质量和水平,出台加快推进知识产权强市建设的13条政策措施。在鼓励知识产权创造方面,主要通过奖励资助、补贴补助、税费减免、项目评议等方式,激励企业等创新主体开展知识产权创造活动,鼓励高价值、高质量知识产权产出,促进知识产权创造量质齐升。

在促进知识产权运用方面，主要通过企业"贯标"和知识产权战略推进计划培育知识产权优势企业，重点扶持一批年发明专利10件以上的创新龙头企业，壮大以知识产权试点示范（园）区、基地为载体的知识产权密集产业集群，鼓励专利交易、运营、转让和质押贷款。在实施知识产权保护方面，重点强化知识产权执法保护和社会维权援助服务能力。在发展知识产权服务方面，主要通过政府购买服务的方式，支持知识产权服务机构为企业提供公共服务，借评级选优引导知识产权服务业提升整体水平。在培养知识产权人才方面，将知识产权人才引入全市人才工作体系，完善引培激励机制。在加强知识产权管理方面，建立知识产权联席会议制度，健全知识产权统计监测和绩效考核指标体系，形成各地各相关部门齐抓知识产权工作的合力。

二 当前扬州市创新驱动发展形势分析

1. 从外部环境看，创新发展是大势所趋

宏观经济上，我国经济已由高速增长阶段转向高质量发展阶段，正处在转变发展方式、优化经济结构、转换增长动力的攻关期。以规模经济和外部经济"双重效应"为特征的"集群化"，让越来越多企业和法人机构高密度聚集、专业化分工，形成配套完整的产业集群；以跨界渗透和相互交叉为特征的"融合化"，让产业界限趋于模糊，不断催生新技术、新产业、新业态、新模式；以整合延伸和链式效应为特征的"垂直化"，深刻重构创新链和价值链；以共生共享共赢为特征的"生态化"，让经济竞争的核心从主要是要素之争转变为涵盖人才科技、公共配套、政务服务各领域的生态之争。当前经济转型升级的出路在于推动经济发展质量、效率、动力变革，提高全要素生产率，增强经济创新力和竞争力，创新取代传统生产要素成为经济新时代增长的新动能这一趋势已不可逆转。

大政方略上，在国家层面，党的十九大明确提出实施创新驱动发展战略、加快建设创新型国家的重大目标，国务院及其下属部门2017年先后出台《关于强化实施创新驱动发展战略 进一步推进大众创业万众创新深入发展的意见》《科技型中小企业评价办法》《国家技术转移体系建设方案》《关于推广支持创新相关改革举措的通知》等一系列政策举措，实施一批重点研发计划，全力提升创新创业创造活力。江苏层面，省委省政府将"聚力创新"作为"两聚一高"总目标的重要主题，2017年以来围绕县域科技体制改革、开发园区改革创新、产业技术研究院和技术产权交易市场建设、大院大所合作等工作进行专题部署推进，同时加强对科技指标、政策落实等基础性工作的督察通报力度。

城市竞合上，在创新转型的背景下，强大的产业和创新体系，意味着先进生产要素和优秀人才向城市的集聚，一旦形成规模，又会带来虹吸效应，促进新生主体快速衍生和成长，形成城市未来发展的新优势。一个曾经的领先城市，可能因为路径依赖等原因落伍了；而一个后发城市，可能因为抓住新的创新机遇实现弯道超车、后来居上。正因如此，北京、上海已提出建设全球科创中心的目标，深圳、杭州、成都、南京、武汉、苏州、合肥等地将创新作为打造全国中心、区域中心竞争优势的关键所在，二三线城市围绕创新发展的竞争也日趋白热化。同时，随着区域协调发展战略的实施，区域间、城市间产学研梯度合作也日益成熟，各地纷纷通过协同创新、开放创新重塑经济地理、借智借力升级，引资源、拼创新已成为当前城市发展和竞合的主要内容。

2. 从自身发展看，创新驱动是形势所迫

一方面，这是经济升级的迫切需要。近年来扬州经济增速快于全国、全省，但也处于调整结构、转变发展方式的关键期。从产业方面分析，三次产业结构从2010年的7.2∶55.7∶37.1调整为2016年的5.6∶49.4∶45，仍处于由第二产业主导向第三产业主导过渡的转换阶段，落后于全国、全省进度；霍夫曼系数逐年下降，从2010年的0.375下降至2015年的0.292，工业结构偏重趋势明显，供给侧结构性改革下资源环境压力和产业发展风险较大；在岗职工平均工资由2010年的35439元/年增加至2016年的67611元/年，年均增长4596元，劳动力成本快速上升。从"三驾马车"分析，近年来扬州资本形成率一直处于60%上下区间，远高于全球20%左右的平均水平；

外贸依存度持续走低,居民消费率从30%左右提升至40%左右,但仍低于全国67.1%的水平;扬州经济发展仍主要依赖投资,但投资效果呈下降趋势。当前,扬州面临的主要矛盾是发展不充分、不全面、不平衡,主要制约在供给侧,科技创新不够、创新能力不强、科技供给不足,迫切需要通过科技创新优化供给结构、提升经济增长附加值、增创产业发展新优势。

另一方面,这是城市转型的迫切需要。从城市发展来看,城市建设的最终产品是房屋和基础设施,只有建成的房屋有人买、建好的基础设施有人用,城市发展才有持续的动力。"十二五"期间,扬州市人口自然增长率基本呈现零增长,且完全呈现老年人口结构,截至2016年底,扬州15~64岁人口占比和就业人员总量均较2010年下降了2个百分点,全市60周岁及以上老年人口占总人口比重达24.53%、65周岁及以上老年人口占总人口比重达16.28%,较全省分别高出2.43、1.28个百分点,较全国分别高出8.43、5.78个百分点。在住房已经基本满足本地人需要的情况下,只有大量高素质年轻人才进来,才能实现"新产业、新人才、新城市"的良性互动,实现就业创业置业的协调发展,实现城市的持续繁荣。要把发展创新型产业、集聚优秀年轻人才放在新城建设的首要位置。扬州已经到了不创新不行、创新慢了也不行的发展阶段。

3. 从发展路径看,创新驱动方向更明确

一是补齐短板。从创新核心指标看,全市R&D投入占GDP比重为2.37%,低于全省2.61%的平均值,全市79.1%的企业研发投入占比在1%以下,其中60%没有研发活动;万人发明专利拥有量达8.54件,低于省平均水平12.35件;企业研发人员占职工比重、占科技活动人员比重在全省排位靠后。从园区创新发展看,力度还不够大,综合创新能力还不够强,包括扬州高新区在内的7个园区在国家和省级排名中退位、6个园区在苏中园区排名中退位,4家省级开发区在全省开发区综合排名中居50位开外。从创新载体建设看,科技综合体在企业招引、运营管理、设施和服务配套等方面还存在一定差距,科技服务仍存在规模小、品牌少,专业化和市场化程度不高等问题。深化创新驱动发展战略,必须坚持问题导向,有的放矢、精准施策,力争实现新突破。

二是突出重点。深入贯彻落实中央及省委、市委部署要求,把握创新发展工作取向,聚焦重点,持续发力,有所作为,大力实施"12345"创新发展工程,全面推进1个国家级示范即全国小微企业创业创新基地城市示范建设、建设20个特色小镇、打造3大创新板块、每年开工40个重大服务业和50个重大工业项目。把科技产业综合体作为践行创新发展理念的主抓手、主阵地,注重规划建设和运营管理并进、市级统筹和县域主体共管、项目招引和人才集聚齐抓,全力提升综合体运营发展水平。聚焦实体经济发展,围绕"智能制造"发展先进制造业,支持传统产业优化升级,大力发展高新技术产业和战略性新兴产业,加快培育创新型企业梯队。强化产学研协同创新,聚焦名校名企、大院大所,更大步伐"走出去",更有成效"引进来",真正实现借智借力、靠大靠强。

三是优化生态。坚持科技创新、改革创新两个轮子一起转,一手抓简政放权、减税清费、优化服务等商事改革,切实降低创新创业的制度门槛和成本;一手抓创新资源整合、科技成果转化、科技金融结合等科技改革,着力破除科技与经济"两张皮"的体制机制性障碍。坚持将优化政策环境作为建设"宜创"城市的重要内容,聚焦扬州市出台的重点科技政策,强化政策宣传贯彻服务和评估完善,充分发挥创新政策的杠杆作用,有效激发"大众创业、万众创新"活力。坚持把"宜创"与"宜居""宜旅"有机结合起来,发挥扬州生态、宜居的特色优势,加强教育、医疗、文化、社会保障等供给,吸引、集聚和留住创新创业人才;同时完善公共服务,为人才"宜创业"和"创成业"提供良好环境。

三 2018年扬州市创新驱动发展对策建议

创新驱动发展,是新一轮科技和产业革命的时代呼唤,是中央和省委作出的重要战略部署,是扬州经济发展至现阶段的必然选择。必须不断提高供给体系的"技术含量",瞄准扬州未来战略需求、产业升级方向和供给侧短板,部署创新链,布局一批优质创新载体平台,推动一批先进技术成果转化,形成一批具有特色优势的创新性产业,以高质量的创新供给引领高水平创新型城市和区域产业科技创新中心建设,为"强富美高"新扬州建设提供有力的科技支撑。具体到2018年,重点做好八项工作。

(1)决胜"两创示范"建设。做好全国小微"两创示范"三年行动计划收官和迎检工作,围绕重点目标任务,精心打造"两创示范点",有效宣传和落实小微两创30条、科技创新28条、人才新政20条、知识产权13条、创新券等重点政策,全面提升"双招双引"水平,优化完善政府服务体系,健全创业创新生态系统;强化数据监控分析能力,紧盯研发投入、创新产出等突出问题和薄弱环节,有针对性地开展补短补差工作;开展经验总结推广,及时构建后续常态化支持双创的政策服务体系,发挥各类创业创新平台的作用,推动更多的小微企业创业创新,全力掀起"大众创业、万众创新"的新高潮,促进"两创示范"工作取得关键性突破,切实增强城市创新竞争力。

(2)培育创新优势产业。以智能制造为方向,推动机械、汽车等基本产业开展产品对标提升、智能制造技改、工业强基技术攻关、高端项目"三招三引"、企业创新能力提升"五大行动",运用高新技术改造提升船舶、化工、建材等传统产业,培育制造业发展新优势。围绕产业链部署创新链,瞄准技术前沿,继续组织实施前瞻关键共性技术研发攻关和重大科技成果转化项目,大力发展新能源、新光源、新材料、生物医药、电子信息等高新技术产业和战略性新兴产业,全年新开发高新技术产品600项以上。借助现代信息技术手段做强特色产业,构建农业—食品产业—物流业相配套衔接的"产加储运销"技术体系,推动旅游业打造"智慧旅游"品牌。

(3)增强企业创新动能。聚焦打造创新型领军企业,启动实施知识产权优势企业培育计划,在百强企业和高新技术企业中优选200家企业,对其专利创造开发活动给予奖励支持,培育一批单年发明专利授权10件以上的知识产权优势企业。深入推进科技企业"小升高"计划,建立高新技术企业培育库,遴选300家企业作为国家高新技术企业和科技型中小企业的后备力量,设立专项资金进行滚动培育、滴灌服务,全年助推110家企业升级为高新技术企业。实施青年企业家培育工程,依托国内外名校资源,组织本土中青年企业家开展创新专题研修,选树青年企业家和"创二代"先进典型,构建企业家人才梯队。

(4) 深化大院大所合作。持续开展"科教合作新长征"和"科技产业合作远征计划",在境内赴北京、天津、长春、深圳、厦门等地深化与大院大所的合作,特别是推进清华大学MEMS科技园和研究院、中科院扬州中心、航天五院军民融合等重点项目的推进;在境外开展与芬兰及中国香港、台湾的科技交流,强化与芬兰创新署、香港科技园、台湾工研院等官办科技机构的互动;在扬州举办中国·扬州大院大所合作成果展示洽谈会和独联体国家技术转移大会,进一步链接全球优质创新资源,全年促成产学研合作项目400项以上。同时,探索更深层次产学研协同创新,设立科技成果转化引导基金,加强对清华大学等名校科研项目的源头介入、提前筛选,吸引创新成果在扬州转化。

(5) 加快园区创新转型。将开发园区的创新转型作为实施创新驱动战略的重中之重,按照全省开发区改革创新大会精神,以更精准的举措、更有效的支持,推动各开发园区向现代产业园区和创新园区转型,切实提升对区域经济的贡献率。推动各地按照"一园一业"原则,持续聚焦1~2个主题,加快培育特色产业集群、集聚特色创新资源。特别是发挥国家级园区引领带动作用,推动开发园区整体争先进位,2017年市开发区要确保进入全省国家级开发区10强,扬州高新区要在全省高新区中进位5位以上,各省级高新区、开发区在全省的综合排名要力争有所进位,同时加快宝应安宜、仪征汽车创业园高新区创建步伐。

(6) 推进创新板块建设。把三大创新板块作为扬州创新发展最重要的标志性工程来打造。制定实施创新板块建设计划,以2020年为节点明确重点目标和任务,梳排重大产业项目、载体项目、基建项目,推进江广融合区软件和互联网板块、高新区—开发区—科教园高端装备制造板块、农科园现代农业和食品加工业板块"一年打基础、两年出形象、三年大变样",成为全市创新发展引领区、创新产业集聚区。针对当前创新板块建设缺乏协调、各自为战的问题，成立跨区域、跨部门的创新板块建设工作领导小组，建立创新板块创新发展目标考核体系，统筹推进创新板块建设任务。

（7）提升综合体发展水平。加快智谷二期、税友二期、通安二期、金荣二期、大众广场等在建项目建设进度，推动创E地带、Y-MSD二期、扬州软件园等新项目开工。加快引进一批科技中介服务机构，特别要在每个综合体都配套投资基金，同时完善综合体周边配套基础设施，使入驻项目享受到全方位全链条的专业化服务和宜创宜业也宜居的良好环境。组织综合体赴北京、上海、深圳等地开展"点对点"招商，加强与北京中关村、上海张江的合作共建，吸引优质创新企业、项目和人才落户，年底综合体累计入驻企业数达2000家，引进博士及以上人才360人，带动就业3万人。

（8）运营好产研院和技术市场。把产业技术研究院和技术产权交易市场作为推动科技成果转化"最先一公里"和"最后一公里"的示范性平台，建设运营好。产研院着力发挥整合资源、连接校企的平台作用，瞄准智能制造、健康医疗、食品安全及军民融合等"3+1"重点领域，为产业和企业创新提供"单个企业做不了、高校院所不愿做"的技术应用系统解决方案。技术产权交易市场依托线上线下交易平台，加快引进培育一批专业的技术中介机构和技术经纪人，构建"政府、行业、中介机构、技术经纪人"四位一体的技术交易服务体系，在各县（市、区）布局建设分站，打造家门口"永不落幕的科洽会"、区域间创新要素的集散地。

B.16
扬州农业供给侧结构性改革调研报告

王磊 裴郁*

摘　要： 本文分析了扬州农业供给侧结构性改革的主要情况，抓住当前存在的资源紧缺、农业生产水平不高、农产品加工业发展不足、农业人口老龄化等问题，围绕农业现代化建设、农业可持续发展、农业发展新业态新模式、农民创业就业、"三农"基层工作、农村改革事业等提出了对策建议。

关键词： 农业　供给侧结构性改革　农业现代化

一　扬州农业供给侧结构性改革的主要成效

近年来，扬州全市上下认真贯彻落实中央和省委、市委决策部署，紧紧围绕创造新典型、迈上新台阶、走在最前列目标要求，把推进农业供给侧结构性改革作为农业农村工作的主线，坚持问题导向，抓重点、补短板，取得了积极成效。

1. 农业产业结构逐步优化，农业生产提质增效

一是农业综合生产水平稳步提高。深入实施粮食绿色增产"1120"工程，创建高产高效示范片89个，粮食播种面积保持在600万亩以上、总产量60亿斤以上。全市蔬菜种植面积41.4万亩、总产量111万吨，地产叶菜供给率70%。新建与提升标准化蔬菜生产基地2000亩，园艺作物标准园创

---

* 王磊，扬州市委办公室农村处处长；裴郁，扬州市委办公室农村处。

建获批11个。全市水产养殖面积120万亩,总产量14万吨。二是农业多元复合经营取得突破。因地制宜示范推广稻田综合种养试点,稻田综合种养近4万亩,其中稻鸭共作2.2万亩、稻虾共作8000亩、稻蟹共作6000亩。稻田综合种养亩增效益达500元以上。示范推广粮经轮作种植模式,重点推广"水稻+油菜""水稻+金花菜"等种植模式,引进特色稻新品种20多个。三是畜牧业转型发展步伐加快。重点建设"一带、两园、三区",即沿安大路高效畜牧产业带,高邮八桥现代乳业科技园、高邮三垛优质鸡产业园,宝应湖西有机农业优质畜禽配套区、里下河高邮鸭扬州鹅等水禽产业区和丘陵地区草食畜禽产业区,逐步构建粮饲兼顾、农牧结合、循环发展的新型种养结构。创建国家级标准化示范养殖场14家,省级生态健康养殖示范场165家,示范场占比全省第一。推动生猪产业绿色发展,启动100万头生猪产业集聚区建设,目前全市生猪大中型规模养殖比重达69.5%。四是农产品质量安全水平不断提高。扎实推进农产品质量标准化建设,全市"三品一标"总数1141个,种植业、渔业"三品"比重分别达40.3%、65.6%。强化风险防控和执法监督,严格蔬菜和畜禽产品、农业生产物资检验检测;累计关闭不合格屠宰企业9家,建成市、县、乡三级动物卫生监督体系。五是科技支撑能力明显提升。以优势农业产业为单元,以产业技术集成创新与推广应用为主线,大力支持现代农业技术体系建设,推广应用新品种、新技术、新模式、新装备。深入实施农业科技入户工程、挂县强农富民工程,提高技术推广到位率。重点推广侧深施肥技术,应用"互联网+智能配肥"系统,农民使用现代信息技术开展施肥亩均可节省成本7~9元。

2. 农业平台载体建设取得突破,新产业新业态不断涌现

一是农业园区建设加快推进。按照"国内一流、国际有影响"的目标定位,强化农业重大项目招引,积极引领园区公共服务平台提档升级,不断提高园区综合竞争力。目前全市拥有市级以上现代农业园区60个、面积39万亩,其中国家级园区平台3个,分别为扬州国家农业科技园区、江都国家现代农业示范区、海峡两岸(扬州)农业合作试验区。二是创意休闲农业加快发展。推进观光农业、体验农业、创意农业等休闲农业建设,注重元素嵌入和有机融合，努力培育一批新业态。目前，全市有9个乡镇入选省农业特色小镇名录；9个园区入选省主题创意园培育名单。2016年全市休闲观光农业营业收入超过4亿元，接待游客超过110万人次。三是农业电商快速发展。注重自主创新，培育和发展江都"龙会易购"、仪征"苏合相咏"、广陵"天仙配"等一批企业自有电商平台，目前全市有5家单位获省首批农业电子商务示范单位。推动合作联姻，高邮市率先实现京东、1号店、苏宁易购高邮地方馆"三馆合一"、集中展示。打造展销平台，2017年举办的海峡两岸名特优农产品电商博览会，落实农产品产销合作项目33个。四是鼓励返乡下乡人员创业创新。定期开展返乡下乡人员创业创新培训，出台支持返乡下乡人员创业创新政策意见，从证照审批、财税金融、用地用电等方面给予积极扶持。加大典型培育力度，选拔20名培训导师，培育30个创业创新典型，全市19家园区入选农业部创业创新园区目录，数量居全省第一。注重创业创新与新型农业经营主体培育相结合，出台新型职业农民培育意见和管理办法，切实增强新型职业农民培育的针对性、有效性。

3. "全产业链"建设扎实推进，产业融合发展取得实效

一是农业龙头企业发展势头良好。鼓励和支持龙头企业以兼并、重组、联合控股等方式组建大型企业集团，建立一批具有现代企业制度的农业龙头企业。目前，全市拥有农业龙头企业426家。扶持农业企业走出去，推进荷藕、经济作物豆类等传统优势农产品出口示范基地建设，加大对境外投资企业的帮扶力度，引导农业优势产业跨出国门、境外发展。二是三次产业融合发展势头良好。通过产业融合促进农业企业转型升级、做大做强。弱筋小麦产业方面，亿滋食品、中粮集团、中月米业、金运种业等企业深化合作，接长补短，弱筋小麦产业链条不断拉伸。扬州包子产业推动三次产业抱团发展，从全市筛选60多家企业，加强供需对接，促进农业龙头企业紧密合作、信息共享、互利双赢。三是农业品牌建设势头良好。树立品牌就是质量的理念，坚持走品牌强农战略，努力打造一批区域性特色品牌。目前，全市累计创成中国驰名商标4个、省级品牌（商标）51个、市级品牌（商标）91个、区域公用品牌9个。充分发挥农展会、推介会、交易会等展销平台作用，积极推介全市农业产业优势、产品特色，"宝应荷藕""三和四美酱菜""五亭包子"等一批地方品牌影响力进一步提升。

4. 绿色生态建设步伐加快，农业可持续发展水平提升

一是农业面源污染综合治理进一步强化。大力实施化肥减量增效工程，全市水稻测土配方施肥技术覆盖率96.5%，推广配方肥面积35.6万亩次。加强病虫专业化统防统治，推广和应用绿色防控技术，农药使用量逐步下降，目前高效低毒低残留农药使用覆盖率为83.1%。推进农产品产地土壤重金属污染防治，制订预警监控方案，选定240个土壤重金属预警监控点。二是推进农业废弃物资源化利用。加快秸秆肥料化、能源化、饲料化、基料化和原料化技术推广应用，组织实施25项省级畜禽粪便综合利用项目，目前已完成15项。建设省级农业可再生资源循环利用项目，已完成2项。2017年全市夏季综合利用农作物秸秆102.5万吨、利用率96.7%，农业废弃物综合利用率90.9%。三是开展造林绿化和湿地保护。以"十大生态中心"为主阵地，按照彩色化、珍贵化、效益化要求，大力推进植树造林。截至2017年4月，全市共有各类乔木12195.37万株，人均26.51株，其中珍贵彩色树种4115.88万株，占比33.75%，人均8.95株；各类特种灌木林12.6万亩，其中茶园3.4万亩、桑园0.3万亩、水果6.6万亩，玫瑰、黑莓、牡丹等特种经济林2.3万亩。以创建凤凰岛国家湿地公园为突破口，积极争创"湿地城市"，恢复湿地3800亩。

5. 扶贫开发工作取得新成效，农民收入水平提高

一方面，农民增收工作持续突破。始终坚持把农民的钱袋子有没有鼓起来作为检验"三农"工作成效的重要标尺，通过就业富民、创业富民、政策富民等方式，积极拓宽农民增收渠道，农村居民人均可支配收入从2012年的12686元增加到2016年的18057元，连续十年实现绝对值超过省平均水平，年均增幅达9%，预计2017年底将达到19600元，提前三年实现农民收入比2010年翻一番的目标。另一方面，农村扶贫开发取得明显成效。始终坚持把农村扶贫开发作为重大政治任务、民生任务，通过精准识贫、精准施策、精准管理、精准考核，坚决打好脱贫攻坚战，有力推动农村低收入人口增收脱贫、经济薄弱村加快发展。2016年,全市35%的低收入农户实现人均收入7000元脱贫目标,全市沿河、沿江地区行政村集体经营收入基本达到每年40万元以上。

6. **农村发展活力增强,农村环境面貌呈现新变化**

一方面,坚持按照"确权、赋能、搞活"的思路,全力做好深化农村改革工作,积极推动市场激活、要素激活、主体激活。在农村土地制度改革中,累计对292.1万亩土地进行确权登记颁证,流转土地约169万亩。在农村经营体系改革中,发展家庭农场2703个、农民合作社3789个。在农村集体产权制度改革中,共组建经济合作社1057个、折股量化集体经营性净资产31亿元,12%的村实现现金分红。在农村集体资产交易改革中,在全省率先建立市县镇村四级农村产权流转交易体系,截至2016年底累计进场交易6369笔,实现交易额25.2亿元。另一方面,持续改善农村面貌,农村河道清淤整治、垃圾集中处理和村"五个一"文体活动广场实现全覆盖,村庄环境长效管护机制、河道管护措施有效落实。全面推进重点中心镇建设,加快特色小镇培育,2016年全市城镇化率达64.4%,居苏中地区第1位。持续推进"康居乡村""美丽乡村""水美乡村"建设,截至2016年底,已建成"康居乡村"1063个,创成省级"美丽乡村"29个,创成省级"水美乡镇"15个、"水美村庄"80个。此外,共有9个乡镇入选省农业特色小镇创建名录。

二 扬州农业供给侧结构性改革面临的新挑战新机遇新期待

(1)扬州农业供给侧结构性改革面临的新挑战。"十三五"时期,国内外发展环境依然错综复杂,国内经济发展长期向好的基本面没有变,但受宏观环境复杂、政府主动调控的综合影响,扬州农业农村工作也遇到一些结构性深层次矛盾。一是人多地少、资源紧缺,农业持续增产的不稳定性因素依然较多,突破资源约束日益趋紧和环境承载超负荷"双重制约"的任务十分紧迫。二是农业生产水平不高,蔬菜园艺设施化、规模化、标准化水平与

更高层次的消费需求还不相适应。三是农产品加工业层次不够高,精深加工企业不强,"全产业链"建设存在诸多短板。四是人力资源制约愈发明显,农业人口老龄化、农村"空心化"趋势越来越明显,全市农业从业人员结构性短缺,"谁来种地"问题突出,迫切需要有针对性地转移、培养和吸引农业从业人员。五是农业科技支撑作用有待加强,农业科技创新能力和推广手段还需要进一步提升和完善,如何种田的难题亟待解决。六是在经济新常态背景下,加快推进农村改革、农民增收、脱贫攻坚仍然十分艰巨,协调资源要素、社会事业在城乡、工农之间均衡配置的任务仍然很重。

(2)扬州农业供给侧结构性改革面临的新机遇。当前,中央、省委省政府和市委市政府高度重视农业供给侧结构性改革和现代农业发展,农业的基础保障地位更加凸显。在经济发展新常态下,国家转方式调结构战略的全面实施,为推进农业供给侧结构性改革带来重大契机。"一带一路"战略交汇点、长江经济带、长三角区域一体化、宁镇扬同城化等重大战略,给扬州现代农业建设带来战略红利。全面深化改革、全面依法治国深入推进,"大众创业、万众创新"迅速开展,将为扬州推进农业供给侧结构性改革提供强大动力和法治保障。

(3)扬州农业供给侧结构性改革的新期待。扬州农业资源丰富、县域农业特色鲜明、科研优势突出,是全国重要的商品粮生产基地和水禽水产主产区,被誉为"鱼米之乡"和京杭大运河河畔的一串耀眼明珠。特别是扬州拥有"一校两所"和3位院士,农业科技创新水平位于全省乃至全国前列。"十三五"时期,扬州完全有基础有条件在技术优势、资源潜力与现代农业发展之间寻求新的增长点,通过现代农业科技引领现代农业发展,在全市农业供给侧结构性改革上加快突破、形成亮点。

三 加快推进扬州农业供给侧改革的对策建议

(一)全力加快农业现代化建设步伐

(1)持续优化农业产业结构。稳定主粮生产,实施藏粮于地、藏粮于技战略,深入实施"1120"工程,重点培育一批百亩以上粮食生产新型技术示范主体。加大粮食生产全程机械化建设,着力推进粮食烘干能力建设。实施区域特色农业提质增效行动,大力发展区域优质粮油、名特优果菜茶、特色水产水禽养殖等绿色优质农产品,满足消费者多层次、高质量、个性化的需求。

(2)积极鼓励农业多元复合经营。加快构建粮经饲协调发展的三元种植结构。扩大稻田综合种养试点,因地制宜推广稻田养虾、养蟹、养鱼、养鸭等共作模式以及稻菜轮作模式。推广粮经轮作、特粮特经多元多熟等复合经营模式。积极发展林下养殖、间套复种等立体种养模式。推行种地养地结合,发展"粮食+绿肥""粮食+豆类""粮食+林木"等模式。大力发展绿色生态畜牧业,逐步构建粮饲兼顾、农牧结合、循环发展的新型种养结构,培育扬州特色畜牧产业。

(3)强化新型农业经营主体培育。着眼于解决"种地问题",立足种养、服务、加工等农业生产全程,大力扶持发展新型经营主体。定向培养基层农业技术人才,支持返乡下乡人员培训。加大示范家庭农场建设力度,培育一批绿色发展家庭农场典型。开展省级以上示范合作社运行质量动态监测。加快培育新型农机服务主体。推广"公司+基地+合作社+农户"模式,采取订单生产、股份合作、提供劳务等方式,推动新型经营主体与农民建立紧密利益联结机制。

(4)突出注重农产品质量安全。全面推行农业标准化生产,开展农产品种植、养殖过程中违规滥用农药、抗生素、添加剂的综合治理。推动质量认证产品占食用农产品产量比重达50%以上。全面推广全程可追溯信息平台,强化农产品质量安全风险管控。落实动物疫病防治中长期规划,确保畜禽应免密度达100%,免疫抗体合格率保持在80%以上。深入开展生猪屠宰行业清理整顿,确保病害猪及产品无害化处理100%。重点打造集畜禽饲养、肉类加工、废弃物综合利用于一体的现代畜牧业示范园区,不断提高畜禽肉品质量安全水平。

(5)大力推动农业科技创新。加快推进农业科技园区建设,按照"国内一流、国际有影响"的目标定位，做大做强高邮核心区，引导园区围绕产业链开展关键技术集成创新与示范。依托"一校两所"农业科研优势，加大农产品加工、生物制造、智能装备等研发应用力度，开展生物技术、信息技术和智能装备为核心的原始创新融合创新，开展粮食丰产、化学肥料和农药减量增效等技术研发、应用示范。鼓励、引导农业龙头企业等经营主体联合科教单位开展共性技术研究、技术集成创新和区域示范。

（6）加快提升农业科技推广和社会化服务水平。大力推动农业优新品种主体化、高新技术普及化、高效模式多元化。积极推进农业科技入户工程、挂县强农富民工程全覆盖。加快建设农业科技成果综合展示基地。建立健全农业科技服务体系，完善农业科技成果转化应用平台，发挥农村科技服务超市作用，形成省级农业园区、农村科技服务超市与"星创天地"相结合的"1＋1＋N"推广模式。扩大政府购买农业公益性服务机制创新试点，实施农业社会化服务支撑工程，支持发展多种类型的服务主体。

（二）切实提高农业可持续发展水平

（1）扎实推动农业绿色发展。推进河道疏浚、岸坡整治、水系连通等工程建设，加大水土流失治理力度。开展耕地轮作休耕制度试点，有序开展生态休耕，合理确定补助标准，保障农户收益。认真组织实施休渔禁渔制度，做好水生生物资源专项调查，持续开展渔业资源增殖放流。完善田间节水设施，加快开发种类齐全、系列配套、性能可靠的节水灌溉技术和产品，提高水资源利用率。

（2）大力推进农业污染防治。实施化肥农药零增长行动，进一步推广应用高效低毒低残留农药，支持化肥农药集中采购、统一配送连锁经营。继续开展测土配方施肥技术推广，持续开展农产品产地土壤重金属污染防治工作。加快秸秆肥料化、能源化、饲料化、基料化和原料化利用技术的推广应用，秸秆综合利用率稳定在95％以上。提升规模养殖企业粪污处理利用能力，规模养殖场畜禽粪便综合利用率稳定在95％以上。加快生态循环农业建设，积极实施废弃物循环利用项目、农业面源污染防治示范和清洁生产示范。

(3) 积极开展造林绿化和湿地保护工作。按照统一土地流转标准、统一造林规划设计、统一造林整地方式、统一绿化管护标准、统一植树时节的要求，加快推进江淮生态大走廊景观生态林建设。开展全民植树活动，持续推进村庄绿化，组织开展省级绿化示范村、森林生态示范村建设。加大湿地恢复力度，开展省级湿地公园建设，提高自然湿地保护率。大力提高十大生态中心建设水平。

(三) 积极拓展农业发展新业态新模式

(1) 加快农村电子商务和信息化发展步伐。鼓励支持农村电子商务发展，引导农业企业、农民专业合作社等组织的农产品开展网上销售，加快构建以"一村"发展"一品"、以"一品"做响"一店"、以"一店"致富"一片"的"互联网+农业"新业态。持续开展农业电商"万人培训"和农民用网推广活动，培养一批实践能力较强的农村电商人才。大力发展"互联网+"现代农业，提升农业生产、经营、管理和服务水平，培育一批网络化、智能化、精细化的现代农业新模式。加快发展基于耕地质量大数据分析的精益生产、精准营销等商业化服务。引导农业生产经营主体主动应用农业物联网技术。全力推进信息进村入户工作，加强"益农信息社"建设。

(2) 引导发展创意休闲观光农业。大力发展"旅游+""生态+"模式，推动旅游、文化、艺术元素与农业生产深度融合。推进创意农业与传统特色产业发展，培育一批创意农产品、创意农田景观、创意饮食、创意民宿等。完善休闲观光农业行业标准，推进省休闲观光农业示范村，全国休闲农业与乡村旅游星级示范企业（园区）与农业特色小镇建设。优化休闲观光农业发展布局，促进休闲观光农业向园区化、带状化、村落化转变，打造精品休闲农业、美食旅游线路。

(3) 有序推进农业产业化经营。建设规模适度、特色鲜明、功能完善的农产品加工集中区和农业产业园区，引导资金、项目、政策等要素向园区集聚。大力发展农产品精深加工，完善农产品加工集中区的配套设施和周边配套产业链。培育壮大现有龙头企业,支持龙头企业以兼并、重组、收购、联合控股等多种方式提升存量,建立一批具有现代企业制度的农业龙头企业,特别是农产品精深加工企业。

(四)大力扶持农民创业就业

(1)完善农民就业创业扶持政策体系。依照国家有关税收政策规定,实施农村创业富民、返乡农民工创新创业计划,根据企业实际经营情况,对返乡人员创办的企业、个体工商户在所得税、增值税和营业税等方面给予优惠减免。落实创业担保贷款政策,优化贷款审批流程,按规定给予财政贴息的创业担保贷款。对农民工返乡首次成功创业并正常经营半年以上的创业主体,给予创业补贴。对参加创业培训合格并成功创业的返乡创业人员,给予创业培训补贴。

(2)健全农民就业创业服务体系。依托基层就业和社会保障、中小企业、农村社区等公共服务平台,推进各类就业创业服务向农村延伸。综合运用政府购买服务和市场化机制,帮助农村创业人员解决企业开办、经营、发展中能力不足、经验不足、资源不足等难题。积极培育专业化市场中介服务机构,为农村创业人员提供项目评估、市场分析、管理辅导、专项扶持、信贷融资等深度服务。加强农村劳动力职业技能培训,鼓励企业通过多种方式广泛开展农民工上岗培训、在岗农民工技能提升培训和高技能人才培训。健全政府购买培训成果机制,为农村劳动者提供普惠同等的培训补贴。对参加紧缺型高技能人才培训并取得相应职业资格证书的,给予培训补贴。

(3)切实保障农民工合法权益。畅通劳动保障监察、劳动争议仲裁等农民工劳动维权渠道,加大执法和调解力度,强化部门协作和源头治理,加强行政执法和刑事司法协作,全力保障农民工的合法权益。持续严厉打击和震慑欠薪逃匿违法行为,严格落实属地责任。开展相关劳动保障法律法规知识宣传活动,走进乡镇街道、工厂工地举办送法讲座,促使劳动关系双方特别是农民工提高对法律的认识,依法维护自身的合法权益。

（五）不断提升"三农"工作基层基础水平

（1）加快完善农业农村基础设施配套。大力实施农业综合开发，充分利用各类农业资源优势和区域产业特色，重点围绕沿安大公路线、沿新淮江等主板块，加快推进高标准农田建设。以提升镇村公交、校车以及城乡客运班车等农村公路基础设施的安全保障能力为主要目标，继续推进农村公路提档升级，推进全市镇村公交发展。加快农村地区光纤宽带网络、4G通信网络、无线局域网络建设，推进农村互联网提速降费。普遍建成省县对接、县级统一的农村综合信息服务平台。

（2）不断提高农村社会保障和社会事业水平。深入实施全民参保计划，完善基本养老保险关系转移接续政策。实施基本医保补助，农村低保制度。分类推进小城镇建设，加快重点中心镇建设。持续完善村庄环境长效管护机制，加快推进美丽宜居乡村建设，不断改善农村困难群体的居住条件。推动城乡义务教育一体化发展，积极改善农村学校和办学点基本办学条件。深入实施留守、流动儿童"54321"关爱工程。继续开展基层医疗卫生机构提档升级工程，建成运行18家农村区域性医疗卫生中心。

（3）持续做好扶贫开发和经济薄弱村发展工作。深入推进精准识贫、精准扶贫、精准脱贫，强化建档立卡低收入农户动态监管，加大公益性岗位购岗扶持力度，建立健全稳定的脱贫长效机制。以人均年收入7000元以下低收入农户全部脱贫为目标，推动城乡低保标准以县为单位实现同标，并完善自然增长机制。坚持"因村制宜、务实可行、效益为先"原则，加快推进经济薄弱村增收项目建设，加大经济薄弱村扶持发展力度，整合国家和省涉农资金、项目向65个市级经济薄弱村倾斜。

（六）稳步推进农村各项改革事业

（1）深化农村土地制度改革。完成农村土地承包经营权确权登记颁证工作，健全市县两级农村土地承包经营权信息应用平台功能，实现省、市、县三级信息应用平台互联互通。支持开展农村土地经营权、林权抵押贷款。

鼓励采用土地股份合作、代耕代种、家庭农场经营等多种经营方式,放活土地经营权。全面推行"实物计租、货币兑现"的土地经营权流转定价机制。支持农村集体经济组织发展土地股份合作社、合作农场,建立完善"保底+分红""土地租金+福利分配"的利益分享机制。

(2)深化农村集体产权制度改革。按照"归属清晰、权责明确、保护严格、流转顺畅"的现代产权制度要求,健全农村集体资产运行管理体制机制。加快推进农村集体资产股份合作制改革,加快培育"规范运作、制度完善、与农民结成利益连接体"的经济合作社(股份合作社),加大股份分红力度。完善市、县、乡三级农村产权交易市场体系建设,规范交易行为、完善交易程序、强化监督管理、提升服务水平。鼓励引导广大农户、农民合作社、家庭农场、涉农企业和其他投资者的产权进场流转交易。

(3)加快农村财政金融创新。推进农村"两权"抵押贷款试点,规范发展农民资金互助社。健全财政支农投入机制,推进财政支农专项资金整合和统筹使用,优化支出结构,改革支持方式,加大投入力度。支持金融机构优化农村网点服务,加大对新型农业经营主体和农村小微企业以及农业科技创新、农村绿色发展的支持。加强农村信用体系建设和金融生态保护。支持市县建立政策性担保机构,积极开发农业信贷担保业务。加快开发适应新型农业经营主体和地方特色农业产业发展需求的险种,稳步开展产量保险、产值保险等试点。

(4)统筹推进农业农村其他改革。推进国家现代农业示范区和国家农业可持续发展试验示范区建设,支持开展农村产业融合发展试点示范。完善重要农产品价格形成机制和收储制度,鼓励多元市场主体入市收购,防止出现卖粮难。探索建立农业农村发展用地保障机制,优先支持农村新产业新业态发展用地。深化小型农田水利设施产权制度改革、农业水价综合改革、供销合作社综合改革,全面推进国有农场办社会职能改革。

B.17 扬州市旅游风情小镇建设与发展研究

扬州市旅游风情小镇研究课题组*

摘　要：扬州市创建培育旅游风情小镇，是贯彻落实江苏省"两聚一高"战略部署和建设"强富美高"新扬州的重要举措。扬州市政府非常重视并积极推进旅游风情小镇的创建工作。在政府引导层面上，要提升协调机构层次与建立工作机制，部门明确分工与组建专家智库，加快出台《扬州市旅游风情小镇建设与管理规范》，制定土地、资金、人才等扶持政策。在小镇建设层面上，要凸显文化创新与凝练鲜明主题，集聚休闲业态与营造旅居空间，打造"小镇客厅"与完善服务设施，开展创意营销与树立品牌形象。

关键词：旅游风情小镇　政府引导对策　小镇建设对策

一　背景与意义

西方国家在19世纪中期，由于城镇化、工业化的发展，忙碌的城里人越来越倾向到小镇休闲度假。这些小镇空气清新、环境恬静，具有独特魅力。旅游风情小镇这一类型的旅游目的地，在西方应运而生。关于旅游风情小镇在我国的发展，2011年海南省规划建设一批高水平特色旅游风情小镇，

---

* 课题组负责人：张贵联，扬州市旅游局局长、党组书记；许金如，扬州职业大学党委副书记、副校长、教授。课题组成员：王明宏、李芸、朱晓晴、董广智、段七零。

2016年浙江省出台旅游风情小镇创建工作指导意见和实施办法,计划5年内创建100个省级旅游风情小镇。2017年江苏省公布了旅游风情小镇的创建实施方案,明确到2020年建设培育50~100个旅游风情小镇。

扬州市创建培育一批旅游风情小镇,是贯彻落实江苏省"两聚一高"战略部署和建设"强富美高"新扬州的重要举措,对推动扬州乡村旅游提档升级、推进旅游业供给侧改革、大力推进全域旅游发展、加快建设旅游强市具有重要意义。

二 扬州市旅游风情小镇创建工作现状

2017年初江苏省旅游风情小镇创建的大幕拉开后,扬州市政府非常重视扬州市旅游风情小镇的创建工作。

一是市政府出台了《关于加快创建特色小镇的实施意见》(扬府发〔2017〕66号)。该意见对扬州旅游风情小镇建设具有指导性意义,能够极大地推动旅游风情小镇的创建工作,提升扬州市风情小镇的建设水平。

二是积极做好省级旅游风情小镇创建申报工作。自从江苏省下发《关于开展第一批旅游风情小镇创建申报工作的通知》后,扬州市旅游局非常重视申报工作,首先动员各县(市、区)、功能区,鼓励有条件的小镇积极申报;然后指导各申报单位进行材料的收集整理、总结报告的撰写和相关表格的填写等;最后组织专家对各申报单位进行评判,遴选出最优的单位推荐申报省级旅游风情小镇创建培育单位。湾头玉缘小镇、邵伯运河风情小镇、菱塘回族风情小镇、泰安欢乐小镇成为江苏省旅游风情小镇培育单位。

三是实施市级特色小镇创建申报工作。通过组织申报、评审,2017年5月公布了扬州市首批市级特色小镇创建和培育名单。创建名单中的菱塘回族风情小镇、邵伯运河风情小镇、甘泉爱情小镇、湾头玉缘小镇、枣林湾户外运动小镇,培育名单中的界首芦荡渔乡小镇、月塘捺山颐乐小镇、丁伙花木田园小镇、仙女花香小镇、大桥水墨春江风情小镇、唐风小镇·花田堡城、自在岛欢乐风情小镇,这些小镇都可以作为旅游风情小镇来建设。

四是重视旅游风情小镇的课题研究。2017年初,市旅游局与市旅游学会、相关高校商讨,借助社会智库力量,加强旅游风情小镇的研究工作。各项课题正在调研和征求意见,争取按时完成研究,出好成果,为加快旅游风情小镇建设提供参考对策建议。《扬州市旅游风情小镇建设与管理规范》的征求意见稿已初步完成,接下来将加快征求意见、修改、专家评审、审批等程序,争取早日公布和实施。

三 扬州市旅游风情小镇创建对策

扬州市旅游风情小镇的创建,要坚持"政府主导、市场运作"。在创建对策方面,主要可分为政府引导层面上的对策和小镇建设层面上的对策。

(一)政府引导层面上的对策

1. 提升协调机构层次,建立工作机制

培育创建扬州市旅游风情小镇牵涉市发展改革委、国土、财政、旅游、农委、规划、建设、统计、文广新、商务、经信委、科技、金融、工商、税务、公安消防、环保、人社局等很多部门,关乎旅游企业、当地居民(农民)、外来务工人员等多个利益群体。所以,仅靠单一部门是远远不够的,必须成立一个由市多个部门联合组成的协调小组。参照江苏省政府成立的省旅游风情小镇创建工作协调小组的组织架构,扬州市政府成立市旅游风情小镇创建工作协调小组,由分管副市长任组长,市政府副秘书长任副组长,市发展改革委、旅游、国土、财政、规划、建设、金融、文广新等部门为成员单位。协调小组下设办公室,设在市旅游局。成立较高层次的组织机构,协调各部门的工作,是确保扬州市在创建旅游风情小镇工作中争取走在全省前列的有力支撑。

市旅游风情小镇创建工作协调小组负责定期或不定期研究和协调解决旅游风情小镇创建工作中的重大事项和主要问题。协调小组办公室承担协调小组的日常工作，牵头做好全市旅游风情小镇的总体布局、申报审核、协调推进、督察考评等各项事务性工作，并及时向协调小组报告全市旅游风情小镇创建工作动态和存在的主要困难。各县（市、区）、功能区政府是旅游风情小镇创建的责任主体，要成立相应的组织机构，形成市、县联动的创建工作机制。市政府将风情小镇创建工作纳入县级、功能区政府和各部门的综合目标考核，建立问责机制。

对应江苏省特色小镇和旅游风情小镇创建工作的分工模式，扬州市旅游风情小镇的创建，要从市特色小镇创建工作中剥离出来，因为旅游风情小镇不同于以产业为主导的特色小镇。它除了具有特色小镇的特征，更为突出的就是风情、就是文创，要将地域风情文化挖掘转化为小镇的主导产业。产业特色小镇按3A级景区标准建设，而旅游风情小镇的建设要达到更高级别的景区服务功能标准。参照省级旅游风情小镇的做法，扬州市旅游风情小镇可分为创建单位和培育单位两种类型。每隔3年进行一次市旅游风情小镇培育创建的申报工作。被列入培育创建名单的风情小镇，市协调小组办公室遵循"可进可出"的原则，实行动态调整，建立优胜劣汰的竞争机制。经过一年建设，未完成年度目标的风情小镇要退出创建名单；培育名单中如期完成年度目标的，经审核批准，可列入创建名单。每隔3年进行一次扬州市旅游风情小镇的评审工作，坚持标准，进行严格评审。不管在不在培育创建名单中，只要申报并达到标准的，就颁发证书并挂牌扬州市旅游风情小镇，作为扬州市的省级旅游风情小镇的候选单位。当然，对于已经挂牌的单位，还需进行每3年一次的复核，对复核不达标的，限期整改；整改还不达标的，取消扬州市旅游风情小镇的称号，被取消称号的3年内不再受理其申报。

2. 明确部门分工，组建专家智库

因涉及多个部门，既要协调推进，也需要明确分工。否则，可能会相互推诿，延缓全市旅游风情小镇的创建工作。市旅游局负责指导推进全市旅游风情小镇规划建设工作，市发展改革委负责做好旅游风情小镇重大项目的立项和审批工作，市财政局负责制定旅游风情小镇的财政激励政策以及做好市级财政奖补资金的审核兑现工作，市税务局负责旅游风情小镇的税收激励政策的制定和落实工作，市文广新局负责指导旅游风情小镇的文化内涵挖掘创新工作，市国土局负责做好旅游风情小镇的用地规划和审批工作，市商务局负责指导旅游风情小镇的电子商务水平提升和招商引资工作，市金融办负责指导和支持旅游风情小镇的创新投融资机制，市经信委负责指导推进旅游风情小镇的信息化建设工作，市统计局负责协同做好旅游风情小镇的监测统计工作，市科技局负责指导支持旅游风情小镇的科技创新工作，市人社局负责旅游风情小镇的人才引进、培训和创业等激励政策的制定和落实工作。其他相关市局按照各自职能，做好市旅游风情小镇的指导推进工作。

另外，由市旅游局牵头，组建扬州市旅游风情小镇专家指导小组，发挥社会力量的智库作用，协助创建工作。这些专家来自扬州旅游学会、行业协会、扬州大学、扬州市委党校、扬州职大、扬州媒体以及旅游企业，他们都有较强的旅游研究、运营管理能力和指导服务经验。专家协助旅游局完成风情小镇的相关调查和课题研究工作，制订扬州市旅游风情小镇的建设与管理规范以及参与评审工作。专家可以指导各个旅游风情小镇的创建计划和概念性规划、总体规划、详细规划的制定，可以指导风情小镇的具体建设过程和运营管理，增强风情小镇的经济效应、社会效应和生态效应。

3. 加快出台《扬州市旅游风情小镇建设与管理规范》

没有标准规范，在建设过程中就没有参照，到底有没有创建成功，也就无从评判。所以，要加快制订并出台《扬州市旅游风情小镇建设与管理规范》，用规范引领与指导风情小镇的创建工作，用规范来衡量和评判风情小镇的成功与否。"规范"是指挥棒，大家对照规范，补上短板，突出特色，争取通过考核验收。

《扬州市旅游风情小镇建设与管理规范》应包括范围、规范性引用文件、术语和定义（小镇、旅游风情小镇）以及表1中的项目内容。

表1　扬州市旅游风情小镇评审项目构成

序号	项目	子项目	备注
1	总体要求	旅游规划（编制旅游风情小镇的概念性规划）	这8个子项目都是否决因素，没有具体分数，只需回答符合还是不符合
		资源保护（自然、人文资源得到较好保护）	
		主题风情（具有鲜明的风情主题并充分展示）	
		安全保障（未发生重大及以上安全事故）	
		配套设施（配套设施符合4A级景区要求）	
		服务质量（未出现受到通报或处罚的重大投诉事件）	
		核心区域（核心区域不少于1平方千米）	
		管理组织（有独立的管理机构和明确的市场运作主体）	
2	资源要求	基本要求	
		具体要求	
3	业态要求	特色业态	
		配套业态	
4	品牌要求		
5	服务设施要求	基本要求	
		小镇客厅	
		智慧旅游	
		特色旅游交通	
6	环境要求	生态环境	
		人文环境	
7	管理要求	安全管理	
		质量管理	
8	运营要求	投资规模	
		产业产出	
		社会效应	
9	体制机制要求	基本要求	
		建设模式	
		人才与创业	
		社会力量整合	

制订《扬州市旅游风情小镇建设与管理规范》的主要依据包括：《住房城乡建设部、国家发展改革委、财政部关于开展特色小镇培育工作的通知》（建村〔2016〕147号）、《省政府关于培育创建江苏特色小镇的指导意见》（苏政发〔2016〕176号）、《省政府办公厅关于印发江苏省旅游风情小镇创

建实施方案的通知》（苏政办发〔2017〕36号）、《江苏省旅游风情小镇考评办法（试行）（征求意见稿）》（江苏省旅游局，2017年5月）、《扬州市政府关于加快特色小镇的实施意见》（扬府发〔2017〕66号），以及相关的国家标准。《扬州市旅游风情小镇建设与管理规范》（以下简称《规范》）的制订，不仅依据上级文件政策和国家标准，更应体现扬州地方风情文化。例如：《规范》中对旅游资源的要求，应规定：小镇具有可供观赏、游览，体现小镇风情和扬州文化特色的自然、人文景观资源；小镇拥有至少一项扬州非物质文化遗产或一位扬州历史名人资源；小镇拥有体现扬州文化的传统技艺、农耕农居、民俗节庆、曲艺诗词、特色仪式、特色服饰、餐饮风俗等资源（非遗之外的）。《规范》中对旅游业态的要求，应规定：小镇具有体现扬州区域文化，属于儿童游乐类、科普教育类、文化娱乐类、运动休闲类、康体养老类、民风体验类、农俗体验类、婚庆艺术类等旅游特色休闲项目；小镇能体现扬州区域文化特色，有类型丰富的属于年度综合节庆、儿童导向型节庆、民俗体验型节庆、特色运动型节庆、艺术参与型节庆等旅游节庆活动；小镇餐饮至少有一席维扬菜肴套系，有多种扬州地方特色小吃；省级以上特色餐饮名店至少有一家，或有多家地市、县区授予荣誉称号的餐饮店；小镇拥有体现扬州地方产业和文化特色的旅游商品至少4个系列。《规范》中对服务设施的要求，应规定：小镇客厅具备扬州文化风情展示功能，宣传小镇的过去、现在和未来，展示主导产业的特色和优势。《规范》中对人文环境的要求，应规定：小镇道路整洁，环境优美，注重扬州文化原真性保护，体现扬州宜居城市特性和全国文明城市要求；小镇居民好客度较高，热情欢迎游客，主动帮助游客解惑答疑，树立扬州好人形象。

4. 制定扶持引导政策

一是加强用地保障。各地在明确旅游风情小镇四至范围与编制概念性规划时，按照"多规合一"要求，加强与土地利用总体规划、城乡总体规划和基本农田划定成果的衔接，编制年度实施计划，提出用地需求，节约集约用地，挖掘潜力用好存量土地。在风情小镇创建初期，各县（市、区）、功能区先期安排一定数量的用地指标（即启动指标）用于小镇客厅等项目建

设，其余用地指标由各地统筹并按建设项目专项下达。对未完成规划目标任务的，在次年下达年度计划中，按50%比例扣减已下达的专项用地指标（含启动指标）。利用现有房屋和土地，发展健康养老、文化创意和设计、旅游新业态的，实行土地的过渡期政策，过渡期为5年；过渡期满后按新用途办理用地手续，符合划拨用地的，进行划拨供地。对于现有工业用地，只要符合规划、不改变用途，老厂改造、厂房加层、内部整理等增加容积率和提高土地利用率的，不增收土地费用。

二是加大资金与投融资支持。对于创建期满评审达标的市旅游风情小镇，市财政给予一定的专项奖补资金，小镇所在的县（市、区）、功能区按照1∶1进行配套奖补，奖补资金用于小镇公益性基础设施建设。对风情小镇创建单位规划范围内的基础设施、公用事业、特色旅游项目，市级各部门优先帮助争取上级补助，优先进行扶持。对市级部门牵头管理的各类专项资金，经审核符合条件的风情小镇创建单位可按最高标准优先使用。政府帮助协调解决旅游风情小镇建设的重大融资问题。支持旅游风情小镇创建单位采用资产抵押、产权质押或转让、资金贴现、股份改造、金融租赁、直接融资等方式积极开拓融资渠道，争取国家政策性银行、商业性银行、国际金融机构贷款。充分发挥政府投融资平台的筹资主体作用，鼓励投资公司投资旅游风情小镇的建设，采取PPP、众筹、"互联网+"等多种形式吸纳社会资本。

三是给予人力资源支持。首先要引进人才。市政府制定吸引高端人才的政策，完善住房、教育、医疗、配偶安置等服务，以"不求所有，但求所用"的方式吸引使用高端旅游人才。将旅游风情小镇创建单位纳入扬州市引进高层次人才"6+1"政策重点保障范畴。各县（市、区）、功能区对风情小镇创建单位内企业引进的人才每月给予工资外生活补贴时，对照《关于加强企业人才引进和培养工作的意见（试行）》要求，执行最高补贴时限和补贴标准。对风情小镇急需的高端人才、特殊人才，实行"一人一议"。其次要搭建学习平台。市旅游局成立市旅游风情小镇创建联盟，该联盟可以给大家提供交流、学习、研讨的机会，营造"比学赶超"的创建氛围。联合建立网站、微信群、QQ群等媒体平台，通过邀请专家讲座、开设培训班、网络学习、沙龙、实地参观等多种形式，提升旅游风情小镇创建人员的规划、管理、运行、营销、服务等方面水平。

（二）小镇建设层面上的对策

1. 凸显文化创新，凝练鲜明主题

差异化是增强旅游吸引力的核心。建设旅游风情小镇，关键是打造特色风情。有了特色，旅游风情小镇才有生命力、有活力、有吸引力和竞争力。要谨防"千镇一面"的重复建设，努力实现"一镇一风情"。为此，建设旅游风情小镇，必须立足风情，整合资源，凝练主题，创新开发。

旅游风情小镇要建立在独特的文化、自然、生态资源基础上，一般要拥有文化遗产、名镇名村、重点文物保护单位、历史遗迹、历史名人、地质公园、森林或湿地公园等资源，通过整合，放大旅游资源，形成自己的个性。风情的内核是文化，文化是旅游风情小镇建设与发展的灵魂。以风情资源为基础建设的小镇理所当然要有独特的文化主题；即使以自然生态资源为基础的旅游风情小镇也必须挖掘、融入当地的独特文化，来彰显特色，增加韵味，提高品质。

扬州具有丰富而独特的文化资源。例如：以盛唐风情为代表的历史文化，以玉雕、漆艺为代表的工艺文化，以扬州八怪、广陵琴派为代表的艺术文化，以《春江花月夜》《送孟浩然之广陵》为代表的文学文化，以扬州盐商为代表的商业文化，以"扬州三把刀"为代表的休闲文化，以淮扬菜为代表的饮食文化，以京杭大运河为代表的工程文化，以"北雄南秀"为风格的园林文化，以雕版印刷为代表的技术文化，以扬剧、扬州评话、扬州清曲为代表的曲艺文化，等等。从这些文化资源中，可以提炼出许多具有唯一性的旅游风情小镇主题。例如，湾头玉缘小镇立足于扬州玉雕工艺文化，邵伯运河风情小镇立足于运河文化，菱塘回族风情小镇立足于民族风情，瓜洲古渡小镇立足于中国古典文学的瓜州意象，水墨春江风情小镇立足于唐诗《春江花月夜》，唐风小镇·花田堡城则立足于盛唐风情，这几个小镇已经

入选江苏省旅游风情小镇培育名单或者扬州市首批市级特色小镇创建和培育名单。除此之外，还可以开发打造以古琴文化为主题的中国琴韵小镇、以扬州三把刀为主题的足艺养生小镇、以中国书画艺术为主题的扬州八怪艺术小镇、以淮扬菜系文化为主题的维扬美食休闲小镇、以扬州盐商文化为主题的盐商古典生活小镇等等。

扬州具有较为丰富的生态资源，可以因地制宜打造旅游风情小镇。江苏省政府提出"1+3"重点功能区战略，扬州高邮、宝应纳入了江淮生态大走廊，重在打造生态竞争力，打造以生态为主题的旅游风情小镇势在必行。高邮界首的芦荡渔乡小镇、宝应智绿渔光小镇建设已经启动。此外，地处江广融合带的"七河八岛"生态湿地孕育了泰安欢乐小镇，地处仪征丘陵山区的枣林湾生态资源则孕育了枣林湾户外运动小镇。需要注意的是，由于扬州的生态资源不具有独特性，仅仅依托生态资源打造旅游风情小镇是不够的，容易流于重复建设、低水平建设，很难集聚人气。创建单位一定要吸纳、创造、培育、融入文化基因，将当地的民间文学、传统音乐、传统舞蹈、传统戏剧、传统曲艺、传统体育、游艺与竞技、传统美术、传统技艺（包括饮食制作技艺）、传统医药、民俗风情等非物质文化遗产，以及历史名人资源，通过文化创新，开发成为体验性、观赏性、休闲性旅游产品，在建筑形式和环境营造方面体现地方文化，增加旅游风情小镇的文化厚度，形成独特的文化旅游风情。

2. 集聚休闲业态，营造旅居空间

拉动游客消费是旅游风情小镇建设与发展的生命线，小镇的发展规模决定于游客数量及其消费能力，而游客消费量决定于游客的居留时间。旅游风情小镇的主要功能是满足旅游者的休闲度假需求，能吸引游客、留住游客，所以，建设旅游风情小镇的关键是打造综合休闲度假产品体系。从性质方面说，旅游风情小镇是有特色的休闲度假旅游综合体，应当集聚住宿、餐饮、康养、会展、修学、游乐、体育、购物、特色旅游交通等多种休闲产业业态，打造可观赏、可参与、可体验，规模不一、类型多样、功能互补的旅游项目。

小镇住宿方面，要致力于打造特色民居客栈群，建设风格各异的个性化民宿，为游客提供生活化、艺术化的居留空间；同时兼顾建设其他类型的酒店，如精品酒店、度假酒店、经济型酒店、自驾车营地等。餐饮方面，要走农家菜精致化路线，以维扬菜系为主，辅以其他菜系、西餐、民族餐等不同风味，同时集聚扬州传统小吃、创意时尚小吃等。

打造功能多样、类型丰富的休闲旅居空间，规划建设文化演艺广场、酒吧茶肆街区、创意工坊街区、特色商业街区、娱乐游乐街区、游憩风光带，集聚各类休闲、娱乐、修学场所，如博物馆、艺术馆、名人故居、祠堂、书院、棋院、戏台、庙宇、教堂、文化礼堂、咖啡吧、酒吧、茶吧、棋吧、网吧、书吧、画吧、演艺吧、戏院、电影院、电玩厅、足艺馆、温泉SPA、健身馆、DIY空间、观光平台、亲水平台等，引进、开发创意休闲旅游项目，将扬州传统文化与现代时尚融为一体，丰富游客的体验内容，激发游客的兴趣，从而提高小镇的留客能力。

3．打造小镇客厅，完善服务设施

按照省市建设旅游风情小镇的文件要求，风情小镇的配套设施应该按照5A或4A的标准建设，在精致、精细、精美等方面下功夫，为游客提供"让人感动的服务"。

小镇客厅是小镇的窗口，是风情集中展示的场所，是彰显特色的区域，也是旅游公共服务中心。小镇客厅具备展示小镇风情的功能，可以通过小镇特色文化博物馆、特色文化体验区、小镇规划展示、特色文化风情街等形式，集中展示小镇的历史、文化、生态、休闲等方面特色，提升小镇形象。小镇客厅也具备旅游服务的功能，为游客提供接待、信息咨询、休憩、预订、导游、医疗救助、行李寄存、残疾人用品租借、手机充电、表演节目预告、文明旅游引导等多方面的服务；小镇客厅也承担小镇监管指挥中心的功能，汇集小镇相关大数据，能够进行云处理。小镇客厅既是有形的建筑，也是无形的风韵。小镇客厅的位置设在小镇的核心区域，建筑风格要体现小镇风情主题，符合绿色理念，与整体环境相协调。

建立健全旅游信息导向标识系统。在旅游风情小镇各个入口设置全景平面地图，上面标明小镇介绍、游客须知、咨询和投诉电话等信息。在各大路口、特色街区、住宿、餐饮、游乐、购物等游客活动的场所设置导向标识。小镇的标识标牌要亮化，适应游客夜间休闲活动的需要；采用多种语言，为外国游客提供便利。

小镇的交通体系应该进行旅游化设计与建设。优化小镇外部大交通路网条件，根据需要可以开通旅游专线车，将小镇与各大交通枢纽连接起来。根据小镇设计接待容量，合理布局旅游专用停车场、观光车站点、游船码头等设施。为游客提供环保观光车、水上游船、风情步道、自行车道等特色服务。

合理布局夜间照明系统、旅游厕所、公共休憩区、休闲座椅、垃圾分类收集箱以及雕塑、花钵、树池、廊架等景观小品，以方便游客，美化环境。这些设施应该进行主题化、景观化设计，体现扬州地方文化和小镇主题特色，让它们符合整个小镇的风格，成为一道道亮丽的风景。例如，常州南山竹海风情小镇的厕所采用白墙、青瓦、格栅窗等元素，彰显了江南庭院建筑特色，值得扬州旅游风情小镇借鉴。

特色风情小镇要重视智慧旅游建设。要开发小镇旅游服务App，软件集宣传、查询、预订、支付、导航、讲解、投诉多功能为一体，将小镇的住宿、餐饮、交通、休闲娱乐、厕所、购物等方面的信息全部纳入，并能提前、及时推送给游客，为游客提供全面无缝的服务。另外，小镇内要实现免费Wi–Fi全覆盖，并保证无线网络的安全稳定，以方便游客。

4. 开展创意营销，树立品牌形象

旅游营销的目的是提高旅游风情小镇的知名度，将小镇旅游信息有效传递给国内外游客，吸引眼球，集聚人气。旅游产品属于预消费产品，相对于其他产品，树立品牌形象对于旅游风情小镇尤其重要。旅游风情小镇营销要以品牌形象营销为核心，辅以立体化营销策略，准确定位，提高效果，推介小镇旅游。

品牌是旅游的灯塔，具有强大的感召力。小镇要根据自身主题特色，推出鲜明的品牌形象。形象定位"不怕有缺点，就怕没特点"，要追求差异化，甚至具有不可替代性。旅游风情小镇的游客主要是自由行散客，所以营销重点应该放在休闲度假市场，凸显"慢生活"的形象特征。扬州旅游风情小镇自身的资源方面，自然生态资源特色不明显，但文化资源丰富而独特，所以形象定位要在"文化"上下功夫，讲"自己的故事"。小镇要紧扣主题，对视觉识别系统进行整体设计和推行，塑造独特鲜明的小镇直观形象。

品牌形象的建立，必须通过系统、高效的传播手段来实现。旅游风情小镇要编制创意营销方案，科学指导、有效实施营销活动。小镇可组织旅游节庆、旅游会展、专题促销、旅游事件营销、旅游摄影采风、民宿设计比赛、新闻发布会、慈善演出、形象大使评选、小镇旅游论坛等活动，采用网络营销、电影营销、电视剧营销、旅游专题片、电视广告、报刊广告、户外广告、新闻报道、VR（虚拟现实）景观、流行歌曲、旅游宣传册、小镇文化书籍等传播形式，强化网络评价管理、客户关系管理、游客满意度调查等口碑营销手段，与影响力大的旅游电商合作打造无缝对接的O2O销售平台，建立全方位、立体化营销网络，持续提升游客对小镇品牌的关注度、信赖度，提升旅游风情小镇的知名度、美誉度。

参考文献

朱庆飞：《建设海南旅游风情小镇 争创中国特色社会主义实践范例》，载《海南新使命：争创中国特色社会主义实践范例——海南省首届社会科学学术年会论文集（上）》2013年11月5日。

靳畅：《浙江旅游风情小镇"春风正劲"》，《中国旅游报》2016年12月23日。

雷琛烨：《江苏：旅游风情小镇带动全域发展》，《中国旅游报》2017年5月5日。

《省政府办公厅关于印发江苏省旅游风情小镇创建实施方案的通知》（苏政办发〔2017〕36号）。

《扬州市政府关于加快特色小镇的实施意见》（扬府发〔2017〕66号）。

《江苏探索差别化土地供应政策 全力打造旅游风情小镇》，https：//www.ce.cn/culture/gd/201703/28/t20170328_21498441.shtml。

社会与文化发展报告

Reports on the Social and Cultural Development

B.18
扬州文化消费与文化产业发展研究

扬州市委宣传部课题组*

摘　要： 当前扬州市居民文化消费水平总体偏低，文化消费尚有巨大的潜力和空间。本文主要探索扬州市如何通过文化消费促进文化产业发展，提出通过大众消费助推、文化消费结构合理化，推动新兴文化消费快速增长，为消费升级和产业发展提供智力支持等对策建议。

关键词： 文化消费　文化产业　大众消费

---

* 课题组负责人：李广春，扬州市委宣传部常务副部长。成员：江勇，扬州市文化改革发展办公室主任；陈峰，扬州市文化改革发展办公室副主任。

一 文化消费与文化产业发展的关系

文化消费与文化产业具有内在的双向互动关联,相互依存、相互促进。文化消费是文化产业发展的内生动力,而文化产业提供的文化产品和文化服务供给又引导文化消费的趋向。在文化产业发展初期,文化产品供给引导文化消费需求,增加有效的供给成为文化产业发展的重点;在文化产业快速成长及成熟期,文化产品供给往往出现结构性过剩,文化产品的质量经常与消费者的精神需求脱节。文化消费增长能刺激新的、更高层次的文化产品供给,扩大文化消费成为文化产业发展的重点。

1. 文化消费需求引导文化产业规模扩大

文化消费需求,指在一定时期内,社会所需要的精神文化产品的数量和质量的总和。消费需求是社会生产的前提和目的,离开文化消费需求,文化产业便失去了存在的基础。文化消费需求决定文化市场容量和要素投入量。文化生产既能向一般的物质产品注入文化内涵,增强消费者在享用物质产品过程中所获得的精神效用,又能直接提供精神文化产品,满足消费者追求更高层次价值实现的需求。文化消费需求的增长,不仅直接拓展精神文化产品的生产规模,而且间接拓展一般的物质产品生产规模。文化消费需求增长的空间越大,能够容纳的文化生产能力越大;在市场机制作用下,社会资源要素会自动向文化产业转移和集中,进入文化产业的新企业增加,文化产业内部各个部门同步扩张,进而实现文化产业规模边界的拓展,提高文化产业在经济系统和产业结构中的地位。

2. 文化消费能力推动文化产业质量提升

在预算约束的前提下,对文化产品内含的意义和旨趣的理解直接影响文化消费行为。因此,文化消费能力是消费者财富实力及其编译、解读文化元素能力的综合体现。消费者的文化素质、受教育程度越高,审美情趣和精神消费的意愿越高,对文化产品的辨识能力和选择能力越强。文化产业结构随着文化消费结构的高级化而升级。文化消费能力越强,文化生产要素的质量和使用效率得以提高，文化产业对经济社会发展的正外部性也就越显著。文化消费能力的提升能够引发文化消费的新热点与新趋势，推动文化产业向更加专业化的方向发展。反之，大众文化消费的低俗化和非理性化，对文化产业质量将产生消极的影响。

3. 文化消费方式诱发文化产业业态新生

文化消费方式体现消费者获取、接受、体验、享受文化产品的行为习惯。当原有技术条件下的文化生产无法满足新的市场需求时，将形成适应新消费方式的更复杂的专业化分工，创造出新的文化市场空间，刺激社会对新文化产品的投资。2014年以来，我国以"互联网＋"为主要形式的文化信息传输服务业发展迅猛，信息化的消费方式扩大了文化消费的自主性和选择空间，手机游戏、互联网电视、移动互联网商务应用等成为文化消费新时尚，变革文化生产方式、传播方式和商业模式，将促使一大批文化产业新业态应运而生。

二 扬州市文化消费现状

1. 扬州市居民文化消费总量分析

近年来，扬州市经济总量保持稳定、持续、快速发展，人民生活水平和消费水平日益提高，对文化产品和服务的需求日益增长。根据扬州市2011～2016年统计年鉴的数据，2016年扬州市城镇居民人均消费支出21064元，是2011年的1.33倍，其中用于教育文化娱乐项目的人均支出达到3328元，是2011年的1.16倍；农村居民2016年人均消费支出13722元，是2011年的1.9倍，其中用于教育文化娱乐项目的人均支出达到1949元，是2011年的1.39倍。通过数据可以看出，近五年来，扬州居民人均消费支出呈现较快增长态势，其中农村居民消费增速更快，体现了农民收入增加以及在国家家电下乡等政策刺激下，农村消费能力获得了快速释放；居民的教育文化娱乐消费支出也呈现增长态势，但增速不及总体消费支出，这可能是由于扬州的文化消费市场还不够发达，文化产品和服务的供给不够丰富，限制了文化消费需求的释放。

2. 扬州市居民文化消费结构分析

在现行的统计调查中,文化消费支出分为"文化娱乐用品""文化娱乐服务"和"教育"三项。其中,文化娱乐消费支出有休闲倾向,主要包含"文化娱乐用品"和"文化娱乐服务"方面的支出;教育消费支出有学习倾向,主要包括用于子女及个人的学杂费、教材和托幼费等项目。

在城镇居民教育文化娱乐支出中,人均教育支出由2011年的1070.81元上升为2016年的1508元,增幅40.8%;占教育文化娱乐支出的比重由2011年的37.3%提高到2016年的45.3%,同时文化娱乐消费支出占比逐年下降。这一方面是由于居民收入增长以及泛80后一代的子女进入就学年龄后,家长在子女教育方面愿意花钱、舍得花钱;另一方面也说明,扬州本地的文化娱乐产品和服务供给没有跟上文化消费增长的需求。

三 扬州文化产业发展现状

(一)扬州文化产业总体情况

一是产业规模不断壮大。2016年扬州实现文化产业增加值189.39亿元,比2011年增长119%,占GDP比重达4.26%,比2011年提高0.97个百分点。

二是产业结构初步成形。形成以文化旅游为主导、文化创意产业为新增长点的"一主一新"产业格局。文化旅游业以蜀冈—瘦西湖风景区为核心,以"世界公园"和"文博城"建设为抓手,覆盖"吃住行游购娱"旅游全产业链的大文化旅游格局加快形成。文化创意产业加速集聚,五大文化创意平台初步成形,嫁接文化创意和互联网新动能,一批中小微文化创意、文化科技企业落户开发区智谷综合体、广陵信息产业基地、江都创艺985街区等,体现了文化产业领域"大众创业、万众创新"的生命力。

三是产业集聚步伐加快。目前全市已有国家级园区(基地)5家,省级园区（基地、集聚区）7家，省重点文化科技企业11家，2家企业入选省"民营文化企业30强"；两大传媒集团控股的江南大业传媒股份有限公司、国鑫农贷股份有限公司在"新三板"挂牌。

四是产业政策环境不断优化。扬州市委市政府先后召开全市文化建设迈上新台阶推进大会、文化产业发展推进会，制定出台了《推动文化建设迈上新台阶的实施意见》（扬发〔2015〕36号）、《促进文化产业发展的实施意见》（扬府发〔2016〕161号），发展文化产业的共识程度、工作力度有了明显提升。

（二）扬州文化产业的问题及不足

一是产业规模仍然偏小。从总体上看，扬州市文化产业发展仍然处于起步阶段，文化产业总量偏小，比重偏低，竞争力不强，与扬州作为历史文化名城的地位不相称。2015年全市实现文化产业增加值163.5亿元，占GDP的比重为4.07%，列全省第8位，大部分县（市、区）增加值占比低于全市水平。

二是产业结构不合理。目前扬州市文化产业增加值中制造业占比达85%左右，明显畸高，以文化旅游、创意设计、影视动漫等为代表的文化服务业占比过低。

三是产业增长动力不足。文化含量高、上档次、有质量的新项目、大项目少，骨干文化企业少，使得文化产业发展的后劲严重不足。

四 文化消费促进文化产业发展的建议

1. 大众消费助推，促进文化产业与相关产业融合

通过发展繁荣大众文化消费，助推文化产业进入城市经济"大循环"，促进城市经济发展进入创新驱动、内生增长的轨道。一方面，提升旅游消费的文化内涵，促进文化产业与旅游产业的融合。创新文化资源植入扬州旅游的方式，注重文态、业态、形态、生态的有机结合，促进旅游消费转型升级。瘦西湖公园推出的"瘦西湖游礼"旅游商品旗舰店,就是很好的尝试。另一方面,将设计创意植入日常用品,促进文化产业与传统产业融合发展。依托扬州知名的玉器漆器、古琴古筝、毛绒玩具等产业基础和集聚区,继续举办创意设计产品展示、体验、销售,提供惠民、乐民的大众文化消费服务。注重拓展农村居民文化消费市场,通过政府购买服务、消费补贴等途径,引导和支持文化企业提供适应不同消费者群体的多样化文化产品和服务,引导农村居民文化消费观念和消费方式的转变,提高审美趣味和消费意愿。

2. 注重文化消费结构合理化,丰富文化产品和服务

文化消费结构指人们在文化消费过程中享用的各种不同类型消费品的构成。一是最大限度满足基本文化消费需求,扩大影视广播、报刊书籍、戏曲文艺等公共文化产品供给,扩展大众文化消费的载体和场所,提高文化服务设施的使用效率。通过政府采购的方式,将更多高质量的艺术精品、文化商品、文化用品转化为公共文化产品。二是引导智力型、发展型、娱乐型文化消费需求,关注消费者审美需求的满足和提升,倡导文化旅游、体育健身、艺术生活等高层次文化消费,促进文化消费与日常消费的结合,提高日常消费品的审美价值。三是进一步放宽市场准入,让更多的民营资本进入文化领域特别是公共文化服务领域和扬州传统的非遗行业,加强文化企业的创意和创新能力建设,激励文化企业加大研发力度,提高文化产品和服务的创意和策划水平。

3. 推动新兴文化消费快速增长,培育发展新型文化业态

要把握大众文化消费方式高端化、多样化的变动趋势,推动文化生产、传播、消费的数字化、网络化进程,顺应文化消费的新热点,引导文化产业新业务、新产品的研发。借助符合时代特点的载体对传统文化行业进行提升和改造,如利用数字技术、互联网技术创新产品内容、改变传播模式,使传统产品形成新的文化魅力,带动传统文化行业的升级换代。充分挖掘扬州众多文化资源的潜在优势,以此为基础进行创意开发,造就更多新奇的文化形态,打造独具特色的创意品牌,联动上下游产业,用产品链驱动价值链,最

终实现文化价值向商业价值的转变。要突破传统文化产业的界定，从大文化的角度整合创意设计、信息服务、现代传媒、艺术品生产等多种行业，提高文化产品的整体水平，从而不断扩大新兴文化产业的规模，最终形成与新时代文化消费特点相适应的具有持续发展潜力的文化产业动态结构。

4. 引进培养各层次高素质文化产业经营管理人才，为消费升级和产业发展提供智力支持

文化产业的创意性决定了高素质的文化产业人才是促进文化产业发展的强大动力源。文化产业领军人才和高素质经营管理人才的缺乏也是扬州市文化产业发展的瓶颈之一。为此，扬州应加快制定并推出文化产业人才培养计划和引进政策，为高层次文化产业经营管理人才提供更好的创业条件、发展机遇，吸引具有强大市场号召力和行业影响力的文化产业领军人物在扬州安营扎寨、建功立业。同时，建立科学合理的文化产业人才培养体系，充分利用高职院校资源，以产学研等形式合作培养人才，形成产业发展和学校人才培养的双赢格局。积极搭建跨区域的文化产业人才交流平台，促进文化产业人才的流动和交流，为文化产业的发展提供重要的智力支持。

B.19
2017年扬州教育事业发展研究

扬州市教育局课题组[*]

摘　要： 2017年，扬州市教育系统以办人民满意教育为根本，以促进教育公平为目标，以提高教育质量为重点，以改革创新为动力，全面优化教育结构，促进各类教育协调发展，着力强化教育精准供给，实现了基础教育更加均衡、教育质量更高标准、师资队伍更强素质、资源配置更加公平的良好发展态势，增强了人民群众的教育获得感。在正视教育发展过程中的问题和困难的基础上，今后一个时期，无论从顺应国家、全省教育发展的趋势还是从扬州教育发展的实际考虑，扬州教育系统都将把教育发展的中心进一步聚焦到贯彻落实十九大精神上来，不断提高教育质量、提高教育对学生的适切度、提升教育品质上来，努力办高品质教育，建高品质学校，为每一个学生提供"适合的教育"。

关键词： 教育事业　教育教学质量　高品质教育

一　扬州教育事业发展的基本情况

目前，全市共有各级各类学校696所，其中幼儿园298所、小学206

---

[*] 课题组负责人：周应华，扬州市教育局局长。成员：姜师传，扬州市教育局办公室主任；谈雷（执笔），中学一级教师。

所、初中130所、普通高中34所、特殊教育学校7所、中等职业学校13所、普通高等学校8所。全市在校生624685人，专任教师46930人。

1. 基础教育均衡发展

按照省政府《关于统筹推进城乡义务教育一体化 促进优质均衡发展的若干意见》、市政府《关于统筹推进城乡义务教育一体化 促进优质均衡发展的实施意见》等文件要求，不断促进全市义务教育优质均衡发展。开展中小学及幼儿园布局规划修编工作。深入推进第二轮"学前教育五年行动计划"，探索公办幼儿园和普惠性民办园服务区制度，全年新创省、市优质幼儿园17所，适龄幼儿在省优质园就读比例达80%以上。创成省义务教育学校51所，全市义务教育现代化学校达311所，占全市义务教育学校总数的92%。成立扬州市功能区小学教育发展联盟，促进功能区小学教育互助优质发展。开展义务教育学校标准化监测，强化结果反馈和整改落实。邗江区公道中学创成省四星级高中。全市完成校安工程10.69万平方米，新（改、扩）建幼儿园12所，9所中小学建设工作稳步推进。梅岭小学花都汇校区、开发区振兴花园学校建成并招生。

2. 职业教育做优做强

全市完成中职招生17448人，招生规模保持稳定。通过开展现代学徒制试点、订单培养等校企合作方式，促进就业率提高，全市职业学校毕业生就业率达99%，其中本地就业率达89.5%。积极举办"3+4"和"3+3"分段培养项目，职业教育对口高考本科上线153人。在2017年全国和全省职业教育技能大赛中获金、银牌52枚，在省职业学校文明风采大赛中227件作品获奖，获奖率居全省第二。4个实训基地和6个专业群分别获批省职业学校现代化实训基地和现代化专业群。开展以"共筑职教梦、喜迎十九大"为主题的"职业教育活动周"系列活动。优化职业院校专业设置，提高招生专业与本地产业发展的吻合度，下发《扬州市职业教育集团成员院校2017年指导性招生计划》。推进职教"创新创业"教育工作，三星以上重点职业学校"双创"课程开设率100%。组建行业培训中心，开展针对小微企业员工的职业能力提升培训。全面推进社区教育富民行动计划，出台了

《关于在扬州市开展社区教育富民行动的实施意见》,创成江苏省教育服务三农高水平示范基地2个,江苏省标准化学习苑2个,江苏省"社区教育品牌项目"2个。

3. 高等教育发展取得新成果

目前,全市各类高校在校生达10万人,2014年起扬州每年实现人才净流入1万人以上,"十二五"期间累计吸引16万大学生在扬州就业创业。江苏旅游职业学院开始首批招生。扬州大学广陵学院新校区已粗具雏形,主体工程顺利封顶,于年底全面竣工,2018年春季将投入使用。制订了《扬州市大学生实习实训基地建设实施方案》。建立了全市高校思想政治工作联席会议制度,统筹协调社会各方资源,形成市校齐抓共管的工作合力,推进高校思想政治工作常态化制度化。会同市旅游、园林、交通等部门,全面实施高校新生入学一年内免费游览市区20个公办景点、乘坐市内公交享受对折优惠等两项政策。

4. 教育教学质量不断提升

以仪式教育为抓手,重视学生的德育体验,深入开展"感恩·励志教育校园行"、孝德教育、"三走进"等系列活动。大力实施"青少年茁壮成长工程",围绕营养改善计划、减负计划和健身计划,严格控制学生在校时间和书面作业量,切实减轻学生过重课业负担。"基于大数据背景下扬州市义务教育段学生健康提升的实证研究"被教育部列为国家级重点课题。举办全市中小学生田径、足球、篮球、排球、乒乓球等赛事。完善体育中考方案,将学生耐力跑列入了2017年招收的初一新生三年后体育中考时的必考项目,将足球、篮球和排球列入了选考项目。创成第四批省级课程游戏化项目2个,市级幼儿园课程游戏化建设项目16个,省小学特色文化课程基地3个,省薄弱初中课程项目3个,省高中课程基地3个。启动市级课程基地建设,全年创成市级课程基地15个。新创全国校园足球特色学校39所,省健康促进金牌学校10所(列全省第二)。首批聘任20余名扬州市中小学心理健康教育指导专家开展心理咨询活动。20个师生艺术节目在中央电视台少儿频道连续四期播出。深入推进教育质量攻坚工作,2017年扬州市高考

成绩再创新辉煌,万人口普通类本二以上达线率位居全省第一,全市高考综合实力稳居全省第一方阵。市教育局荣获全国群众体育先进单位。

5. 队伍素质不断提升

开展了新一轮师德师能建设双"百千万"工程,启动了青年教师起航行动、骨干教师攀越行动和特级教师牵手行动等"三项行动"。组织122名省、市特级名师到农村送培送教,受培农村教师超5000人次。组织市级以上教师培训3.2万人次,国外培训148人次。评出首届市特级班主任20名和第四届市特级教师50人。落实省乡村教师定向培养计划,录取190人。扬州市中小学教师发展中心已完成主体工程建设,宝应、高邮和广陵等县(区)级教师发展中心建设创建工作有序推进。打造市级乡村骨干教师培育站4个,县级乡村骨干教师培育站7个。完成了2017年全市义务教育阶段学校教师和校长交流工作。举办扬州市第六届"运河杯"中小学教师教科研论文大赛。扬州旅游商贸学校教师万代红被评为"感动江苏教育人物——2017最美职教教师"。

6. 民生建设有效推进

全面落实各项助学政策,义务教育阶段学生全面免除学杂费、教科书费、作业本费。为符合条件的家庭经济困难学生发放生活补助202万元,受益学生3136人。为普通高中家庭经济困难学生发放国家助学金223万元,受益学生2206人。为中等职业学校家庭经济困难学生发放国家助学金148.3万元,受益学生1483人。全市共招收宏志班26个,发放宏志班生活补助33.65万元,受益学生329人。发放生源地信用助学贷款398.4万元,帮助494名家庭经济困难学生圆大学梦。募集社会助学资金284.8万元,受益学生833人。切实做好残智障儿童的招生、入学和教育工作,残疾儿童受教育率达99%以上。16个社区学习辅导站免费辅导学生15000余人次。宝应县、高邮市和江都区率先试行划片入园,保障当地适龄幼儿入园需求。出台全市招生"十个严禁",规范招生行为,切实解决"大轨制""大班额"问题。开展了道路交通秩序大整治警校共建工作,切实强化校园周边环境综合治理、防溺水教育、消防安全教育及学生接送车辆管理。

二 扬州教育事业发展面临的问题

一是学前教育资源供给不足。学前教育投入是明显"短板"。全市学前教育资源总量不足,随着国家二胎政策实施,适龄幼儿入园需求将不断增长,亟须进一步加大公办园和普惠性民办园建设力度。幼儿园师资队伍总体数量不足,教师收入普遍偏低。

二是教育资源分布不均衡情况仍然存在。受城镇化进程加速、二胎政策实施等因素的影响,中心城区中小学及幼儿园配套建设仍滞后于城镇化进程,不能适应人口再分布的变动趋势,造成局部地区教育资源短缺,学生难以就近入学。同时,近期省市颁布的"十三五"基本公共服务功能配置标准,对中小学及幼儿园设置提出了新的更高要求。

三是教师队伍结构有待优化。目前,随着城区集聚效应日益凸显,区域内义务教育规模不断扩大,城区教师编制明显不足,农村教师结构性缺编严重,尤其是随着新高考方案的实施,高中教师缺编现象逐步呈现。

三 扬州教育事业发展的目标和建议

(一)着力建设好高品质教育体系

一是大力发展学前教育。加强公办园建设,鼓励普惠性幼儿园发展,实现适龄幼儿在公办或普惠性民办园就读比例达86%。落实农村地区幼儿园服务区制度,在全市农村地区全面建立公办幼儿园和普惠性民办幼儿园服务区制度,对服务区内的幼儿,提供学额保障,确保优先入园。创建一批省、市优质幼儿园,进一步扩大学前教育优质资源。深入贯彻落实《3~6岁儿童学习与发展指南》,深化幼儿园课程改革,开展幼儿园课程游戏化建设。通过开展亲子活动、家庭教育讲座、半日活动开放等系列活动,指导家长科学育儿。

二是坚持办好每一所义务教育学校。科学制订与动态调整义务教育学校布局规划，做到学校布局合理、规模适度、数量充足。加快义务教育学校现代化、标准化建设，有效改善办学条件。做好义务教育标准化建设监测，推进教育现代化示范区建设，完成义务教育"改薄"项目、中小学校舍安全改造和一批中小学建设任务，加快推进品牌学校、优质学校跨区办学和组团办学，进一步健全校长和教师定期交流制度。推行"智慧教育"，城乡学校网上结对共建巩固率达100%。

三是着力提高高中办学质量。逐步打造一批在全国、全省有影响的高中名校。加快普通高中省课程基地建设，加强对已立项的基地建设指导，全面提高课程实施水平。优化普通高中招生工作，进一步提高在省三星级以上高中就读的学生比例（96%以上），全市高中阶段毛入学率保持99%以上。高考升学质量确保"稳中有进"。

四是着力提高职业教育契合度。根据扬州基本产业和新兴产业动态发展需求，调整优化专业布局，打造一批重点公共实训基地。着力培养综合素质高、富有扬州特色的技能人才，举办职业学校技能大赛，推进现代学徒制试点。加强双创教师队伍培养，着力建设一批校内外创新创业实践基地。启动职业学校教学诊断与改进工作，做好职业院校专业会审，加大骨干专业"订单培养"力度，中职毕业生就业率保持在98%以上，其中在扬就业率达85%以上。加强市职教集团建设，积极发展社区教育，全面服务学习型社会建设。

五是着力提高高等教育办学品位。继续推进江苏旅游职业学院、扬州大学广陵学院新校区、大学生实习实训基地建设，推动扬子津科教园区功能拓展与完善，以及扬州大学国家级大学科技园建设等重点工作。加强高校思想政治工作，开展各类丰富多彩的校园文化活动，关注大学生心理健康，努力构建教育型、服务型、创新型的学生管理体系。抓好"不忘初心，牢记使命"主题教育活动，把加强服务型党组织建设作为推进高校系统党建工作的重点任务。

（二）着力推进好高品质素质教育

一是以立德树人为宗旨，以仪式教育为载体，加强和改进未成年人思想道德教育。深入开展"中国梦"主题教育、时代精神教育、"三爱"教育等主题活动，将之融入中小学德育课程教学等学校教育各环节。广泛开展经典诵读、"三走进"和城乡学生互动体验等活动，引导中小学生热爱祖国和家乡，增强民族自豪感和自信心，继承发扬家乡优秀传统文化。选树优秀学生典型，评选一批"美德少年"，形成良好辐射带动作用。

二是以培养素养为核心，大力开发实践课程、活动课程，实行学做合一，全面加强学生创新精神和实践能力培养。以加强和改进"道德与法制"等课程教学为切入点，重视小学生生活能力、文明素养和学习好习惯等养成教育。开展"扬州市中小学生核心素养展示月"活动，全面提高学生核心素养。以"轻负优质"为重点，继续开展常规管理"百校行"督查活动，常态化、制度化推进学校精致管理。

三是以身心健康为前提，分步实施青少年"茁壮成长工程"，推进学生营养改善、减负、健身计划，推进健康学校建设，提升学生体质健康水平。开展专项随机督查，确保中小学生每天在校体育活动1小时，小学和初中每天安排一节体育课（或体育活动课）和一次体育大课间活动。大力普及校园足球、篮球、乒乓球等项目，推动义务教育学校开设体育艺术类社团课。按照"学校测每生、县抽测每校、市抽测每县"的全市中小学生体质监测方案，进一步健全义务教育学生体质健康监测制度。研究出台学校食堂营养配餐的指导意见，组织全市中小学营养配餐和食品安全专题培训，加大营养配餐的科学指导。督促各校开齐开足心理健康教育课，开展心理教育专家进校园活动。

（三）着力打造好高品质教师队伍

一是立师德。紧扣"四有"（有理想信念、有道德情操、有扎实学识、有仁爱之心）标准要求，引导和敦促教师树立为人师表的良好形象。以

"金点子"征集和典型案例展评活动为抓手,倡导学校年轻干部、常思考、重行动。探索建立师德诚信体系,引导广大教师充分认识到违反师德就是"失信"。

二是强师能。继续以"青年教师起航行动""骨干教师攀越行动""特级教师牵手行动"为载体,分类推进,整体提升师能水平。扎实加强36个名师工作室建设,加快中青年骨干教师的培养,放大名师工作室辐射效应。修订骨干教师量化考核实施细则,完善考核办法、加大考核力度。实行中小学教师和校长全员轮训,加大骨干教师培养力度,提高教师专业素养,推进教师专业发展。加强校长队伍建设,举办校长培训班。评选第八批市级骨干教师。

三是树师表。发挥网上专题平台作用,常态化开展典型教师推介活动,向社会展示平凡教师的感人举动,传递社会正能量,激励广大教师坚守立德树人的平凡岗位。实施教师"幸福工程",关注教师身心健康,组织教职工篮球、羽毛球、乒乓球等体育竞赛,确保"人人体检,年年体检",进一步为教师成长、教育发展营造良好的环境。积极争取财政部门的支持,力争教师收入水平不低于公务员收入水平,进一步提升教职工的幸福指数。

(四)着力打造好高品质保障体系

一是加强党建工作。认真贯彻落实市委《关于推动全面从严治党迈上新台阶的实施意见》以及全省中小学党建工作会议精神,采取切实措施,提高教育系统基层党建水平。抓好"两学一做"学习教育常态化制度化工作,启动"不忘初心,牢记使命"主题教育活动。抓好《扬州市中小学党组织建设标准》落实工作,提高到位率,进一步规范基层党组织建设。推进市直学校做好基层党支部标准化建设,组织党务干部培训工作,提高党务干部基本素质和工作水平。深化在职党员"三亮"活动,即在职党员同志"亮身份,亮承诺,亮业绩",增强党员同志身份意识、服务意识、争先意识,培植本系统党建工作亮点。

二是强化作风建设。进一步贯彻落实中央八项规定、省委十项规定和市委二十条意见以及《扬州市教育局关于改进工作的八项规定》。推进年轻干部成长"434青蓝工程",重点以百名年轻干部"四有"领航下"排忧解难"大行动为载体,组织年轻干部下基层、接地气,为学校、师生、家长排忧解难,提高年轻干部发现问题、解决问题以及办实事、干实事的能力。进一步强化内部控制制度的执行,加强政府采购管理,完善资产管理程序。加强依法行政评议考核工作,健全和完善依法行政工作机制,提升全市教育系统的依法行政、依法治教工作水平。

三是完善精准帮扶。推进学生资助从保障型资助向发展型资助转变。继续贯彻落实国家、省、市"精准助学"政策精神,建立健全"精准资助"工作机制,深入推进宏志班"集群式帮扶"工程。逐步完善全员覆盖、全程助学、全面受益的精准助学体系,确保经济困难家庭和弱势群体子女平等享受教育权益,有效维护教育公平。通过搭建平台、开展活动、选树典型,推动资助育人工作"显性化",强化受助学生励志教育、诚信教育、社会责任感教育,不断提升"资助"与"育人"双重助人功效。加强对普通小学随班就读工作的指导,积极推进残疾人高中阶段整合教育、义务教育阶段特殊学生"个别化教育"及"送教上门服务",依法保障残疾儿童少年的受教育权利。

B.20
2017年扬州卫生计生事业发展报告

黄为民　陈东升*

摘　要： 深化医药卫生体制改革、建设现代医疗卫生体系，打造"健康中国扬州样本"是扬州市卫生计生事业的发展目标。本文分析了扬州卫生计生事业的发展基础，正视主要矛盾和问题，提出了切实可行的对策和建议：全面深化医药卫生体制改革，坚持以"强基层"为重点推进分级诊疗，努力构建大健康、大卫生服务体系，全面提升计划生育和妇幼健康服务水平，进一步提高医院服务质量，进一步彰显中医药优势。

关键词： 卫生计生事业　医疗卫生体制　服务体系

一　扬州卫生计生事业发展现状

目前，扬州全市卫生机构总数1787所，全市医疗机构床位20683张，卫生人员总数31799人，其中执业医师10405人，每千人口执业（助理）医师为2.32人；注册护士10406人，每千人口注册护士为2.32人。为实现"人人享有基本医疗卫生服务"打下了坚实的基础。

医药卫生体制改革成效明显。全民医保的制度基本建立，多渠道的投入保障机制不断完善。按照"保基本、强基层、建机制"的原则，实施医疗、

---

* 黄为民，扬州市卫生和计划生育委员会主任、党委书记；陈东升，扬州市卫生和计划生育委员会财务处（规划与信息处）处长。

医药、医保三医联动。所有政府办基层医疗卫生机构全部实施基本药物制度,所有政府办医疗卫生机构全面实行药品零差率销售,群众看病就医费用负担有所减轻。

医疗卫生服务体系更加健全。在省内率先建成覆盖城乡的医疗急救网络体系,实现"15公里半径医疗急救圈"和"15分钟健康服务圈"。基层医疗卫生机构新改扩建比例达46%,全市乡镇卫生院(社区卫生服务中心)标准化建设达标率达90.8%,村卫生室(社区卫生服务站)标准化建设达标率达92.5%。18家农村区域性医疗卫生中心全面建成投入使用,组建城市医院和县级医院医疗集团(医联体),建立政府财政支持的医联体对口支援制度,推动公立医院优质医疗资源下沉"强基层"。

城市公立医院改革不断深化。作为国家公立医院管理体制改革试点市,2015年下半年以来,扬州市在全省较早成立了公立医院管理委员会并实现实质性运作,较早出台了公立医院"一院一策"绩效考核办法,较早开展了公立医院人事编制备案制改革试点等工作。全面深化公立医院医药价格综合改革,深化管理体制、人事薪酬制度和医保支付方式改革,加快推进公立医院转型升级。

医联体建设启动较早、定位较高。从2015年开始,市委市政府组建苏北人民医院医疗集团(医联体),提出在江苏可复制、在全国有影响可推广的目标。2016年,在总结相关经验基础上,又在全市范围内按"市域、市区、县域"三个层面打造覆盖全市、有序运行的纵向医疗联合体。扬州市的医联体建设区别于以往由医疗机构自主建立的松散型医联体,坚持政府主导,以公益性为原则,突出"三医联动",在财政投入、医保政策、药物政策、基础设施和人才队伍建设等方面给予特殊的倾斜政策。

人口计划生育目标全面完成。出生政策符合率99.97%,孕前优生健康检查覆盖率111.9%,家庭健康服务覆盖率95.36%,出生性别比为107.12,流动人口管理服务率94.37%,人口公共服务机构覆盖率98.75%,人口信息化建设指数98.71%,人口计划生育队伍建设达标率96.74%,人口计划生育奖励优惠政策全面兑现。

新农合保障水平明显提高。全市新农合人均筹资标准从545元提高到600元,各级财政补助从人均200元提高到470元,参保率99%以上,政策范围内住院补偿比达76%,最高补偿限额提高到20万元。

公共卫生服务逐步均等化。基本公共卫生服务经费标准提高到人均60元,服务项目增加到14类55项,重大公共卫生服务更有保障,为10万农村妇女免费提供宫颈癌筛查、乳腺癌筛查,为2.97万名农村孕产妇提供不低于500元的住院分娩补助、免费增补叶酸等服务。

医疗服务能力和水平进一步提升。一批医疗新技术在全省领先。建成一批医疗卫生重大项目,群众看病就医条件得到进一步改善。

二 扬州卫生计生事业发展面临的形势和问题

2017年,是全面贯彻落实市第七次党代会精神的开局之年,也是打造健康中国扬州样本、深化医药卫生体制改革、推进卫生计生重大项目建设、加快构建分级诊疗制度的关键之年,机遇和挑战并存。从国家层面看,党中央、国务院召开全国卫生与健康大会,明确把人民健康放在优先发展的战略地位。《"健康中国2030"规划纲要》和《"健康江苏2030"规划纲要》先后出台,为健康中国和健康江苏建设确定了行动纲领,指明了方向。从省级层面看,省第十三次党代会强调要推进健康江苏建设,努力为人民群众提供全方位、全周期的卫生和健康服务。省委省政府召开了全省卫生与健康大会,部署在全省开展十大行动,深入推进健康江苏建设。从市级层面看,市第七次党代会提出,要办好"十件大事",高水平全面建成小康社会。其中打造健康中国扬州样本,让人民群众享有更多更好的民生福利,被列为未来五年的10件大事之一,并作为高水平全面建成小康社会的重要标志。启动建设四个市级卫生计生重大项目、全面建成18家农村区域性医疗卫生中心、促进全市纵向医联体务实有效运作、加强基层卫生人才培养、推进家庭医生签约服务、深化健康教育和健康促进等卫生计生重点工作已经被列入2017年市委"民生1号"文件、市委全委会报告和市政府工作报告。

2017年，全市卫生计生工作一直坚持"认真贯彻落实全国和省卫生与健康大会精神，紧紧围绕市第七次党代会的总体部署，以打造健康中国扬州样本为主线，以人民群众对健康的期盼为目标，深化医药卫生体制改革，加快建设现代医疗卫生健康体系。以'强基层'为重点，着力提升卫生计生服务能力，推进分级诊疗，推动公立医院转型发展，优化生育全程服务管理，加强重大疾病防控，大力发展中医药，强化健康教育和健康促进，进一步满足人民群众的健康服务需求"。坚持大卫生、大健康理念，坚持以人民健康为中心的发展思想，坚持深化供给侧改革、彰显优势、补齐短板工作方向。

目前，扬州市卫生计生事业改革发展还存在一些矛盾和问题：医疗卫生资源总量相对不足，优质资源分布不尽合理，专科医疗卫生资源较为紧缺；服务能力还不能适应群众快速增长的健康需求，代表尖端医疗技术水平的核心竞争力还不够强，基层医疗卫生服务还不能让群众充分信任和满意；高端人才、基层人才不足依然是制约卫生计生事业发展的瓶颈；医疗卫生机构之间分工协作机制还不完善，分级诊疗制度尚未有效建立；公立医院管理体制和运行机制还不够完善，改革创新转型发展的力度还需要进一步加大；随着生育政策调整、人口老龄化、疾病谱变化以及由治病向防病工作重心的调整，如何转变健康服务模式，为人民群众提供接续性的卫生计生服务，也是摆在我们面前的新课题。这些问题必须引起我们的重视并采取更加有力的措施切实加以解决。

三 加快扬州卫生计生事业发展的建议

1. 全面深化医药卫生体制改革

2017年是实现省级综合医改试点阶段性目标的冲刺年，必须继续推动综合医改取得新突破，推进公立医院管理体制改革，全面推动各级公立医院管理委员会实质运作，完善院长负责制，强化公立医院管理效益，继续加强公立医院医药价格动态监测。完善医药价格综合改革政策，动态调整医疗服

务价格,公立医院药物占比力争降到30%以下,公立医院医疗费用平均增长幅度控制在10%以下。落实公立医院财政补助政策。争取各级政府落实对公立医院实施医药价格综合改革的政府补助,落实对中医药事业发展投入倾斜政策。严格控制公立医院举债建设,合理控制债务规模。将经核定的公立医院长期债务纳入政府性债务统一管理,制定具体办法,逐步予以化解。积极推动建立科学合理可持续的补偿机制。全面推开人员编制备案管理改革,对备案制人员探索试行年薪制等多种形式的分配方式,实行同岗同酬。进一步扩大用人单位自主权,建立按需设岗、竞聘上岗、按岗聘用、合同管理的新机制。各县(市、区)继续积极探索实行人员编制的总量管理、统筹使用,实施基层卫生人员编制"县管乡用、乡管村用"。深化薪酬制度改革,合理确定绩效工资总量和水平,适当放宽医疗卫生机构绩效工资总额控制。提高人员经费支出占业务支出比例,力争2017年达到40%。试行公立医院院长绩效工资年薪制,建立年薪制考核办法。不断健全药品供应保障体系。完善基本药物制度,推动各级各类医疗机构全面配备、优先使用基本药物,推动二级以上医疗机构优先配备使用基本药物和低价药品,并使配备使用基本药物通用名和销售金额达到规定比例要求。在医联体和医疗集团内加快构建有利于双向转诊的药品配备模式,由各县(市、区)卫计委牵头,分析研究辖区居民常见病、多发病用药习惯,以及基层医疗卫生机构与二级以上医院间相关疾病用药目录的差异,研究制定基层医疗卫生机构药品增补目录及增补实施方案,特别是18家农村区域性医疗卫生中心在医联体对口帮扶下,基本实现中心与二三级医院用药衔接,其他一般乡镇卫生院(社区卫生服务中心)充分用足用好"可增补基本药物目录外10%、销售额15%"的政策,满足群众用药需求。

2. 坚持以"强基层"为重点推进分级诊疗

全面建成18家农村区域性医疗卫生中心,围绕到2020年18家中心全部创成或达到二级医院标准,加快落实"一院一策"五年发展规划,全面启动18家中心创建二级医院工作,主动"对标找差",落实关键措施,实施医联体精准帮扶,着力加强以人才队伍、设备装备、特色科室、质量管理等为重点的内涵能力建设。推进各级各类纵向医联体务实有效运作。以慢性病为切入点，开展高血压、糖尿病"三位一体"综合防治管理服务。以老年人、慢性病人、农村建档立卡低收入人口、孕产妇、0~6岁儿童、残疾人、严重精神障碍患者等为重点，积极推进个性化签约服务。大力实施卫生人才"强基工程"，确保到2020年实现"双千人"培养目标。率先在18家农村区域性医疗卫生中心按一定比例和条件遴选基层"骨干医生"，深化基层运行机制改革。完善政府财政补助方式，全面推行核定任务与定额补助挂钩、适时动态调整的财政补助政策，积极探索政府补助与购买服务相结合的补偿模式。鼓励各地积极探索建立符合基层医疗卫生服务特点的价格体系。全面推动家庭医生签约服务费不纳入绩效工资总量管理。加快智慧健康建设步伐。全面推进医改惠民信息化工程，启动市人口健康信息平台升级、居民健康卡、远程诊疗、预约诊疗等项目建设。加快"三个一"工程进度，提高电子健康档案规范化建档管理率，推进居民健康卡普及应用。大力发展远程医疗服务，以县域为单位实现全覆盖。积极实施"互联网+健康医疗"服务，开展预约诊疗、疾病管理、线上支付、在线随访等业务应用，方便群众看病就医。

3. 努力构建大健康、大卫生服务体系

规范实施基本和重大公共卫生项目。加强疾病防控，推进县（市、区）疾病预防控制中心达标建设。继续实施市对县（市、区）、县（市、区）对乡镇的疾病预防控制工作对口支援。加强病媒生物防制，病媒生物密度控制在国家规定的标准以内。以农村为重点，结合区域性医疗中心建设，进一步合理规划、建设完善城乡医疗急救体系。以胸痛、卒中和创伤中心建设为载体，实现院前院内急救无缝隙衔接，提高救治成功率。进一步完善卫生应急体系，推进卫生应急工作规范化建设。

4. 全面提升计划生育和妇幼健康服务水平

有序推进全面两孩政策实施，落实计划生育目标管理责任制。稳定和加强基层计划生育工作力量，在全面完成基层卫生计生服务资源整合的基础上，进一步明确乡级卫生计生办公室职责。完善生育全程医疗保健服务链，加强孕产妇和新生儿危急重症救治能力建设,形成分级负责、上下联动、应对有序、运转高效的救治网络体系。全面落实法律法规规定的各项计划生育奖励扶助政策,有效开展计生特殊家庭扶助关怀工作。充分发挥新家庭计划的示范引领作用,提升家庭发展能力。全面落实流动人口卫生计生均等化服务,推进流动人口社会融合,落实农村留守儿童健康关爱工作,协调相关部门开展督察评估,推动工作落实。积极参与国家和省级流动人口健康促进示范单位创建活动,评选流动人口健康家庭,提升流动人口健康素养和健康水平。

5.进一步提高医院服务质量

着力提升县级医院服务能力。新建区域性集中消毒供应中心、区域性检验中心、区域性影像诊断中心、区域性病理诊断中心、远程会诊中心。继续开展改善医疗服务行动。结合医疗技术临床应用管理、临床路径管理、检验检查结果互认、"三合理"规范落实、抗菌药物合理应用等工作,进一步规范医疗机构及医务人员诊疗行为。加强对公立医院费用总量、单位服务费用均值、费用构成等的监测。认真组织实施高层次人才"六个一"工程和"科教强卫"工程,以临床为重点,精心组织各类人才项目的遴选申报,培养造就一批医学领军人才、重点人才和创新团队。

6.进一步彰显中医药优势

完善中医药发展保障措施,实施好中医药发展战略规划纲要、中医药健康服务规划和省、市中医药事业发展"十三五"规划。争取落实中医药扶持政策。在推进医保支付制度改革中,完善差别支付政策,鼓励使用中医药服务。积极推进基层中医药信息化服务。强化中医医疗机构建设与发展。加大中医医疗机构日常管理工作力度,加强医疗安全和医疗质量控制。实施中医临床优势培育工程,加强中医临床科室建设。各级医疗卫生机构积极开展中医药"治未病"服务。大力推进中医药与养老相结合的"医养结合"试点。积极推进家庭医生中医药签约服务。

B.21 扬州产业工人队伍劳动经济权益中的问题及对策建议

——基于扬州市总工会对产业工人状况的调查

洪慧娟 高云 吉晶 郝明然*

摘 要: 课题组结合工会改革调研,通过对产业工人状况的调查,以及企业劳动用工风险评估等,充分掌握全市产业工人合法权益维护的整体情况。调查发现,扬州劳动经济权益总体情况较好,但依然存在劳动保障机制不够健全、参与企业民主管理程度不高、一线农民工收入水平较低、"五险一金"缴纳比例不足、加班时间过长、厂务公开规范化不足、对职工素质发展提升关注不够等问题。本文提出了充分维护职工权益、促进产业工人队伍稳定的对策建议。

关键词: 产业工人 权益 调查

一 扬州市产业工人劳动经济权益实现程度基本状况

2015~2017年,市总工会牵头市人社局、法院等部门,在全市1000家企业开展劳动用工风险调查,其中有国有企业150家、集体企业40家、股

---

* 洪慧娟,扬州市总工会副主席;高云,扬州市总工会办公室副主任;吉晶,扬州市总工会办公室科员;郝明然,扬州市总工会办公室科员。

份制公司58家、民营企业732家、合资外资企业20家。我们随机选取了2000名职工填写了调查问卷,同时对部分企业和职工进行了个案访谈。调研结果显示,扬州市产业工人经济权益实现的总体情况为:国有企业实现效果明显好于非公企业,大中型企业优于小微企业,生产正常、效益较好的企业优于经营困难的企业,有工会组织的企业相较没有工会组织的企业有一定优势。整体呈现以下五个特点。

一是产业工人收入稳定增长。尽管一些企业面临供给侧结构性改革带来的转型升级压力,但总体上全市经济还是积极因素更多,呈现总体平稳、稳中有进的态势。扬州市职工特别是一线职工工资收入稳定。调研显示,在一线产业工人中,月工资高于4500元的占12.0%,2500元以上的占78.2%。对自己目前工资收入水平满意或比较满意的职工超过六成,在工资集体协商制度普遍建立的情况下,因工资薪酬产生的劳动争议发生率不断下降。调研的企业中,建立工资集体协商制度的占92%,这些企业没有发生过薪酬问题的劳动争议。

二是产业工人休息权逐步落实。调研显示,70%以上的企业制定了年度带薪年休假计划,向职工公布执行带薪年休假情况的占67.3%,有55.3%的职工能连续足休带薪年休假,有61.3%的职工能按时休够法定节假日,64.6%的职工加班能够按法定标准领取工资。国有企业和大中型股份制企业都能落实双休和法定节假日,大部分企业能够落实带薪年休假,在部分民营企业中,通过倒休、经营淡季休假等措施,解决职工加班、双休、节假日等正常休息休假难问题。

三是社会保险覆盖面逐渐普及。截至2016年底,全市企业职工养老保险参保人数107.42万人,城镇职工基本医疗保险参保124.19万人,职工生育保险参保人数为65.04万人,失业保险参保人数为65.49万人,工伤保险参保人数79.88万人。调研显示,扬州产业工人参保率最高的是养老保险。同时,企业对辅助保险的办理率不断提高,如不少物业公司都为一线环卫工补充办理了商业险。市总工会开展职工互助互济活动,每年新增参保职工1万多人,减轻了职工生大病后企业和家庭的负担,受到企业和职工的普遍欢迎。

四是就业创业工作稳步推进。截至2016年底，全市城镇新增就业7.23万人，实施成功创业7231人，创业带动就业2.17万人。随着推进"大众创业、万众创新"的就业优惠政策不断落实，就业规模不断扩大，就业结构持续优化，为扬州市产业工人劳动就业提供了更加有力的支撑和保障。

五是企业劳动保护不断加强。2017年以来，全市未发生重特大生产安全事故，安全生产形势持续稳定向好。调研显示，有85%的调研企业签订了劳动保护专项集体合同，89.4%的企业签订的劳动合同中向职工告知了生产过程中存在的职业危害因素。企业安全生产主体责任进一步加强，均建立了企业主要负责人为组长的安全生产管理机构，并层层签订了目标责任书。大多数企业建立了设备安全管理、操作规程、安全培训、劳保用品使用、应急预案、安全奖惩等多项制度，形成了较为完备的管理制度体系。市总工会建立劳动保护片区服务站49个，有力推动了劳动保护工作向基层延伸。

二 维护产业工人劳动经济权益中存在的问题

从总体上看，近年来扬州市经济发展的良好态势对产业工人劳动经济权益的实现起到了重要保障作用。市委紧扣"两聚一高"，办好"十件大事"，打赢富民增收攻坚战的各项部署让产业工人有了更多幸福感和获得感。但是，投资主体日趋多元化，市场经济走势复杂多变，扬州市产业工人劳动经济权益在实现过程中仍存在一些突出问题，一线职工反映强烈的主要体现在以下几个方面。

一是劳动保障机制还不够健全。工会与行政机构进行平等协商、签订集体合同在一些企业难以开展；在部分已进行工资集体协商的企业中，存在不同程度的重签约、轻协商，有形式、无实效的问题。在劳动用工风险评估行动中发现，职工的劳动合同签订率在90%左右，存在大量农民工和临时用工未签劳动合同的问题，在一些小微企业中存在试用期期间不签订劳动合同的情况。

二是职工参与企业民主管理程度还不足。对职工的问卷调查显示,由职工与经营者共同协商的企业和职代会审议通过来确定工资收入的占80%左右,一些非公企业经营者认为是否给职工加工资完全由经营者的策略决定,没有协商必要。仍有一些私企老板恶意拖欠或拒不支付职工工资,2016年,通过农民工工资专项整治行动,追回拖欠工资300万元。

三是一线农民工收入水平较低。调研分析显示,在岗职工中农民工与正式工收入有较大差距。在一些中小企业和一线苦脏累险行业中,职工的工资参照全市最低工资标准,甚至还有一定滞后性,即最低工资标准提升后,职工需要在下一次签订合同时才能将工资提升至最低线。劳务派遣工普遍认为工资方面同工同酬难以实现,40%的农民工对自己目前的工资收入水平表示"不满意",远高于正式职工比例。

四是"五险一金"缴纳比例不足。扬州市"五险一金"缴纳率总体呈上升态势,但仍有一些非公企业未缴或未足额缴纳。2017年上半年,劳动监察机构督促用人单位缴纳社会保险费184.5822万元,对不少拒缴企业下达整改通知书。

五是加班时间过长。部分非公企业实行每月4天假,且不实行带薪休假。生产型企业采取订单方式结算工资,往往将任务定得过重,职工不得不通过加班完成任务。这种企业的职工维权难度较大,有5%的职工反映每天上班时间要超过10小时,72.6%的职工希望减少双休日加班。

六是厂务公开规范化不足。大多数非公企业在厂务公开方面还存在不足,难以发挥实效。职工对关心的问题缺乏了解渠道,公开事项多为无关痛痒的事项,或者是简单的企业成绩宣传。职工应享有的权益公开较少。

七是对职工素质发展提升关注不够。92%的职工提出希望能够在培训方面进一步加大举措,反映了一线职工对自身综合素质提升的需求非常强烈。另外,不少农民工因受户籍制度影响,在医疗、住房、子女教育、自身培训等方面享有的待遇存在较大落差,72%的农民工认为"融入城市有难度"或"尚未融入城市"。

三 维护职工权益，促进产业工人队伍稳定的对策建议

产业工人基本劳动经济权益的实现是职工生存的根本保障，更是构建和谐劳动关系、保障产业工人队伍稳定、促进社会和谐发展的基础。结合扬州市实际情况，建议重点围绕以下五方面开展工作。

一是建立健全维护劳动权益的制度规定。强化源头参与，建立政府、工会、企业三方协调协商机制，构建和谐劳动关系，规范收入分配秩序，落实职工工资正常增长制度。推进工资集体协商提质增效，完善法定假期和带薪年休假制度。政府相关执法部门要加大查处力度，对企业用工违法事件做到严格执法，违法必究。加大依法惩处追责力度，加大违法处罚成本，引导企业维护好职工的基本劳动经济权益。

二是强化劳动经济法规政策宣传。充分发挥媒体舆论的作用，利用市总工会网站、微信平台、报纸、杂志等媒介，广泛宣传劳动经济法规，为职工维权打好群众基础。继续举办非公企业党建、工建培训班，引导企业重视职工诉求。选树劳动关系和谐企业典型，并大力宣传，营造构建和谐劳动关系的良好氛围。

三是注重产业工人队伍素质提升。着眼培养产业紧缺型技能人才，广泛开展职工技术等级培训、岗位技能培训，满足不同层次职工的培训需求，通过师徒结对等活动，培育一批职工创新团队和金牌职工。选树"首席技师""首席员工""扬州工匠"，不断扩大工人专家、能手群体队伍，激励职工高技能人才成长。以职工书屋创建为抓手，加强职工文化阵地建设，通过知识竞赛征文、演讲等活动，深入推进职工读书节、职工网上大学和职工书屋建设，努力形成职工读书学习的浓厚氛围。继续扩大职工书屋建设范围，放大拓展书屋功能。继续开展"义工教授"培训活动，并组织"义工教授"进企业答疑解惑。开展"职工大舞台"活动，持续推进百企万人体育锻炼达标行动。

四是重视农民工维权工作。推动农民工和城市职工"同等待遇"，尽快

消除城乡户籍制度产生的身份差异,加快农民工市民化进程。进一步建立健全农民工权益保障法律体系,并强化人大等监督部门的执法检查和监督,确保相关法规的严格执行,切实把农民工权益的维护和保障纳入制度化、规范化、法制化轨道,从根本上保障农民工合法权益。严格执行《劳动法》《劳动合同法》等用工管理法规,通过"农民工入会集中行动",将农民工普遍加入工会组织,让他们找到"娘家"。加大执法力度,对拖欠农民工工资的失信企业,由有关部门在政府资金、招投标、市场准入、评优评先等方面予以限制,提高企业失信违法成本。

五是加强基层工会组织建设。要继续推进企业普遍建立工会组织,特别是一些长期未建会的外资企业,要动真碰硬,从多种渠道促成建会。加强源头参与,对关系职工切身利益事项的政策要参与调研和政策制定,为职工发声,反映一线产业工人的意见。抓好维权机制建设,建好用好职代会、联席会、民主管理、集体协商等制度。主动参与工资集体协商、企业文化建设、产业工人队伍素质提升等工作,强化工会组织的吸引力、凝聚力,把工会真正建成与职工的"职工之家",维护好全市产业工人的完整劳动经济权益。

B.22
2017年扬州民政事业发展报告

扬州市民政局课题组*

摘　要： 2017年，扬州市民政工作在市委市政府的正确领导和省民政厅的悉心指导下，围绕大局，切实履行改善民生、落实民权、维护民利的基本职责，解放思想，深化改革。2017年，民政部顾朝曦副部长对扬州市邗江区康乐社区武庄8号楼群自治文明样本作出批示；9月，市委市政府组织召开了全市社区建设大会；11月，市委市政府组织召开了全市老龄工作会议，实现了民政事业新发展。但是，在取得成就的同时，也有一些工作需要进一步加强，如现代民政建设工作有待进一步推进，社会工作专业人才队伍有待进一步扩大，民政信息化建设有待进一步加强。本文对2017年的民政工作进行了全面总结、深度剖析，同时对需要进一步重视和加强的工作提出了实际举措。

关键词： 民政事业　社会工作　现代民政　信息化

一　扬州民政事业的发展现状

2017年以来，全市民政系统按照省民政厅、市委市政府的工作部署，

---

* 课题组负责人：王振祥，扬州市民政局局长。课题组成员：杨向林，扬州市民政局办公室主任；曾漳龙（执笔人），扬州市民政局法规处处长；章咪（执笔人），扬州市民政局办公室科员。

围绕中心，服务大局，履职尽责，狠抓落实，圆满完成了 2017 年的各项工作。

（一）民政能力建设不断推进

深入推进全面从严治党，扎实开展"两学一做"学习教育，配合完成了市委巡察组巡察工作，部署开展了"两教育一行动"，集中落实"大走访大排查"。更加注重基层民政能力建设，建立了基层民政干部滚动轮训机制，完善了民政工作业务培训制度，举办了两期基层民政干部"综合业务培训班"。逐步完善了市局机关规范化建设，推动了民政"放管服"改革，推行清单服务和"不见面"网上审批；强化了内控管理制度，完成了直属单位内部审计，实施了市民政局《向社会购买服务暂行规定》《固定资产管理办法》；推进了民政标准化建设，与市质监局签订了标准化战略合作协议，联合开展了标准业务培训和标准创制试点工作。

（二）基本民生保障持续改善

推动建立了政府牵头的困难群众基本生活保障协调机制，完成了城乡低保、特困供养、孤儿养育标准的新一轮提标工作。社会救助更加注重精准、公平、高效，部署开展了低保专项整治行动，进一步完善低保救助家庭档案，核查清理"人情保、关系保"等问题。城乡低保实现了以县市为单位的标准一体化，从 2017 年 7 月 1 日起，市区城乡低保标准提高至月人均 630 元，宝应县、高邮市提高至月人均 585 元，仪征市提高至月人均 600 元。采用政府购买第三方核查服务方式，完成了对各地社会救助政策落实情况督察。进一步推进提升"救急难"质效，加快推进低保核对平台金融信息核对，加强完善社会救助政策和支出型贫困问题研究。继续完善困境儿童分类保障，全年共资助 1200 名在校困境儿童，每人每学年资助 2000 元；各地完成孤儿养育标准提标，从 7 月 1 日起，集中供养孤儿养育标准不低于 2050 元/月，社会散居孤儿不低于 1215 元/月；规范发放残疾人两项补贴，上半年为 36786 名残疾人发放困难残疾人生活补贴、重度残疾人护理补贴 1.62

亿元；联合财政、残联出台《困难残疾人生活补贴和重度残疾人护理补贴发放管理工作指导意见》，创新开展了信息化管理数据核查。开展"5·19慈善一日捐"系列活动，市、县两级募集善款超过5000万元。

（三）养老服务供给更加优化

围绕建设"颐养之城"，联合质监局制定下发了《扬州市颐养社区建设指南》，指导19个颐养试点社区开展个性化创建工作；加强社区居家养老服务规范化，编印了《扬州市标准化社区居家养老服务中心工作手册》；新建105个省级标准化居家养老服务中心和137个社区老年人助餐点，建成3个街道级区域性日间照料中心和5个街道级中央厨房。完善居家养老服务中心社会化运营机制，举办了社区居家养老服务供应商供需洽谈会，建立生活照料、健康关爱、文体娱乐、个性服务等合同化、契约化服务关系。积极发挥了老年工作品牌效应，组织承办了"5·3扬州市民日·百寿宴"，统计发布了全市2016年老年人口信息和老龄事业发展状况报告，规范发放了15.24万名老年人尊老金5100多万元。社区居家养老项目建设有序推进，启动了市区养老服务设施布局专项规划。深入开展了养老机构服务质量提升专项行动，加强督察力度，基本形成"一机构一表册一措施"的整改档案；联合市食品药品监督局召开了全市养老机构食堂食品安全规范化管理现场会，加强了养老机构食堂食品安全管理，全市103家养老机构全部领取了食品经营许可证。加快提升医养融合发展水平，"市级示范、县区联动、社会参与"的养老机构发展格局初步构建。

（四）社会治理创新有序推进

社区建设强基工程稳步推进。全市1386个村（居）委会选举成功率100%，参选率、无候选人选举率、直接投票率等均不同程度上升。"微自治"试点初显成效。广陵区实现"社区治理委员会"全覆盖；邗江区康乐社区将武庄8号楼群自治经验编印《自管志》，社会反响强烈，民政部顾朝曦副部长批示予以推广。在广陵区玺园、邗江区安平、江都区禹王宫等24

个社区推进全科社工，试点探索"综合受理、后台办理、一门服务"。城乡社区建设同步推进，"一村一策"指导61个农村社区试点建设。上线社区网格化管理模块和App移动客户端，上半年在市区7个街道55个社区进行试点，服务平台累计办件量近8000件，网格化平台共录入人口信息数据近8万户、20万人，办理事项超过1.6万件。举办了四期社区工作者培训班，累计培训400余人次。社会组织能力提升计划有序实施。有计划、有重点地培育和支持枢纽型、支持型社会组织发展，制定了专项资金扶持办法。探索推进了广陵区社会组织发展促进会试点工作，区、街道已有5家社会组织发展促进会成立，加快推进社会组织党建工作。完成第五届公益创投和首届微公益创投活动，共立项199个项目。开展社会组织分类培训沙龙交流，举办了"社会组织开放日"活动，参加活动人数近千人次。依据《慈善法》，启动了慈善组织的认定工作。开展了社会组织"红顶中介"专项清理工作。全市推广民政部门购买服务项目和公益创投项目招投标，促进发展"政府主导、社会协同、项目运作、专业服务"的社工发展模式。

（五）优抚安置政策积极落实

认真贯彻落实省政府办59号文件，制定出台扬州市79号文件，全面落实各项优抚安置政策，切实为优抚安置对象办实事、解难题。创新探索建立优抚服务站，为优抚对象提供困难帮扶、政策宣讲、精神抚慰等服务。结合建军90周年联合《扬州日报》推出了退役士兵就业创业典型，引导更多的退役士兵投身"大众创业、万众创新"。采取"积分选岗，阳光安置"的办法，安排了一定数量的事业编制岗位供市区符合政府安排工作条件的退役士兵选择，全市安置率保持100%。

（六）民政服务效能得到提高

出台了《扬州市地名管理办法》，完善地名管理工作规范。开展了第二次全国地名普查工作，地名信息录入工作全省领先。进一步健全未成年人社会保护和农村留守儿童关爱工作机制，牵引协调19个部门成立未成年人

(农村留守儿童)关爱保护工作领导小组,启动了"合力监护、相伴成长"专项行动,对2016年摸排出的无人监护19名、无力监护635名留守儿童逐一落实了监护责任。联合团市委、广电总台完善"12355"未成年人保护平台运营机制,常态化、规范化开展未成年人保护工作,获得了部、省督察组好评。全面做好流浪乞讨人员救助管理工作,街面巡查800余次,接收救助各类求助人员1600人次。联合公安部门开展了市救助站174名滞留人员安置落户工作。

二 扬州民政事业发展面临的问题

(一)现代民政建设工作有待进一步推进

现代化建设是工业、市场等发展的必然要求。推进民政事业和管理服务的现代化建设,是加强和创新社会治理的重要手段。2017年民生十项实事,其中有七项涉及民政工作。正如省民政厅厅长侯学元所说,这充分体现了民政工作在江苏高水平全面建成小康社会中的重要地位和作用,要把建立健全"政府主导、社会协同、市场参与"的现代民政体制机制作为改革的第一要务,拓展社会力量和市场机制全方位参与民政工作的制度化渠道,让各类主体在民政领域活力迸发。目前,扬州市范围内已有广陵区、邗江区建成现代民政示范县(市、区),其他地区正在积极筹备申报。

(二)社会工作专业人才队伍有待进一步扩大

充足的社会工作人才是民政工作有效开展和优质发展的必要条件。扬州民政社会工作人才主要集中在社区管理和社会福利。优抚安置、慈善事业、减灾救灾、社会救助等领域的社会工作人才总量明显不足,分布也极不均衡,极有可能导致社会服务和管理需求得不到满足。同时,社会工作人才的培训或专业教育少,社会工作人才队伍总体上年龄结构偏大、学历层次不高,几乎没有博士和海外人士,使得现有的服务内容较少、方向单一,民政服务水平和质量仍有很大的提升空间。

（三）民政信息化建设有待进一步加强

现代民政工作越来越注重信息数据的交流。民政信息化,有利于民政部门直接面向公众,为内部结构的扁平化发展打基础;有利于及时反映民政服务对象的动态变化,实现民政工作的科学管理;有利于提高民政法治化建设水平,促进民政资源合理充分利用。2011年以前,扬州市民政信息化都是应用部省系统,以单机系统为主,没有自建系统。信息化基础设施不足,软硬件设施均相对缺乏。另外,就目前的基层民政人员队伍整体水平来看,普遍存在信息化管理水平偏低的情况,基层民政落后导致民政信息化建设发展缓慢。

三 扬州民政事业发展的建议

（一）加快现代民政建设工作发展速度

根据省民政厅《关于印发现代民政示范县（市、区）指标体系》的通知,结合扬州实际,市民政局制定并出台了《扬州市现代民政建设指标体系（2017年度）》,指标覆盖面全、目标值新、分值布局合理,包含社会救助和社会福利、优抚安置、养老服务、基层社会治理、社会事务等20类50条,力求提高管理效率、明确各自职责、降低行政成本。另外,需进一步转变工作重心,从现代民政创建工作任务转变成切实优化民政工作流程、提升民政工作效果。

（二）加快社会工作人才队伍建设

立足民政发展实际、面向广大社会群众,积极探索和创新,建立一支符合扬州地域特色、迎合扬州百姓习性、配合扬州城市发展的社会工作人才队伍，解决人民群众最直接、最实际的自身利益问题。注重社会福利、社会救助、社区管理、优抚安置等领域的社会人才培育。全面落实全市社区建设工作会议精神和《扬州市社区建设行动计划（2017～2020年）》要求，深化政社互动，全面推进"全科社区工作者"服务模式。在此基础上，继续加强相关政策制定和立法，针对扬州市的社会工作及社会工作人才的实际要求及需求，打造个性化的政策措施，营造良好的发展环境，推进社会工作人才的健康成长。

（三）加快民政信息化建设

随着政务资源开发的逐渐深入，必须强化民政信息化意识。大力推进省民政综合业务平台使用，完善"智慧社区"平台功能，提升养老服务平台运营质态，高起点规划低收入比对系统二期。打通民政部门内部系统，促进信息整合，将各系统产生的数据从民政部、省民政厅落到本地，通过数据交换、数据沉淀、数据共享、数据比对，形成准确的社区基础人口信息库和民政数据库。从民政业务数据综合利用的角度，利用数据挖掘、数据分析技术，提升民政业务系统数据汇总、统计、查询、分析方面的数据应用水平，为决策提供数据支撑。

B.23
2017年法治扬州建设现状和对策建议

扬州市政法委课题组*

摘　要： 2017年扬州市通过加强绩效考评、推进民意法治、深化经济法治、强化创新法治、加强司法公信建设、创新宣传载体等方式，全方位推进法治扬州建设。2018年全市将重点围绕服务"两聚一高"、办好"十件大事"提供法治保障，建议着力在提升人民群众法治获得感、依法化解社会矛盾纠纷、健全公共法律服务、加强基层基础等方面开展工作。

关键词： 法治扬州　法治建设　虚假诉讼

一　2017年法治扬州建设基本情况

2017年，法治扬州建设围绕法治名城建设目标，运用"产品化理念"，聚力民意法治、经济法治、创新法治统筹推进，多角度、全方位推进法治建设。

一是保障人民群众生命财产安全。1~9月份，全市公安局共立刑事案件18925起，同比下降2.95%；破案7760起，同比上升0.35%。年内11起命案全部破获。全市共发生道路交通事故308起，同比下降32.9%；火灾事故876起，同比下降31.83%。

---

* 课题组负责人：沈兴华，扬州市委政法委副书记。成员：葛鸿翔，扬州市依法治市办公室专职副主任，助理研究员；夏晴，扬州市法学会副会长；徐李华，扬州市法学会秘书长。

二是加强法律监督。2013年以来，扬州市检察院连续四年在全市组织开展虚假诉讼监督专项活动，共受理审查虚假诉讼线索107件，办结虚假诉讼案件82件。依法提出抗诉15件、提请抗诉11件、发出再审检察建议55件，法院已采纳纠正53件；移送犯罪线索33件，刑事立案24人，推动法院采取司法制裁措施12人；涉案金额2亿余元。

三是依法履行审判执行职能。2017年1~9月，全市两级法院案件数量持续快速增长，结案总数明显增长，结案率全省领先，与1~8月环比，全市法院受理数、新收数、未结数增幅均趋缓，结案数、结案率增幅明显上升，审判执行工作态势总体向好。截至9月30日，全市法院共受理各类案件78143件，同比增长14.43%，其中新收67733件，同比增长21.34%；审执结各类案件54963件，同比增长17.16%；结案率70.34%，同比增长1.64个百分点。受理数、新收数增幅环比1~8月均有所下降，结案数、结案率增幅环比均有所上升。

四是增强人民调解与法律援助能力。2017年1~9月份，全市各级各类人民调解组织共调处案件33462件，同比增长40%，调解成功率99.2%，同比增长0.3%，防止群体性上访436件，同比增长20.3%。其中，村（居）调委会调处案件17545件，占比52.4%。人民调解在化解矛盾纠纷中的作用愈来愈凸显，大量的矛盾纠纷化解在村（居）一线，为社会安定和谐作出了积极贡献。全市1~9月份共接听接待群众来电来访咨询12682人次，受理法律援助案件3807件（其中民事案件3260件，刑事案件547件）。市区法律援助机构共受理法律援助案件2154件，提前超额完成了民生工程项目任务。

二 2017年法治扬州建设的主要做法

一是加强法治绩效考评。扬州市以贯彻落实中办、国办印发的《党政主要负责人履行推进法治建设第一责任人职责规定》和《江苏省贯彻落实〈党政主要负责人履行推进法治建设第一责任人职责规定〉实施办法》为动

力、为契机、为抓手，完善法治建设考评工作。细化形成了地区党委主要负责人、政府主要负责人和市直部门领导班子三个层次的法治建设考评体系和标准，形成了条块联动、体系完备、全面覆盖的法治建设考评局面，有力促进了两个文件规定的落地生根。

二是推进民意法治建设。拓展延伸法治评议、系列法治广场活动、法治实事办理、法治需求调查等工作，根据群众意见和调研，制定出台2017年度法治评议工作意见，确立市物价局市场价格行为监管、市卫计委医疗服务监管、市食药监局食品药品监管三项工作为2017年法治评议对象。召开了法治评议动员部署会暨第三届法治评议团成员聘任培训会。2017年，扬州市法治评议工作对内容、程序、规则作了创新优化，建立了评议员库，新增加了学习培训、专题视察、专业评议三个程序，目的是让法治评议更公正、更精准、更有效。以"法治扬州，你我同行"为主题，以市政法部门为承办单位，继续开展四季统筹、城乡联动、此起彼伏的系列法治广场活动。市公安局以"整治交通秩序，共建扬州规矩"为主题在扬州市最大的市民广场承办了首场法治广场活动。市检察院以"大走访"为主题在扬州市最大的体育休闲公园承办了夏季"法治纳凉晚会"。宝应、高邮、江都、邗江、仪征、开发区也相应举办了县（市、区）大型法治广场活动。邗江区举办了首届法治文化节活动。

三是深化经济法治建设。制定出台了《深化经济法治建设，服务"两聚一高"的意见》，召开经济法治研讨会，以防范金融风险为重点，结合防范查处虚假诉讼、依法处置破产企业、支持制造业实体经济发展等相关内容，剖析问题，查找原因，提出应对之策。制定出台《关于发挥政法机关职能作用 依法加强产权保护的实施意见》。开展政法干警挂钩联系企业活动，结合"聚焦富民·大走访活动"，建立政法干警挂钩联系企业制度。召开法治市场建设现场会，着力推进广陵区湾头玉器市场、邗江区五亭龙玩具市场、江都区装饰大世界等三大法治市场建设。建立防范处置虚假诉讼的工作联动机制，制定出台了《关于防范打击虚假诉讼的工作意见》，召开新闻发布会。命名表彰依法治理、诚信经营、履行社会责任的法人。

四是强化创新法治建设。本着少而精、实又优的原则，以解决现实问题为导向设定创新标准，征集、筛选创新项目。确立了民意访评中心、法润世博园、文昌法治商圈等12项法治创新实践项目。对法治创新实践项目，通过"互联网+"的形式，制作成地区和部门创新成果展示图在网上公布，适时更新。展示图标注小红旗，显示各地创新实践项目数量，通过二次链接展示创新实践项目的具体图片及有关文字简介，以此让全社会了解法治创新实践，促进各地各部门不懈努力，形成你追我赶的创新氛围。

五是加强司法公信建设。防范和查处虚假诉讼，开展类案评查，促进庭审规范透明，进一步深化司法公信建设。完善法律监督机制。牵头市公检法司制定《关于防范和查处虚假诉讼的意见》，对防范和查处虚假诉讼进行了具体工作细化，形成防范和查处虚假诉讼工作合力。创新开展类案评查。紧盯执法司法的薄弱环节，在全市政法系统开展"三类案件"评查工作，着重评查近三年政法各部门已经办结的有关类案：两级法院判处的"缓、管、免"案件和无罪案件，两级检察院决定不捕不诉案件，两级公安机关采取强制措施后未进入司法程序的案件，抽查部分案件列为评查案件。创新评查方式方法，强化评查结果运用，将评查活动落实的情况和效果作为公正司法的重要内容，纳入法治建设考评的范围。

六是创新宣传载体建设。开办《法治扬州》电视栏目，市委政法委、市依法治市办与市广电总结联合开办了《法治扬州》电视栏目，作为重点打造的全新综合性法治类节目，在扬州广播电视总台五套播出，收视率稳步上升。节目设立了"法情资讯""法治现场""法治风景""德法同行""法治微拍"和"民意与回应"等六大板块。在播出过程中，市依法治市办在全市建立了栏目通讯员队伍，制定了通讯员考核办法，采取半年奖励一次的形式，对优秀通讯员进行奖励，年终表彰。同时，市依法治市办与栏目主创人员不定期沟通交流。建设新型法治文化阵地，推进江都区法治文化综合体、高邮市青少年法治宣传教育基地，更新升级市级法治文化体验馆，建成邗江区国家安全法治文化苑。

虽然法治建设取得了一定成绩，但人民群众对法治建设提出了新要求，

寄予了新期盼，人民群众的法治获得感还需进一步提升，全社会法治意识仍需提高，社会依法治理能力和水平需进一步加强，需要持之以恒不断努力完善。

三 2018年法治扬州建设对策和建议

一是服务"两聚一高"，为办好"十件大事"提供法治保障。开展"法润两园"活动，开展"送法进村组"活动，宣传搬迁安置政策及相关法律法规，为两园建设核心区征地拆迁创造良好条件。服务重大工程建设，充分运用人民调解、行政调解、司法调解联动和诉讼与非诉讼衔接的矛盾纠纷多元化解机制，统筹兼顾各方利益，及时有效化解涉重大工程矛盾纠纷，帮助解决重大工程建设中遇到的法律政策问题。

二是提升人民群众法治获得感。以人民为中心，把人民对美好生活的向往作为司法办案的目标。抓住影响群众安全感、幸福感的突出问题，重点打击金融诈骗、侵犯公民信息、虚假诉讼、破坏生态环境资源、危害食品安全等犯罪，着力提升人民群众法治获得感。坚持办好法治实事，以群众命题、群众受益、群众监督为原则，选择群众关心、社会关注的难事、要事，作为法治为民实事予以推进落实。

三是依法化解社会矛盾纠纷。以现实问题为导向，坚持宏观法治建设和微观法治实践相结合，推动基层突出社会问题的依法治理。充分认识矛盾纠纷多元化解和案件繁简分流工作的重要意义，建立健全组织机构和配套机制，采取合理优化审判资源配置、建立专业化审判团队等相关举措，坚持以改革思维破解人案矛盾。切实发挥矛盾纠纷多元化解优势作用，积极推广社会矛盾化解经验，充分发挥"春涛法律服务中心"等第三方社会组织力量，引导纠纷案件在诉讼形成前通过行政、行业、群众及联动调解的方式解决，有效减少案件增量。

四是健全公共法律服务。实施法律援助"名优工程"，通过安排律师队伍中的名优律师参与法律援助案件办理和咨询解答等相关工作，为困难群众提供更加优质高效的无偿法律服务，发挥名优律师在维护弱势群体合法权益、促进社会公平正义中的职能作用，不断提升全市法律援助案件质量和服务水平。组织法律专家深入中小企业进行"法治体检"。开展企业劳动用工风险评估工作，共同防范企业用工风险。依法严厉打击聚众扰乱企业秩序、侵犯知识产权等侵害企业合法权益的违法犯罪行为。深化诚信守法企业创建活动。

五是加强基层基础工作。整合基层信息资源，大力推进基层工作联动融合。紧紧围绕可能影响社会稳定的重点领域、重点问题和重点群体，进一步完善社会稳定风险评估机制，着力形成覆盖全面、规范高效、制约有力的社会稳定风险评估体系。完善治安防控体系，加快推进立体化、信息化社会治安防控体系建设。加强法治队伍建设，把学习贯彻党的十九大精神作为首要政治任务，深入学习好、领会好、贯彻好习近平新时代中国特色社会主义思想。

生态文明发展报告

Reports on the Ecological Civilization

B.24
2017年扬州市环境保护发展研究

扬州市环保局课题组*

摘　要： 2017年，扬州市环境保护工作以改善环境质量为核心，以提升生态保护水平为重点，着力推进污染防治，持续强化执法监管，不断深化环保改革，扎实推进江淮生态大走廊建设和"两减六治三提升"专项行动，积极迎接省级环保督察，圆满完成各项环保目标任务。全市环境质量持续改善，生态文明氛围更加浓郁，全市环保工作取得长足进展，但同时也面临改善环境质量压力大、环保体制机制继续改革创新等挑战。2018年，扬州市将着力从推进绿色发展、实施精准治污、推进"263"专项行动、开展江淮生态大走廊建设、强化执法监管、创新体制机制等方面持续发力，努力建设美丽宜居新扬

---

* 课题组负责人：金春林，扬州市环境保护局局长、党组书记。课题组成员：李新林，扬州市环境保护局办公室主任；樊盛健（执笔人），扬州市环境保护局办公室办事员。

州，打造美丽中国的扬州样板。

关键词： 环境保护　生态文明　环境质量

一　2017年扬州环保工作整体情况

2017年，扬州市围绕改善生态环境质量总目标，全力打好污染防治攻坚战，进一步推动绿色发展、积累生态财富和生态文明体制机制改革创新，全市环保工作保持强劲发展态势。

（一）环境保护责任有效落实

认真落实环境保护"党政同责、一岗双责"，市委市政府印发《扬州市生态环境保护工作责任规定（试行）》，建立管发展必须管环保、管生产必须管治污的生态环保工作责任体系。高规格组织召开全市"263"专项行动和江淮生态大走廊建设大会，市委常委会、市政府常务会议多次专题研究部署迎接省级环保督察、江淮生态大走廊建设、"两减六治三提升"（"263"）专项行动等工作。相继成立江淮生态大走廊建设领导小组、"263"专项行动领导小组和省环保督察市协调联络小组，组建专门工作班子，强力组织推进；向各地、各单位下达"年度环保重点工作目标任务书"，市政府主要负责人与各县（市、区）主要负责人签订了目标责任状。落实大气污染防治和水污染防治联席会议制度，每月协调推进具体工作，研究解决突出问题，将治水、治气工作纳入文明城市长效管理，实行双月点评。印发《"263"专项行动和江淮生态大走廊建设考核办法》，纳入县（市、区）、功能区经济社会发展综合考评、党（工）委书记考核和机关绩效考核。

（二）水污染防治成效显著

认真贯彻落实国家、省、市"水十条"，市政府编制印发《扬州市2017

年度水污染防治工作计划》，对全市水污染防治等工作作出部署安排，并组织扎实推进，取得明显成效。2017年1~10月，全市9个国考断面水质达标率为100%，优于地表水Ⅲ类的断面比例为77.8%，无劣Ⅴ类水体；32个省考断面水质达标率为90.6%，优于地表水Ⅲ类的断面比例为68.8%，无劣Ⅴ类水体，全市13个县级以上集中式饮用水源地水质达标率保持100%。2012~2017年市控以上断面水质达标率情况见图1。

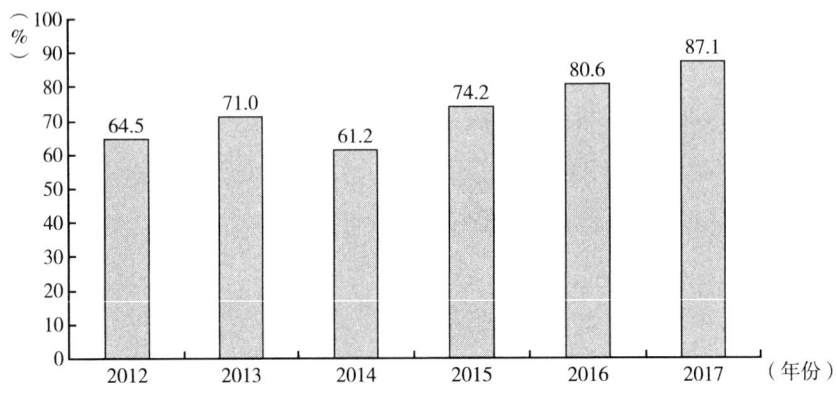

图1　2012~2017年扬州市市控以上断面水质达标率

注：2017年统计时间截止到10月底。

一是实施水污染物总量控制。按照倒排目标、留有余量原则，制定下达污染物总量减排工作计划，2017年以来实施重点水污染物减排项目60项。严格执行排污总量平衡审核管理有关规定，实行"两个挂钩"，把新建项目总量审核与所在地区减排目标完成情况挂钩，实施"等量置换"和"减量置换"；将污染物总量控制落实情况与排污许可挂钩，对超总量排污项目严格查处。

二是实行持证排污。全面推行排污权有偿使用和交易制度，完成第一批13家火电、造纸企业的新版排污许可证发放，市直开展排污权有偿使用项目数21个，征收有偿使用费715.36万元。推进企业环境污染责任保险和环境信用修复工作，全市在保企业达到115家。

三是贯彻实施《扬州市城区河道水质交接补偿工作方案》,开展5个断面的水质交接补偿工作,推动地方政府加大河道整治管护力度,收缴补偿资金2455.61万元。

四是加强断面达标整治。对全市地表水国、省考核断面均建立市、县(市、区)"断面长"制,发挥地方党政领导统筹全局、协调各方的优势,改善水环境质量。针对不稳定达标断面,组织制定《扬州市仪扬河冻青桥国控断面达标方案》《宝应湖水体达标方案》《高邮湖近大汕退水闸断面水体达标整治方案》,督促各县(市、区)及相关部门推动实施,确保重点断面水质进一步改善。

五是强化工业集聚区水污染治理。9个省级以上工业集聚区均建成污水处理厂(或接入城市污水处理厂),安装在线监控并与环保部门联网。

六是强化饮用水源地风险防范和应急处理。制定《扬州市环境隐患治理专项行动实施方案》,每月对集中式饮用水源地突出环境问题整改情况进行调度和现场督查。建成8个饮用水源地自动监测站和1个长江水质交界断面预警站,在瓜洲、廖家沟2个水源地配备了在线生物毒性分析仪,全部安装在线视频监控装置,实现市、县联网,及时依法公开饮用水源地水质状况。

(三)大气污染防治纵深推进

2017年,全市认真贯彻落实国家、省、市大气污染行动计划,持续推进"治企、限煤、管车、禁燃、抑尘""五气同治",全力保障空气环境质量。2017年1~10月,扬州市PM2.5均值为50.5微克/立方米,较上年上升9.8%,同比基准年2013年下降17.2%。空气质量优良天数比例63.2%(见图2、图3)。

一是工业废气治理。完成国信扬州、仪征化纤共5台机组烟气超低排放改造工程,扬州秦邮特钢拆除烧结机脱硫旁路,潍柴动力对铸造厂除尘系统进行升级改造,完成扬州石化、实友化工、扬农锦湖化工提标治理工程。推进生态工业园区创建,全市9家省级园区已有5家通过验收,分别是市经济

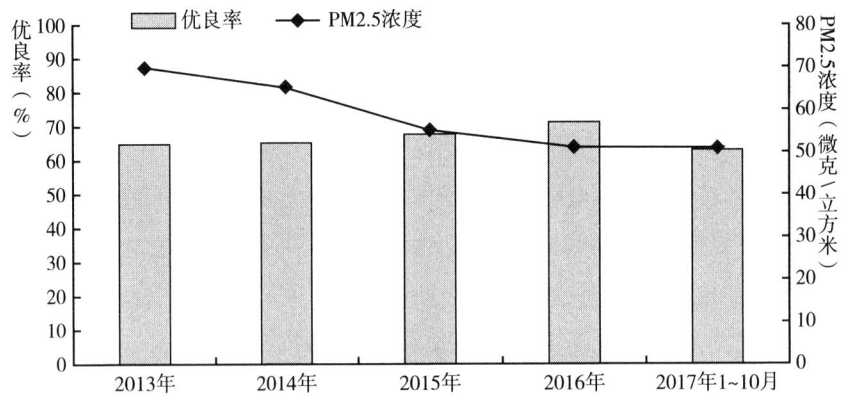

图2　2013~2017年1~10月空气质量状况

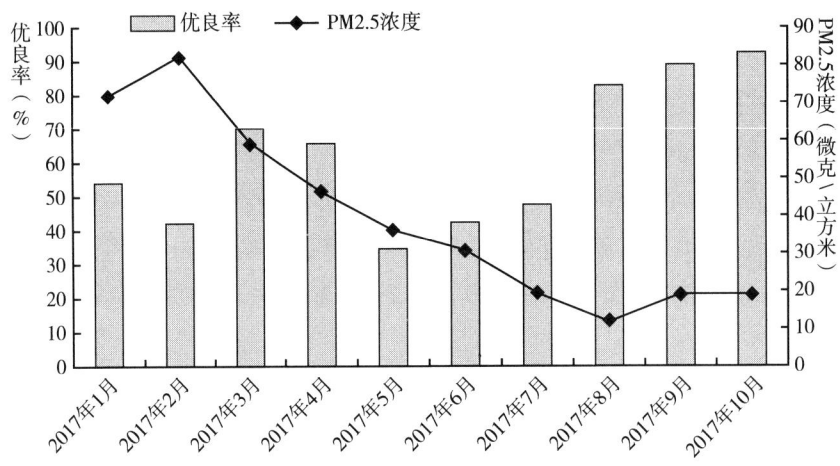

图3　2017年1~10月空气质量状况

技术开发区、维扬经济开发区（国家级）、邗江、广陵、高邮（省级）。

二是挥发性有机物治理。挥发性有机物（VOCs）作为细颗粒物（PM2.5）的前体物之一，是造成灰霾的重要因素，是大气污染防治工作的重中之重。2017年以来，扬州市在建成化工园区建成统一的LDAR（泄漏检测与修复）管理系统及园区VOCs监测监控体系；在石化、化工行业推进实施LDAR技术，扬农化工等37家企业实施LDAR技术；强化重点行业挥发性有机物治理。潍柴扬州等167家企业实施挥发性有机物综合治理，提高废气收集率和处置率。实友化工等4家企业安装挥发性有机物在线监测系统。

三是燃煤污染控制。落实《扬州市控制能源消费总量和煤炭总量工作方案》要求，对耗煤项目严格把关，2014年以来全市环保系统未批准新建一台燃煤锅炉。加快推进小型燃煤锅炉整治。完成37台10蒸吨/小时及以下燃煤小锅炉整治，以及邵伯油田等单位7台35蒸吨/小时及以下燃煤锅炉清洁能源替代，对扬州风电机械有限公司化铁炉等29台工业炉窑实施清洁能源淘汰替换。

四是秸秆禁烧。市政府分别召开夏、秋两季秸秆禁烧和综合利用工作会议，全面部署禁烧工作；市、县（市、区）、镇、村层层落实禁烧责任，市环保局、农委、交通局等多个部门联合对各县（市、区）进行巡查，全市秸秆禁烧圆满实现"零火点、零发现、零通报、零影响"的目标。

（四）江淮生态大走廊建设扎实推进

将规划建设江淮生态大走廊作为扬州市生态文明建设的头号工程、今后五年的十件大事之一扎实推进。市委主要领导带队赴国家环保部、发展改革委汇报争取，市委市政府主要领导利用省两会、省委全会、省长江经济带建设工作推进会等机会，不失时机向省四套班子主要领导专题汇报或书面报告江淮生态大走廊规划建设工作。有关方面对扬州市生态大走廊建设给予大力支持，省党代会将其列入"十三五"省级战略，全国两会江苏代表团全团联名提出议案呼吁将江淮生态大走廊上升为国家战略，省环保厅首次以江淮生态大走廊名义向扬州市注入项目资金2500万元。筹办召开江淮生态大走廊运河城市合作恳谈会，联合发表《江淮生态大走廊运河城市合作框架共识》。印发实施江淮生态大走廊建设行动方案和年度实施计划，扎实推进八大工程27个项目，目前，已完成农村河道疏浚整治及管护工程、三江营集中式饮用水源地保护工程等7个项目，正在组织大运河西岸环境综合整治工程、宝射河北岸风光带建设工程、氾水镇工业集中区污水处理厂及配套管网工程等项目。

（五）"263"专项行动开局良好

扬州市委市政府召开最高规格的动员部署会，成立"263"专项行动领导小组和专门工作班子，从15个市直部门抽调24名同志集中办公，实体化运作。制定下发《扬州市"两减六治三提升"专项方案》和11个配套方案，明确"时间表""任务书""路线图"。首创"263"工作日制度，各地党政一把手每月至少安排一天部署、协调、督查"263"专项行动。实行项目管理，推行周报制度，包括市委书记、市长在内的四套班子领导多次进行现场督查、调研。在市级主流媒体开设"263扬州在行动"专栏专版，既曝光各类环境违法行为，又及时反馈各地整改情况，充分发挥舆论监督和社会监督作用。截至目前，共制作专栏65期，曝光问题153个，相关地区高度重视，迅速排查问题，及时进行整改，取得了良好的社会反响，七里河整治、水源地治理、交通干线整治等一批环境突出问题得到及时处理。"两减"方面，1~10月，全市规模以上工业煤炭消费量850.6万吨，同比削减33.4万吨；关停化工企业98家。"六治"方面，高邮、宝应邵伯湖无证养殖、持证养殖分别应退出5.48万亩、1.1万亩，已分别完成签约4.19万亩、1.1万亩；建成垃圾分类站台式投放亭2416座、再生资源回收网点23个、渣土消纳场4个；治理完成黑臭水体23条，建设城镇污水收集管网154.5公里；关闭搬迁畜禽养殖场669家；完成挥发性有机物治理项目188个；建立14家危化品码头、107个储罐基础数据库，提升危险废物焚烧处置能力3.9万吨/年。"三提升"方面，在环邵伯湖大道和611省道高邮、邗江段绿化造林3280亩，全市32个省考断面水质达标率为90.6%；新增排污权有偿使用项目258个，收缴有偿使用费1321万元，鼓励商业银行设立绿色金融产品；围绕环境突发事故应急处置，在5个县（市、区）组织开展了环境应急演练。

（六）环保督察圆满完成

自省环保督察组进驻扬州市以来，全市上下以严肃认真的态度和高度负责的精神，认认真真抓核查、实实在在抓整改、坦坦荡荡抓公示，积极高效完成了省环保督察迎察任务。建立市、县、乡、村四级协同、多部门联合参与的"大信访"办理机制，按期办结省督察组交办扬州市的839个环境信访件，责令立即整改221家，限期整改134家，停产整顿51家，关闭取缔31家，查封扣押26家，立案处罚133件，罚款804.3万元，立案侦查15件，刑事拘留2人，约谈59人，问责8人。同时，认真抓好中央环保督察后续整改工作，涉及扬州市的3个具体问题已按期完成2个、序时推进1个；中央环保督察期间交办的128件（实际159件，其中重复31件）环境信访已整改到位117件，按计划推进11件。通过接受环保督察，各地、各部门"党政同责、一岗双责"意识得到加强，环境违法行为受到有力惩处，扬州市接受环保督察工作受到上级督察组的充分肯定。

（七）环境执法监管继续加强

建立网格化环境监管体系，全市划定1个一级网格、6个二级网格和3个特殊网格、95个三级网格，三级网格成立巡查组87个、落实巡查人员482人，各级网格均由政府主要负责同志担任网格长，进一步落实地方政府和相关部门的环境保护职责。组织实施工业污染源全面达标排放行动，完成第一批8个行业102家企业的评估工作。认真组织开展环境执法"亮剑"行动，严格执行《环境保护法》及其配套办法，坚持铁腕执法、刚性执法，依法查处和严厉打击各类破坏水和大气环境的违法行为，对偷排偷放、屡查屡犯的违法企业，依法从严处理；对涉嫌犯罪的，依法追究刑事责任。2017年以来，全市共立案调查环境违法案件757件，下达行政处罚决定560件，处罚金额2624.63万元，运用新环保法及其配套办法查处违法案件113件，全市环境违法案件立案数量、处罚决定数量、处罚金额同比上年分别增长84%、92%、2%。

（八）环境保障能力明显增强

全面推进环境监测、环境监控、环境宣传教育等基础工作，探索启动重点实验室"天空地一体化"环境监测预警体系建设,大气污染源解析工作取得进展,新建第五水厂水质自动站,环境监测能力明显增强。认真编制扬州市环境质量状况公报、环境质量季报、水环境质量月报、饮用水源水质状况报告、噪声季度监测分析报告等,建立高效有序的环境应急监测机制,为环境执法、环境应急提供基础支撑。以大气、水污染防治为重点,多次在《人民日报》《中国环境报》《江苏环境》等中央、省级媒体宣传介绍扬州在治水、治气方面的经验做法,有力提升扬州知名度。组织开展"地球一小时""公众看环保"等活动,引导和推进公众参与;开通扬州环保政务微信,利用"向公众报告"、新闻发布会、政务微博线上活动等形式,加强信息公开,回应社会关切,全民环境宣传教育不断强化。

二 扬州环境保护工作存在的主要问题

(一)环境质量改善任重道远

一是大气污染防治形势严峻。受城市大规模基础设施建设和不利气象条件的叠加影响,2017年以来扬州市大气环境质量有所下滑,城区空气质量优良率、PM2.5平均浓度差于上年,大气污染防治工作面临考验。二是全市地表水水质虽逐年改善,但仍不够稳定,邵伯湖湖心区、邗江河岔口南等断面水质多次超标,需要采取针对性措施,开展断面达标整治工作。

(二)生态环保工作组织程度有待加强

"环保统一监管,部门各司其职、各负其责,齐抓共管"的局面和合力有待进一步加强,相关部门环保工作职责不够明确、责任不够清晰。基层环保能力建设有待加强。市、县(市、区)、乡镇环保机构、编制不适应快速发展、日益增加的环保工作要求和需求,尤其是乡镇和农村环境监管力量较为薄弱。生态科技新城、蜀冈—瘦西湖风景名胜区虽明确了环保职能或设置了环保机构,但未落实环保专门编制,环境监管现仍由市环保局直管。

（三）部分地区仍然存在环境风险隐患

一是部分水源地违法违规项目清理不到位，仪征、高邮、宝应等地饮用水水源地仍然存在环境隐患，需要进一步整治。二是生态红线区内存在不符合保护要求的建设项目，如江都、高邮等地在通榆河一级保护区、南水北调东线源头水源地保护区内存在工业企业，不符合生态红线保护要求。三是高邮、宝应邵伯湖水环境治理成效不明显，"三退三还"工作由于涉及拆迁补偿、渔民安置等一系列问题，受到资金、政策限制，导致整体进展不快。

三 下阶段环境保护工作总体思路

2018年和今后一个时期，全市环保工作将以党的十九大精神和习近平总书记生态文明建设思想为指导，着眼打造美丽中国的扬州样板，紧扣环境质量改善、生态水平提升、优质生态产品供给三大根本，更大力度推进绿色发展、推进污染防治攻坚、推进生态系统保护、推进共建共治共享，高标准、持续推进"263"专项行动和江淮生态大走廊建设，促进环境质量得到新改善、生态文明建设取得新进展，更好地满足人民群众的美好生活需要。

（一）加快推进绿色发展，促进经济发展转型升级

把绿色生态作为扬州市的第一形象、第一品牌，强化生态优先、绿色发展的鲜明导向。全面实施主体功能区战略。全市各级党委、政府及其有关部门严格遵守《扬州市生态环境保护责任规定》，建立管发展必须管环保、管生产必须管环保的生态环境保护工作责任体系。坚持人口资源环境相均衡、经济社会生态效益相统一的原则，严格按照优化开发、重点开发、限制开发、禁止开发的主体功能定位，优化布局生产、生活、生态三个空间，提高生态服务功能。强化红线管控，严格落实《扬州市生态红线区域保护规划》，不断提升生态红线区域生态功能，不断增加禀赋优良、安全可靠的生态财富。推进市县落实主体功能定位，推动经济社会发展、城乡土地利用、

生态环境保护等规划"多规合一",形成一个市县一本规划、一张蓝图。把节约资源作为破解资源环境约束、保护生态环境的首要之策,推进全社会节能减排,在生产、流通、消费各环节大力发展循环经济,大力推动能源、水、土地等各类资源节约高效利用。积极推动生产发展绿色化,下决心淘汰一批落后产能、化解一批过剩产能,全面推动市区建成区扬农、联环药业、裕华等一批重污染企业"退城进园",全面推进各县(市)城区重污染企业转型搬迁。大力发展绿色环保产业、战略性新兴产业,推进省级生态工业示范园区建设,以扬州环保科技产业园成为江苏省首批"城市矿产示范试点基地"为契机,推进静脉产业园建设,着力构建科技含量高、资源消耗低、环境污染少的低碳产业结构,有效减轻经济活动对资源环境带来的压力。

(二)全面开展精准治污,加快补齐环境突出短板

一是大气污染防治方面。严控燃煤污染,淘汰、替换35蒸吨/小时及以下燃煤锅炉,逐步淘汰市区范围(禁燃区范围)高污染燃料工业窑炉,全面淘汰农村地区燃煤粮食烘干炉,实施清洁能源淘汰替换。严控工业污染,实施港口污泥发电有限公司、永丰余造纸扬州有限公司5台65蒸吨/小时以上燃煤锅炉超低排放工程。富齐化工等石化、化工企业开展LDAR(泄露检测与修复)技术运用。开展潍柴扬州等100多家重点行业企业挥发性有机物综合治理,提高废气收集率和处置率。开展汽修行业挥发性有机物专项整治,建立机动车尾气遥感监测系统,加强机动车尾气管控,加快淘汰高污染车辆。严控扬尘污染,落实建筑工地防尘措施,开展渣土运输车密闭化改造。严格禁止燃放烟花爆竹。开展餐饮油烟专项治理,继续毫不松懈落实秸秆禁烧和综合利用措施,防止发生因焚烧秸秆引起的烟霾天气。

二是水污染防治方面。推动重点断面达标整治,实施仪扬河冻青桥、邗江河岔口南、高邮湖心区、近大汕退水闸、宝应湖心、邵伯湖心等6个需改善的考核断面达标整治方案。推进赵家(支)沟综合整治、湖西片区污水管网工程、玉带河及支流整治工程等断面达标工程建设。实施乡镇污水处理规范提升工程,强化污水处理设施运行监管,提高设施运行效率,确保污水

达标排放；完成柳堡镇污水处理厂扩建工程、安宜镇工业园区配套污水管网建设工程、空港新城污水处理厂、晴川镇污水处理厂等工程建设。强化饮用水源地保护，定期开展县级以上集中式饮用水源地环境状况调查评估，严格5个乡镇水源地保护区划分；开展饮用水源地全面达标整治行动，确保仪征长江滨江、里运河宝应城区等饮用水源地一、二级保护区内环境隐患整治到位，努力推进从安全供水向优质供水转变。

三是土壤污染防治方面。以耕地为重点，针对已经调查发现的超标点位区域进行详查，进一步摸清农用地土壤污染的面积、分布、主要污染物及污染程度；在大宗农产品主产区、蔬菜基地等开展土壤与农产品协同调查，查明农用地土壤污染的面积、分布及其对农产品质量的影响。逐步开展工业场地土壤调查和修复，对已关闭的化工、电镀、有色金属冶炼等重点行业企业未开发遗留地块开展土壤状况调查评估。对拟开发为住宅、医院、学校、养老等用途的污染地块开展治理修复。市、县两级政府与重点监管企业签订土壤污染防治责任书，企业每年进行土壤和地下水环境监测。以保护人居环境安全和农产品食品安全为核心，切实推动市、县（市、区）《土壤污染治理与修复规划》《污染地块环境管理联动方案》《产粮油大县土壤环境保护方案》《土壤污染防治先行区建设方案》的组织实施。

（三）推进两大重点工程，打造美丽中国扬州样板

"两减六治三提升"专项行动（"263"专项行动）是江苏省委省政府为解决当前全省突出环境问题、补齐生态环保短板作出的战略部署，是生态环保领域的重大政治任务。江淮生态大走廊是扬州市第七次党代会确定的未来五年扬州重点抓好的事关全局、影响长远的十件大事之一，是"十三五"时期扬州生态文明建设的"头号工程"。2018年要继续坚持"高于省标准、严于省要求、快于省进度"总体原则，坚定不移地推进"263"专项行动和江淮生态大走廊建设，围绕总目标和年度目标，抓难点攻坚、抓序时推进，促进两大工程取得实实在在的效果，让人民群众切实感受和分享到生态红利，打造美丽中国的扬州样板。一方面，结合江苏省江淮生态经济区和江淮

生态大走廊建设两大规划,进一步完善扬州市大走廊建设规划,优化重点工程和骨干项目,将江淮生态大走廊建设与大运河文化带、扬子江城市群和江淮生态经济区建设联系起来,做好与省规划和其他城市规划的衔接,提升规划的生态文化内涵和系统性、完整性。另一方面,坚持问题导向,围绕重点、难点进行强力攻坚,落实月调度、季督察机制,集中力量,坚决有力做好减煤、减化的"减法",植树造林的"加法",持之以恒推进"三湖"、生活垃圾、畜禽养殖、黑臭水体、挥发性有机物等重点问题治理,全力推动高邮、宝应邵伯湖水环境治理、黑臭河道治理、环境隐患治理等重点工作、重点项目,确保专项行动达到既定目标。

(四)强化环境执法监管,保障区域生态环境安全

强化环境执法刚性,用好新环保法赋予的执法手段,坚持对污染环境、破坏生态行为"零容忍"。一是加大执法力度。继续开展环境执法亮剑行动,围绕化工、制药、涉重、燃煤、危废等重点,组织开展突出问题环境执法行动,消除环境风险隐患。常态化组织开展全市交叉执法检查、环境执法突击月等检查活动,加大夜间、节假日检查比例,对检查发现的环境问题落实闭环跟踪措施,确保有案必查、查必到位。狠抓新环保法及其配套办法的贯彻落实,综合运用按日计罚、查封扣押、限产停产、移送行政拘留和刑事拘留等手段,多办案、办大案、办好案,全面提升环境案件的数量和质量。二是提升监管水平。以环保机构垂直管理改革的落地实施为契机,通过人防、技防相结合,推进执法能力和执法水平的同步提升。推进执法规范化建设。加强全市环境监管执法队伍建设,优化一线执法队伍人员结构,建立健全监察"留痕"、监管"闭环"、执法"联动"、信息"公开"、工作"保密"的工作机制。加强移动执法系统使用,强化系统应用和管理,确保所有现场执法和调查取证均通过移动执法系统进行,环境执法数据及时稳定上传。三是做实环境信访工作。坚持人民标准,把人民利益摆在第一位,切实解决人民群众最关心、最直接、最迫切的环境问题。针对群众反映强烈的突出信访问题,继续开展环境信访销号行动,对可能引发信访问题的重点问

题、重点地区,全面深入排查,建立销号清单,实行领导包案处理,责任到人,限期解决,牢牢守住不发生群体性事件的"底线",提升民众的幸福感、获得感。

(五)推进体制机制改革,保障生态环保工作成效

积极探索建立高效、完备的生态环境保护制度体系,在环境监管制度、资源环境区域补偿、排污权交易等方面贯彻落实中央、省改革任务要求,并结合扬州实际积极开展探索,强化制度供给,为持续更高水平推进生态文明建设、打造美丽中国的扬州样板提供有力的制度保障。一是推进实施环保垂直管理制度改革。按照中央、省关于环保机构监测监察执法垂直管理制度改革的要求,全面完成垂直管理改革任务,调整环境保护管理体制,优化设置环境监管机构,全面加强环保执法队伍建设,配齐配强人员、装备,建立健全高效协调的运行机制,为全面落实生态环境保护责任,加快推进生态文明建设提供环境保护体制保障。二是推进排污权有偿使用与交易。调研修订扬州市贯彻实施排污权有偿使用和交易的政策文件,逐步开展排污单位初始排污权核定工作,为征收初始排污权有偿使用费奠定基础。加强全市排污权的储备管理,结合扬州市总量减排实际,建立排污权储备库,进一步优化配置排污总量资源,保障重大项目建设。待排污权有偿取得和排污权交易市场逐步成熟后,适时全面推开排污权交易相关工作。三是探索建立水环境区域补偿制度。在市区重点水质断面实行区域补偿的基础上,探索建立全市范围内水环境区域补偿制度,出台实施《扬州市水环境区域补偿工作方案》,通过水质交接补偿,倒逼属地水污染防治责任落实,提升水环境质量。

B.25
扬州城市公园体系建设研究

扬州园林局、扬州大学课题组*

摘　要： 扬州作为全省率先提出城市公园体系建设的城市，近年来成果丰硕。本文从当前扬州城市公园体系的构成、结构出发，系统分析了扬州城市公园体系的生态性、均衡性、可达性和经济性等特征指标，并针对扬州城市公园体系建设过程中的主要问题，提出了健全决策机制、科学规划布局、完善休闲健身功能、建立组织管理体系等四个方面的解决思路与发展建议。

关键词： 城市公园体系　空间结构　公园建设

城市公园体系作为一个系统的概念，在社会发展的不同时期有不同的内涵。在新中国成立初期，受到经济和政治环境的影响，各个城市虽然也建设了一些公园，但总体上尚未形成体系，甚至部分在战火中幸存的古建筑、古园林，在新中国首轮城市化和"文化大革命"运动中又被焚毁、拆除。改革开放以后，随着社会经济的复苏，以深圳为代表的前沿城市开始学习欧美发达国家的城市建设经验，城市公园建设开始走上复苏之路。不过，早期城市公园规划建设的指导思想总体上主要以游览、观赏作为主要目的。进入21世纪以后，伴随着经济的发展，人们的生活水平快速提升，加上社会逐

---

* 课题组负责人：周建东，扬州大学副教授；唐红军，扬州市园林局副局长、研究员级高级工程师。成员：陈静，扬州市园林局风景园林处处长；石高岳，扬州市园林局风景园林处；陈军，扬州市园林局工程师；赵丹，扬州市园林局助理工程师；扬希，扬州市园林局助理工程师；曹玮，扬州大学助教；赵雅南，扬州大学硕士研究生；蔡蕊，扬州大学硕士研究生。

渐进入老龄化阶段，市民对城市公园的需求发生了改变。一方面，开放式的免费公园成为城市公园的主体；另一方面，现代城市公园功能从原来以观赏、游览为主，进一步提出了生态性、参与性和健身休闲等要求。城市公园也由单个建设模式进一步提升为整体建设，将所有城市公园作为一个体系进行统筹规划、系统建设。

一 扬州城市公园体系建设现状

扬州自古就有"以园亭胜"的美誉，瘦西湖、个园等风景名胜更是享誉国内外。随着经济的发展和人民生活水平的提高，近年来，扬州全民健身蔚然成风。传统园林景点、体育场、社区小游园等公共空间因功能单一、内部休闲健身设施短缺等问题，与市民需求之间的矛盾日益凸显。为改善城市公共环境，很多公园纷纷"拆墙透绿、显山露水"，大部分城市公园的管理模式也由收费转化为免费，市民可以更方便地进出公园。近几年，扬州在原来城市公园的基础上结合现代市民生活需要，在全省率先提出了现代城市公园体系建设的概念。2015年9月，扬州市城市公园体系大会的召开，标志着扬州城市公园体系建设进入一个新的阶段。

1. 扬州城市公园体系的构成

扬州城市公园体系建设遵循"以城为主、城乡联动"原则，逐步实现城乡一体化发展。扬州城市公园按建设年代可划分为三类。第一类是晚清遗留下来的，现对公众开放的古典园林，如个园、何园等。这类公园现在分属专类公园中的风景名胜公园，一般作为收费公园对外开放。第二类是20世纪八九十年代以后建设、改造的现代城市公园，包括综合公园、专类公园、带状公园等多种类型，如曲江公园、荷花池公园、文津园等。这类公园总体上数量不多，现在经过改造，大多变为免费公园对市民开放。第三类则是近几年新建的城市公园，主要以CEAD（中央生态活动中心）、CAD（中央活动中心）为核心，以带状公园为纽带，串联见缝插针的口袋公园，构建"点、线、面"立体的多层次公园体系网络。

2. 空间结构体系

扬州城市公园体系主要由综合公园、社区公园、专类公园、带状公园和街道游园等五类公园绿地组成。各类公园在整个公园体系中各司其职，构成"点、线、面"系统结构关系。其中，蜀冈—瘦西湖风景区、蜀冈生态体育公园、廖家沟城市中央公园、扬子津生态园、三湾湿地公园等占地面积较大的综合性公园、风景名胜公园在整个公园体系中形成一个个"面状"的生态中心和休憩中心；半岛公园、大水湾公园、文津公园等诸多面积较小的社区公园和街道游园（本文统称为"口袋公园"），则"点状"分布于城市的大街小巷，呈散点状分布；古运河风光带、漕河公园、沿山河风光带等沿道路、河道两侧构建的带状公园则形成"线形"廊道空间，联系和贯通各大小城市公园，共同构成多层次、多功能，空间上相互贯通、功能上互为补充的城市公园体系。

二 扬州市城市公园体系特征分析

扬州在现代城市公园的建设过程中，首先，改变传统"重造景，轻实用"的造园思路，转而遵从生态优先、功能优先的原则，营造生态景观、实用景观；其次，着眼于整个区域，充分结合扬州自身的城市空间格局，科学规划，统筹建设各类城市公园绿地。"点、线、面"结合，构建城市生态网络，营造"城园一体、城园共生"的城市公园体系，实现从"城市公园"向"公园城市"的转变。本文针对扬州城市公园体系的特征，分别从生态性、均衡性、可达性和经济性等几个方面进行分析。

1. 系统的生态性

城市公园体系的生态性主要体现在城市公园绿地的"量"与"质"两个方面，这里所说的"量"通常是通过城市公园的总占地面积、绿地率和人均绿地率等指标体现，"质"则主要通过城市公园体系的整体空间结构和公园内部群落的结构来表现。

扬州近年来一直围绕创建国家生态园林城市和建设生态城市的目标进行规划。从市域层面，扬州依托大运河、邵伯湖、长江支流夹江、淮河入江水道等大型水系，提出"江淮生态大走廊"的概念，使其成为扬州发展的绿色脊梁和江淮大地的生态安全屏障。从城市中心区层面，扬州城市内部生态网络建设主要以"十大生态中心"为重点，突出主城区东南部、西北部两个重点区域，逐步建成100个社区公园，构成整个城市的生态基底；依托大运河、古运河、廖家沟、七河八岛、夹江等主要城市水网格局及道路系统建设带状公园，形成相互贯通的"景观生态廊道"；同时利用街道大小绿地空间，借鉴西方先进的造园理念，因地制宜、见缝插针地打造50个"口袋公园"，做到大、中、小结合，"点、线、面"结合，形成内外衔接、布局合理的城市公园体系。至2016年，扬州中心城区共有各类公园142个，其中大型综合公园25个，面积2166.09万平方米，人均公园绿地面积约18.57平方米。2017年将投入5亿元建设提升20个城市公园，总面积达122万多平方米，直接惠及400多个小区，120多万居民。根据江苏省扬州市城乡建设统计年报提供的数据，从2012年到2016年，中心城区城市公园年建设面积及人均绿地率呈逐年递增趋势，且2016年增速明显（见图1、图2）。城市公园的建设类型，以大型生态中心和口袋公园为重点。大型生态中心主要按照"生态、运动、休闲、旅游、科普等功能叠加"的总体定位和"十个有"的建设标准进行建设。口袋公园则主要是新建和改建相结合，作为扬州未来几年公园体系建设的重点。

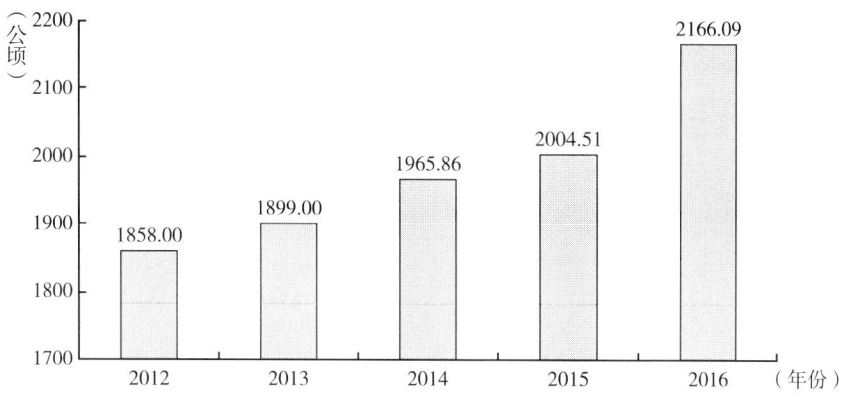

图1　2012~2016年扬州市城市公园建设面积变化

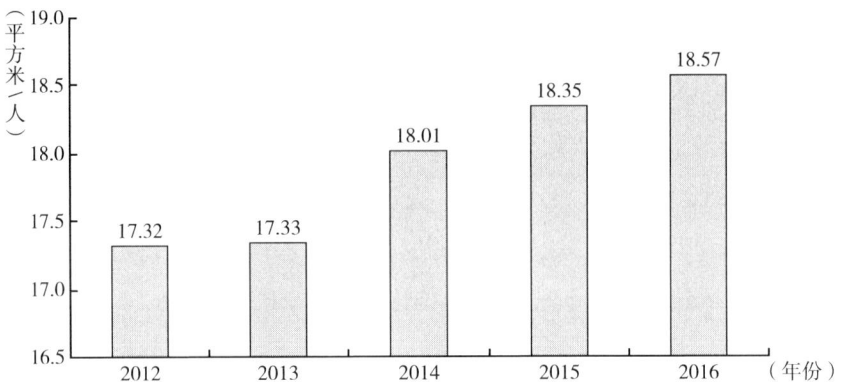

图2 2012~2016年扬州市人均绿地面积变化

数据来源：扬州市园林局。

2. 分布的均衡性

所谓分布的均衡性主要体现在城市公园绿地服务区域与周边使用人群的空间耦合性上，也就是如何确保把公园建设到最需要的地方。评判城市公园分布的均衡性应对照城市规划和城市发展现状综合考量。近年来，扬州市不断推进公园体系建设。截止到2016年底，共计完成80个公园的建成开放，公园的选址主要围绕居民分布最密集的区域。重点围绕十大生态中心、江淮生态大走廊、沿江生态景观带、大型生态体育休闲公园以及交通干线沿线带状公园等重点区域，突出主城区东南部、西北部两个重点区域，加快推进城市公园体系建设。目前，扬州已初步建成蜀冈西峰公园、三湾公园、扬子津公园、润扬森林公园等市级综合公园和宋夹城休闲体育公园、蜀冈生态体育公园、李宁体育公园等大型体育公园，加上城内新建改建的众多社区公园、街道游园构成的口袋公园，可以说，城市公园已基本覆盖扬州城市东南西北中几大区域。从长远来看，城市公园的分布与城市中心区规划空间格局具有较好的空间耦合性。但经现场调研发现，由于城市发展水平的区域差异，如城市北区、东区和南区尚在开发建设中，一些大型城市公园绿地的建设明显超前于周边城市发展，周边居民较少，城市公园使用率相对较低。

3. 交通的可达性

可达性是评价城市公园使用便利程度的重要指标，直接影响公园建成后的使用率、空间资源的利用率。不同性质的公园，服务半径和服务人群均有所差异，市民选用的交通工具也不同。根据问卷调查结果，扬州市民日常去公园出行的方式主要包括开私家车、乘公共汽车、骑电瓶车、骑自行车与步行等几种形式。具体选择主要与距离有关，一般距离在1000米范围内的，约78.4%的居民选择步行；距离在1~3千米范围的，约42.1%的人选择步行，26.3%的人选择自行车（含共享自行车），约有16.7%的人选择坐公共汽车；距离超过3千米时，则大部分（62.4%）市民选择乘公交车，超过5千米以上的生态公园，市民多在周末或节假日选择自驾出行。从单个公园看，扬州明确提出市级综合公园服务半径5千米，区级综合公园服务半径2千米，社区公园服务半径500米。根据规划，未来居民只要步行10分钟即能到达社区公园，骑自行车10分钟即能到达区级综合公园，乘车10分钟即能到达市级综合公园。总体来说，公园体系建成后，主要公园的主要出入口一般均设有公交站台、共享自行车停靠点，同时设置专用停车场，基本可满足市民的各类出行需要。届时，无论市民居于何处，均有不同类型的公园可供选择，十分便捷。

4. 建设的科学性（经济性）

扬州作为中等发达城市，如何在建设公园体系过程中平衡好社会效益与经济效益、长期效益与短期效益的关系很重要。在城市中心地块建公园，虽然寸土寸金，但城市中心区也是人口最密集、休闲需求最迫切的地区。虽然牺牲了短期的经济收入，但从长远来说，公园建设可以为拥挤老化的区域注入城市活力，反过来又会反哺城市经济发展，国内外有很多成功的先例可以借鉴，如上海陆家嘴公园、延中绿地等。扬州近年来在城市中心区改造建设了像文津广场、蝶湖公园、宋夹城体育休闲公园等一批深受市民喜爱的城市公园，获得很好的生态和社会效益。同时，扬州也在新城区建设了一批大型生态中心和体育公园。以扬州市南区和东区为例，近年来新建了廖家沟城市生态中心、扬子津公园等大型城市公园。根据课题组现场调查情况，这类新

建公园建成后,景观优美、设施先进完备,具有较高的生态品质。但由于周边区域建设尚未完善,常住居民相对较少,短期内使用率并未像宋夹城体育休闲公园那样高,很多设施尚未得到充分利用已开始老化,易造成资源的浪费。对于这类在新区建设的公园,如何既有前瞻性又能因地制宜、分步实施,是扬州下一步需要进一步解决的问题。

三 公园体系建设过程中面临的主要问题

为深入了解扬州市民的日常休闲需求和城市公园的建设、使用状况,课题组主要通过基础资料收集、问卷调查、实地走访和访谈等形式,对宋夹城体育公园、李宁体育公园、三湾湿地公园、廖家沟城市中央公园、蜀冈生态体育公园、扬州市体育公园、荷花池公园、曲江公园、揽月公园、蝶湖公园、引潮河风光带、古运河风光带、漕河风光带等13个扬州市区代表性城市开放公园绿地的建设与使用状况进行调查,结果显示,扬州城市公园体系建设主要存在如下几个方面问题。

1. 老公园设施陈旧,新建公园场馆设施利用率不高

近年来,扬州城市公园体系建设主要以大型体育健身公园和生态中心为主,新建公园基本都能考虑市民休闲健身方面的需求,设置健身步道、体育活动场馆等休闲活动设施。但从场馆及设施的使用状况来看,除宋夹城体育休闲公园日常市民参与度较高外,新建的包括蜀冈生态体育公园、李宁体育公园、廖家沟中央城市公园、三湾(湿地)公园、扬子津生态中心等大型体育休闲公园或生态中心,由于周边居民少,大部分体育健身设施的使用率并不高,有的即使在周末利用率也不足30%,设施建设超前,存在资源闲置的现象;与之相反,像曲江公园、荷花池公园等这类早期建设的公园,虽经过一系列改造,增加了健身活动空间,但由于早期空间框架限制,普遍存在活动场地少、健身设施陈旧等问题,部分公园活动场地周边缺少必要的休息坐凳、公厕、小卖部等基本服务设施,给中老年人健身活动带来不便。由于这类老公园位于城市中心区,周围居民多,需求大,供求矛盾相对突出。

2. 服务功能趋于单一，未能满足不同年龄段市民的个性化需求

随着生活水平的提高，市民对日常休闲生活提出了更高的要求，休闲方式也更加多样。根据对扬州市民的休闲行为调查，居民到公园从事活动的以46~60岁年龄段为最多，这主要与他们的闲暇时间和游憩行为有关，扬州城市人口老龄化也是不可忽略的因素。除了中老年人群，还有学前儿童（一般由中老年人陪同）、青年人等。扬州中老年人群在公园的休闲健身项目以打牌、散步、跑步、跳舞、练太极拳（剑）等为主，青少年人群则在下班后和周末以球类活动，特别是篮球、羽毛球、滑轮（板）等运动项目为主。当前扬州大部分早期建设的城市公园，相对集中的健身活动场所多考虑市民交流、打牌、下棋等静态的休闲健身活动需要，而对于诸如跑步、快走等健身活动项目，虽然后期增设健身步道，也多因道路系统不能形成贯通的环路，中间设置桥梁、台阶等影响道路的平整度，给晚间健身的市民带来不便。多数道路通常只适宜于散步，不适宜于快走和跑步，导致很多公共空间大部分时间闲置，总体空间利用率相对较低。广场舞是近年来深受中老年朋友喜爱的健身方式，但由于噪音等因素，常常与周边的居民发生矛盾。城市公园内部活动场地一般环境优美、与居民区有一定的距离，加上周边有绿化防护，不会对周边居民产生干扰，深受健身活动人群喜爱。目前扬州公园体系中，往往存在老公园健身场地不足而新公园又离家太远、使用不便的问题。

3. 景观趋于雷同、植物栽植不科学

很多景观工程受经济利益的驱使，植物景观的营造往往追求短期成景，在植物种植方面往往追求苗木的大规格、高密度。扬州部分公园建设也存在这方面问题。课题组针对扬州近年新建的城市公园进行现场调查，发现普遍存在以下两个方面的问题。

（1）品种选择趋同，乡土树种应用少。因价格和苗源等因素的影响，很多新建公园的植物品种选择趋于雷同，应用最多的三个品种是香樟、桂花和银杏，其他乡土树种则应用较少。经向施工队了解，主要原因是很多乡土树种虽然适应性强，但苗圃中苗源少，即使设计时有也多在施工过程中改换了。

(2）栽植间距过密，不利于植物生长。建设部门为追求快速成景、短期成效，施工单位则为了经济效益，很多景观工程大量选用大规格苗木，且栽植过密，严重影响植物群落的形成与健康稳定生长。在调研过程中发现，有的项目大量使用胸径50厘米以上的大树、老树，为保成活，只好把本来直径10余米的树冠修剪成一根独干！有的项目地径15厘米的樱花栽植间距居然只有1.5米，胸径30厘米的银杏，栽植间距只有1米……诸如此类，在扬州的绿化工程中并不鲜见。

4. 质量不过硬，常建常新，缺少延续性

城市的快速发展给园林绿化工程建设提供了机遇，也带来了困扰。扬州每年为迎接"4·18"经贸旅游节，常常对城市景观进行突击性建设。因为时间紧、任务重，很多工程的施工质量并不能达到很高标准。新建公园建筑墙体贴面剥落、道路面层破损翻浆并非个别现象，往往才建好第二年就需要翻新，有时道路行道树品种也因决策者的更替而变化……造成浪费的同时，粗糙的施工质量也对城市的形象产生负面影响。去过欧洲考察的领导常感叹人家公园里到处都是参天大树！我们公园里这种绿茵如盖的参天大树似乎并不多。究其原因，一方面是建园时间短，更主要的是经常改造、常建常新的做法，也使很多公园绿地缺少了景观的延续性和历史积淀。

5. 管理水平参差不齐，整体水平下降

至2016年，扬州城市公园绿地面积达到2166.09公顷。由于管理人员、经费等资源限制，除收费公园以外，部分先期建设的公园存在日常维护管理不到位的现象。早年建设的处在古城中心的古运河风光带，曾经代表扬州古城形象，作为扬州城市名片，然而现在很多区段游览道路因年久失修存在积水现象，宠物粪便也时有出现。古运河尚且如此，更别提那些处于城市边边角角的社区公园了。现在大部分城市公园是开放的公共空间，和原来的封闭管理相比，维护管理的难度明显增加。加上近年来城市公园建设力度加大，公园绿地面积增幅较大，维护人员及设备配套尚未跟上，导致部分公园公共活动空间的卫生、器具日常维修维护等工作不到位，部分活动场所活动器材损坏严重，时有健身器材损坏几个月也没人修理的现象。除了瘦西湖、个园、何园等少数几个收费公园外，大部分开放式城市公园整体管理水平下降已经是不争的事实。

四 解决思路与发展建议

1. 公众参与，健全决策机制

城市公园体系建设是一项民生工程，市民是公园的使用主体。公园在哪里建、建哪些内容，除了决策者、规划设计专家，普通市民也应该有发言权。扬州城市公园体系的建设作为彰显城市特色的生态工程、民生工程，从规划到设计的过程应充分听取使用人群的意见，特别是公园周边直接使用人群的意见，将这些意见汇总，供决策者参考，真正实现公众参与。具体措施包括：一方面，严格遵循项目招投标制度，不搞暗箱操作，方案确定后，进行公示，广泛征求意见，并积极吸收群众的意见，完善方案；另一方面，在项目实施过程中，不搞"一刀切"、不下硬指标，而是因地制宜、实事求是，避免"运动式"建设所带来的资源浪费。同时，建设局、园林局等主管部门对建设质量提出明确要求，对实施单位提供技术指导，确保公园体系建设的大方向不跑偏。通过探索符合自身发展规律的行政组织手段，健全决策机制，避免传统的简单思维或"长官意识"。通过公众参与，科学合理决策，提升资源利用效率。

2. 科学规划，明确分期建设目标

将公园体系建设同城市近、中、远期规划结合起来，在城市"规划"与"现实"之间找寻平衡点，保证城市公园体系建设符合城市规划总体要求。同时，公园体系建设也要着眼公园周边发展实际，合理明确分期建设目标，避免"冒进"，造成资源的浪费。具体来说，在城市公园的立项、选址阶段，应充分考虑城市规划文件的要求，优选出具有前瞻性的高水平方案。在方案实施过程中，应充分结合周边城市的发展水平和居民的使用需求，分阶段实施。对于扬州东区、南区等城市发展的新区，用城市公园体系建设保

护城市核心生态资源不受破坏,同时预留发展空间,倒逼土地利用效率,规划建设大型的生态中心、郊野公园等,这类公园的建设要分期实施。首先完成总体土方工程,塑造整体空间骨架;其次,在栽植季节(尽量不要反季节栽植)完成大、小乔木的栽植,乔木规格宜以中等规格苗木为主,合理间距,等待其健康生长。而园路、建筑小品、灯具等景观设施应根据周边市民的使用需求,有选择地建设,待到周边居民区发展到较高水平,居民逐渐增多时再逐步完善。这样分期建设既节约了一期建设成本,又避免了资源浪费。对于老城区,公园体系建设的重点在于改造早期公园,增加活动空间和健身设施,同时,利用一切可利用的城市公共空间,见缝插针地新建口袋公园,增加老城区的公园绿地数量,满足市民的休闲健身需求。总之,扬州公园体系建设应打破行政区划界线,从整个区域、整座城市着眼进行规划,统筹规划城市生态空间布局,合理安排城市绿地空间,健全城市生态网络,营造城园一体、城园共生的城市大园林景观,实现从"城市公园"向"公园城市"的转变。

3. 工程建设注重质量和细节,体现人文关怀

工程建设细节决定品质、细节决定成败。近年来,扬州城市公园的建设跳出了"重观赏、轻参与"的传统造园模式,无论是新建公园还是旧园改造,根据已有建设经验,梳理出了建设城区中央活动区的十个核心要素:有树木、有步道、有儿童游乐设施和高低篮球架、有体育设施(主要是篮球场、羽毛球场、笼式足球场)、有健身器材(主要给老人锻炼用)、有灯和凳、有文化设施、有厕所和小卖部、有可以避雨的回廊、有停车场。扬州还进一步细化目标,提出市级公园面积需在200亩以上,环形步道长1000米左右,社区级公园20亩以上,环形步道400米左右等指导意见。每个公园在配备这十类要素时没有硬性规定,根据实际情况可多可少,但必须保证质量。工程质量体现在细节,随着扬州逐渐进入老龄化社会,在城市公园体系建设过程中,适老型景观、海绵景观、无障碍设施、绿色设计等体现生态、人文关怀的先进设计理念被充分应用到城市公园中,让扬州的老百姓处处都能感受到幸福和关怀。

4. 建立健全城市公园组织管理体系

公园建设"三分建七分养"。提升养护管理水平，是公园体系建设可持续发展的关键。扬州城市公园数量众多、类型丰富，尤其是公园管理主体和隶属主管单位性质也多种多样，公园管理机构有国有企业性质，有事业单位性质等，公园隶属主管单位有行政机关、有事业单位，也有地方国有企业。长期以来，因城市公园缺乏统一协调管理机制，一直没有形成独立完整的城市公园管理体系。扬州过去公园的养护主要本着"谁建谁养"的原则，采用"以建代养"模式，看似肥水未流外人田，但从长远来看，由于缺少竞争，价格往往高得离谱，钱花了效果却不佳。未来扬州城市公园的管理应该借鉴上海、深圳等发达地区的经验，首先要开放思想，引入竞争，走市场化道路。除少数特殊单位外，大部分城市公园的绿化维护和日常管理都可以通过招标，选择社会上的专业管理公司，市、区园林管理部门则主要负责监督和管理这些管理公司即可，真正做到政企分开。在管理机制方面，首先，由政府牵头理顺市局与相关县市区（功能区）、国有集团、公园管理单位之间的行业管理监督和指导服务关系，将公园管理纳入城市长效综合管理范围。同时建立市、区两级考核制度，将考核结果与管理经费挂钩，较好地发挥各级管理机构的积极性，实现公园长效管理。其次，引入群众评价机制。通过网络、扬州当地电视台、报纸等媒体公布各区公园体系建设的实施进度和质量水平，接受群众评议，以人民群众的获得感衡量公园体系建设工作的成效。

区域发展报告

Regional Development Reports

B.26 扬州市广陵区实体经济发展研究

广陵区发展改革委课题组*

摘 要: 2017年广陵区实体经济发展良好,工业经济稳中有进,服务业加速发展,创新体系持续完善,资源要素持续优化,目前面临政策落地和产业发展的双重机遇,同时也存在不足。本文主要提出了四项对策建议:强化政府服务,激发实体经济发展新活力;强化产业集聚,构建实体经济发展新格局;强化企业培育,形成实体经济发展新体系;强化双创引领,注入实体经济发展新动力。

关键词: 广陵区 实体经济 工业经济

---

* 课题组成员:徐质然,扬州市广陵区发展改革委主任、党委书记;王宇翔,扬州市广陵区发展改革委副主任、中级经济师。

一 广陵区实体经济发展现状

1. 工业经济稳中有进

一是支柱产业复苏明显。经历2014~2016年的低迷，船舶重工、液压装备等工业支柱产业增势回升，恒润海工、海沃机械、扬力铸锻等重点企业订单持续上升，开票销售增幅均在30%以上。2017年上半年，规模以上工业企业主营业务收入362亿元，增长11.4%，利润近20亿元，增长21.3%。全部工业实现开票销售170亿元，增长33.6%，增幅居全市首位，实现入库税收7.2亿元，增长11.7%。二是先进制造业发展提速。广陵区优化产业布局，重点打造都市工业体系，相继形成液压装备、食品加工等先进产业链。汇聚了海沃机械、雅歌辉托斯、青岛啤酒等一批重点企业。推动企业实施智能制造、绿色制造、信息化改造等一系列技术改造，加大技术改造投入，出现一批行业小巨人企业，如上扬无线、长江重工等。2017年上半年，高新技术产业产值增长4.4%，规模以上企业研发投入占规模以上工业产值比重达1.9%。三是重点项目支撑有力。2017年全区亿元以上项目47个，其中2个项目列入省级重大项目。在建重大项目加速推进，环保发电、广沃环卫装备、广瑞电气等项目加快建设，年内竣工投产。储备项目加快涌现，头桥医械小镇在全市独家入选首批省级特色小镇创建名单，3年内计划投资近40亿元；恒润海工产业链延伸项目有序推进，计划投资超过50亿元。

2. 服务业加速发展

一是总量规模持续扩张。剔除房地产业和金融业，2012~2016年全区服务业增加值由157亿元增加到238.7亿元，固定资产投资由186亿元增加到326亿元，社会消费品零售总额由188亿元增加到260亿元，平均增幅超过10%。二是新兴产业快速发展。以信息软件基地为核心的信息软件服务业快速崛起，集聚近600家企业，就业人口超过5万人。基本形成以京东、1号店为主的电子商务板块，以喜马拉雅、咪咕、优酷土豆为主的数字内容板块，以智图科技为主的地理信息板块，已成为扬州软件信息产业的标志。"互联网+"激发了创业热潮，区内一批企业依托互联网打造消费新业态。"果然100""天鲜配"等利用互联网嫁接传统产业，线上线下相结合，将优质农产品送到居民手中。积极推进跨境电商园建设，广陵集聚了苏盐生活家、筑巢建材家居、汇银乐虎等跨境电商类企业近20家，逐步形成进口商品展示交易的大型平台。三是平台载体加速汇聚。目前全区已建成软件信息、文化创意、现代物流等服务业聚集区10个，其中省级服务业聚集区2个，市级现代服务业集聚区8个。10个集聚区实现营业收入超过300亿元，集聚企业近6000家，吸纳就业人口10万余人。

3. 创新体系持续完善

大力实施创新驱动战略，创新载体、创新人才、创新服务体系明显提升，企业转型内生动力不断增强，为实体经济发展提供了持续动力。高新技术产业产值占比持续提升，高新技术企业超百家。各类技术研究中心加快成立，建有国家级企业技术中心1家、省级工程技术研究中心22家。推进创新创业平台建设，累计建成科技产业综合体超百万平方米，投入使用近80万平方米。创成国家级众创空间2家，获批国家级和省级小企业创业创新基地各1家，建成辐射全市的大学毕业生实习创业基地。加大高层次创新创业人才引进力度，已引进国家"千人计划"专家近20名，为广陵区实体经济发展提供了智力保障。

4. 资源要素持续优化

努力化解土地、资金等要素制约，为实体经济投资提供有效保障。全区加快争取用地增量，盘活存量。2017年上半年报批土地超千亩，盘活存量低效用地500余亩，开工建设高标准厂房5.6万平方米，获批2016年度省国土资源节约集约利用模范区。设立"广陵两创贷"风险资金池、金创京杭创投基金、科技镇长团创业基金，总规模近亿元。加大企业直接融资支持力度，易图地信在"新三板"挂牌，阿尼信息、智途科技等挂牌企业融资达1亿元。

二 广陵区实体经济发展机遇和挑战

(一)重要机遇

一是政策落地机遇。国家先后出台了《长江三角洲地区区域规划》《长江经济带综合立体交通走廊规划（2014~2020年）》等战略规划，省委省政府打破苏南苏中苏北的地理分界，提出"1+3"功能布局，实现了江苏发展单位的战略重组。广陵紧邻长江，地理优势明显，可以同时分享多重战略机遇。这些战略的布局实施，不仅将带来政策、资源、项目、投资集聚，而且将促进沿线地区和城市经济全面升级，加速沿线地区平台共享和资源整合利用。

二是产业发展机遇。"十三五"时期，供给侧结构性改革加速推进，"三去一降一补"深入实施，供给端从粗放向集约、从低端向中高端开始加快转变，各类行业面临需求迭代的重要机遇。广陵既在船舶重工、食品加工等传统行业有企业集聚，也在以信息软件、液压装备等新兴产业有发展基础。只要以这轮改革为契机，提升传统产业创新实力，优化产品供给结构，适应市场消费需求，加大无线互联网、云计算中心等为代表的"新经济基础设施"投资，引导新兴产业和传统产业加速融合，必将发挥资本的乘数效应，促进产业结构调整，补齐行业短板，激活实体经济，惠及民生长远。

(二)主要挑战

近年来广陵区实体经济发展取得了积极成效，但在保持稳中向好的同时，还存在几方面不足。

一是有效投入亟待加强。多年来广陵区经济增长主要依赖投资拉动，投资对经济增长的贡献度超过六成。新常态下固定资产投资增幅逐年下降，2017年上半年出现负增长。其中，第二产业投资64.6亿元，第三产业（不含房地产）投资49.1亿元，同比均下降三成左右。未来受制于项目储备和推进的问题，有效投资将难以有大幅度回升趋势。

二是产业集聚效应仍显薄弱。近年来广陵区逐步形成了信息软件服务、食品生产和液压制造等特色产业，但部分产业企业集聚度仍然不高，产业链条上下游企业不多，分工精细化程度不足，核心企业处在价值链的中低端，彼此协同溢出效应不明显。例如，信息软件产业发展中企业数量已经聚集600余家，不乏京东、1号店、优酷土豆等知名企业，但是上述企业核心部门未落户，仅仅是产业链上劳动密集型分工在广陵运营，尚不能辐射带动其他企业形成一个集聚发展的生态圈。

三是生产要素制约仍然存在。广陵区地处中心城区，用地指标紧张的局面仍然存在，一部分企业存在因无法供地而影响生产发展的问题。在用工方面，人工工资、社保等费用上涨较快，给企业消化高成本带来巨大压力。在资本方面，金融机构对中小企业贷款存在利率上浮和变相收费等现象，"融资难、融资贵"的问题亟待解决。

三　广陵区实体经济发展路径

（一）强化政府服务，激发实体经济发展新活力

一是全面优化政府涉企服务。建设中小企业服务平台，以省星级中小企业服务中心创建为抓手，全面完善服务网络，实现基层服务中心全覆盖。加快推动商事登记制度改革的落实，推进企业全程电子化登记改革，打造"互联网+审批"，实现"互联互通、信息共享、协同办理、全程管理"。二是确保落实各项惠企举措。对照"3550"目标，深入推进"放管服"改革，全面落实"容缺预审"等多项创新举措。全面实施"营改增"税收制度改革，切实降低企业经营成本和税费负担。三是全力做好各类要素支持。加强金融支持实体经济力度，扩大与国家开发银行、中国农业发展银行等政策性银行合作，引进风险投资、私募股权投资等各类投资机构，引导企业打通股权、债券等多渠道融资途径，帮助企业利用动产抵

押、股权质押、股权出资等方式增加融资。创新投融资模式，满足实体经济多元化融资需求。切实保障发展用地，积极争取土地指标，盘活存量土地。积极推进市场出清，稳妥处置"僵尸企业"，淘汰钢铁等行业过剩产能，为新兴产业承接提供空间。

（二）强化产业集聚，构建实体经济发展新格局

一是全力加速产业集聚。要进一步强化制造业产业集聚，以船舶重工、液压装备为重点，以医疗器械、食品加工、电气线缆为特色，以智能制造装备、新能源与节能环保装备、机器人产业为方向，沿上下游引入关联企业，不断培育新的经济增长点。服务业要以信息软件业、商贸会展业为核心，加快引进数字影音、移动互联等新兴业态，推动广陵新城、古城商圈商务中心建设，集聚发展新动力。二是打造特色园区载体。要实施一园一特色，推进特色园区提升工程。中德工业园主攻液压产业项目招引，加快引进欧美高端装备制造项目，推动园区提质增效。物流园跨境电商园中园建成一批跨境电商项目，争创省级跨境电商示范园区。头桥健康医疗产业园抓紧完善产业和空间布局规划，推进核心区建设。商贸物流园聚焦生活性服务业，加快实施林安智慧物流科技园、万吨冷链物流等一批重点项目。三是高质量推动一批特色小镇建设。寻求差异化定位，聚焦特色文化、旅游、产业等功能叠加，全面推动特色小镇建设。重点推动湾头古镇复兴改造，打造成以玉文化为核心的旅游风情小镇；推动头桥镇建设产业特色镇，打造成以医疗健康器械制造为特色产业的健康小镇；挖掘沙头镇农业生态资源，打造成以生态农业、休闲观光、农趣体验为特色的蔬菜艺术体验小镇。

（三）强化企业培育，形成实体经济发展新体系

一是着力培养大企业大集团。在主导产业中选择1~2家具有比较优势的企业，全力实施大企业发展战略。加快实施大洋造船与苏美达战略重组，促进恒润海工、中铁宝桥等企业满负荷生产。引导企业股改上市，鼓励兼并重组，培育发展总部型、基地型大企业、大集团。推动大企业与下游中小企

业对接，延伸完善产业链。二是培植一批中等规模创新企业。培育高成长创新型企业、隐形冠军企业。推动联环药业等28个2000万元以上新增点释放产能，扶持光大帽业、上扬无线射频、广菱电子等增势良好企业加速做大。打造一批细分行业的专、精、特、新"隐形冠军"企业。三是促进小微企业全面发展。开展小微企业创业园建设，引导成长性好、符合产业导向的小微企业向小微企业创业园集聚，培育经济发展新增量。

（四）强化双创引领，注入实体经济发展新动力

一是加快创新平台载体建设。发挥政府的战略主导作用，加强科技平台建设，积极开展经济开发区科创园、食品科技园、中国创谷等创业基地培育。建设科技大市场等科技服务中心，鼓励构建专业化、差异化、多元化的众创空间。探索设立创业创新风险投资引导专项资金，推进科技与创业投融资深度结合。二是充分支持企业创新需求。充分发挥企业的绝对主角作用，引导企业加强科研投入，建立完善以"产业引导基金+股权投资+天使投资"等为主要内容的创新创业金融支撑体系。鼓励企业创建国家级和省级技术中心、研发中心、工程实验室。构建各区域与高校、研究机构、企业融合共生的创新体系，加快推进东南大学研究院、南京邮电大学研究院、江南大学（扬州）食品生物技术研究所等研发平台建设，确保食品药品检验检测中心投入运营，形成大学、研究机构、企业协同创新的有机整体。三是构建多层次人才培育引进机制。深入实施"985英才集聚计划"，完善高端人才服务体系，力争引进国家"千人计划""万人计划"等顶尖人才。更加注重打造精益求精的工匠团队。与扬州各高职院校合作，设置与广陵区特色产业相适应的"链条式"专业，培养门类齐全、技艺精湛的高技能人才队伍。

B.27
扬州市江都区实体经济发展研究

扬州市江都区市场监管局课题组[*]

摘　要： 实体经济是社会经济发展的源泉和根基。党的十八大以来，扬州市江都区把振兴实体经济作为供给侧结构性改革的主要任务，引导企业廓清转型升级路径、创新发展模式，使众多实体企业焕发出了生机。但是，受全球经济增速放缓、生产成本上升以及利润下降等多重因素叠加的影响，实体经济发展出现了下行压力加大、结构性矛盾突出、经济效益下滑等诸多问题。本文分析了扬州市江都区实体经济的发展现状和存在问题，并从多个角度提出建议：引导实体企业向科技创新转型，增强发展新动能，参与"一带一路"建设，拓展市场发展空间、深化"放管服"改革，降低生产要素成本，切实减轻企业负担等。

关键词： 实体经济　实体企业　转型升级

党的十八大以来，扬州市江都区把振兴实体经济作为供给侧结构性改革的主要任务，引导企业廓清转型升级路径、创新经营模式、开拓发展空间，使众多企业脱困重生，焕发生机。但是，面临近年来持续的经济下行压力，实体经济发展现状如何、存在哪些困难和问题、新时代发展实体经济着力点

---

[*] 课题组负责人：樊立新，江都区市场监管局党组书记。课题组成员：钱大宝，江都区市场监管局学会秘书长；袁飞，江都区市场监管局办公室主任；刘寅，江都区市场监管局行政审批科科长；马生宏（执笔人），江都区市场监管局学会会员。

应放在哪里，成为目前重要的调研课题。扬州市江都区市场监督管理局赴多家实体企业和相关部门进行走访调查，捕捉到实体经济发展中的一些新现象、新问题，并提出相应的思考建议，以期对政府相关部门开展帮扶服务工作时能有所借鉴和助益。

一　江都区实体经济发展的现状与质态

（一）江都区实体经济发展现状

截至2017年6月底，江都区实有各类中小企业23740家，实现总产值2399.6亿元，同比增长8.8%；实现利税320.4亿元，同比增长11.7%。其中，规模以上工业实体企业613家，开票销售675.9亿元，同比增长11.2%。开票销售亿元以上企业75家，5亿元以上18家，10亿元以上11家，纳税千万元以上的企业47家，有19家企业入围扬州市工业百强，百强企业数在扬州各县（市、区）居首位。

调查结果显示，2017年1～6月，工业企业中，机械制造业实现产值1131.4亿元，同比增长7.9%，开票销售98.4亿元，同比增长25.6%。无论从产值还是销售来看，增幅都比较大，是区域经济发展的亮点，更是经济新的增长点的支柱。产值同比增长较快的是汽车制造及配件业，实现产值164.5亿元，同比增长16.6%，开票销售45.5亿元，同比增长11.6%。智能电网业实现产值216.2亿元，同比增长11.6%，开票销售171.2亿元，同比增长16.6%（见图1）。

此外，经过多年发展，江都区建筑业已形成较强竞争力的产业集群。截至2017年6月底，江都区有建筑业企业195家，实现产值471亿元，同比增长4.8%，其中，参与"一带一路"建设的企业有68家，境外项目126个，境外营业额达4.2亿美元。同时，文体用品业、纺织服装业、科技信息业、现代农业等发展迅速（见图2），相继建成了一批省级产业基地和生态绿色农业产业基地。

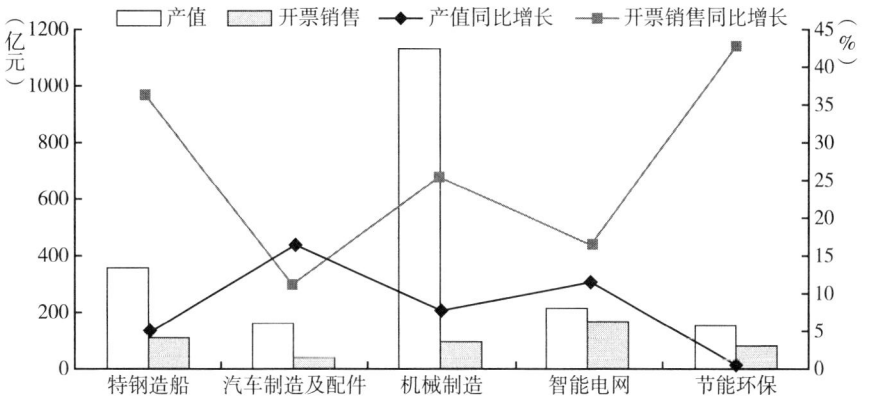

图1 2017年1~6月江都区工业企业产值、销售增幅情况

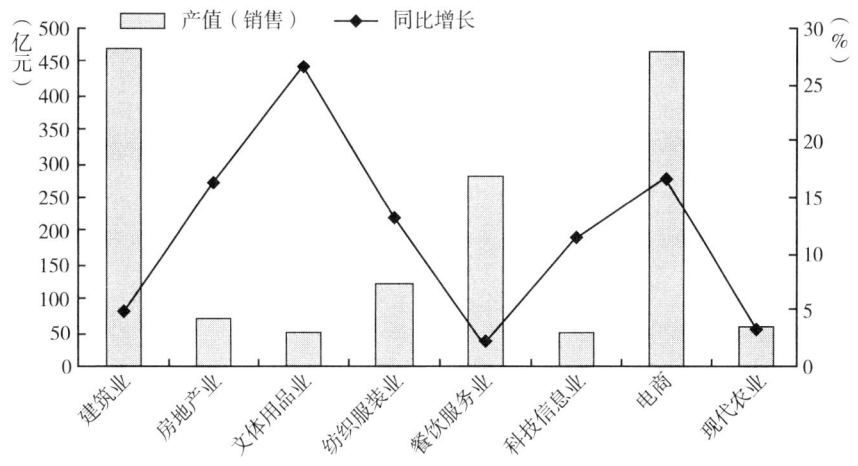

图2 2017年1~6月江都区建筑业、文体用品业、科技信息业等企业产值、销售增幅情况

（二）江都区实体经济运行质态

面对经济下行压力，江都区转方式、调结构、创新驱动，因企制宜地把培育产业特色作为发展实体经济的新引擎，实现全区企业经营状况明显好转，效益持续改善。

1.企业规模不断壮大,产业支撑明显走强

经过五年来的产业结构调整和优化升级,江都区在机械制造、电力、造船、特钢、环保、新能源汽车等产业已形成一定规模和优势。2017年上半年百强企业实现开票销售261.3亿元,同比增长40.4%,有87家企业开票销售呈正增长。其中,净增亿元以上企业13家,累计净增70亿元,拉动全区经济增长19.4个百分点。高端装备产业是江都区传统优势产业,目前有企业162家,产品涵盖建材装备、数控装备、冶金装备等多个门类,拥有亚威机床、恒远机械等一批优势企业;智能电网产业20世纪80年代即已起步,现有企业124家,其中规模以上企业32家、亿元以上企业22家,产品覆盖发电、变电、输电、配电、智能调度等各个环节,拥有金鑫、启源、电宇、双汇等国内知名品牌;节能环保产业曾是居省内第二位的环保机械制造基地,现有企业86家,其中开票销售千万元以上企业有25家,具有较强的竞争力;新能源汽车业发展势头强劲,目前已形成以九龙、道爵、五环龙为支撑,纯电动客车、电动商务车、场地观光车、特种专用车竞相发展的产业体系,江淮、九龙客车制造公司2016年共生产整车20万辆,实现销售16万辆,同时在发动机、油箱、空调、座椅、蓄电池等产品领域形成了具有明显特色的产业链,并拥有较高的市场占有率。经过多年发展,这些产业已经形成特色明显、辐射力大、具有较强竞争力的产业集群,支撑"走强"明显。目前全区共有3家公司在主板上市、16家企业在"新三版"挂牌,迅速"长壮变富",为江都区的稳定发展奠定了基础。

2.加快企业转型升级,动能转换持续发力

五年来,全区把加快产业转型作为适应经济发展新常态的主攻方向,坚持抓龙头、铸链条、建集群,将有发展前景、有核心技术、有带动能力的装备制造、智能电网、节能环保、新能源汽车等作为产业发展重点,在转型创新上破题,实现了新旧动能转换、经济总量扩张、产业层次提升、竞争能力增强。

造船及配套件是江都区的传统优势产业之一。曾几何时,因全行业产能过剩,江都区造船业发展一度陷入多重困境。面对全球造船市场萎缩低迷的形势，以中航鼎衡造船有限公司为代表的江都区造船业没有"坐守待毙"，而是实施差异化发展战略，另辟蹊径，果断向化学品、液化气等特种船舶转型，不断占领中高端造船市场，来自全球的订单不断。2017年上半年在手订单近28万吨，全球占比达12.37%，跃居全行业世界第一，打破日本船企垄断市场的局面，为中国造船业走向世界增添了精彩一笔。

勇于攀高附强，开展产业合作，是江都区做强装备制造产业的又一路径。江苏奔宇车身制造有限公司是一家生产挖掘机的民营企业，据调查了解，2011年全国挖掘机销量17万辆，当时该公司生产销售形势还可以，到了2015年，全国挖掘机销量陡降至5万辆，这一巨变，使国内超过一半的厂家倒闭，有的关停，有的转产。面对困境，奔宇顺应转型，与大连理工大学合作，在国内率先研制异型管成形工艺，并与徐工集团、日本建机合作，建起徐工车间、日建车间，成为徐工、柳工、玉柴等国内外30多家大型工程机械主机配套商，并成为日本建机在中国唯一的小型挖掘机驾驶室供应商。2016年挖掘机驾驶室销量全国第一，开票销售1.8亿元。

改造提升传统产业，淘汰化解落后产能，多路引导企业"弯道超越""华丽转型"。江苏金世缘乳胶制品有限公司是一家专门从事天然乳胶床垫、枕头的研制生产企业。前几年，各种替代品和劣质品不断涌现，乳胶制品销售一路下滑，该公司立足现状，迅速转型，勇于攀高附强，主动与国际家居品牌"宜家""联姻"合作，生产高档次床垫天然乳胶床垫、乳胶枕头及填充材料，成为中国第二家天然乳胶发泡产品供应商。"华丽转型"不但转出了信心和美景，更扩宽了产品销路，乳胶出口美国、日本、俄罗斯、韩国等10多个国家及地区，产品供不应求。2017年3月，公司又抢抓"一带一路"发展机遇，大胆走出去，把企业办到天然橡胶主产地泰国，在泰国罗务府桐县全球首家专业橡胶产业——立盛橡胶工业园，投资2400万美元建起金世缘乳胶制品泰国有限公司，全年可生产天然乳胶床垫、枕头600万只，填充材料50万立方米，销售额达1.2亿元。

面对竞争日趋激烈的建筑业市场，原有粗放型生产方式与模式很难适应市场需要。江都区建筑业通过创新驱动，培育发展优势，推行使用BIM建

筑工程新技术，实现建筑业由传统粗放型向高效精细化转变。江建集团开发的"筑牛网"成功吸纳近10万家金融单位和材料供应商，2017年上半年网上交易额达32亿元。

3. 瞄准高端化智能化，科技创新增添活力

面对经济下行压力，江都区抓住精准有效投资，瞄准高端装备、智能电网、节能环保等集群产业，延伸产业链条，占领高附加值领域，使实体经济呈现新的活力，发展速度、贡献份额正逐年提升。江苏揽月工程科技发展股份有限公司是一家专门从事高层建筑模架生产的国家级高新技术企业，于2016年3月在"新三版"上市。三年来，先后投资3000多万元购进大型激光切割、焊接机器人等先进设备，改变了传统生产工艺。至2017年7月，实现产值同比增长30.2%，目前该公司在手的国内外工程项目有80多个。国内机床界翘楚"亚威"，瞄准高端智能化，通过科技创新使产品数控化率达90%以上，成功跻身中国机械企业核心竞争力之星行列；凭借自身实力，以1250万欧元购买德国徕斯公司部分机器人技术，并与徕斯公司合资，开发与数控机床契合度更高的各类机器人产品，产品投放市场后供不应求。

4. 园区集聚效应显现，产业贡献逐年增长

五年来，江都区坚持把招商选资放在首位，围绕优化结构、完善链条、打造特色，全力推动园区企业集群发展，逐步构建起具有竞争优势的产业体系。目前江都区已建成"一区六园"，即省级开发区、高端装备产业园、商贸物流园、仙城工业园、小纪产业园、文化旅游产业园、空港新城，在集中项目、集聚产业、集合资源方面得到突破性进展，发展档次全面提升，大项目、大企业集聚效应逐步彰显，产业贡献不断增长。2017年1~6月，园区产业开票销售和服务营业收入107.6亿元，同比增长29.3%。

5. 转变农业发展方式，规模水平不断提升

五年来，江都区围绕农业现代化目标，着力调优农业结构，转变农业发展方式，标准化、设施化、集约化、规模化水平不断提升。截至2017年6月底，江都区已形成"两带三区一圈"农业产业格局，现代农业龙头企业58家，其中国家级2家、省级4家、市级28家，年销售收入达1000

万元以上的农业产业化龙头企业132家,全区已形成优质稻麦、高效蔬果、苗木花卉等多元农业产业布局。先后荣获全国粮食生产先进县、农产品质量安全示范县、花木之乡等美誉,并被农业部认定为国家现代农业示范区。

6. 参与"一带一路"建设,跨国经营提速换挡

目前,江都区实体企业参与"一带一路"建设积极性高涨,有120余家企业走出国门,发挥自身优势和强项,参与"一带一路"建设。江都建设总公司承包的蒙古国奥尤陶勒盖铜金矿工程总量一再追加,已由最初的60亿元人民币追加到80亿元人民币,成为江苏有史以来、全国近3年来最大的境外总包工程;江苏恒远建设工程有限公司承建了蒙古MAK公司3000TPD熟料水泥生产线项目,工程总造价1.5亿美元,是蒙古国目前最大的水泥厂项目。通过"一带一路"建设,很多企业柳暗花明,不但开拓了新的发展空间,而且引进了不少高新技术,促进了产业结构的有效转型升级,极大推进企业经营规模和运营质量的双提升。2017年1~6月,全区实现外经营业额2.28亿美元,同比增长12.4%。

7. "多证合一"利好市场主体,双创热情倍加迸发

五年来,江都政府职能部门围绕"多证合一"商事登记制度改革,大力推行"互联网+政务服务"新举措,使企业准入市场的环节和时间大幅缩减,新的增长点不断涌现,市场主体激剧增加。2017年上半年,新登记公司制企业1391户、注册资本总额82.51亿元,同比分别增长13.64%和20.56%。目前,全区市场主体达82686户,注册资本1623.1亿元,市场主体新增数连续5年保持高速增长。

二 实体经济发展中面临的困难与制约因素

从调查情况看,尽管实体经济平稳运行,景气度有所回升,但是企业经营环境仍很艰难,当前江都区实体经济普遍面临原材料、劳动力、融资等成本上升的压力,存在利润下滑、创新能力不足、规模以上企业数量不多、高新技术产业比重偏低、产品层次单一、品牌效应不强等诸多问题,从而制约着实体经济的健康发展。

(一)经营理念存在偏颇,产业转型举步维艰

面对供给侧结构性改革的经济新常态,不少企业主不知所措,束手无策。座谈中发现,当前实体经济生产经营中存在四大问题:一是有些企业主偏重于眼前利益,习惯于传统经营模式,满足于自身原始积累安稳发展,存有"小富即安"心理,怕市场风险变化,在创新理念、现代企业管理等方面严重滞后;二是生产销售模式上产品品类单一,更新缓慢,全区有2万余家实体企业,数量虽多,但不少处于价值链低端,过得硬、叫得响的品牌产品不多,链不强、质不高、业态不佳,半开工半停产的为数不少;三是企业缺乏长远发展意识,热衷于劳动密集型传统产品生产,有的企业商标注册多年资产闲置,外销产品大部分是"贴牌"货,获利微薄;四是同行压价,恶性竞争,造成工程业务梗阻。例如,真武一家环保企业在参加山东一项工程招投标时,因同行某企业相互压价,从中作梗,结果使原来标的900万元的工程被挤压到600万元,中标后的某企业因自有资金不足,自动放弃,致使这一工程最终夭折。

江扬电缆厂过去一直从事电缆生产,每年都投入一部分资金搞技术改造,但由于市场需求低迷,产品滞销,资金回笼慢,企业经营处于萎靡不振状态。后来开始涉足房地产开发,三年不到创收3200余万元,相当于电缆厂8年的利润。该厂负责人认为,现在办个厂审批烦、用地难、融资成本又高,尤其是在对发展前景吃不透看不准、回报又不确定的情况下,开厂不如搞房地产,既省事,赚钱又快。据扬州新民织带有限公司负责人反映,2016年公司想上一个新项目,要投入200万元才能拿到30万元补助资金,厂里本来资金就紧,结果只能放弃。据不完全统计,原先开厂后来涉足房地产、金融领域的实体企业,在江都就有10多家。

观望等待是不少实体企业经营理念偏颇的又一特征。据调查综合反映,目前企业转型升级面临三大难点:一是企业经营不景气,利润下滑,能保命

就不错了，何来转型，一旦贸然行动会"死得更快"，不如安分守业；二是缺资金，转型投入比较大，筹资是件大事，成败难料，风险高、压力大，投资意愿不强；三是创新能力不够，尤其是缺少技术力量，高薪引才又支付不起。不少企业存在走一步看一步和等待转机的心理。

（二）产业整体规模不大，缺乏内在发展动力

经过多年的发展，江都区涌现了一大批重量级企业，建立了良好的工业基础和产业体系，但50亿元级、100亿元重量级企业却寥若晨星。目前，江都区实体企业发展仍存在一些"短腿"：整体规模不大，结构散、技术装备落后、产品档次低，且发展基础不够均衡；龙头旗舰型企业偏少，缺少自主创新能力，产品科技含量不高，产业结构不合理，产品以中低档为主，且同质化严重，低成本、低价格，在激烈的市场竞争中处于劣势。另外，江都区实体企业大都是从个体、合伙之类发展而来，普遍缺乏创新科技和管理人才，面对转型升级动能转换的新形势，多数企业定位不高、动力不足，在复杂多变的经济发展新常态下，应对无方，进退失当，有的甚至处在"空转"状态，很难跟上时代的步伐。

（三）要素制约矛盾突出，发展瓶颈日益凸显

一是资金瓶颈，卡住了企业发展命脉。一些传统企业生产经营在走下坡路，风险开始显现，银行逐渐收紧放贷，特别是对不良率偏高的企业不太敢放贷，比较谨慎。加之原材料价格波动较大，一天一个价，资金回笼又慢，多数企业流动资金紧张，企业贷款越发困难，尤其是一些银行的压贷抽贷，几乎成为压垮实体经济的"致命一击"。江苏新马机械制造有限公司是一家专门生产特种不锈钢基料的民营企业，2011年，该企业针对国家钢铁行业调控压缩的政策，率先转型，研制出国家允许生产的新型特钢产品；但没想到金融系统将该产品划入传统钢铁制造业，纳入"一刀切"的范围，自2014年底连续抽贷资金1.2亿元，公司资金链彻底断裂，于2015年3月底被迫停产，被逼入"死胡同"，企业感

到很无奈。据工商银行反映，不少企业亏损严重，已到放贷警戒线，银行有钱不敢贷，因为银行也是企业，风险高了不放贷也正常。二是工人工资和原材料价格上升，成为成本压力的主要来源。由于经济下滑，企业效益下降，企业福利与工人需求存在差距，加之企业地处偏僻，工作生活环境枯燥，年轻人嫌偏、嫌苦、嫌钱少，"招不到、留不住、养不起"已成为企业普遍现象，尤其是生产旺季用工更加紧张。江都区新宇船舶制造有限公司负责人在调查现场给自己算了一笔账：现在用一个职工每月工资3500元，还要缴"五险一金"，每年工资还要涨，公司光用工成本较2014年增加160万元。2016年钢材还是2800元一吨，现在涨到4200元一吨，原材料涨涨涨，实在吃不消。三是用地受限，企业增资扩产受到掣肘。一方面，由于土地紧缺受限，拟建项目的规划和土地手续难以办结，导致项目不能如期开工；另一方面，与周边县市相比，江都区土地成本偏高，优惠措施少，项目难以落户，致使本埠企业外迁，土地成了实体经济发展的"硬约束"。四是能力缺乏，成了制约实体经济发展的"短腿"。多数实体企业依赖家族式管理方式，直接导致了企业内部管理效率低，有的只注重追求短期利益，不愿更多地进行设备更新和产品研发投入，使得生产能力难以提高，产品附加值和产品质量在低水平徘徊，导致盈利能力较差。

（四）尚未形成扶持合力，服务环境有待改善

政府已出台的优惠政策在落实过程中有"慢""拖"和"折扣"现象，有些该享受的优惠奖励，本地中小企业却没能享受到，以致挫伤实体企业的积极性；实施"多证合一"后，部门之间的信息平台尚未完全对接，资源不能共享，导致一些从事许可经营项目的企业在领取营业执照后，仍然无法快速进入市场开展生产经营，出现"办照容易办证难""准入不准营"等问题，个别单位仍然存在行政权力部门利益化现象，网上登记服务功能有待推进提升。

三 加快实体经济发展的思路与对策

习近平同志在十九大报告中指出,"建设现代化经济体系,必须把发展经济的着力点放在实体经济上,把提高供给体系质量作为主攻方向,显著增强我国经济质量优势"。针对江都区实体经济发展中存在的问题,如何贯彻十九大报告中提出的新发展理念、建设现代化经济体系?我们认为,新时代必须牢固树立创新、协调、绿色、开放、共享的发展理念,紧扣"强富美高""两聚一高"目标和办好"十件大事"战略部署,把实体经济发展放在突出位置,优化提升产业结构,培育发展新动能,走出一条中高速、有质量、效益好、可持续的实体经济发展道路。

(一)强化政策宣传引导,营造支持实体经济发展的浓厚氛围

面对更趋复杂的宏观经济形势,助推实体经济发展,提振企业家的信心和大众创业激情显得尤为重要。针对当前一些企业依赖传统生产经营路径一时难以改变和转型发展的困惑无策状况,建议通过媒体、网站、会议等多种途径,广泛宣传党和政府鼓励扶持实体经济发展政策,及时发布导向信息,解答和回应企业关注的热点难点问题,消除突围发展中的疑虑,提振创新创业信心和激情,把困难和挑战转化为转型思路;尤其是对"三去一降一补"、转型升级企业和招商引资的重点项目,应帮助寻找最佳方案,通过转型升级打开自身的利润空间,从利好政策中受益;加大对实体规模企业的宣传,弘扬"企业家精神"和"工匠精神",表彰奖励一批优秀企业家,形成示范引领,进一步营造"重视实体、扶持实体、发展实体"的良好氛围。

(二)提高科技创新能力,增强实体经济发展新动能

科技创新是培育实体经济新动能的核心动力,也是江都的一大"短板"。从江都实体经济结构来看,大多以劳动密集型传统产业为主,以低廉的劳动成本和高资源环境代价获取微薄利润,这种数量大、质量低的状况,

反映了企业创新能力不足。因此，应引导企业摆脱传统资源依赖，以科技创新为引领，探索传统产业改造升级，加大研发投入、建立研发（技术、设计）中心，围绕技术创新、市场拓展、品牌提升、产学研合作等加快发展，实现创新成果同产业对接，通过科技创新，抢占产业链前端，全力推进新旧动能转换；建议把产业科技创新作为主攻方向，一手抓好龙头骨干优势企业和特色产业基地、科技产业园、科技创业园等新兴产业的扶持培育，重点发展新能源、新材料、智能制造、大数据等产业，尤其应加快高端装备制造业、智能电网、新能源汽车、节能环保等战略性新兴产业集聚发展，重点推进数控装备、特高压传输设备、新能源汽车电芯研发制造，加快工业机器人激光加工信息技术在生产过程中的应用，打造一批智能化生产线和数字化工厂，发展智能制造产业集群，培育一批创新型领军企业和"科技小巨人"；鼓励企业不断增强自主创新能力，着力打造具有知识产权的自主品牌，全面提升产品核心竞争力和市场占有率，助推企业提质增效。另一手抓传统产业改造升级，加快培育以新技术、新产品、新业态、新模式为标志的"四新"经济，推动全区优势传统产业向智能化、绿色化、高端化发展，依靠科技创新确保新旧动能平顺转换；拓展特钢、船舶、汽车及零部件等产业向风电核电、特种化学品船舶、发动机及车身控制系统等高附加值领域，不断拉长增粗产业链条；深入实施创新驱动和质量强区战略，选择龙头企业以商标为纽带，实施主导产业＋优势品牌战略，加快企业产业化发展步伐，把企业做大做实做强。

产业园区是发展科技创新经济的主要载体，更是发展实体经济的重要平台。应加快推进产业园区提档升级，加大特色产业基地、科技产业园、科技创业园等创新载体建设力度，不断提升项目承载能力，形成特色优势，突出产业链协同高效、核心竞争力强、公共服务体系健全的产业园区，重点推进仙城工业园汽车及零部件产业园、智能电网产业园、丁伙建材装备科技产业园、武坚高压电气、真武节能环保园区建设，使园区从形态开发向功能开发转变，大力提升园区要素资源吸附能力和产业支撑能力，不断推进园区产城融合。

实施精准招商，抓好项目建设。引进一批科技含量高、创新能力强、市场前景好的大项目，跟踪美国 AZZ 城市智能输电系统等意向项目，按照"投产一批、建设一批、开工一批、储备一批"的工作思路，加大对项目前期的投资力度，策划、开发、包装一批有前景、有收益、切实可行、带动作用强的重大项目。

加大科技创新投入，尤其是加大对制造业技术创新的财政投入，夯实发展基础，通过投资奖补、贷款贴息、投资入股和税收优惠等办法，支持和引导实体企业增加研发投入，加快科技成果转化，提高创新速度和效率。

（三）加大综合扶持力度，破解实体经济发展难题

目前，各地都制定了一系列引导扶持实体经济发展的优惠政策，相比周边县市，江都区扶持落实力度还不够，尤其在投资政策、融资贷款、用工用地、能源价格、税费收取等方面还需加大扶持力度，努力降低企业生产经营成本，切实为企业"松绑""减负"。

1. 帮助企业释疑解虑，解决实体企业转型投向难确定的问题

实体经济发展首要问题是精确定位，找准新的增长点。在当前转型升级的关键期，不少企业投向迷茫，举棋不定。相关部门应运用多种形式，告知投资创业者，哪些产业、哪些项目是国家允许鼓励发展的，哪些属"三去一降一补"限制发展的，让他们及早了解，及时作出投与不投的选择。对国家明确鼓励发展的产业，在认真宣传和落实相关优惠政策的基础上，应出台配套措施，进一步引导民间投资投向产业链长、增长前景好的领域。

2. 合理配置土地，解决实体企业增资扩产用地难的问题

随着国家对土地的紧控，土地供需矛盾越来越突出，如何解决好实体企业用地问题，直接关系到实体企业的发展速度和规模。笔者在基层调研时发现一些好的思路和建议值得借鉴：优化新增用地，确保新兴工业项目和重大服务项目；盘活土地存量，对一批经营不善圈而未用的项目土地，可优先用于投资强度大、科技含量高的项目建设、工业技改；采取"腾笼换鸟"，鼓励企业利用现有房屋和土地兴办新产业新业态项目，实行继续按原用途和土

地权利类型使用土地5年的过渡期。结合"263"整治督察,关闭淘汰一批手续不完善、产能落后的化工企业、小船厂,为重点项目建设腾位留地。

3.创新融资方式,解决实体企业资金难周转的问题

近年来,受宏观调控政策的影响,实体企业融资遇到前所未有的困难,加剧了企业生存压力。如何创新融资模式,缓解企业资金压力?针对融资难融资贵的问题,应发挥政府引导信贷服务作用,以政府、企业、民间三方出资股权合作模式设立实体经济创新发展扶持引导基金,加大对有市场发展前景的先进制造业、战略新兴产业、传统产业改造升级的信贷扶持,保障重点项目信贷需求,推进融资方式创新,搭建银企对接平台,打好产品创新"组合拳";针对不同行业发展状况,创新信贷产品和服务方式,开发"惠企贷""确权贷""人才贷""转期贷"等免抵押担保信用贷款产品,让实体企业能贷到、贷得快、用得起;引导企业通过不动产和动产抵押、股权质押、知识产权质押等方式,以创新、快速、个性化服务,把企业的"静股权"转化为"活资金",为实体企业"输血给氧",进一步释放融资支持红利。通过设立风险补偿基金、"政银保"风险金和政策性担保机构,提高金融机构对企业贷款的信心和积极性,有效解决企业贷款抵押物不足等问题。

4.降低生产要素成本,解决实体企业负担过重的问题

以降低企业生产要素成本为重点,打好降低企业制度性交易、税负、财务、物流、水电气等成本"组合拳",全面减轻企业负担。加大对企业引进技术装备、技术研发、人才培训、节能减排、转型升级等方面的财税支持力度,通过财政补贴、税收抵扣、贷款贴息、加速折旧等多种支持方式,提高实体经济投资回报;推进纳税便利化改革,实现办税环节更简、流程更优、资料更少、时限更短;另外,清理规范涉企收费,特别是清理没有法律依据的收费项目,按照宜免则免、宜减则减的原则,切实减轻企业税费负担。

(四)探索企业自身生存路径,寻找新的转型发展空间

在困扰实体经济转型发展的众多因素中,传统的经营方式和管理模式是重要方面。因此,提升企业自主管理和开拓能力,是实体经济发展的内在要求。

1. 建立员工激励制度，解决职工队伍难稳定的问题

企业职工招不到、用不起、留不住的现象，一个共同点是企业沿袭粗放的管理方式，以致出现职工队伍不稳定。为此，企业应树立"以人为本"的理念，注重抓好职工的核心价值观教育，并将其融入员工的思维和行为中，使企业职工产生归属感，开发更多的"激励因素"，以较大的自主权、工作弹性，轻松的工作氛围、优雅的生活环境、优厚的待遇等，来吸引人、留住人。同时，与大中专职业院校结成合作联盟，加大对产业转型升级紧缺的创新、适用人才的引进培养，不断增强企业"硬实力"。

2. 用互联网打通产业链，解决企业产品销售难的问题

引导企业运用互联网、大数据等现代技术，推动生产、管理和营销模式变革，加快新技术和企业产业渗透融合。加大电子商务发展的扶持力度，把电商换市作为助推实体企业转型升级的重要支点，以"互联网＋传统产业""互联网＋农产品""互联网＋旅游"等现代营销方式，预测产业发展前景，精准投入，拓展国内外市场空间；抓好电商技能培训，造就一批懂技术、会网营、能带动群众致富的电商人才。

3. 引导企业"走出去"，解决实体经济发展空间和风险防范问题

当前，"一带一路"国家战略布局已进入务实推进全面铺开阶段，这给实体经济"走出去"带来了新的发展机遇，应充分发挥企业主体作用和政府保障作用，帮助企业打造战略思维和国际视野，积极引导实体企业"走出去"，推动企业在境外开展创业投资、联合经营等，通过国际承包、集成，带动装备、技术、品牌等产业输出，拓展市场新空间。利用厦门"金砖＋"国际合作新模式、东盟博览会等国际平台，开展产业规划、资源合作、项目建设等方面的谋划合作，不断推进优势企业国际化发展。要帮助企业掌握国外产业和竞争政策，了解当地消费需求，从技术、资本、人才等方面做好准备。当前，复杂多变的国际政治经济和社会治安形势，尤其是区域动荡不安，海外施工企业随时面临"走出去"的现实风险。因此，对境外企业在施工中遇到的困难和问题，要及时进行咨询和指导，不断完善风险评

估与防范机制,随时规避政治、战争、用工等带来的境外风险,增强企业自身防险能力。

(五)深化"放管服"改革,营造良好的发展环境

以简政放权和转变政府职能为重点,深入推进"放管服"改革,抓好"互联网+政务服务"建设,积极推行企业登记全流程互联网"不见面"审批模式,开展网上受理、网上审核、网上公示、网上发照,使涉企服务向网上政务服务平台延伸,让企业少跑腿、好办事;重点推进投资项目核准、规划选址、用地预审、环评、安评、节能等同步并联审批,提高审批效率,削减企业成本;打破以经营资格卡住主体资格的限制,减少涉及市场主体和投资项目的审批事项、申请材料、办理环节、各类证照的认定,由许可监管转为行为监管,进一步降低准入门槛,彻底为企业松绑;全面推行"双随机、一公开"改革,加快推进政府大数据中心建设,强化事中事后监管,实现联合抽查常态化;综合运用监察、审计、督察、行政复议等方式,加强对权责清单、部门行政事业性收费、办事效率等情况的监管,努力营造支撑实体经济发展的良好环境。

B.28
扬州市邗江区文化产业影响力提升研究

吴迪 张德兰*

摘 要： 在城市发展建设中，打造城市文化品牌、提升城市文化影响力发挥着重要作用。邗江区通过文化产业的发展，不断提高文化影响力，建议通过扩大有效投入，坚持不懈抓项目、扩增量；优化发展格局，坚定不移抓跨界、促融合；积蓄发展后劲，千方百计找空间、增效益等对策，克服文化产业发展面临的薄弱环节，有效提升邗江区的文化影响力。

关键词： 邗江区 文化产业 影响力

公元前486年，吴王夫差开邗沟、筑邗城，邗江因此得名，成为古扬州的发祥地，迄今已有2500多年的历史，积淀了深厚的文化底蕴。这一得天独厚的先天优势，加上现代产业的雕琢，为邗江宜居文化产业提供了无限的发展潜力。

一 邗江区文化产业发展的基本现状

近年来，邗江区立足文化资源禀赋，顺应"国际化、互联网、新经济"的时代潮流，开拓文化产业发展新思路，主动作为、积极探索，取得明显成效。

---

* 吴迪，邗江区统计局局长；张德兰，邗江区统计局综合科科长。

1. 文化产业发展氛围日趋浓厚

自十八大以来,邗江区委区政府深刻领会国家提出的深化文化体制改革、增强国家文化软实力的精神,紧紧抓住国务院《关于推进文化创意和设计服务与相关产业融合发展的若干意见》①、江苏省政府办公厅《关于进一步加强文化产业园区(基地)建设的意见》②、扬州市政府《关于促进文化产业发展的实施意见》③等重大政策机遇,积极打造"邗文化"品牌,先后荣获"中国毛绒玩具礼品之都""中国琴筝之乡""中国民间特色文化之乡(琴筝)""江苏省公共文化服务体系示范区""全国文化先进区"等称号;扬州(邗江)文化创意产业园被命名为国家级文化产业示范基地;江苏甘泉影视服务(外包)基地和江苏笛莎公主文化有限公司分别获得"市级文化产业示范基地""省文化艺术人才培训基地"和"省级重点科技文化企业"称号。一是政策先行。先后出台《扬州市邗江区鼓励和扶持文化产业发展的政策》《扬州市邗江区文化产业发展引导资金使用管理办法(试行)》和《扬州市邗江区影视产业财税扶持政策》等系列文化强区政策文件,从产业规划、组织考核、政策扶持、项目招引等多方面入手,多方打造邗江在文化产业方面的政策洼地,以营造宽松的文化产业发展政策环境和社会氛围。二是财政助力。2016年,邗江区文化体育与传媒经费支出3465万元,比上年增长41.1%,占全区财政一般预算支出比重为0.65%,比上年提升0.19个百分点;2017年1~10月,邗江区文化体育与传媒经费支出2433万元,在全区财政一般预算支出中占比0.61%。同时,邗江区每年还设立文化产业发展专项引导资金500万元,带动社会力量,催化优秀文化企业做大做强,推动邗江文化产业结构布局明显改善和市场竞争力显著增强。三是打造环境。公共文化服务体系方面,以构建"网格化""互动式""圈层状"新格局为统领,积极打造区、镇、村(社区)三级网络,实现公共

---

① 国发〔2014〕10号,于2014年3月14日发布。
② 苏政办发〔2013〕76号,2013年5月7日发布。
③ 扬府发〔2016〕161号,2016年9月2日发布。

文化阵地"五位一体"① 全覆盖。邗江被评为"全国群众体育先进单位"。2016年全区拥有文化馆1个、文化站13个，区级公共图书馆2个、镇级图书分馆13个、村级图书分馆56个，村级综合文化服务中心42家。文化创意产业方面，全区拥有1个国家级、1个省级、8个市级文化产业示范园区（基地）。文化保护与传承方面，《淮扬运河主线（瓜洲运河）保护与环境整治方案》《淮扬运河（邗江段）保护与展示工程方案》得到国家文物局的批复，大运河列入全国重点文物保护单位，甘泉汉墓群列入省级重点文物保护单位，杨庙镇的仓颉文化广场、甘泉街道的陈园、瓜洲镇的杜十娘广场、邗江方巷镇的扬州渔文化博览园和"张爱萍在方巷"史料陈列馆均被列入扬州市文化博览城建设重点项目，隋炀帝传说、竹西谜语、傩舞（跳娘娘）等项目跻身江苏省级非物质文化遗产。

2. 文化产业发展规模日趋壮大

从单位个数看，快速增加。截至2017年8月，全区已有文化产业企业数2922家，比2013年增加1715家，增长65.5%，年均增长24.7%；其中文化制造企业499家，增加207家，年均增长14.3%；文化批发和零售企业718家，增加476家，年均增长31.2%；文化服务业企业最多，达1705家，增加1032家，年均增长26.2%。从行业占比看，"两升一降"。文化制造业占全部文化产业的17.1%，文化批发和零售业占24.6%，文化服务业占58.4%；与2013年企业个数比重相比，除文化制造业呈减少趋势外，文化批发和零售企业、文化服务业占比均呈上升趋势，分别提升了4.6个和2.6个百分点。从行业分布看，多元发展。全区文化产业法人单位共涉及63个行业小类。法人单位数排在前五位的行业是广告业（345家，比2013年增加142家，占11.8%）、玩具制造业（306家，比2013年增加127家，占10.5%）、专业化设计服务（291家，比2013年增加128家，占10%）、其他文化艺术业（142家，比2013年增加82家，占4.9%）、网吧（92家，

---

① 公共文化阵地"五位一体"，是指每个村（社区）都建有文体广场、文化活动室、图书室、戏台、健身路径等公共文化设施。

比2013年增加9家，占3.1%）。从经济总量看，快速扩大。截至2017年8月，全区文化产业单位共实现营业收入162.2亿元，比2013年增加92.8亿元，年均增长23.6%；其中文化制造业85.5亿元，文化批发零售业43.9亿元，文化服务业32.8亿元，年均分别增长18.9%、45.9%、17.9%。从"三上"①企业看，支撑明显。在2922家文化产业企业中，邗江的"三上"文化产业企业有73家，虽仅占全部的2.5%，但从业人员达9332人，营业收入达73亿元，从业人员在全部文化产业企业中所占比重达44.4%，营业收入在全部文化产业企业中占比达45%，成为推动邗江文化产业发展的主力军。

3. 文化产业集聚水平日益提升

邗江已初步形成文化产业发展三大主体功能板块，即南北（瓜洲、甘泉）的"大型文化体验项目承载区"板块、西东（竹西、蒋王）的"新兴电子商务创意集聚区"板块和中轴（高新区、双桥、西湖、邗上）的"文化创意集聚区"板块。大型文化体验区——以"中国瓜洲音乐节"和甘泉爱情小镇为代表。"中国瓜洲音乐节"从2013年开始创办，已连续成功举办四年；温泉酒店项目、扬州观音岛直升机培训及游艇基地项目，正有序推进。甘泉爱情小镇，按照国家4A级景区标准，一是将甘泉影视文化产业园的各类有利资源进行充分整合，努力打造集影视制作、文化旅游、休闲养身、互动体验等为一体的综合性园区；二是以体验婚庆习俗为纽带，建设扬州异域风情园；三是以"樱花"为媒，自2015年起，已连续举办三届"甘泉樱花节"。中国·爱情小镇·天使城荣获2016年国家休闲农业与乡村旅游四星级示范园区。电子商务创意集聚区——以"邗江互联网产业园""扬州西区新城电子商务创意园区"和"百分百电子商务产业园"为代表，已形成西引仪征，东连江都、广陵的产业布局及先发辐射优势。江苏笛莎公主文化创意有限公司，已正式启动投资1亿元的互联网智慧大厦项目，包含笛莎总部、笛莎淘宝学院和女童公主商城建设。文化

---

① "三上"文化企业指规模以上文化工业、限额以上文化批发零售业和规模以上文化服务业。

创意集聚区——以五亭龙玩具城为代表。五亭龙玩具城集聚了大量优质传统毛绒玩具企业，在"互联网＋"的带动下，借力"省级电子商务村"的示范作用，引导玩具城内业主运用动漫创新、创意附加和高科技手段，不断提高玩具的市场竞争力和占用率，目前，玩具城市场年交易额已突破60亿元。扬州高新区，以国家级"文化产业示范基地"平台为载体，已集聚112家电商网络、科技研发、软件信息、工业设计类企业。西区新城京华城商圈，凭借其暴增的人气，集聚了一大批休闲游乐产业和文博会展产业。大王庙文化创意产业园2017年3月正式签约，通过整合线上线下创意设计团队资源，吸引入驻邗江，以文化聚集创意全面提升城市的文化内涵与品牌，为邗城文化创意集聚再添新亮点。

4. 文化产业跨界融合日益推进

一方面，"文化＋旅游"融合推动加速。东面，推动文化休闲与儿童娱乐体验项目结合，竹西新城通过挖掘运河文化、古邗沟文化以及竹西文化，积极打造以大王庙和竹西芳庭为核心的文化休闲体验区，大力推进以儿童娱乐和体验为主题的童乐广场项目。南面，有序推进瓜洲古镇国际旅游度假区等一批重点项目。北面，以江淮生态大走廊及S611省道建设为契机，加快推进北湖生态休闲公园、方巷渔文化博物馆及方巷渔文化博览园等项目的建设。总投资1.2亿元的方巷渔文化博览园项目，主要包括农家渔舍、民宿酒店等特色旅游产品的开发。目前，首批3家特色民宿和11家"渔家乐"餐馆以及6条特色船餐已对外运营。中轴，加快推进整合甘泉影视基地、陈园和樱花园等资源的"中国·爱情小镇·天使城"建设。

另一方面，"文化＋互联网"融合推动升级。紧密联系互联网发展形势，深度融合文化创意与软件信息、电子商务等。重点推进税友软件园二期项目，包括大数据和云技术服务、软件版权交易、软件和信息平台运营中心等。已吸引国内软件龙头企业联创、税友、金蝶等入驻，成为苏中地区文化与科技双向融合发展的活力旺盛区。2017年5月，作为扬州"烟花三月"期间"互联网＋"的重磅项目，邗江互联网产业园正式开园暨扬州软通动力的开业，提供4万平方米以上创客空间，为邗江乃至扬州市的"文化＋

互联网"创新转型增添动力。

5. 文化产业品牌效应日益彰显

随着文化产业跨界融合的深入挖掘壮大，一批文化产业园区，以文化创意为中心，着力发展知识密集型、高附加值的现代文化创意产业和设计服务项目，品牌集聚效应不断放大，有力推动了产业结构升级和城市功能转换。2017年9月，"扬州琴筝文化产业园"落户邗江甘泉街道，目前，邗江已拥有琴筝生产、销售企业30余家，产值达2000万元以上的就有"雅韵""正声""翔声""天艺"等品牌，国内市场占有率达40%以上，是扬州琴筝产业聚集度最高的区域。琴筝产业基地将围绕"一中心、一坊、一街、两片区"来打造，琴筝文化推广中心规划一个古风琴韵的开放式文化广场公园，汇集琴筝博物馆、演艺中心、培训学校、艺术沙龙等地标性建筑，兼具琴筝历史文化解读、知识普及、剧场演出、名家讲堂、教育培训等功能。江苏甘泉影视服务（外包）基地，先后吸引《江湖正道》《刘伯承市长》《大红灯笼高高挂》《大清盐商》《与狼共舞》等10余个剧组进驻拍摄，一批知名艺人及演艺明星工作室入驻基地，创成"江苏省文化艺术人才培训基地"。2016年甘泉文化产业营业收入占全区文化产业营业收入的比重达6%，文化产业已成为甘泉的主导产业。西湖镇依托五亭龙玩具城，致力让毛绒玩具产业永驻邗江，着力打造毛绒玩具特色小镇。至今已有五亭龙国际玩具礼品城等近20家企业（单位、园区）被列为扬州市首批文化产业示范基地。

随着品牌集聚效应的不断放大，一批文化内涵丰富、产业特征凸显的特色品牌和龙头企业，在推进文化产业融合发展和转型升级中呈现鲜明的引领作用。江苏笛莎公主文化创意产业有限公司坚持把文化创意贯穿植根于产品研发、生产、营销全过程，深度融合产品制造和文化创意及设计服务，成长为扬州本土综合实力最强的大型企业之一。先后获得江苏省企业创新先进单位、中国十大童装品牌等荣誉，2017年9月，创成扬州市首家国家级电子商务示范企业（商务部公告2017年第48号）。近年来，笛莎充分发挥互联网基因优势，创新O2O深度融合新零售模式，与世界第一娃娃品牌芭比形成战略合作，依靠大数据云计算，以品质文化品牌为引领，上半年实现

70%的增长,被评为全省唯一的"中国童装十大品牌""中国两化融合突出贡献创新型企业",全年预计实现销售5亿元。笛莎公主文化创意产业园、五亭龙玩具礼品城企业获得首批扬州市文化产业示范基地称号,并以其示范带头作用,引领本土传统产业转型升级。京华城文化消费圈、力宝广场文化消费圈、来鹤台文化休闲圈、琼花园商圈等已逐步兴起,成为市民休闲消费娱乐的聚集地。

二 邗江文化产业发展面临的问题和形势

邗江要率先跨江融合,城市文化必须首先要做强做大。虽然近几年邗江文化产业发展取得了一定的成绩、形成了一定的规模、产生了一定的影响,但与周边先进地区和邗江较为雄厚的经济实力对比来看,还存在一些薄弱环节。这些薄弱环节已成为阻碍邗江城市竞争力提升的巨大障碍。找出不足,分析原因,对提升邗江城市竞争力具有重要的现实意义。

一是邗江文化产业与周边差距明显。文化产业增加值占地区生产总值比重,是反映一个地区文化产业发展规模的重要指标。2015年①,邗江区文化产业增加值占GDP比重为3.6%,与扬州市平均水平相比,相差0.47个百分点;与扬州其他县(市)区相比,低于高邮(3.85%)、江都(3.61%),居第三位;与苏中的部分县(市)区相比,邗江水平明显偏低,低于如皋(4.9%)、海门(4.8%)、通州(4.75%)、如东(4.7%)、启东(4.5%)、海安(4.4%)、泰兴(3.97%);即使与苏北的部分县(市)区相比,也不容乐观,低于东海(4.94%)、沭阳(4.88%)、淮安(4.89%)、建湖(4.2%)、泗洪(4.15%)、阜宁(4.07%)、泗阳(3.93%);与"十三五"时期建成文化强区和国民经济支柱性产业的战略目标(文化产业增加值占地区生产总值比重超过7%)相比还有较大差距,任务艰巨。

---

① 因2016年数据全省尚未反馈,故在此用2015年数据进行比较。

二是文化产业主体规模集聚水平偏低。产业发展关键看产业主体。从总体看,邗江区文化产业发展仍然处于起步阶段,文化产业总量偏小,比重偏低,竞争力不强,全区文化含量高、上档次、有质量的新项目、大项目少,2016年文化产业增加值占GDP的比重勉强达4.5%。邗江的北山片区产业基础相对薄弱,体量较小,发展缓慢;主城区虽然体量较大,但较为分散,规模大、示范带动强的平台和载体也不多。从"三上"单位看,全区各类文化产业单位2922家中,"三上"单位仅73家,仅占全部文化产业单位的2.5%,全区营业收入亿元以上的单位仅20家,平均规模较低,缺少在省内外有影响的大型文化企业集团,真正意义上的文化产业主体不多。

三是文化产业品牌效应偏弱。从总体来看,文化产业发展还存在"小、弱、散"的特点。邗江虽有名人、名文、名景、名文化,但文化内涵挖掘得还不够深,对外宣传推介还不够广,尚未形成连锁品牌效应和产业链价值,真正具有核心版权和自主创新的文化产品和服务相对缺乏,真正将文化资源和高新技术结合的高附加值和高回报的骨干文化企业和知名文化品牌相对稀少,这也使得文化产业发展的后劲严重不足。从对文化企业的问卷调查情况看,17%的企业表示2017年总体经营状况恶化、利润减少,产品档次不高,企业自我发展能力普遍较差。目前,"国家级文化产业示范基地"扬州智谷(邗江)文化创意产业园发展明显放缓,如何实现二次发展和顺利保牌,是当前的首要难题。五亭龙玩具城多由一些小企业及个体商户组成,甘泉影视基地的产业链带动作用还没有发挥出来。位于浙江东阳市的横店影视城,以其齐全的影视产业链集群,充分整合资源,有效拉动东阳市整体文化产业链上下游产业迅猛发展,这对邗江区发展文化产业有较强的借鉴意义。

四是鼓励文化产业发展优惠政策受惠面较低。国家、省、市、区虽然相继出台了一些文化产业扶持发展优惠政策,但在政策实施中存在各种问题,影响了企业对文化政策的认同度。调查显示,关于"企业是否申请过文化企业税收优惠",仅14%的企业回答享受到了优惠政策并全部或部分兑现;关于未享受到优惠政策或文化扶持资金的原因,有86%的企业家表示不知道有该项优惠政策。究其原因，对文化产业发展优惠政策的宣传、服务和指导工作还存在缺位、不到位情况，导致很多企业并不清楚文化产业方面到底有哪些优惠政策、怎样才能享受到这些政策，或者有的认为办理手续烦琐，一些企业未能真正享受到或未用足相关优惠政策。企业家对文化产业政策效果的认同度不高，也从侧面反映了邗江文化产业软环境还有进一步提升的空间。

五是文化产业发展观念陈旧，人才匮乏。长期以来，由于对文化事业和文化产业混淆不清，人们多注重文化的意识形态功能，而忽视了文化的经济属性，不少单位发展意识滞后，吃财政饭的思想尚未转变，捧着金饭碗还到处去化缘。在文化消费方面，市场有待培育和开发。人们的文化消费观念滞后。除子女教育投资外，文化娱乐消费投入较少，扬州的大街小巷一直流传着"早上皮包水、晚上水包皮"的说法，也表明扬州人的消费习惯偏重于餐饮、洗浴方面。同时，由于文化经济政策尚不明朗，许多经济实体对投资文化产业较为慎重，仍在徘徊、观望。加之文化产业人才短缺，专业人才"引不进、留不住、培养不出"。对全区文化产业企业的调查资料显示，关于"企业发展是否有资金、用工及人才方面的困难，原因是什么"，18%的企业主表示，"人才不足或人才流失"是阻碍文化产业发展的首要因素。

三 提升宜居文化影响力对策建议

"十三五"期间，邗江文化产业发展主要目标是：振兴文化旅游业、文化创意业、文化科技业、文化服务业、工艺美术业、文博会展业、健身休闲业等七大行业，重点规划建设扬州智谷文化创意产业园、联创国际软件园、西区新城电子商务创意产业园、百分百电子商务创意产业园、瓜洲休闲度假功能集聚区、甘泉影视文化产业园、方巷渔文化博览园、雅韵琴筝文化产业园等八大园区，建设一批重点项目，争取全区文化及相关产业占地区生产总值比重超过7%，形成一批国家级和省市级的特色产业园区，培育扶持文化上市企业和一批在全省乃至全国有地位的企业集团，初步形成电商创意、文化旅游、文化创意、文化科技等融合型文化产业发展高地。

1. 以扩大有效投入为抓手，坚持不懈抓项目、扩增量

推动重大项目建设在业态上取得新突破，以重大项目的扎实建设带动邗江文化产业整体快速发展。第一个关键词是"走出去"。加大招商力度，实行"引进来，走出去"，抓准重大项目招引，助推重大项目落户。认真制定文化产业招商计划，细化工作安排，明确推进措施，定期开展招商活动。推动邗江文化产业"走出去"，进一步增强产业的知名度、创新力和影响力。第二个关键词是"抓实效"。加强与各部门、各环节的衔接，落实落地项目联席会办制度，为项目建设做好"墙外事"。组织各镇、街道、园区对招商引资项目进行梳理，建立文化产业招商项目库，确保每月更新、有进有出、资源共享。结合重要节庆、文博会展、主题活动等，推出邗江区代表性文化企业产品，开展文化贸易展示、文化产业示范基地（园区）专题推介和招商学习系列活动。第三个关键词是"足储备"。在加快推进重大项目招引的基础上，做好亿元以上项目的储备，形成重大项目引领、亿元项目支撑的局面，力争年新增亿元项目3~4个，实现重点招商承载区全覆盖。

2. 以优化发展格局为导向，坚定不移抓跨界、促融合

进一步拓展文化产业发展外延，不断推动文化产业与旅游、体育休闲、科技、软件信息等相关产业的充分融合。一是着力抓文化与旅游深度融合。突出体育休闲运动文化等新兴旅游产业发展，南面，继续重点推进瓜洲古镇国际旅游度假区等一批项目；北面，借力江淮生态大走廊及S611省道建设，加快北湖生态休闲公园、方巷渔文化博物馆建设，打造集沿湖风光、乡村风情、农家风味于一体的现代乡村旅游产品；中部，以陈园、樱花园、影视基地等为载体，以"香野甘泉"为文化旅游品牌，继续布局"中国·爱情小镇·天使城""甘泉户外休闲娱乐小镇""传统文化游憩小镇"三大文化旅游组团。重点建设总投资2.1亿元的风之谷项目，主要打造以日式园林元素为主造景的景观园林，包括精品民宿、乡村餐饮、宠物世界、精品植物园等，2017年底将建成一期项目。二是着力抓文化与互联网深度融合。借力知名电商机构来邗搭建平台之机，借智设立文化商品销售类、文化消费服务类、文化产品跨境交易类电商平台。大力推进总投资11.3亿元的税友软件园二期项目,该项目规划总建筑面积5.6万平方米,包括大数据和云技术服务、软件版权交易、软件和信息平台运营中心等。目前项目规划建设的四幢大楼已封顶,2017年底将装修全部成功并投入运营。三是着力抓文化与科技深度融合。推进转变邗江制造为邗江创造、邗江智造,强化工业设计,加快培育产品设计、数字建模、3D打印等设计研发产业。力促国家级高新区形成"文创园、研发芯、科技广场"三大板块。挖掘文博和非遗资源,加强研发运用,推动传统文化产业(玩具、琴筝、漆艺、木雕等)、文化创意产业(动漫、广告设计等)融合数字技术、文化软件等高新技术,通过科技创新提高文化产品的附加值和竞争力。四是着力抓文化与创意农业深度融合。建设一批集高科技农业展示、教育展示与田园观光、文化创意于一体的农业生产基地和休闲农业生态园。鼓励苏源香春等一批特色项目提升发展水平,促进个性化、特色化乡村旅游发展,支持农业企业申报和推介绿色产品。

3. 以积蓄发展后劲为宗旨,千方百计找空间、增效益

一是渗透宣传政策优惠。针对文化产业优惠政策实施面窄、知晓率低的情况,进一步加大相关优惠政策的宣传力度,突出政策宣传的服务性、针对性和覆盖面,扩大相关政策知晓度,鼓励企业用足政策,增加企业运用政策的意识和能力。相关部门应建立协调机制,加强与企业的信息沟通,提高政府办事效率,合力推进各项政策的有效落实,切实做到"宣传政策面对面,服务企业零距离",把政策毫无保留地送给企业,而不是停留在文件上。二是完善人才引培机制。认真贯彻执行各级人才工作的部署,大力加强文化人才队伍建设,实现文化产业人才稳定增长和文化产业人才队伍素质的逐步提高,为文化产业发展提供人才保障和智力支持。围绕文化与科技融合,巩固国家级文化创意产业示范基地建设,加快文化科技复合人才培养。三是强化考核评价体系。根据市级各项文化产业考核细则的相关要求,结合邗江实际,加大对各镇(街道、园区)文化产业的指导和考核力度,将文化产业工作机制建立情况、目标任务完成情况、专题工作完成情况等纳入区年度考核体系,进一步增强争先进位的主动性,实现文化产业持续快速发展。

权威报告·热点资讯·特色资源

皮书数据库
ANNUAL REPORT(YEARBOOK) DATABASE

当代中国与世界发展高端智库平台

所获荣誉

- 2016年，入选"国家'十三五'电子出版物出版规划骨干工程"
- 2015年，荣获"搜索中国正能量 点赞2015""创新中国科技创新奖"
- 2013年，荣获"中国出版政府奖·网络出版物奖"提名奖
- 连续多年荣获中国数字出版博览会"数字出版·优秀品牌"奖

成为会员

通过网址www.pishu.com.cn或使用手机扫描二维码进入皮书数据库网站，进行手机号码验证或邮箱验证即可成为皮书数据库会员（建议通过手机号码快速验证注册）。

会员福利

- 使用手机号码首次注册会员可直接获得100元体验金，不需充值即可购买和查看数据库内容（仅限使用手机号码快速注册）。
- 已注册用户购书后可免费获赠100元皮书数据库充值卡。刮开充值卡涂层获取充值密码，登录并进入"会员中心"—"在线充值"—"充值卡充值"，充值成功后即可购买和查看数据库内容。

社会科学文献出版社 皮书系列
SOCIAL SCIENCES ACADEMIC PRESS (CHINA)
卡号：748950189620
密码：

数据库服务热线：400-008-6695
数据库服务QQ：2475522410
数据库服务邮箱：database@ssap.cn
图书销售热线：010-59367070/7028
图书服务QQ：1265056568
图书服务邮箱：duzhe@ssap.cn

子库介绍
Sub-Database Introduction

中国经济发展数据库

涵盖宏观经济、农业经济、工业经济、产业经济、财政金融、交通旅游、商业贸易、劳动经济、企业经济、房地产经济、城市经济、区域经济等领域，为用户实时了解经济运行态势、把握经济发展规律、洞察经济形势、做出经济决策提供参考和依据。

中国社会发展数据库

全面整合国内外有关中国社会发展的统计数据、深度分析报告、专家解读和热点资讯构建而成的专业学术数据库。涉及宗教、社会、人口、政治、外交、法律、文化、教育、体育、文学艺术、医药卫生、资源环境等多个领域。

中国行业发展数据库

以中国国民经济行业分类为依据，跟踪分析国民经济各行业市场运行状况和政策导向，提供行业发展最前沿的资讯，为用户投资、从业及各种经济决策提供理论基础和实践指导。内容涵盖农业，能源与矿产业，交通运输业，制造业，金融业，房地产业，租赁和商务服务业，科学研究，环境和公共设施管理，居民服务业，教育，卫生和社会保障，文化、体育和娱乐业等100余个行业。

中国区域发展数据库

对特定区域内的经济、社会、文化、法治、资源环境等领域的现状与发展情况进行分析和预测。涵盖中部、西部、东北、西北等地区，长三角、珠三角、黄三角、京津冀、环渤海、合肥经济圈、长株潭城市群、关中—天水经济区、海峡经济区等区域经济体和城市圈，北京、上海、浙江、河南、陕西等34个省份及中国台湾地区。

中国文化传媒数据库

包括文化事业、文化产业、宗教、群众文化、图书馆事业、博物馆事业、档案事业、语言文字、文学、历史地理、新闻传播、广播电视、出版事业、艺术、电影、娱乐等多个子库。

世界经济与国际关系数据库

以皮书系列中涉及世界经济与国际关系的研究成果为基础，全面整合国内外有关世界经济与国际关系的统计数据、深度分析报告、专家解读和热点资讯构建而成的专业学术数据库。包括世界经济、国际政治、世界文化与科技、全球性问题、国际组织与国际法、区域研究等多个子库。

法律声明

"皮书系列"(含蓝皮书、绿皮书、黄皮书)之品牌由社会科学文献出版社最早使用并持续至今,现已被中国图书市场所熟知。"皮书系列"的LOGO( )与"经济蓝皮书""社会蓝皮书"均已在中华人民共和国国家工商行政管理总局商标局登记注册。"皮书系列"图书的注册商标专用权及封面设计、版式设计的著作权均为社会科学文献出版社所有。未经社会科学文献出版社书面授权许可,任何使用与"皮书系列"图书注册商标、封面设计、版式设计相同或者近似的文字、图形或其组合的行为均系侵权行为。

经作者授权,本书的专有出版权及信息网络传播权为社会科学文献出版社享有。未经社会科学文献出版社书面授权许可,任何就本书内容的复制、发行或以数字形式进行网络传播的行为均系侵权行为。

社会科学文献出版社将通过法律途径追究上述侵权行为的法律责任,维护自身合法权益。

欢迎社会各界人士对侵犯社会科学文献出版社上述权利的侵权行为进行举报。电话:010-59367121,电子邮箱:fawubu@ssap.cn。

社会科学文献出版社

皮书系列

2018年

智库成果出版与传播平台

社会科学文献出版社
SOCIAL SCIENCES ACADEMIC PRESS (CHINA)

社长致辞

蓦然回首，皮书的专业化历程已经走过了二十年。20年来从一个出版社的学术产品名称到媒体热词再到智库成果研创及传播平台，皮书以专业化为主线，进行了系列化、市场化、品牌化、数字化、国际化、平台化的运作，实现了跨越式的发展。特别是在党的十八大以后，以习近平总书记为核心的党中央高度重视新型智库建设，皮书也迎来了长足的发展，总品种达到600余种，经过专业评审机制、淘汰机制遴选，目前，每年稳定出版近400个品种。"皮书"已经成为中国新型智库建设的抓手，成为国际国内社会各界快速、便捷地了解真实中国的最佳窗口。

20年孜孜以求，"皮书"始终将自己的研究视野与经济社会发展中的前沿热点问题紧密相连。600个研究领域，3万多位分布于800余个研究机构的专家学者参与了研创写作。皮书数据库中共收录了15万篇专业报告，50余万张数据图表，合计30亿字，每年报告下载量近80万次。皮书为中国学术与社会发展实践的结合提供了一个激荡智力、传播思想的入口，皮书作者们用学术的话语、客观翔实的数据谱写出了中国故事壮丽的篇章。

20年跨步千里，"皮书"始终将自己的发展与时代赋予的使命与责任紧紧相连。每年百余场新闻发布会，10万余次中外媒体报道，中、英、俄、日、韩等12个语种共同出版。皮书所具有的凝聚力正在形成一种无形的力量，吸引着社会各界关注中国的发展，参与中国的发展，它是我们向世界传递中国声音、总结中国经验、争取中国国际话语权最主要的平台。

皮书这一系列成就的取得，得益于中国改革开放的伟大时代，离不开来自中国社会科学院、新闻出版广电总局、全国哲学社会科学规划办公室等主管部门的大力支持和帮助，也离不开皮书研创者和出版者的共同努力。他们与皮书的故事创造了皮书的历史，他们对皮书的拳拳之心将继续谱写皮书的未来！

现在，"皮书"品牌已经进入了快速成长的青壮年时期。全方位进行规范化管理，树立中国的学术出版标准；不断提升皮书的内容质量和影响力，搭建起中国智库产品和智库建设的交流服务平台和国际传播平台；发布各类皮书指数，并使之成为中国指数，让中国智库的声音响彻世界舞台，为人类的发展做出中国的贡献——这是皮书未来发展的图景。作为"皮书"这个概念的提出者，"皮书"从一般图书到系列图书和品牌图书，最终成为智库研究和社会科学应用对策研究的知识服务和成果推广平台这整个过程的操盘者，我相信，这也是每一位皮书人执着追求的目标。

"当代中国正经历着我国历史上最为广泛而深刻的社会变革，也正在进行着人类历史上最为宏大而独特的实践创新。这种前无古人的伟大实践，必将给理论创造、学术繁荣提供强大动力和广阔空间。"

在这个需要思想而且一定能够产生思想的时代，皮书的研创出版一定能创造出新的更大的辉煌！

社会科学文献出版社社长
中国社会学会秘书长

2017年11月

社会科学文献出版社简介

社会科学文献出版社（以下简称"社科文献出版社"）成立于1985年，是直属于中国社会科学院的人文社会科学学术出版机构。成立至今，社科文献出版社始终依托中国社会科学院和国内外人文社会科学界丰厚的学术出版和专家学者资源，坚持"创社科经典，出传世文献"的出版理念、"权威、前沿、原创"的产品定位以及学术成果和智库成果出版的专业化、数字化、国际化、市场化的经营道路。

社科文献出版社是中国新闻出版业转型与文化体制改革的先行者。积极探索文化体制改革的先进方向和现代企业经营决策机制，社科文献出版社先后荣获"全国文化体制改革工作先进单位"、中国出版政府奖·先进出版单位奖，中国社会科学院先进集体、全国科普工作先进集体等荣誉称号。多人次荣获"第十届韬奋出版奖""全国新闻出版行业领军人才""数字出版先进人物""北京市新闻出版广电行业领军人才"等称号。

社科文献出版社是中国人文社会科学学术出版的大社名社，也是以皮书为代表的智库成果出版的专业强社。年出版图书2000余种，其中皮书400余种，出版新书字数5.5亿字，承印与发行中国社科院院属期刊72种，先后创立了皮书系列、列国志、中国史话、社科文献学术译库、社科文献学术文库、甲骨文书系等一大批既有学术影响又有市场价值的品牌，确立了社会学、近代史、苏东问题研究等专业学科及领域出版的领先地位。图书多次荣获中国出版政府奖、"三个一百"原创图书出版工程、"五个'一'工程奖"、"大众喜爱的50种图书"等奖项，在中央国家机关"强素质·做表率"读书活动中，入选图书品种数位居各大出版社之首。

社科文献出版社是中国学术出版规范与标准的倡议者与制定者，代表全国50多家出版社发起实施学术著作出版规范的倡议，承担学术著作规范国家标准的起草工作，率先编撰完成《皮书手册》对皮书品牌进行规范化管理，并在此基础上推出中国版芝加哥手册——《社科文献出版社学术出版手册》。

社科文献出版社是中国数字出版的引领者，拥有皮书数据库、列国志数据库、"一带一路"数据库、减贫数据库、集刊数据库等4大产品线11个数据库产品，机构用户达1300余家，海外用户百余家，荣获"数字出版转型示范单位""新闻出版标准化先进单位""专业数字内容资源知识服务模式试点企业标准化示范单位"等称号。

社科文献出版社是中国学术出版走出去的践行者。社科文献出版社海外图书出版与学术合作业务遍及全球40余个国家和地区，并于2016年成立俄罗斯分社，累计输出图书500余种，涉及近20个语种，累计获得国家社科基金中华学术外译项目资助76种、"丝路书香工程"项目资助60种、中国图书对外推广计划项目资助71种以及经典中国国际出版工程资助28种，被五部委联合认定为"2015-2016年度国家文化出口重点企业"。

如今，社科文献出版社完全靠自身积累拥有固定资产3.6亿元，年收入3亿元，设置了七大出版分社、六大专业部门，成立了皮书研究院和博士后科研工作站，培养了一支近400人的高素质与高效率的编辑、出版、营销和国际推广队伍，为未来成为学术出版的大社、名社、强社，成为文化体制改革与文化企业转型发展的排头兵奠定了坚实的基础。

 宏观经济类

宏观经济类

经济蓝皮书
2018年中国经济形势分析与预测

李平/主编　2017年12月出版　定价：89.00元

◆ 本书为总理基金项目，由著名经济学家李扬领衔，联合中国社会科学院等数十家科研机构、国家部委和高等院校的专家共同撰写，系统分析了2017年的中国经济形势并预测2018年中国经济运行情况。

城市蓝皮书
中国城市发展报告No.11

潘家华　单菁菁/主编　2018年9月出版　估价：99.00元

◆ 本书是由中国社会科学院城市发展与环境研究中心编著的，多角度、全方位地立体展示了中国城市的发展状况，并对中国城市的未来发展提出了许多建议。该书有强烈的时代感，对中国城市发展实践有重要的参考价值。

人口与劳动绿皮书
中国人口与劳动问题报告No.19

张车伟/主编　2018年10月出版　估价：99.00元

◆ 本书为中国社会科学院人口与劳动经济研究所主编的年度报告，对当前中国人口与劳动形势做了比较全面和系统的深入讨论，为研究中国人口与劳动问题提供了一个专业性的视角。

宏观经济类 · 区域经济类

中国省域竞争力蓝皮书
中国省域经济综合竞争力发展报告（2017~2018）

李建平　李闽榕　高燕京/主编　2018年5月出版　估价：198.00元

◆ 本书融多学科的理论为一体，深入追踪研究了省域经济发展与中国国家竞争力的内在关系，为提升中国省域经济综合竞争力提供有价值的决策依据。

金融蓝皮书
中国金融发展报告（2018）

王国刚/主编　2018年2月出版　估价：99.00元

◆ 本书由中国社会科学院金融研究所组织编写，概括和分析了2017年中国金融发展和运行中的各方面情况，研讨和评论了2017年发生的主要金融事件，有利于读者了解掌握2017年中国的金融状况，把握2018年中国金融的走势。

区域经济类

京津冀蓝皮书
京津冀发展报告（2018）

祝合良　叶堂林　张贵祥/等著　2018年6月出版　估价：99.00元

◆ 本书遵循问题导向与目标导向相结合、统计数据分析与大数据分析相结合、纵向分析和长期监测与结构分析和综合监测相结合等原则，对京津冀协同发展新形势与新进展进行测度与评价。

社会政法类

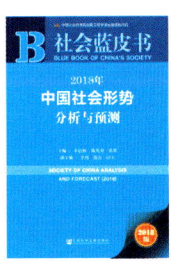

社会蓝皮书
2018年中国社会形势分析与预测

李培林　陈光金　张翼/主编　2017年12月出版　定价：89.00元

◆ 本书由中国社会科学院社会学研究所组织研究机构专家、高校学者和政府研究人员撰写，聚焦当下社会热点，对2017年中国社会发展的各个方面内容进行了权威解读，同时对2018年社会形势发展趋势进行了预测。

法治蓝皮书
中国法治发展报告No.16（2018）

李林　田禾/主编　2018年3月出版　估价：118.00元

◆ 本年度法治蓝皮书回顾总结了2017年度中国法治发展取得的成就和存在的不足，对中国政府、司法、检务透明度进行了跟踪调研，并对2018年中国法治发展形势进行了预测和展望。

教育蓝皮书
中国教育发展报告（2018）

杨东平/主编　2018年4月出版　估价：99.00元

◆ 本书重点关注了2017年教育领域的热点，资料翔实，分析有据，既有专题研究，又有实践案例，从多角度对2017年教育改革和实践进行了分析和研究。

社会政法类

社会体制蓝皮书
中国社会体制改革报告 No.6（2018）
龚维斌 / 主编　2018年3月出版　估价：99.00元

◆ 本书由国家行政学院社会治理研究中心和北京师范大学中国社会管理研究院共同组织编写，主要对2017年社会体制改革情况进行回顾和总结，对2018年的改革走向进行分析，提出相关政策建议。

社会心态蓝皮书
中国社会心态研究报告（2018）
王俊秀　杨宜音 / 主编　2018年12月出版　估价：99.00元

◆ 本书是中国社会科学院社会学研究所社会心理研究中心"社会心态蓝皮书课题组"的年度研究成果，运用社会心理学、社会学、经济学、传播学等多种学科的方法进行了调查和研究，对于目前中国社会心态状况有较广泛和深入的揭示。

华侨华人蓝皮书
华侨华人研究报告（2018）
贾益民 / 主编　2018年1月出版　估价：139.00元

◆ 本书关注华侨华人生产与生活的方方面面。华侨华人是中国建设21世纪海上丝绸之路的重要中介者、推动者和参与者。本书旨在全面调研华侨华人，提供最新涉侨动态、理论研究成果和政策建议。

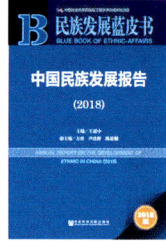

民族发展蓝皮书
中国民族发展报告（2018）
王延中 / 主编　2018年10月出版　估价：188.00元

◆ 本书从民族学人类学视角，研究近年来少数民族和民族地区的发展情况，展示民族地区经济、政治、文化、社会和生态文明"五位一体"建设取得的辉煌成就和面临的困难挑战，为深刻理解中央民族工作会议精神、加快民族地区全面建成小康社会进程提供了实证材料。

产业经济类·行业及其他类　皮书系列重点推荐

产业经济类

房地产蓝皮书
中国房地产发展报告No.15（2018）

李春华　王业强 / 主编　2018年5月出版　估价：99.00元

◆ 2018年《房地产蓝皮书》持续追踪中国房地产市场最新动态，深度剖析市场热点，展望2018年发展趋势，积极谋划应对策略。对2017年房地产市场的发展态势进行全面、综合的分析。

新能源汽车蓝皮书
中国新能源汽车产业发展报告（2018）

中国汽车技术研究中心　日产（中国）投资有限公司
东风汽车有限公司 / 编著　2018年8月出版　估价：99.00元

◆ 本书对中国2017年新能源汽车产业发展进行了全面系统的分析，并介绍了国外的发展经验。有助于相关机构、行业和社会公众等了解中国新能源汽车产业发展的最新动态，为政府部门出台新能源汽车产业相关政策法规、企业制定相关战略规划，提供必要的借鉴和参考。

行业及其他类

旅游绿皮书
2017~2018年中国旅游发展分析与预测

中国社会科学院旅游研究中心 / 编　2018年2月出版　估价：99.00元

◆ 本书从政策、产业、市场、社会等多个角度勾画出2017年中国旅游发展全貌，剖析了其中的热点和核心问题，并就未来发展作出预测。

行业及其他类

民营医院蓝皮书
中国民营医院发展报告（2018）

薛晓林/主编　2018年1月出版　估价：99.00元

◆ 本书在梳理国家对社会办医的各种利好政策的前提下，对我国民营医疗发展现状、我国民营医院竞争力进行了分析，并结合我国医疗体制改革对民营医院的发展趋势、发展策略、战略规划等方面进行了预估。

会展蓝皮书
中外会展业动态评估研究报告（2018）

张敏/主编　2018年12月出版　估价：99.00元

◆ 本书回顾了2017年的会展业发展动态，结合"供给侧改革"、"互联网+"、"绿色经济"的新形势分析了我国国会的行业现状，并介绍了国外的发展经验，有助于行业和社会了解最新的展会业动态。

中国上市公司蓝皮书
中国上市公司发展报告（2018）

张平　王宏淼/主编　2018年9月出版　估价：99.00元

◆ 本书由中国社会科学院上市公司研究中心组织编写的、着力于全面、真实、客观反映当前中国上市公司财务状况和价值评估的综合性年度报告。本书详尽分析了2017年中国上市公司情况，特别是现实中暴露出的制度性、基础性问题，并对资本市场改革进行了探讨。

工业和信息化蓝皮书
人工智能发展报告（2017~2018）

尹丽波/主编　2018年6月出版　估价：99.00元

◆ 本书国家工业信息安全发展研究中心在对2017年全球人工智能技术和产业进行全面跟踪研究基础上形成的研究报告。该报告内容翔实、视角独特，具有较强的产业发展前瞻性和预测性，可为相关主管部门、行业协会、企业等全面了解人工智能发展形势以及进行科学决策提供参考。

国际问题与全球治理类

国际问题与全球治理类

世界经济黄皮书
2018年世界经济形势分析与预测

张宇燕 / 主编　2018年1月出版　估价：99.00元

◆ 本书由中国社会科学院世界经济与政治研究所的研究团队撰写，分总论、国别与地区、专题、热点、世界经济统计与预测等五个部分，对2018年世界经济形势进行了分析。

国际城市蓝皮书
国际城市发展报告（2018）

屠启宇 / 主编　2018年2月出版　估价：99.00元

◆ 本书作者以上海社会科学院从事国际城市研究的学者团队为核心，汇集同济大学、华东师范大学、复旦大学、上海交通大学、南京大学、浙江大学相关城市研究专业学者。立足动态跟踪介绍国际城市发展时间中，最新出现的重大战略、重大理念、重大项目、重大报告和最佳案例。

非洲黄皮书
非洲发展报告 No.20（2017~2018）

张宏明 / 主编　2018年7月出版　估价：99.00元

◆ 本书是由中国社会科学院西亚非洲研究所组织编撰的非洲形势年度报告，比较全面、系统地分析了2017年非洲政治形势和热点问题，探讨了非洲经济形势和市场走向，剖析了大国对非洲关系的新动向；此外，还介绍了国内非洲研究的新成果。

 国别类

国别类

美国蓝皮书
美国研究报告(2018)
郑秉文 黄平 / 主编 2018年5月出版 估价:99.00元

◆ 本书是由中国社会科学院美国研究所主持完成的研究成果,它回顾了美国2017年的经济、政治形势与外交战略,对美国内政外交发生的重大事件及重要政策进行了较为全面的回顾和梳理。

德国蓝皮书
德国发展报告(2018)
郑春荣 / 主编 2018年6月出版 估价:99.00元

◆ 本报告由同济大学德国研究所组织编撰,由该领域的专家学者对德国的政治、经济、社会文化、外交等方面的形势发展情况,进行全面的阐述与分析。

俄罗斯黄皮书
俄罗斯发展报告(2018)
李永全 / 编著 2018年6月出版 估价:99.00元

◆ 本书系统介绍了2017年俄罗斯经济政治情况,并对2016年该地区发生的焦点、热点问题进行了分析与回顾;在此基础上,对该地区2018年的发展前景进行了预测。

文化传媒类

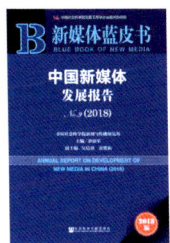

新媒体蓝皮书
中国新媒体发展报告 No.9（2018）

唐绪军/主编　2018年6月出版　估价：99.00元

◆ 本书是由中国社会科学院新闻与传播研究所组织编写的关于新媒体发展的最新年度报告，旨在全面分析中国新媒体的发展现状，解读新媒体的发展趋势，探析新媒体的深刻影响。

移动互联网蓝皮书
中国移动互联网发展报告（2018）

余清楚/主编　2018年6月出版　估价：99.00元

◆ 本书着眼于对2017年度中国移动互联网的发展情况做深入解析，对未来发展趋势进行预测，力求从不同视角、不同层面全面剖析中国移动互联网发展的现状、年度突破及热点趋势等。

文化蓝皮书
中国文化消费需求景气评价报告（2018）

王亚南/主编　2018年2月出版　估价：99.00元

◆ 本书首创全国文化发展量化检测评价体系，也是至今全国唯一的文化民生量化检测评价体系，对于检验全国及各地"以人民为中心"的文化发展具有首创意义。

皮书系列
重点推荐 　地方发展类

地方发展类

北京蓝皮书
北京经济发展报告（2017～2018）

杨松/主编　2018年6月出版　估价：99.00元

◆ 本书对2017年北京市经济发展的整体形势进行了系统性的分析与回顾，并对2018年经济形势走势进行了预测与研判，聚焦北京市经济社会发展中的全局性、战略性和关键领域的重点问题，运用定量和定性分析相结合的方法，对北京市经济社会发展的现状、问题、成因进行了深入分析，提出了可操作性的对策建议。

温州蓝皮书
2018年温州经济社会形势分析与预测

蒋儒标　王春光　金浩/主编　2018年4月出版　估价：99.00元

◆ 本书是中共温州市委党校和中国社会科学院社会学研究所合作推出的第十一本温州蓝皮书，由来自党校、政府部门、科研机构、高校的专家、学者共同撰写的2017年温州区域发展形势的最新研究成果。

黑龙江蓝皮书
黑龙江社会发展报告（2018）

王爱丽/主编　2018年6月出版　估价：99.00元

◆ 本书以千份随机抽样问卷调查和专题研究为依据，运用社会学理论框架和分析方法，从专家和学者的独特视角，对2017年黑龙江省关系民生的问题进行广泛的调研与分析，并对2017年黑龙江省诸多社会热点和焦点问题进行了有益的探索。这些研究不仅可以为政府部门更加全面深入了解省情、科学制定决策提供智力支持，同时也可以为广大读者认识、了解、关注黑龙江社会发展提供理性思考。

宏观经济类

皮书系列 2018全品种

宏观经济类

城市蓝皮书
中国城市发展报告（No.11）
著(编)者：潘家华 单菁菁
2018年9月出版 / 估价：99.00元
PSN B-2007-091-1/1

城乡一体化蓝皮书
中国城乡一体化发展报告（2018）
著(编)者：付崇兰
2018年9月出版 / 估价：99.00元
PSN B-2011-226-1/2

城镇化蓝皮书
中国新型城镇化健康发展报告（2018）
著(编)者：张占斌
2018年8月出版 / 估价：99.00元
PSN B-2014-396-1/1

创新蓝皮书
创新型国家建设报告（2018~2019）
著(编)者：詹正茂
2018年12月出版 / 估价：99.00元
PSN B-2009-140-1/1

低碳发展蓝皮书
中国低碳发展报告（2018）
著(编)者：张希良 齐晔
2018年6月出版 / 估价：99.00元
PSN B-2011-223-1/1

低碳经济蓝皮书
中国低碳经济发展报告（2018）
著(编)者：薛进军 赵忠秀
2018年11月出版 / 估价：99.00元
PSN B-2011-194-1/1

发展和改革蓝皮书
中国经济发展和体制改革报告No.9
著(编)者：邹东涛 王再文
2018年1月出版 / 估价：99.00元
PSN B-2008-122-1/1

国家创新蓝皮书
中国创新发展报告（2017）
著(编)者：陈劲 2018年3月出版 / 估价：99.00元
PSN B-2014-370-1/1

金融蓝皮书
中国金融发展报告（2018）
著(编)者：王国刚
2018年2月出版 / 估价：99.00元
PSN B-2004-031-1/7

经济蓝皮书
2018年中国经济形势分析与预测
著(编)者：李平 2017年12月出版 / 定价：89.00元
PSN B-1996-001-1/1

经济蓝皮书春季号
2018年中国经济前景分析
著(编)者：李扬 2018年5月出版 / 估价：99.00元
PSN B-1999-008-1/1

经济蓝皮书夏季号
中国经济增长报告（2017~2018）
著(编)者：李扬 2018年9月出版 / 估价：99.00元
PSN B-2010-176-1/1

经济信息绿皮书
中国与世界经济发展报告（2018）
著(编)者：杜平
2017年12月出版 / 估价：99.00元
PSN G-2003-023-1/1

农村绿皮书
中国农村经济形势分析与预测（2017~2018）
著(编)者：魏后凯 黄秉信
2018年4月出版 / 估价：99.00元
PSN G-1998-003-1/1

人口与劳动绿皮书
中国人口与劳动问题报告No.19
著(编)者：张车伟 2018年11月出版 / 估价：99.00元
PSN G-2000-012-1/1

新型城镇化蓝皮书
新型城镇化发展报告（2017）
著(编)者：李伟 宋敏 沈体雁
2018年3月出版 / 估价：99.00元
PSN B-2005-038-1/1

中国省域竞争力蓝皮书
中国省域经济综合竞争力发展报告（2016~2017）
著(编)者：李建平 李闽榕 高燕京
2018年2月出版 / 估价：198.00元
PSN B-2007-088-1/1

中小城市绿皮书
中国中小城市发展报告（2018）
著(编)者：中国城市经济学会中小城市经济发展委员会
中国城镇化促进会中小城市发展委员会
《中国中小城市发展报告》编纂委员会
中小城市发展战略研究院
2018年11月出版 / 估价：128.00元
PSN G-2010-161-1/1

皮书系列 2018全品种 — 区域经济类·社会政法类

区域经济类

东北蓝皮书
中国东北地区发展报告（2018）
著(编)者：姜晓秋　　2018年11月出版／估价：99.00元
PSN B-2006-067-1/1

金融蓝皮书
中国金融中心发展报告（2017~2018）
著(编)者：王力　黄育华　2018年11月出版／估价：99.00元
PSN B-2011-186-6/7

京津冀蓝皮书
京津冀发展报告（2018）
著(编)者：祝合良　叶堂林　张贵祥
2018年6月出版／估价：99.00元
PSN B-2012-262-1/1

西北蓝皮书
中国西北发展报告（2018）
著(编)者：任宗哲　白宽犁　王建康
2018年4月出版／估价：99.00元
PSN B-2012-261-1/1

西部蓝皮书
中国西部发展报告（2018）
著(编)者：璋勇　任保平　2018年8月出版／估价：99.00元
PSN B-2005-039-1/1

长江经济带产业蓝皮书
长江经济带产业发展报告（2018）
著(编)者：吴传清　2018年11月出版／估价：128.00元
PSN B-2017-666-1/1

长江经济带蓝皮书
长江经济带发展报告（2017~2018）
著(编)者：于振　2018年11月出版／估价：99.00元
PSN B-2016-575-1/1

长江中游城市群蓝皮书
长江中游城市群新型城镇化与产业协同发展报告（2018）
著(编)者：杨刚强　2018年11月出版／估价：99.00元
PSN B-2016-578-1/1

长三角蓝皮书
2017年创新融合发展的长三角
著(编)者：刘飞跃　2018年3月出版／估价：99.00元
PSN B-2005-038-1/1

长株潭城市群蓝皮书
长株潭城市群发展报告（2017）
著(编)者：张萍　朱有志　2018年1月出版／估价：99.00元
PSN B-2008-109-1/1

中部竞争力蓝皮书
中国中部经济社会竞争力报告（2018）
著(编)者：教育部人文社会科学重点研究基地南昌大学中国中部经济社会发展研究中心
2018年12月出版／估价：99.00元
PSN B-2012-276-1/1

中部蓝皮书
中国中部地区发展报告（2018）
著(编)者：宋亚平　2018年12月出版／估价：99.00元
PSN B-2007-089-1/1

区域蓝皮书
中国区域经济发展报告（2017~2018）
著(编)者：赵弘　2018年5月出版／估价：99.00元
PSN B-2004-034-1/1

中三角蓝皮书
长江中游城市群发展报告（2018）
著(编)者：秦尊文　2018年9月出版／估价：99.00元
PSN B-2014-417-1/1

中原蓝皮书
中原经济区发展报告（2018）
著(编)者：李英杰　2018年6月出版／估价：99.00元
PSN B-2011-192-1/1

珠三角流通蓝皮书
珠三角商圈发展研究报告（2018）
著(编)者：王先庆　林至颖　2018年7月出版／估价：99.00元
PSN B-2012-292-1/1

社会政法类

北京蓝皮书
中国社区发展报告（2017~2018）
著(编)者：于燕燕　2018年9月出版／估价：99.00元
PSN B-2007-083-5/8

殡葬绿皮书
中国殡葬事业发展报告（2017~2018）
著(编)者：李伯森　2018年4月出版／估价：158.00元
PSN G-2010-180-1/1

城市管理蓝皮书
中国城市管理报告（2017-2018）
著(编)者：刘林　刘承水　2018年5月出版／估价：158.00元
PSN B-2013-336-1/1

城市生活质量蓝皮书
中国城市生活质量报告（2017）
著(编)者：张连城　张平　杨春学　郎丽华
2018年2月出版／估价：99.00元
PSN B-2013-326-1/1

社会政法类

城市政府能力蓝皮书
中国城市政府公共服务能力评估报告（2018）
著(编)者：何艳玲　2018年4月出版 / 估价：99.00元
PSN B-2013-338-1/1

创业蓝皮书
中国创业发展研究报告（2017~2018）
著(编)者：黄群慧　赵卫星　钟宏武
2018年11月出版 / 估价：99.00元
PSN B-2016-577-1/1

慈善蓝皮书
中国慈善发展报告（2018）
著(编)者：杨团　2018年6月出版 / 估价：99.00元
PSN B-2009-142-1/1

党建蓝皮书
党的建设研究报告No.2（2018）
著(编)者：崔建民　陈东平　2018年1月出版 / 估价：99.00元
PSN B-2016-523-1/1

地方法治蓝皮书
中国地方法治发展报告No.3（2018）
著(编)者：李林　田禾　2018年3月出版 / 估价：118.00元
PSN B-2015-442-1/1

电子政务蓝皮书
中国电子政务发展报告（2018）
著(编)者：李季　2018年8月出版 / 估价：99.00元
PSN B-2003-022-1/1

法治蓝皮书
中国法治发展报告No.16（2018）
著(编)者：吕艳滨　2018年3月出版 / 估价：118.00元
PSN B-2004-027-1/3

法治蓝皮书
中国法院信息化发展报告No.2（2018）
著(编)者：李林　田禾　2018年2月出版 / 估价：108.00元
PSN B-2017-604-3/3

法治政府蓝皮书
中国法治政府发展报告（2018）
著(编)者：中国政法大学法治政府研究院
2018年4月出版 / 估价：99.00元
PSN B-2015-502-1/2

法治政府蓝皮书
中国法治政府评估报告（2018）
著(编)者：中国政法大学法治政府研究院
2018年9月出版 / 估价：168.00元
PSN B-2016-576-2/2

反腐倡廉蓝皮书
中国反腐倡廉建设报告No.8
著(编)者：张英伟　2018年12月出版 / 估价：99.00元
PSN B-2012-259-1/1

扶贫蓝皮书
中国扶贫开发报告（2018）
著(编)者：李培林　魏后凯　2018年12月出版 / 估价：128.00元
PSN B-2016-599-1/1

妇女发展蓝皮书
中国妇女发展报告No.6
著(编)者：王金玲　2018年9月出版 / 估价：158.00元
PSN B-2006-069-1/1

妇女教育蓝皮书
中国妇女教育发展报告No.3
著(编)者：张李玺　2018年10月出版 / 估价：99.00元
PSN B-2008-121-1/1

妇女绿皮书
2018年：中国性别平等与妇女发展报告
著(编)者：谭琳　2018年12月出版 / 估价：99.00元
PSN G-2006-073-1/1

公共安全蓝皮书
中国城市公共安全发展报告（2017~2018）
著(编)者：黄育华　杨文明　赵建辉
2018年6月出版 / 估价：99.00元
PSN B-2017-628-1/1

公共服务蓝皮书
中国城市基本公共服务力评价（2018）
著(编)者：钟君　刘志昌　吴正昊
2018年12月出版 / 估价：99.00元
PSN B-2011-214-1/1

公民科学素质蓝皮书
中国公民科学素质报告（2017~2018）
著(编)者：李群　陈雄　马宗文
2018年1月出版 / 估价：99.00元
PSN B-2014-379-1/1

公益蓝皮书
中国公益慈善发展报告（2016）
著(编)者：朱健刚　胡小军　2018年2月出版 / 估价：99.00元
PSN B-2012-283-1/1

国际人才蓝皮书
中国国际移民报告（2018）
著(编)者：王辉耀　2018年2月出版 / 估价：99.00元
PSN B-2012-304-3/4

国际人才蓝皮书
中国留学发展报告（2018）No.7
著(编)者：王辉耀　苗绿　2018年12月出版 / 估价：99.00元
PSN B-2012-244-2/4

海洋社会蓝皮书
中国海洋社会发展报告（2017）
著(编)者：崔凤　宋宁而　2018年3月出版 / 估价：99.00元
PSN B-2015-478-1/1

行政改革蓝皮书
中国行政体制改革报告No.7（2018）
著(编)者：魏礼群　2018年6月出版 / 估价：99.00元
PSN B-2011-231-1/1

华侨华人蓝皮书
华侨华人研究报告（2017）
著(编)者：贾益民　2018年1月出版 / 估价：139.00元
PSN B-2011-204-1/1

皮书系列 2018全品种 — 社会政法类

环境竞争力绿皮书
中国省域环境竞争力发展报告（2018）
著（编）者：李建平 李闽榕 王金南
2018年11月出版 / 估价：198.00元
PSN G-2010-165-1/1

环境绿皮书
中国环境发展报告（2017~2018）
著（编）者：李波　2018年4月出版 / 估价：99.00元
PSN G-2006-048-1/1

家庭蓝皮书
中国"创建幸福家庭活动"评估报告（2018）
著（编）者：国务院发展研究中心"创建幸福家庭活动评估"课题组
2018年12月出版 / 估价：99.00元
PSN B-2015-508-1/1

健康城市蓝皮书
中国健康城市建设研究报告（2018）
著（编）者：王鸿春 盛继洪　2018年12月出版 / 估价：99.00元
PSN B-2016-564-2/2

健康中国蓝皮书
社区首诊与健康中国分析报告（2018）
著（编）者：高和荣 杨叔禹 姜杰
2018年4月出版 / 估价：99.00元
PSN B-2017-611-1/1

教师蓝皮书
中国中小学教师发展报告（2017）
著（编）者：曾晓东 鱼霞　2018年6月出版 / 估价：99.00元
PSN B-2012-289-1/1

教育扶贫蓝皮书
中国教育扶贫报告（2018）
著（编）者：司树杰 王文静 李兴洲
2018年12月出版 / 估价：99.00元
PSN B-2016-590-1/1

教育蓝皮书
中国教育发展报告（2018）
著（编）者：杨东平　2018年4月出版 / 估价：99.00元
PSN B-2006-047-1/1

金融法治建设蓝皮书
中国金融法治建设年度报告（2015~2016）
著（编）者：朱小黄　2018年6月出版 / 估价：99.00元
PSN B-2017-633-1/1

京津冀教育蓝皮书
京津冀教育发展研究报告（2017~2018）
著（编）者：方中雄　2018年4月出版 / 估价：99.00元
PSN B-2017-608-1/1

就业蓝皮书
2018年中国本科生就业报告
著（编）者：麦可思研究院　2018年6月出版 / 估价：99.00元
PSN B-2009-146-1/2

就业蓝皮书
2018年中国高职高专生就业报告
著（编）者：麦可思研究院　2018年6月出版 / 估价：99.00元
PSN B-2015-472-2/2

科学教育蓝皮书
中国科学教育发展报告（2018）
著（编）者：王康友　2018年10月出版 / 估价：99.00元
PSN B-2015-487-1/1

劳动保障蓝皮书
中国劳动保障发展报告（2018）
著（编）者：刘燕斌　2018年9月出版 / 估价：158.00元
PSN B-2014-415-1/1

老龄蓝皮书
中国老年宜居环境发展报告（2017）
著（编）者：党俊武 周燕珉　2018年1月出版 / 估价：99.00元
PSN B-2013-320-1/1

连片特困区蓝皮书
中国连片特困区发展报告（2017~2018）
著（编）者：游俊 冷志明 丁建军
2018年4月出版 / 估价：99.00元
PSN B-2013-321-1/1

流动儿童蓝皮书
中国流动儿童教育发展报告（2017）
著（编）者：杨东平　2018年1月出版 / 估价：99.00元
PSN B-2017-600-1/1

民调蓝皮书
中国民生调查报告（2018）
著（编）者：谢耘耕　2018年12月出版 / 估价：99.00元
PSN B-2014-398-1/1

民族发展蓝皮书
中国民族发展报告（2018）
著（编）者：王延中　2018年10月出版 / 估价：188.00元
PSN B-2006-070-1/1

女性生活蓝皮书
中国女性生活状况报告No.12（2018）
著（编）者：韩湘景　2018年7月出版 / 估价：99.00元
PSN B-2006-071-1/1

汽车社会蓝皮书
中国汽车社会发展报告（2017~2018）
著（编）者：王俊秀　2018年1月出版 / 估价：99.00元
PSN B-2011-224-1/1

青年蓝皮书
中国青年发展报告（2018）No.3
著（编）者：廉思　2018年4月出版 / 估价：99.00元
PSN B-2013-333-1/1

青少年蓝皮书
中国未成年人互联网运用报告（2017~2018）
著（编）者：李为民 李文革 沈杰
2018年11月出版 / 估价：99.00元
PSN B-2010-156-1/1

皮书系列
2018全品种

人权蓝皮书
中国人权事业发展报告No.8（2018）
著(编)者：李君如　2018年9月出版 / 估价：99.00元
PSN B-2011-215-1/1

社会保障绿皮书
中国社会保障发展报告No.9（2018）
著(编)者：王延中　2018年1月出版 / 估价：99.00元
PSN G-2001-014-1/1

社会风险评估蓝皮书
风险评估与危机预警报告（2017~2018）
著(编)者：唐钧　2018年8月出版 / 估价：99.00元
PSN B-2012-293-1/1

社会工作蓝皮书
中国社会工作发展报告（2016~2017）
著(编)者：民政部社会工作研究中心
2018年8月出版 / 估价：99.00元
PSN B-2009-141-1/1

社会管理蓝皮书
中国社会管理创新报告No.6
著(编)者：连玉明　2018年11月出版 / 估价：99.00元
PSN B-2012-300-1/1

社会蓝皮书
2018年中国社会形势分析与预测
著(编)者：李培林　陈光金　张翼
2017年12月出版 / 定价：89.00元
PSN B-1998-002-1/1

社会体制蓝皮书
中国社会体制改革报告No.6（2018）
著(编)者：龚维斌　2018年3月出版 / 估价：99.00元
PSN B-2013-330-1/1

社会心态蓝皮书
中国社会心态研究报告（2018）
著(编)者：王俊秀　2018年12月出版 / 估价：99.00元
PSN B-2011-199-1/1

社会组织蓝皮书
中国社会组织报告（2017-2018）
著(编)者：黄晓勇　2018年1月出版 / 估价：99.00元
PSN B-2008-118-1/2

社会组织蓝皮书
中国社会组织评估发展报告（2018）
著(编)者：徐家良　2018年12月出版 / 估价：99.00元
PSN B-2013-366-2/2

生态城市绿皮书
中国生态城市建设发展报告（2018）
著(编)者：刘举科　孙伟平　胡文臻
2018年9月出版 / 估价：158.00元
PSN G-2012-269-1/1

生态文明绿皮书
中国省域生态文明建设评价报告（ECI 2018）
著(编)者：严耕　2018年12月出版 / 估价：99.00元
PSN G-2010-170-1/1

退休生活蓝皮书
中国城市居民退休生活质量指数报告（2017）
著(编)者：杨一帆　2018年5月出版 / 估价：99.00元
PSN B-2017-618-1/1

危机管理蓝皮书
中国危机管理报告（2018）
著(编)者：文学国　范正青
2018年8月出版 / 估价：99.00元
PSN B-2010-171-1/1

学会蓝皮书
2018年中国学会发展报告
著(编)者：麦可思研究院
2018年12月出版 / 估价：99.00元
PSN B-2016-597-1/1

医改蓝皮书
中国医药卫生体制改革报告（2017~2018）
著(编)者：文学国　房志武
2018年11月出版 / 估价：99.00元
PSN B-2014-432-1/1

应急管理蓝皮书
中国应急管理报告（2018）
著(编)者：宋英华　2018年9月出版 / 估价：99.00元
PSN B-2016-562-1/1

政府绩效评估蓝皮书
中国地方政府绩效评估报告 No.2
著(编)者：贠杰　2018年12月出版 / 估价：99.00元
PSN B-2017-672-1/1

政治参与蓝皮书
中国政治参与报告（2018）
著(编)者：房宁　2018年8月出版 / 估价：128.00元
PSN B-2011-200-1/1

政治文化蓝皮书
中国政治文化报告（2018）
著(编)者：邢元敏　魏大鹏　龚克
2018年8月出版 / 估价：128.00元
PSN B-2017-615-1/1

中国传统村落蓝皮书
中国传统村落保护现状报告（2018）
著(编)者：胡彬彬　李向军　王晓波
2018年12月出版 / 估价：99.00元
PSN B-2017-663-1/1

中国农村妇女发展蓝皮书
农村流动女性城市生活发展报告（2018）
著(编)者：谢丽华　2018年12月出版 / 估价：99.00元
PSN B-2014-434-1/1

宗教蓝皮书
中国宗教报告（2017）
著(编)者：邱永辉　2018年8月出版 / 估价：99.00元
PSN B-2008-117-1/1

产业经济类

保健蓝皮书
中国保健服务产业发展报告 No.2
著(编)者：中国保健协会　　中共中央党校
2018年7月出版 / 估价：198.00元
PSN B-2012-272-3/3

保健蓝皮书
中国保健食品产业发展报告 No.2
著(编)者：中国保健协会
　　　　　中国社会科学院食品药品产业发展与监管研究中心
2018年8月出版 / 估价：198.00元
PSN B-2012-271-2/3

保健蓝皮书
中国保健用品产业发展报告 No.2
著(编)者：中国保健协会
　　　　　国务院国有资产监督管理委员会研究中心
2018年3月出版 / 估价：198.00元
PSN B-2012-270-1/3

保险蓝皮书
中国保险业竞争力报告（2018）
著(编)者：保监会　　2018年12月出版 / 估价：99.00元
PSN B-2013-311-1/1

冰雪蓝皮书
中国冰上运动产业发展报告（2018）
著(编)者：孙承华　杨占武　刘戈　张鸿俊
2018年9月出版 / 估价：99.00元
PSN B-2017-648-3/3

冰雪蓝皮书
中国滑雪产业发展报告（2018）
著(编)者：孙承华　伍斌　魏庆华　张鸿俊
2018年9月出版 / 估价：99.00元
PSN B-2016-559-1/3

餐饮产业蓝皮书
中国餐饮产业发展报告（2018）
著(编)者：邢颖
2018年6月出版 / 估价：99.00元
PSN B-2009-151-1/1

茶业蓝皮书
中国茶产业发展报告（2018）
著(编)者：杨江帆　李闽榕
2018年10月出版 / 估价：99.00元
PSN B-2010-164-1/1

产业安全蓝皮书
中国文化产业安全报告（2018）
著(编)者：北京印刷学院文化产业安全研究院
2018年12月出版 / 估价：99.00元
PSN B-2014-378-12/14

产业安全蓝皮书
中国新媒体产业安全报告（2016~2017）
著(编)者：肖丽　　2018年6月出版 / 估价：99.00元
PSN B-2015-500-14/14

产业安全蓝皮书
中国出版传媒产业安全报告（2017~2018）
著(编)者：北京印刷学院文化产业安全研究院
2018年3月出版 / 估价：99.00元
PSN B-2014-384-13/14

产业蓝皮书
中国产业竞争力报告（2018）No.8
著(编)者：张其仔　　2018年12月出版 / 估价：168.00元
PSN B-2010-175-1/1

动力电池蓝皮书
中国新能源汽车动力电池产业发展报告（2018）
著(编)者：中国汽车技术研究中心
2018年8月出版 / 估价：99.00元
PSN B-2017-639-1/1

杜仲产业绿皮书
中国杜仲橡胶资源与产业发展报告（2017~2018）
著(编)者：杜红岩　胡文臻　俞锐
2018年1月出版 / 估价：99.00元
PSN G-2013-350-1/1

房地产蓝皮书
中国房地产发展报告No.15（2018）
著(编)者：李春华　王业强
2018年5月出版 / 估价：99.00元
PSN B-2004-028-1/1

服务外包蓝皮书
中国服务外包产业发展报告（2017~2018）
著(编)者：王晓红　刘德军
2018年6月出版 / 估价：99.00元
PSN B-2013-331-2/2

服务外包蓝皮书
中国服务外包竞争力报告（2017~2018）
著(编)者：刘春生　王力　黄育华
2018年12月出版 / 估价：99.00元
PSN B-2011-216-1/2

工业和信息化蓝皮书
世界信息技术产业发展报告（2017~2018）
著(编)者：尹丽波　　2018年6月出版 / 估价：99.00元
PSN B-2015-449-2/6

工业和信息化蓝皮书
战略性新兴产业发展报告（2017~2018）
著(编)者：尹丽波　　2018年6月出版 / 估价：99.00元
PSN B-2015-450-3/6

产业经济类　皮书系列 2018全品种

客车蓝皮书
中国客车产业发展报告（2017~2018）
著（编）者：姚蔚　2018年10月出版 / 估价：99.00元
PSN B-2013-361-1/1

流通蓝皮书
中国商业发展报告（2018~2019）
著（编）者：王雪峰　林诗慧
2018年7月出版 / 估价：99.00元
PSN B-2009-152-1/2

能源蓝皮书
中国能源发展报告（2018）
著（编）者：崔民选　王军生　陈义和
2018年12月出版 / 估价：99.00元
PSN B-2006 049-1/1

农产品流通蓝皮
中国农产品流通产业发展报告（2017）
著（编）者：贾敬敦　张东科　张玉玺　张鹏毅　周伟
2018年1月出版 / 估价：99.00元
PSN B-2012-288-1/1

汽车工业蓝皮书
中国汽车工业发展年度报告（2018）
著（编）者：中国汽车工业协会
　　　　　中国汽车技术研究中心
　　　　　丰田汽车公司
2018年5月出版 / 估价：168.00元
PSN B-2015-463-1/2

汽车工业蓝皮书
中国汽车零部件产业发展报告（2017~2018）
著（编）者：中国汽车工业协会
　　　　　中国汽车工程研究院深圳市沃特玛电池有限公司
2018年9月出版 / 估价：99.00元
PSN B-2016-515-2/2

汽车蓝皮书
中国汽车产业发展报告（2018）
著（编）者：中国汽车工程学会
　　　　　大众汽车集团（中国）
2018年11月出版 / 估价：99.00元
PSN B-2008-124-1/1

世界茶业蓝皮书
世界茶业发展报告（2018）
著（编）者：李闽榕　冯廷佺
2018年5月出版 / 估价：168.00元
PSN B-2017-619-1/1

世界能源蓝皮书
世界能源发展报告（2018）
著（编）者：黄晓勇　2018年6月出版 / 估价：108.00元
PSN B-2013-349-1/1

体育蓝皮书
国家体育产业基地发展报告（2016~2017）
著（编）者：李颖川　2018年4月出版 / 估价：168.00元
PSN B-2017-609-5/5

体育蓝皮书
中国体育产业发展报告（2018）
著（编）者：阮伟　钟秉枢
2018年12月出版 / 估价：99.00元
PSN B-2010-179-1/5

文化金融蓝皮书
中国文化金融发展报告（2018）
著（编）者：杨涛　金巍
2018年5月出版 / 估价：99.00元
PSN B-2017-610-1/1

新能源汽车蓝皮书
中国新能源汽车产业发展报告（2018）
著（编）者：中国汽车技术研究中心
　　　　　日产（中国）投资有限公司
　　　　　东风汽车有限公司
2018年8月出版 / 估价：99.00元
PSN B-2013-347-1/1

薏仁米产业蓝皮书
中国薏仁米产业发展报告No.2（2018）
著（编）者：李发耀　石明　秦礼康
2018年8月出版 / 估价：99.00元
PSN B-2017-645-1/1

邮轮绿皮书
中国邮轮产业发展报告（2018）
著（编）者：汪泓　2018年10月出版 / 估价：99.00元
PSN G-2014-419-1/1

智能养老蓝皮书
中国智能养老产业发展报告（2018）
著（编）者：朱勇　2018年10月出版 / 估价：99.00元
PSN B-2015-488-1/1

中国节能汽车蓝皮书
中国节能汽车发展报告（2017~2018）
著（编）者：中国汽车工程研究院股份有限公司
2018年9月出版 / 估价：99.00元
PSN B-2016-565-1/1

中国陶瓷产业蓝皮书
中国陶瓷产业发展报告（2018）
著（编）者：左和平　黄速建
2018年10月出版 / 估价：99.00元
PSN B-2016-573-1/1

装备制造业蓝皮书
中国装备制造业发展报告（2018）
著（编）者：徐东华　2018年12月出版 / 估价：118.00元
PSN B-2015-505-1/1

行业及其他类

"三农"互联网金融蓝皮书
中国"三农"互联网金融发展报告(2018)
著(编): 李勇坚 王弢
2018年8月出版 / 估价: 99.00元
PSN B-2016-560-1/1

SUV蓝皮书
中国SUV市场发展报告(2017~2018)
著(编)者: 靳军 2018年9月出版 / 估价: 99.00元
PSN B-2016-571-1/1

冰雪蓝皮书
中国冬季奥运会发展报告(2018)
著(编)者: 孙承华 伍斌 魏庆华 张鸿俊
2018年9月出版 / 估价: 99.00元
PSN B-2017-647-2/3

彩票蓝皮书
中国彩票发展报告(2018)
著(编)者: 益彩基金 2018年4月出版 / 估价: 99.00元
PSN B-2015-462-1/1

测绘地理信息蓝皮书
测绘地理信息供给侧结构性改革研究报告(2018)
著(编)者: 库热西·买合苏提
2018年12月出版 / 估价: 168.00元
PSN B-2009-145-1/1

产权市场蓝皮书
中国产权市场发展报告(2017)
著(编)者: 曹和平 2018年5月出版 / 估价: 99.00元
PSN B-2009-147-1/1

城投蓝皮书
中国城投行业发展报告(2018)
著(编)者: 华景斌
2018年11月出版 / 估价: 300.00元
PSN B-2016-514-1/1

大数据蓝皮书
中国大数据发展报告(No.2)
著(编)者: 连玉明 2018年5月出版 / 估价: 99.00元
PSN B-2017-620-1/1

大数据应用蓝皮书
中国大数据应用发展报告No.2(2018)
著(编)者: 陈军君 2018年8月出版 / 估价: 99.00元
PSN B-2017-644-1/1

对外投资与风险蓝皮书
中国对外直接投资与国家风险报告(2018)
著(编)者: 中债资信评估有限责任公司
　　　　　中国社会科学院世界经济与政治研究所
2018年4月出版 / 估价: 189.00元
PSN B-2017-606-1/1

工业和信息化蓝皮书
人工智能发展报告(2017~2018)
著(编)者: 尹丽波 2018年6月出版 / 估价: 99.00元
PSN B-2015-448-1/6

工业和信息化蓝皮书
世界智慧城市发展报告(2017~2018)
著(编)者: 尹丽波 2018年6月出版 / 估价: 99.00元
PSN B-2017-624-6/6

工业和信息化蓝皮书
世界网络安全发展报告(2017~2018)
著(编)者: 尹丽波 2018年6月出版 / 估价: 99.00元
PSN B-2015-452-5/6

工业和信息化蓝皮书
世界信息化发展报告(2017~2018)
著(编)者: 尹丽波 2018年6月出版 / 估价: 99.00元
PSN B-2015-451-4/6

工业设计蓝皮书
中国工业设计发展报告(2018)
著(编)者: 王晓红 于炜 张立群 2018年9月出版 / 估价: 168.00元
PSN B-2014-420-1/1

公共关系蓝皮书
中国公共关系发展报告(2018)
著(编)者: 柳斌杰 2018年11月出版 / 估价: 99.00元
PSN B-2016-579-1/1

管理蓝皮书
中国管理发展报告(2018)
著(编)者: 张晓东 2018年10月出版 / 估价: 99.00元
PSN B-2014-416-1/1

海关发展蓝皮书
中国海关发展前沿报告(2018)
著(编)者: 干春晖 2018年6月出版 / 估价: 99.00元
PSN B-2017-616-1/1

互联网医疗蓝皮书
中国互联网健康医疗发展报告(2018)
著(编)者: 芮晓武 2018年6月出版 / 估价: 99.00元
PSN B-2016-567-1/1

黄金市场蓝皮书
中国商业银行黄金业务发展报告(2017~2018)
著(编)者: 平安银行 2018年3月出版 / 估价: 99.00元
PSN B-2016-524-1/1

会展蓝皮书
中外会展业动态评估研究报告(2018)
著(编)者: 张敏 任中峰 聂鑫焱 牛盼强
2018年12月出版 / 估价: 99.00元
PSN B-2013-327-1/1

基金会蓝皮书
中国基金会发展报告(2017~2018)
著(编)者: 中国基金会发展报告课题组
2018年4月出版 / 估价: 99.00元
PSN B-2013-368-1/1

基金会绿皮书
中国基金会发展独立研究报告(2018)
著(编)者: 基金会中心网 中央民族大学基金会研究中心
2018年6月出版 / 估价: 99.00元
PSN G-2011-213-1/1

行业及其他类

皮书系列 2018全品种

基金会透明度蓝皮书
中国基金会透明度发展研究报告（2018）
著（编）者：基金会中心网
　　　　　　清华大学廉政与治理研究中心
2018年9月出版 / 估价：99.00元
PSN B-2013-339-1/1

建筑装饰蓝皮书
中国建筑装饰行业发展报告（2018）
著（编）者：葛道顺 刘晓一
2018年10月出版 / 估价：198.00元
PSN B-2016-553-1/1

金融监管蓝皮书
中国金融监管报告（2018）
著（编）者：胡滨　　2018年5月出版 / 估价：99.00元
PSN B-2012-281-1/1

金融蓝皮书
中国互联网金融行业分析与评估（2018~2019）
著（编）者：黄国平 伍旭川　　2018年12月出版 / 估价：99.00元
PSN B-2016-585-7/7

金融科技蓝皮书
中国金融科技发展报告（2018）
著（编）者：李扬 孙国峰　　2018年10月出版 / 估价：99.00元
PSN B-2014-374-1/1

金融信息服务蓝皮书
中国金融信息服务发展报告（2018）
著（编）者：李平　　2018年5月出版 / 估价：99.00元
PSN B-2017-621-1/1

京津冀金融蓝皮书
京津冀金融发展报告（2018）
著（编）者：王爱俭 王璟怡　　2018年10月出版 / 估价：99.00元
PSN B-2016-527-1/1

科普蓝皮书
国家科普能力发展报告（2018）
著（编）者：王康友　　2018年5月出版 / 估价：138.00元
PSN B-2017-632-4/4

科普蓝皮书
中国基层科普发展报告（2017~2018）
著（编）者：赵立新 陈玲　　2018年9月出版 / 估价：99.00元
PSN B-2016-568-3/4

科普蓝皮书
中国科普基础设施发展报告（2017~2018）
著（编）者：任福君　　2018年6月出版 / 估价：99.00元
PSN B-2010-174-1/3

科普蓝皮书
中国科普人才发展报告（2017~2018）
著（编）者：郑念 任嵘嵘　　2018年7月出版 / 估价：99.00元
PSN B-2016-512 2/4

科普能力蓝皮书
中国科普能力评价报告（2018~2019）
著（编）者：李富强 李群　　2018年8月出版 / 估价：99.00元
PSN B-2016-555-1/1

临空经济蓝皮书
中国临空经济发展报告（2018）
著（编）者：连玉明　　2018年9月出版 / 估价：99.00元
PSN B-2014-421-1/1

旅游安全蓝皮书
中国旅游安全报告（2018）
著（编）者：郑向敏 谢朝武　　2018年5月出版 / 估价：158.00元
PSN B-2012-280-1/1

旅游绿皮书
2017~2018年中国旅游发展分析与预测
著（编）者：宋瑞　　2018年2月出版 / 估价：99.00元
PSN G-2002-018-1/1

煤炭蓝皮书
中国煤炭工业发展报告（2018）
著（编）者：岳福斌　　2018年12月出版 / 估价：99.00元
PSN B-2008-123-1/1

民营企业社会责任蓝皮书
中国民营企业社会责任报告（2018）
著（编）者：中华全国工商业联合会
2018年12月出版 / 估价：99.00元
PSN B-2015-510-1/1

民营医院蓝皮书
中国民营医院发展报告（2017）
著（编）者：薛晓林　　2018年1月出版 / 估价：99.00元
PSN B-2012-299-1/1

闽商蓝皮书
闽商发展报告（2018）
著（编）者：李闽榕 王日根 林琛
2018年12月出版 / 估价：99.00元
PSN B-2012-298-1/1

农业应对气候变化蓝皮书
中国农业气象灾害及其灾损评估报告（No.3）
著（编）者：矫梅燕　　2018年1月出版 / 估价：118.00元
PSN B-2014-413-1/1

品牌蓝皮书
中国品牌战略发展报告（2018）
著（编）者：汪同三　　2018年10月出版 / 估价：99.00元
PSN B-2016-580-1/1

企业扶贫蓝皮书
中国企业扶贫研究报告（2018）
著（编）者：钟宏武　　2018年12月出版 / 估价：99.00元
PSN B-2016-593-1/1

企业公益蓝皮书
中国企业公益研究报告（2018）
著（编）者：钟宏武 汪杰 黄晓娟
2018年12月出版 / 估价：99.00元
PSN B-2015-501-1/1

企业国际化蓝皮书
中国企业全球化报告（2018）
著（编）者：王辉耀 苗绿　　2018年11月出版 / 估价：99.00元
PSN B-2014-427-1/1

皮书系列 2018全品种 — 行业及其他类

企业蓝皮书
中国企业绿色发展报告No.2（2018）
著(编)者：李红玉 朱光辉
2018年8月出版 / 估价：99.00元
PSN B-2015-481-2/2

企业社会责任蓝皮书
中资企业海外社会责任研究报告（2017～2018）
著(编)者：钟宏武 叶柳红 张蒽
2018年1月出版 / 估价：99.00元
PSN B-2017-603-2/2

企业社会责任蓝皮书
中国企业社会责任研究报告（2018）
著(编)者：黄群慧 钟宏武 张蒽 汪杰
2018年11月出版 / 估价：99.00元
PSN B-2009-149-1/2

汽车安全蓝皮书
中国汽车安全发展报告（2018）
著(编)者：中国汽车技术研究中心
2018年8月出版 / 估价：99.00元
PSN B-2014-385-1/1

汽车电子商务蓝皮书
中国汽车电子商务发展报告（2018）
著(编)者：中华全国工商业联合会汽车经销商商会
　　　　　北方工业大学
　　　　　北京易观智库网络科技有限公司
2018年10月出版 / 估价：158.00元
PSN B-2015-485-1/1

汽车知识产权蓝皮书
中国汽车产业知识产权发展报告（2018）
著(编)者：中国汽车工程研究院股份有限公司
　　　　　中国汽车工程学会
　　　　　重庆长安汽车股份有限公司
2018年12月出版 / 估价：99.00元
PSN B-2016-594-1/1

青少年体育蓝皮书
中国青少年体育发展报告（2017）
著(编)者：刘扶民 杨桦　2018年1月出版 / 估价：99.00元
PSN B-2015-482-1/1

区块链蓝皮书
中国区块链发展报告（2018）
著(编)者：李伟　2018年9月出版 / 估价：99.00元
PSN B-2017-649-1/1

群众体育蓝皮书
中国群众体育发展报告（2017）
著(编)者：刘国永 戴健　2018年5月出版 / 估价：99.00元
PSN B-2014-411-1/3

群众体育蓝皮书
中国社会体育指导员发展报告（2018）
著(编)者：刘国永 王欢　2018年4月出版 / 估价：99.00元
PSN B-2016-520-3/3

人力资源蓝皮书
中国人力资源发展报告（2018）
著(编)者：余兴安　2018年11月出版 / 估价：99.00元
PSN B-2012-287-1/1

融资租赁蓝皮书
中国融资租赁业发展报告（2017～2018）
著(编)者：李光荣 于力　2018年8月出版 / 估价：99.00元
PSN B-2015-443-1/1

商会蓝皮书
中国商会发展报告No.5（2017）
著(编)者：王钦敏　2018年7月出版 / 估价：99.00元
PSN B-2008-125-1/1

商务中心区蓝皮书
中国商务中心区发展报告No.4（2017～2018）
著(编)者：李国红 单菁菁　2018年9月出版 / 估价：99.00元
PSN B-2015-444-1/1

设计产业蓝皮书
中国创新设计发展报告（2018）
著(编)者：王晓红 张立群 于炜
2018年11月出版 / 估价：99.00元
PSN B-2016-581-2/2

社会责任管理蓝皮书
中国上市公司社会责任能力成熟度报告No.4（2018）
著(编)者：肖红军 王晓光 李伟阳
2018年12月出版 / 估价：99.00元
PSN B-2015-507-2/2

社会责任管理蓝皮书
中国企业公众透明度报告No.4（2017～2018）
著(编)者：黄速建 熊梦 王晓光 肖红军
2018年4月出版 / 估价：99.00元
PSN B-2015-440-1/2

食品药品蓝皮书
食品药品安全与监管政策研究报告（2016～2017）
著(编)者：唐民皓　2018年6月出版 / 估价：99.00元
PSN B-2009-129-1/1

输血服务蓝皮书
中国输血行业发展报告（2018）
著(编)者：孙俊　2018年12月出版 / 估价：99.00元
PSN B-2016-582-1/1

水利风景区蓝皮书
中国水利风景区发展报告（2018）
著(编)者：董建文 兰思仁
2018年10月出版 / 估价：99.00元
PSN B-2015-480-1/1

私募市场蓝皮书
中国私募股权市场发展报告（2017～2018）
著(编)者：曹和平　2018年12月出版 / 估价：99.00元
PSN B-2010-162-1/1

碳排放权交易蓝皮书
中国碳排放权交易报告（2018）
著(编)者：孙永平　2018年11月出版 / 估价：99.00元
PSN B-2017-652-1/1

碳市场蓝皮书
中国碳市场报告（2018）
著(编)者：定金彪　2018年11月出版 / 估价：99.00元
PSN B-2014-430-1/1

皮书系列 2018全品种

体育蓝皮书
中国公共体育服务发展报告（2018）
著(编)者：戴健　2018年12月出版 / 估价：99.00元
PSN B-2013-367-2/5

土地市场蓝皮书
中国农村土地市场发展报告（2017~2018）
著(编)者：李光荣　2018年3月出版 / 估价：99.00元
PSN B-2016-526-1/1

土地整治蓝皮书
中国土地整治发展研究报告（No.5）
著(编)者：国土资源部土地整治中心
2018年7月出版 / 估价：99.00元
PSN B-2014-401-1/1

土地政策蓝皮书
中国土地政策研究报告（2018）
著(编)者：高延利 李宪文　2017年12月出版 / 估价：99.00元
PSN B-2015-506-1/1

网络空间安全蓝皮书
中国网络空间安全发展报告（2018）
著(编)者：惠志斌 覃庆玲
2018年11月出版 / 估价：99.00元
PSN B-2015-466-1/1

文化志愿服务蓝皮书
中国文化志愿服务发展报告（2018）
著(编)者：张永新 良警宇　2018年11月出版 / 估价：128.00元
PSN B-2016-596-1/1

西部金融蓝皮书
中国西部金融发展报告（2017~2018）
著(编)者：李忠民　2018年8月出版 / 估价：99.00元
PSN B-2010-160-1/1

协会商会蓝皮书
中国行业协会商会发展报告（2017）
著(编)者：景朝阳 李勇　2018年4月出版 / 估价：99.00元
PSN B-2015-461-1/1

新三板蓝皮书
中国新三板市场发展报告（2018）
著(编)者：王力　2018年8月出版 / 估价：99.00元
PSN B-2016-533-1/1

信托市场蓝皮书
中国信托业市场报告（2017~2018）
著(编)者：用益金融信托研究院
2018年1月出版 / 估价：198.00元
PSN B-2014-371-1/1

信息化蓝皮书
中国信息化形势分析与预测（2017~2018）
著(编)者：周宏仁　2018年8月出版 / 估价：99.00元
PSN B-2010-168-1/1

信用蓝皮书
中国信用发展报告（2017~2018）
著(编)者：章政 田侃　2018年4月出版 / 估价：99.00元
PSN B-2013-328-1/1

休闲绿皮书
2017~2018年中国休闲发展报告
著(编)者：宋瑞　2018年7月出版 / 估价：99.00元
PSN G-2010-158-1/1

休闲体育蓝皮书
中国休闲体育发展报告（2017~2018）
著(编)者：李相如 钟秉枢
2018年10月出版 / 估价：99.00元
PSN B-2016-516-1/1

养老金融蓝皮书
中国养老金融发展报告（2018）
著(编)者：董克用 姚余栋
2018年9月出版 / 估价：99.00元
PSN B-2016-583-1/1

遥感监测绿皮书
中国可持续发展遥感监测报告（2017）
著(编)者：顾行发 汪克强 潘教峰 李闽榕 徐东华 王琦安
2018年6月出版 / 估价：298.00元
PSN B-2017-629-1/1

药品流通蓝皮书
中国药品流通行业发展报告（2018）
著(编)者：佘鲁林 温再兴
2018年7月出版 / 估价：198.00元
PSN B-2014-429-1/1

医疗器械蓝皮书
中国医疗器械行业发展报告（2018）
著(编)者：王宝亭 耿鸿武
2018年10月出版 / 估价：99.00元
PSN B-2017-661-1/1

医院蓝皮书
中国医院竞争力报告（2018）
著(编)者：庄一强 曾益新　2018年3月出版 / 估价：118.00元
PSN B-2016-528-1/1

瑜伽蓝皮书
中国瑜伽业发展报告（2017~2018）
著(编)者：张永建 徐华锋 朱泰余
2018年6月出版 / 估价：198.00元
PSN B-2017-625-1/1

债券市场蓝皮书
中国债券市场发展报告（2017~2018）
著(编)者：杨农　2018年10月出版 / 估价：99.00元
PSN B-2017-572-1/1

志愿服务蓝皮书
中国志愿服务发展报告（2018）
著(编)者：中国志愿服务联合会
2018年11月出版 / 估价：99.00元
PSN B-2017-664-1/1

中国上市公司蓝皮书
中国上市公司发展报告（2018）
著(编)者：张鹏 张平 黄胤英
2018年9月出版 / 估价：99.00元
PSN B-2014-414-1/1

中国新三板蓝皮书
中国新三板创新与发展报告（2018）
著（编）者：刘平安 闻召林
2018年8月出版 / 估价：158.00元
PSN B-2017-638-1/1

中医文化蓝皮书
北京中医药文化传播发展报告（2018）
著（编）者：毛嘉陵 2018年5月出版 / 估价：99.00元
PSN B-2015-468-1/2

中医文化蓝皮书
中国中医药文化传播发展报告（2018）
著（编）者：毛嘉陵 2018年7月出版 / 估价：99.00元
PSN B-2016-584-2/2

中医药蓝皮书
北京中医药知识产权发展报告No.2
著（编）者：汪洪 屠志涛 2018年4月出版 / 估价：168.00元
PSN B-2017-602-1/1

资本市场蓝皮书
中国场外交易市场发展报告（2016~2017）
著（编）者：高峦 2018年3月出版 / 估价：99.00元
PSN B-2009-153-1/1

资产管理蓝皮书
中国资产管理行业发展报告（2018）
著（编）者：郑智 2018年7月出版 / 估价：99.00元
PSN B-2014-407-2/2

资产证券化蓝皮书
中国资产证券化发展报告（2018）
著（编）者：纪志宏 2018年11月出版 / 估价：99.00元
PSN B-2017-660-1/1

自贸区蓝皮书
中国自贸区发展报告（2018）
著（编）者：王力 黄育华 2018年6月出版 / 估价：99.00元
PSN B-2016-558-1/1

国际问题与全球治理类

"一带一路"跨境通道蓝皮书
"一带一路"跨境通道建设研究报告（2018）
著（编）者：郭业洲 2018年8月出版 / 估价：99.00元
PSN B-2016-557-1/1

"一带一路"蓝皮书
"一带一路"建设发展报告（2018）
著（编）者：王晓泉 2018年6月出版 / 估价：99.00元
PSN B-2016-552-1/1

"一带一路"投资安全蓝皮书
中国"一带一路"投资与安全研究报告（2017~2018）
著（编）者：邹统钎 梁昊光 2018年4月出版 / 估价：99.00元
PSN B-2017-612-1/1

"一带一路"文化交流蓝皮书
中阿文化交流发展报告（2017）
著（编）者：王辉 2018年9月出版 / 估价：99.00元
PSN B-2017-655-1/1

G20国家创新竞争力黄皮书
二十国集团（G20）国家创新竞争力发展报告（2017~2018）
著（编）者：李建平 李闽榕 赵新力 周天勇
2018年7月出版 / 估价：168.00元
PSN Y-2011-229-1/1

阿拉伯黄皮书
阿拉伯发展报告（2016~2017）
著（编）者：罗林 2018年3月出版 / 估价：99.00元
PSN Y-2014-381-1/1

北部湾蓝皮书
泛北部湾合作发展报告（2017~2018）
著（编）者：吕余生 2018年12月出版 / 估价：99.00元
PSN B-2008-114-1/1

北极蓝皮书
北极地区发展报告（2017）
著（编）者：刘惠荣 2018年7月出版 / 估价：99.00元
PSN B-2017-634-1/1

大洋洲蓝皮书
大洋洲发展报告（2017~2018）
著（编）者：喻常森 2018年10月出版 / 估价：99.00元
PSN B-2013-341-1/1

东北亚区域合作蓝皮书
2017年"一带一路"倡议与东北亚区域合作
著（编）者：刘亚政 金美花
2018年5月出版 / 估价：99.00元
PSN B-2017-631-1/1

东盟黄皮书
东盟发展报告（2017）
著（编）者：杨晓强 庄国土
2018年3月出版 / 估价：99.00元
PSN Y-2012-303-1/1

东南亚蓝皮书
东南亚地区发展报告（2017~2018）
著（编）者：王勤 2018年12月出版 / 估价：99.00元
PSN B-2012-240-1/1

非洲黄皮书
非洲发展报告No.20（2017~2018）
著（编）者：张宏明 2018年7月出版 / 估价：99.00元
PSN Y-2012-239-1/1

非传统安全蓝皮书
中国非传统安全研究报告（2017~2018）
著（编）者：潇枫 罗中枢 2018年8月出版 / 估价：99.00元
PSN B-2012-273-1/1

国际问题与全球治理类

皮书系列
2018全品种

国际安全蓝皮书
中国国际安全研究报告（2018）
著(编)者：刘慧　　2018年7月出版 / 估价：99.00元
PSN B-2016-521-1/1

国际城市蓝皮书
国际城市发展报告（2018）
著(编)者：屠启宇　　2018年2月出版 / 估价：99.00元
PSN B-2012-260-1/1

国际形势黄皮书
全球政治与安全报告（2018）
著(编)者：张宇燕　　2018年1月出版 / 估价：99.00元
PSN Y-2001-016-1/1

公共外交蓝皮书
中国公共外交发展报告（2018）
著(编)者：赵启正 雷蔚真　　2018年4月出版 / 估价：99.00元
PSN B-2015-457-1/1

金砖国家黄皮书
金砖国家综合创新竞争力发展报告（2018）
著(编)者：赵新力 李闽榕 黄茂兴
2018年8月出版 / 估价：128.00元
PSN Y-2017-643-1/1

拉美黄皮书
拉丁美洲和加勒比发展报告（2017~2018）
著(编)者：袁东振　　2018年6月出版 / 估价：99.00元
PSN Y-1999-007-1/1

澜湄合作蓝皮书
澜沧江-湄公河合作发展报告（2018）
著(编)者：刘稚　　2018年9月出版 / 估价：99.00元
PSN B-2011-196-1/1

欧洲蓝皮书
欧洲发展报告（2017~2018）
著(编)者：黄平 周弘 程卫东
2018年6月出版 / 估价：99.00元
PSN B-1999-009-1/1

葡语国家蓝皮书
葡语国家发展报告（2016~2017）
著(编)者：王成安 张敏 刘金兰
2018年4月出版 / 估价：99.00元
PSN B-2015-503-1/2

葡语国家蓝皮书
中国与葡语国家关系发展报告·巴西（2016）
著(编)者：张曙光　　2018年8月出版 / 估价：99.00元
PSN B-2016-563-2/2

气候变化绿皮书
应对气候变化报告（2018）
著(编)者：王伟光 郑国光　　2018年11月出版 / 估价：99.00元
PSN G-2009-144-1/1

全球环境竞争力绿皮书
全球环境竞争力报告（2018）
著(编)者：李建平 李闽榕 王金南
2018年12月出版 / 估价：198.00元
PSN G-2013-363-1/1

全球信息社会蓝皮书
全球信息社会发展报告（2018）
著(编)者：丁波涛 唐涛　　2018年10月出版 / 估价：99.00元
PSN B-2017-665-1/1

日本经济蓝皮书
日本经济与中日经贸关系研究报告（2018）
著(编)者：张季风　　2018年6月出版 / 估价：99.00元
PSN B-2008-102-1/1

上海合作组织黄皮书
上海合作组织发展报告（2018）
著(编)者：李进峰　　2018年6月出版 / 估价：99.00元
PSN Y-2009-130-1/1

世界创新竞争力黄皮书
世界创新竞争力发展报告（2017）
著(编)者：李建平 李闽榕 赵新力
2018年1月出版 / 估价：168.00元
PSN Y-2013-318-1/1

世界经济黄皮书
2018年世界经济形势分析与预测
著(编)者：张宇燕　　2018年1月出版 / 估价：99.00元
PSN Y-1999-006-1/1

丝绸之路蓝皮书
丝绸之路经济带发展报告（2018）
著(编)者：任宗哲 白宽犁 谷孟宾
2018年1月出版 / 估价：99.00元
PSN B-2014-410-1/1

新兴经济体蓝皮书
金砖国家发展报告（2018）
著(编)者：林跃勤 周文　　2018年8月出版 / 估价：99.00元
PSN B-2011-195-1/1

亚太蓝皮书
亚太地区发展报告（2018）
著(编)者：李向阳　　2018年5月出版 / 估价：99.00元
PSN B-2001-015-1/1

印度洋地区蓝皮书
印度洋地区发展报告（2018）
著(编)者：汪戎　　2018年6月出版 / 估价：99.00元
PSN B-2013-334-1/1

渝新欧蓝皮书
渝新欧沿线国家发展报告（2018）
著(编)者：杨柏 黄森　　2018年6月出版 / 估价：99.00元
PSN B-2017-626-1/1

中阿蓝皮书
中国-阿拉伯国家经贸发展报告（2018）
著(编)者：张廑 段庆林 王林聪 杨巧红
2018年12月出版 / 估价：99.00元
PSN B-2016-598-1/1

中东黄皮书
中东发展报告No.20（2017~2018）
著(编)者：杨光　　2018年10月出版 / 估价：99.00元
PSN Y-1998-004-1/1

中亚黄皮书
中亚国家发展报告（2018）
著(编)者：孙力　　2018年6月出版 / 估价：99.00元
PSN Y-2012-238-1/1

国别类

澳大利亚蓝皮书
澳大利亚发展报告（2017-2018）
著(编)者：孙有中 韩锋　2018年12月出版 / 估价：99.00元
PSN B-2016-587-1/1

巴西黄皮书
巴西发展报告（2017）
著(编)者：刘国枝　2018年5月出版 / 估价：99.00元
PSN Y-2017-614-1/1

德国蓝皮书
德国发展报告（2018）
著(编)者：郑春荣　2018年6月出版 / 估价：99.00元
PSN B-2012-278-1/1

俄罗斯黄皮书
俄罗斯发展报告（2018）
著(编)者：李永全　2018年6月出版 / 估价：99.00元
PSN Y-2006-061-1/1

韩国蓝皮书
韩国发展报告（2017）
著(编)者：牛林杰 刘宝全　2018年5月出版 / 估价：99.00元
PSN B-2010-155-1/1

加拿大蓝皮书
加拿大发展报告（2018）
著(编)者：唐小松　2018年9月出版 / 估价：99.00元
PSN B-2014-389-1/1

美国蓝皮书
美国研究报告（2018）
著(编)者：郑秉文 黄平　2018年5月出版 / 估价：99.00元
PSN B-2011-210-1/1

缅甸蓝皮书
缅甸国情报告（2017）
著(编)者：孔鹏 杨祥章　2018年1月出版 / 估价：99.00元
PSN B-2013-343-1/1

日本蓝皮书
日本研究报告（2018）
著(编)者：杨伯江　2018年6月出版 / 估价：99.00元
PSN B-2002-020-1/1

土耳其蓝皮书
土耳其发展报告（2018）
著(编)者：郭长刚 刘义　2018年9月出版 / 估价：99.00元
PSN B-2014-412-1/1

伊朗蓝皮书
伊朗发展报告（2017~2018）
著(编)者：冀开运　2018年10月 / 估价：99.00元
PSN B-2016-574-1/1

以色列蓝皮书
以色列发展报告（2018）
著(编)者：张倩红　2018年8月出版 / 估价：99.00元
PSN B-2015-483-1/1

印度蓝皮书
印度国情报告（2017）
著(编)者：吕昭义　2018年4月出版 / 估价：99.00元
PSN B-2012-241-1/1

英国蓝皮书
英国发展报告（2017~2018）
著(编)者：王展鹏　2018年12月出版 / 估价：99.00元
PSN B-2015-486-1/1

越南蓝皮书
越南国情报告（2018）
著(编)者：谢林城　2018年1月出版 / 估价：99.00元
PSN B-2006-056-1/1

泰国蓝皮书
泰国研究报告（2018）
著(编)者：庄国土 张禹东 刘文正
2018年10月出版 / 估价：99.00元
PSN B-2016-556-1/1

文化传媒类

"三农"舆情蓝皮书
中国"三农"网络舆情报告（2017~2018）
著(编)者：农业部信息中心
2018年6月出版 / 估价：99.00元
PSN B-2017-640-1/1

传媒竞争力蓝皮书
中国传媒国际竞争力研究报告（2018）
著(编)者：李本乾 刘强 王大可
2018年8月出版 / 估价：99.00元
PSN B-2013-356-1/1

传媒蓝皮书
中国传媒产业发展报告（2018）
著(编)者：崔保国　2018年5月出版 / 估价：99.00元
PSN B-2005-035-1/1

传媒投资蓝皮书
中国传媒投资发展报告（2018）
著(编)者：张向东 谭云明
2018年6月出版 / 估价：148.00元
PSN B-2015-474-1/1

文化传媒类

非物质文化遗产蓝皮书
中国非物质文化遗产发展报告（2018）
著（编）者：陈平　2018年5月出版／估价：128.00元
PSN B-2015-469-1/2

非物质文化遗产蓝皮书
中国非物质文化遗产保护发展报告（2018）
著（编）者：宋俊华　2018年10月出版／估价：128.00元
PSN B-2016-586-2/2

广电蓝皮书
中国广播电影电视发展报告（2018）
著（编）者：国家新闻出版广电总局发展研究中心
2018年7月出版／估价：99.00元
PSN B-2006-072-1/1

广告主蓝皮书
中国广告主营销传播趋势报告No.9
著（编）者：黄升民　杜国清　邵华冬　等
2018年10月出版／估价：158.00元
PSN B-2005-041-1/1

国际传播蓝皮书
中国国际传播发展报告（2018）
著（编）者：胡正荣　李继东　姬德强
2018年12月出版／估价：99.00元
PSN B-2014-408-1/1

国家形象蓝皮书
中国国家形象传播报告（2017）
著（编）者：张昆　2018年3月出版／估价：128.00元
PSN B-2017-605-1/1

互联网治理蓝皮书
中国网络社会治理研究报告（2018）
著（编）者：罗昕　支庭荣
2018年9月出版／估价：118.00元
PSN B-2017-653-1/1

纪录片蓝皮书
中国纪录片发展报告（2018）
著（编）者：何苏六　2018年10月出版／估价：99.00元
PSN B-2011-222-1/1

科学传播蓝皮书
中国科学传播报告（2016~2017）
著（编）者：詹正茂　2018年6月出版／估价：99.00元
PSN B-2008-120-1/1

两岸创意经济蓝皮书
两岸创意经济研究报告（2018）
著（编）者：罗昌智　董泽平
2018年10月出版／估价：99.00元
PSN B-2014-437-1/1

媒介与女性蓝皮书
中国媒介与女性发展报告（2017~2018）
著（编）者：刘利群　2018年5月出版／估价：99.00元
PSN B-2013-345-1/1

媒体融合蓝皮书
中国媒体融合发展报告（2017）
著（编）者：梅宁华　支庭荣　2018年1月出版／估价：99.00元
PSN B-2015-479-1/1

全球传媒蓝皮书
全球传媒发展报告（2017~2018）
著（编）者：胡正荣　李继东　2018年6月出版／估价：99.00元
PSN B-2012-237-1/1

少数民族非遗蓝皮书
中国少数民族非物质文化遗产发展报告（2018）
著（编）者：肖远平（彝）　柴立（满）
2018年10月出版／估价：118.00元
PSN B-2015-467-1/1

视听新媒体蓝皮书
中国视听新媒体发展报告（2018）
著（编）者：国家新闻出版广电总局发展研究中心
2018年7月出版／估价：118.00元
PSN B-2011-184-1/1

数字娱乐产业蓝皮书
中国动画产业发展报告（2018）
著（编）者：孙立军　孙平　牛兴侦
2018年10月出版／估价：99.00元
PSN B-2011-198-1/2

数字娱乐产业蓝皮书
中国游戏产业发展报告（2018）
著（编）者：孙立军　刘跃军
2018年10月出版／估价：99.00元
PSN B-2017-662-2/2

文化创新蓝皮书
中国文化创新报告（2017·No.8）
著（编）者：傅才武　2018年4月出版／估价：99.00元
PSN B-2009-143-1/1

文化建设蓝皮书
中国文化发展报告（2018）
著（编）者：江畅　孙伟平　戴茂堂
2018年5月出版／估价：99.00元
PSN B-2014-392-1/1

文化科技蓝皮书
文化科技创新发展报告（2018）
著（编）者：于平　李凤亮　2018年10月出版／估价：99.00元
PSN B-2013-342-1/1

文化蓝皮书
中国公共文化服务发展报告（2017~2018）
著（编）者：刘新成　张永新　张旭
2018年12月出版／估价：99.00元
PSN B-2007-093-2/10

文化蓝皮书
中国少数民族文化发展报告（2017~2018）
著（编）者：武翠英　张晓明　任乌晶
2018年9月出版／估价：99.00元
PSN B-2013-369-9/10

文化蓝皮书
中国文化产业供需协调检测报告（2018）
著（编）者：王亚南　2018年2月出版／估价：99.00元
PSN B-2013-323-8/10

皮书系列 2018全品种

文化传媒类 · 地方发展类-经济

文化蓝皮书
中国文化消费需求景气评价报告（2018）
著（编）者：王亚南　2018年2月出版／估价：99.00元
PSN B-2011-236-4/10

文化蓝皮书
中国公共文化投入增长测评报告（2018）
著（编）者：王亚南　2018年2月出版／估价：99.00元
PSN B-2014-435-10/10

文化品牌蓝皮书
中国文化品牌发展报告（2018）
著（编）者：欧阳友权　2018年5月出版／估价：99.00元
PSN B-2012-277-1/1

文化遗产蓝皮书
中国文化遗产事业发展报告（2017~2018）
著（编）者：苏杨　张颖岚　卓杰　白海峰　陈晨　陈叙图
2018年8月出版／估价：99.00元
PSN B-2008-119-1/1

文学蓝皮书
中国文情报告（2017~2018）
著（编）者：白烨　2018年5月出版／估价：99.00元
PSN B-2011-221-1/1

新媒体蓝皮书
中国新媒体发展报告No.9（2018）
著（编）者：唐绪军　2018年7月出版／估价：99.00元
PSN B-2010-169-1/1

新媒体社会责任蓝皮书
中国新媒体社会责任研究报告（2018）
著（编）者：钟瑛　2018年12月出版／估价：99.00元
PSN B-2014-423-1/1

移动互联网蓝皮书
中国移动互联网发展报告（2018）
著（编）者：余清楚　2018年6月出版／估价：99.00元
PSN B-2012-282-1/1

影视蓝皮书
中国影视产业发展报告（2018）
著（编）者：司若　陈鹏　陈锐　2018年4月出版／估价：99.00元
PSN B-2016-529-1/1

舆情蓝皮书
中国社会舆情与危机管理报告（2018）
著（编）者：谢耘耕　2018年9月出版／估价：138.00元
PSN B-2011-235-1/1

地方发展类-经济

澳门蓝皮书
澳门经济社会发展报告（2017~2018）
著（编）者：吴志良　郝雨凡　2018年7月出版／估价：99.00元
PSN B-2009-138-1/1

澳门绿皮书
澳门旅游休闲发展报告（2017~2018）
著（编）者：郝雨凡　林广志　2018年5月出版／估价：99.00元
PSN G-2017-617-1/1

北京蓝皮书
北京经济发展报告（2017~2018）
著（编）者：杨松　2018年6月出版／估价：99.00元
PSN B-2006-054-2/8

北京旅游绿皮书
北京旅游发展报告（2018）
著（编）者：北京旅游学会
2018年7月出版／估价：99.00元
PSN G-2012-301-1/1

北京体育蓝皮书
北京体育产业发展报告（2017~2018）
著（编）者：钟秉枢　陈杰　杨铁黎
2018年9月出版／估价：99.00元
PSN B-2015-475-1/1

滨海金融蓝皮书
滨海新区金融发展报告（2017）
著（编）者：王爱俭　李向前　2018年4月出版／估价：99.00元
PSN B-2014-424-1/1

城乡一体化蓝皮书
北京城乡一体化发展报告（2017~2018）
著（编）者：吴宝新　张宝秀　黄序
2018年5月出版／估价：99.00元
PSN B-2012-258-2/2

非公有制企业社会责任蓝皮书
北京非公有制企业社会责任报告（2018）
著（编）者：宋贵伦　冯培　2018年6月出版／估价：99.00元
PSN B-2017-613-1/1

福建旅游蓝皮书
福建省旅游产业发展现状研究（2017~2018）
著（编）者：陈敏华　黄远水
2018年12月出版／估价：128.00元
PSN B-2016-591-1/1

福建自贸区蓝皮书
中国(福建)自由贸易试验区发展报告(2017~2018)
著（编）者：黄茂兴　2018年4月出版／估价：118.00元
PSN B-2016-531-1/1

甘肃蓝皮书
甘肃经济发展分析与预测（2018）
著（编）者：安文华　罗哲　2018年1月出版／估价：99.00元
PSN B-2013-312-1/6

甘肃蓝皮书
甘肃商贸流通发展报告（2018）
著（编）者：张应华　王福生　王晓芳
2018年1月出版／估价：99.00元
PSN B-2016-522-6/6

28　权威·前沿·原创

甘肃蓝皮书
甘肃县域和农村发展报告（2018）
著（编）者：朱智文　包东红　王建兵
2018年1月出版 / 估价：99.00元
PSN B-2013-316-5/6

甘肃农业科技绿皮书
甘肃农业科技发展研究报告（2018）
著（编）者：魏胜文　乔德华　张东伟
2018年12月出版 / 估价：198.00元
PSN B-2016-592-1/1

巩义蓝皮书
巩义经济社会发展报告（2018）
著（编）者：丁同民　朱军　2018年4月出版 / 估价：99.00元
PSN B-2016-532-1/1

广东外经贸蓝皮书
广东对外经济贸易发展研究报告（2017~2018）
著（编）者：陈万灵　2018年6月出版 / 估价：99.00元
PSN B-2012-286-1/1

广西北部湾经济区蓝皮书
广西北部湾经济区开放开发报告（2017~2018）
著（编）者：广西壮族自治区北部湾经济区和东盟开放合作办公室
　　　　　广西社会科学院
　　　　　广西北部湾发展研究院
2018年2月出版 / 估价：99.00元
PSN B-2010-181-1/1

广州蓝皮书
广州城市国际化发展报告（2018）
著（编）者：张跃国　2018年8月出版 / 估价：99.00元
PSN B-2012-246-11/14

广州蓝皮书
中国广州城市建设与管理发展报告（2018）
著（编）者：张其学　陈小钢　王宏伟　2018年8月出版 / 估价：99.00元
PSN B-2007-087-4/14

广州蓝皮书
广州创新型城市发展报告（2018）
著（编）者：尹涛　2018年6月出版 / 估价：99.00元
PSN B-2012-247-12/14

广州蓝皮书
广州经济发展报告（2018）
著（编）者：张跃国　尹涛　2018年7月出版 / 估价：99.00元
PSN B-2005-040-1/14

广州蓝皮书
2018年中国广州经济形势分析与预测
著（编）者：魏明海　谢博能　李华
2018年6月出版 / 估价：99.00元
PSN B-2011-185-9/14

广州蓝皮书
中国广州科技创新发展报告（2018）
著（编）者：于欣伟　陈爽　邓佑满　2018年8月出版 / 估价：99.00元
PSN B-2006-065-2/14

广州蓝皮书
广州农村发展报告（2018）
著（编）者：朱名宏　2018年7月出版 / 估价：99.00元
PSN B-2010-167-8/14

广州蓝皮书
广州汽车产业发展报告（2018）
著（编）者：杨再高　冯兴亚　2018年7月出版 / 估价：99.00元
PSN B-2006-066-3/14

广州蓝皮书
广州商贸业发展报告（2018）
著（编）者：张跃国　陈杰　荀振英
2018年7月出版 / 估价：99.00元
PSN B-2012-245-10/14

贵阳蓝皮书
贵阳城市创新发展报告No.3（白云篇）
著（编）者：连玉明　2018年5月出版 / 估价：99.00元
PSN B-2015-491-3/10

贵阳蓝皮书
贵阳城市创新发展报告No.3（观山湖篇）
著（编）者：连玉明　2018年5月出版 / 估价：99.00元
PSN B-2015-497-9/10

贵阳蓝皮书
贵阳城市创新发展报告No.3（花溪篇）
著（编）者：连玉明　2018年5月出版 / 估价：99.00元
PSN B-2015-490-2/10

贵阳蓝皮书
贵阳城市创新发展报告No.3（开阳篇）
著（编）者：连玉明　2018年5月出版 / 估价：99.00元
PSN B-2015-492-4/10

贵阳蓝皮书
贵阳城市创新发展报告No.3（南明篇）
著（编）者：连玉明　2018年5月出版 / 估价：99.00元
PSN B-2015-496-8/10

贵阳蓝皮书
贵阳城市创新发展报告No.3（清镇篇）
著（编）者：连玉明　2018年5月出版 / 估价：99.00元
PSN B-2015-489-1/10

贵阳蓝皮书
贵阳城市创新发展报告No.3（乌当篇）
著（编）者：连玉明　2018年5月出版 / 估价：99.00元
PSN B-2015-495-7/10

贵阳蓝皮书
贵阳城市创新发展报告No.3（息烽篇）
著（编）者：连玉明　2018年5月出版 / 估价：99.00元
PSN B-2015-493-5/10

贵阳蓝皮书
贵阳城市创新发展报告No.3（修文篇）
著（编）者：连玉明　2018年5月出版 / 估价：99.00元
PSN B-2015-494-6/10

贵阳蓝皮书
贵阳城市创新发展报告No.3（云岩篇）
著（编）者：连玉明　2018年5月出版 / 估价：99.00元
PSN B-2015-498-10/10

贵州房地产蓝皮书
贵州房地产发展报告No.5（2018）
著（编）者：武廷方　2018年7月出版 / 估价：99.00元
PSN B-2014-426-1/1

皮书系列 2018全品种　地方发展类-经济

贵州蓝皮书
贵州册亨经济社会发展报告（2018）
著（编）者：黄德林　　2018年3月出版／估价：99.00元
PSN B-2016-525-8/9

贵州蓝皮书
贵州地理标志产业发展报告（2018）
著（编）者：李发耀　黄其松　　2018年8月出版／估价：99.00元
PSN B-2017-646-10/10

贵州蓝皮书
贵安新区发展报告（2017~2018）
著（编）者：马长青　吴大华　　2018年6月出版／估价：99.00元
PSN B-2015-459-4/10

贵州蓝皮书
贵州国家级开放创新平台发展报告（2017~2018）
著（编）者：申晓庆　吴大华　季泓
2018年11月出版／估价：99.00元
PSN B-2016-518-7/10

贵州蓝皮书
贵州国有企业社会责任发展报告（2017~2018）
著（编）者：郭丽　　2018年12月出版／估价：99.00元
PSN B-2015-511-6/10

贵州蓝皮书
贵州民航业发展报告（2017）
著（编）者：申振东　吴大华　　2018年1月出版／估价：99.00元
PSN B-2015-471-5/10

贵州蓝皮书
贵州民营经济发展报告（2017）
著（编）者：杨静　吴大华　　2018年3月出版／估价：99.00元
PSN B-2016-530-9/9

杭州都市圈蓝皮书
杭州都市圈发展报告（2018）
著（编）者：沈翔　戚建国　　2018年5月出版／估价：128.00元
PSN B-2012-302-1/1

河北经济蓝皮书
河北省经济发展报告（2018）
著（编）者：马树强　金浩　张贵　　2018年4月出版／估价：99.00元
PSN B-2014-380-1/1

河北蓝皮书
河北经济社会发展报告（2018）
著（编）者：康振海　　2018年1月出版／估价：99.00元
PSN B-2014-372-1/3

河北蓝皮书
京津冀协同发展报告（2018）
著（编）者：陈璐　　2018年1月出版／估价：99.00元
PSN B-2017-601-2/3

河南经济蓝皮书
2018年河南经济形势分析与预测
著（编）者：王世炎　　2018年3月出版／估价：99.00元
PSN B-2007-086-1/1

河南蓝皮书
河南城市发展报告（2018）
著（编）者：张占仓　王建国　　2018年5月出版／估价：99.00元
PSN B-2009-131-3/9

河南蓝皮书
河南工业发展报告（2018）
著（编）者：张占仓　　2018年5月出版／估价：99.00元
PSN B-2013-317-5/9

河南蓝皮书
河南金融发展报告（2018）
著（编）者：喻新安　谷建全
2018年6月出版／估价：99.00元
PSN B-2014-390-7/9

河南蓝皮书
河南经济发展报告（2018）
著（编）者：张占仓　完世伟
2018年4月出版／估价：99.00元
PSN B-2010-157-4/9

河南蓝皮书
河南能源发展报告（2018）
著（编）者：国网河南省电力公司经济技术研究院
　　　　　河南省社会科学院
2018年3月出版／估价：99.00元
PSN B-2017-607-9/9

河南商务蓝皮书
河南商务发展报告（2018）
著（编）者：焦锦淼　穆荣国　　2018年5月出版／估价：99.00元
PSN B-2014-399-1/1

河南双创蓝皮书
河南创新创业发展报告（2018）
著（编）者：喻新安　杨雪梅　　2018年8月出版／估价：99.00元
PSN B-2017-641-1/1

黑龙江蓝皮书
黑龙江经济发展报告（2018）
著（编）者：朱宇　　2018年1月出版／估价：99.00元
PSN B-2011-190-2/2

湖南城市蓝皮书
区域城市群整合
著（编）者：童中贤　韩未名　　2018年12月出版／估价：99.00元
PSN B-2006-064-1/1

湖南蓝皮书
湖南城乡一体化发展报告（2018）
著（编）者：陈文胜　王文强　陆福兴
2018年8月出版／估价：99.00元
PSN B-2015-477-8/8

湖南蓝皮书
2018年湖南电子政务发展报告
著（编）者：梁志峰　　2018年5月出版／估价：128.00元
PSN B-2014-394-6/8

湖南蓝皮书
2018年湖南经济发展报告
著（编）者：卞鹰　　2018年5月出版／估价：128.00元
PSN B-2011-207-2/8

湖南蓝皮书
2016年湖南经济展望
著（编）者：梁志峰　　2018年5月出版／估价：128.00元
PSN B-2011-206-1/8

湖南蓝皮书
2018年湖南县域经济社会发展报告
著(编)者：梁志峰　2018年5月出版 / 估价：128.00元
PSN B-2014-395-7/8

湖南县域绿皮书
湖南县域发展报告（No.5）
著(编)者：袁准　周小毛　黎仁寅
2018年3月出版 / 估价：99.00元
PSN G-2012-274-1/1

沪港蓝皮书
沪港发展报告（2018）
著(编)者：尤安山　2018年9月出版 / 估价：99.00元
PSN B-2013-362-1/1

吉林蓝皮书
2018年吉林经济社会形势分析与预测
著(编)者：邵汉明　2017年12月出版 / 估价：99.00元
PSN B-2013-319-1/1

吉林省城市竞争力蓝皮书
吉林省城市竞争力报告（2018~2019）
著(编)者：崔岳春　张磊　2018年12月出版 / 估价：99.00元
PSN B-2016-513-1/1

济源蓝皮书
济源经济社会发展报告（2018）
著(编)者：喻新安　2018年4月出版 / 估价：99.00元
PSN B-2014-387-1/1

江苏蓝皮书
2018年江苏经济发展分析与展望
著(编)者：王庆五　吴先满　2018年7月出版 / 估价：128.00元
PSN B-2017-635-1/3

江西蓝皮书
江西经济社会发展报告（2018）
著(编)者：陈石俊　龚建文　2018年10月出版 / 估价：128.00元
PSN B-2015-484-1/2

江西蓝皮书
江西设区市发展报告（2018）
著(编)者：姜玮　梁勇　2018年10月出版 / 估价：99.00元
PSN B-2016-517-2/2

经济特区蓝皮书
中国经济特区发展报告（2017）
著(编)者：陶一桃　2018年1月出版 / 估价：99.00元
PSN B-2009-139-1/1

辽宁蓝皮书
2018年辽宁经济社会形势分析与预测
著(编)者：梁启东　魏红江　2018年6月出版 / 估价：99.00元
PSN B-2006-053-1/1

民族经济蓝皮书
中国民族地区经济发展报告（2018）
著(编)者：李曦辉　2018年7月出版 / 估价：99.00元
PSN B-2017-630-1/1

南宁蓝皮书
南宁经济发展报告（2018）
著(编)者：胡建华　2018年9月出版 / 估价：99.00元
PSN B-2016-569-2/3

浦东新区蓝皮书
上海浦东经济发展报告（2018）
著(编)者：沈开艳　周奇　2018年2月出版 / 估价：99.00元
PSN B-2011-225-1/1

青海蓝皮书
2018年青海经济社会形势分析与预测
著(编)者：陈玮　2017年12月出版 / 估价：99.00元
PSN B-2012-275-1/2

山东蓝皮书
山东经济形势分析与预测（2018）
著(编)者：李广杰　2018年7月出版 / 估价：99.00元
PSN B-2014-404-1/5

山东蓝皮书
山东省普惠金融发展报告（2018）
著(编)者：齐鲁财富网
2018年9月出版 / 估价：99.00元
PSN B2017-676-5/5

山西蓝皮书
山西资源型经济转型发展报告（2018）
著(编)者：李志强　2018年7月出版 / 估价：99.00元
PSN B-2011-197-1/1

陕西蓝皮书
陕西经济发展报告（2018）
著(编)者：任宗哲　白宽犁　裴成荣
2018年1月出版 / 估价：99.00元
PSN B-2009-135-1/6

陕西蓝皮书
陕西精准脱贫研究报告（2018）
著(编)者：任宗哲　白宽犁　王建康
2018年6月出版 / 估价：99.00元
PSN B-2017-623-6/6

上海蓝皮书
上海经济发展报告（2018）
著(编)者：沈开艳
2018年2月出版 / 估价：99.00元
PSN B-2006-057-1/7

上海蓝皮书
上海资源环境发展报告（2018）
著(编)者：周冯琦　汤庆合
2018年2月出版 / 估价：99.00元
PSN B-2006-060-4/7

上饶蓝皮书
上饶发展报告（2016~2017）
著(编)者：廖其志　2018年3月出版 / 估价：128.00元
PSN B-2014-377-1/1

深圳蓝皮书
深圳经济发展报告（2018）
著(编)者：张骁儒　2018年6月出版 / 估价：99.00元
PSN B-2008-112-3/7

四川蓝皮书
四川城镇化发展报告（2018）
著(编)者：侯水平　陈玮
2018年4月出版 / 估价：99.00元
PSN B-2015-456-7/7

皮书系列 2018全品种 — 地方发展类–经济 · 地方发展类–社会

四川蓝皮书
2018年四川经济形势分析与预测
著(编)者：杨钢　2018年1月出版 / 估价：99.00元
PSN B-2007-098-2/7

四川蓝皮书
四川企业社会责任研究报告（2017~2018）
著(编)者：侯水平　盛毅　2018年5月出版 / 估价：99.00元
PSN B-2014-386-4/7

四川蓝皮书
四川生态建设报告（2018）
著(编)者：李晟之　2018年5月出版 / 估价：99.00元
PSN B-2015-455-6/7

体育蓝皮书
上海体育产业发展报告（2017~2018）
著(编)者：张林　黄海燕　2018年10月出版 / 估价：99.00元
PSN B-2015-454-4/5

体育蓝皮书
长三角地区体育产业发展报告（2017~2018）
著(编)者：张林　2018年4月出版 / 估价：99.00元
PSN B-2015-453-3/5

天津金融蓝皮书
天津金融发展报告（2018）
著(编)者：王爱俭　孔德昌　2018年3月出版 / 估价：99.00元
PSN B-2014-418-1/1

图们江区域合作蓝皮书
图们江区域合作发展报告（2018）
著(编)者：李铁　2018年6月出版 / 估价：99.00元
PSN B-2015-464-1/1

温州蓝皮书
2018年温州经济社会形势分析与预测
著(编)者：蒋儒标　王春光　金浩
2018年4月出版 / 估价：99.00元
PSN B-2008-105-1/1

西咸新区蓝皮书
西咸新区发展报告（2018）
著(编)者：李扬　王军
2018年6月出版 / 估价：99.00元
PSN B-2016-534-1/1

修武蓝皮书
修武经济社会发展报告（2018）
著(编)者：张占仓　袁凯声
2018年10月出版 / 估价：99.00元
PSN B-2017-651-1/1

偃师蓝皮书
偃师经济社会发展报告（2018）
著(编)者：张占仓　袁凯声　何武周
2018年7月出版 / 估价：99.00元
PSN B-2017-627-1/1

扬州蓝皮书
扬州经济社会发展报告（2018）
著(编)者：陈扬
2018年12月出版 / 估价：108.00元
PSN B-2011-191-1/1

长垣蓝皮书
长垣经济社会发展报告（2018）
著(编)者：张占仓　袁凯声　秦保建
2018年10月出版 / 估价：99.00元
PSN B-2017-654-1/1

遵义蓝皮书
遵义发展报告（2018）
著(编)者：邓彦　曾征　蒋永育
2018年9月出版 / 估价：99.00元
PSN B-2014-433-1/1

地方发展类-社会

安徽蓝皮书
安徽社会发展报告（2018）
著(编)者：程桦　2018年4月出版 / 估价：99.00元
PSN B-2013-325-1/1

安徽社会建设蓝皮书
安徽社会建设分析报告（2017~2018）
著(编)者：黄家海　蔡宪
2018年11月出版 / 估价：99.00元
PSN B-2013-322-1/1

北京蓝皮书
北京公共服务发展报告（2017~2018）
著(编)者：施昌奎　2018年3月出版 / 估价：99.00元
PSN B-2008-103-7/8

北京蓝皮书
北京社会发展报告（2017~2018）
著(编)者：李伟东
2018年7月出版 / 估价：99.00元
PSN B-2006-055-3/8

北京蓝皮书
北京社会治理发展报告（2017~2018）
著(编)者：殷星辰　2018年7月出版 / 估价：99.00元
PSN B-2014-391-8/8

北京律师蓝皮书
北京律师发展报告No.3（2018）
著(编)者：王隽　2018年12月出版 / 估价：99.00元
PSN B-2011-217-1/1

地方发展类-社会

皮书系列
2018全品种

北京人才蓝皮书
北京人才发展报告（2018）
著(编)者：敏华　2018年12月出版 / 估价：128.00元
PSN B-2011-201-1/1

北京社会心态蓝皮书
北京社会心态分析报告（2017~2018）
北京市社会心理服务促进中心
2018年10月出版 / 估价：99.00元
PSN B-2014-422-1/1

北京社会组织管理蓝皮书
北京社会组织发展与管理（2018）
著(编)者：黄江松
2018年4月出版 / 估价：99.00元
PSN B-2015-446-1/1

北京养老产业蓝皮书
北京居家养老发展报告（2018）
著(编)者：陆杰华　周明明
2018年8月出版 / 估价：99.00元
PSN B-2015-465-1/1

法治蓝皮书
四川依法治省年度报告No.4（2018）
著(编)者：李林　杨天宗　田禾
2018年3月出版 / 估价：118.00元
PSN B-2015-447-2/3

福建妇女发展蓝皮书
福建省妇女发展报告（2018）
著(编)者：刘群英　2018年11月出版 / 估价：99.00元
PSN B-2011-220-1/1

甘肃蓝皮书
甘肃社会发展分析与预测（2018）
著(编)者：安文华　包晓霞　谢增虎
2018年1月出版 / 估价：99.00元
PSN B-2013-313-2/6

广东蓝皮书
广东全面深化改革研究报告（2018）
著(编)者：周林生　涂成林
2018年12月出版 / 估价：99.00元
PSN B-2015-504-3/3

广东蓝皮书
广东社会工作发展报告（2018）
著(编)者：罗观翠　2018年6月出版 / 估价：99.00元
PSN B-2014-402-2/3

广州蓝皮书
广州青年发展报告（2018）
著(编)者：徐柳　张强
2018年8月出版 / 估价：99.00元
PSN B-2013-352-13/14

广州蓝皮书
广州社会保障发展报告（2018）
著(编)者：张跃国　2018年8月出版 / 估价：99.00元
PSN B-2014-425-14/14

广州蓝皮书
2018年中国广州社会形势分析与预测
著(编)者：张强　郭志勇　何镜清
2018年6月出版 / 估价：99.00元
PSN B-2008-110-5/14

贵州蓝皮书
贵州法治发展报告（2018）
著(编)者：吴大华　2018年5月出版 / 估价：99.00元
PSN B-2012-254-2/10

贵州蓝皮书
贵州人才发展报告（2017）
著(编)者：于杰　吴大华
2018年9月出版 / 估价：99.00元
PSN B-2014-382-3/10

贵州蓝皮书
贵州社会发展报告（2018）
著(编)者：王兴骥　2018年4月出版 / 估价：99.00元
PSN B-2010-166-1/10

杭州蓝皮书
杭州妇女发展报告（2018）
著(编)者：魏颖　2018年10月出版 / 估价：99.00元
PSN B-2014-403-1/1

河北蓝皮书
河北法治发展报告（2018）
著(编)者：康振海　2018年6月出版 / 估价：99.00元
PSN B-2017-622-3/3

河北食品药品安全蓝皮书
河北食品药品安全研究报告（2018）
著(编)者：丁锦霞　2018年10月出版 / 估价：99.00元
PSN B-2015-473-1/1

河南蓝皮书
河南法治发展报告（2018）
著(编)者：张林海　2018年7月出版 / 估价：99.00元
PSN B-2014-376-6/9

河南蓝皮书
2018年河南社会形势分析与预测
著(编)者：牛苏林　2018年5月出版 / 估价：99.00元
PSN B-2005-043-1/9

河南民办教育蓝皮书
河南民办教育发展报告（2018）
著(编)者：胡大白　2018年9月出版 / 估价：99.00元
PSN B-2017-642-1/1

黑龙江蓝皮书
黑龙江社会发展报告（2018）
著(编)者：谢宝禄　2018年1月出版 / 估价：99.00元
PSN B-2011-189-1/2

湖南蓝皮书
2018年湖南两型社会与生态文明建设报告
著(编)者：卞鹰　2018年5月出版 / 估价：128.00元
PSN B-2011-208-3/8

湖南蓝皮书
2018年湖南社会发展报告
著(编)者：卞鹰　2018年5月出版 / 估价：128.00元
PSN B-2014-393-5/8

健康城市蓝皮书
北京健康城市建设研究报告（2018）
著(编)者：王鸿春　盛继洪　2018年9月出版 / 估价：99.00元
PSN B-2015-460-1/2

33

江苏法治蓝皮书
江苏法治发展报告No.6（2017）
著(编)者：蔡道通 龚廷泰　2018年8月出版／估价：99.00元
PSN B-2012-290-1/1

江苏蓝皮书
2018年江苏社会发展分析与展望
著(编)者：王庆五 刘旺洪　2018年8月出版／估价：128.00元
PSN B-2012-636-2/3

南宁蓝皮书
南宁法治发展报告（2018）
著(编)者：杨维超　2018年12月出版／估价：99.00元
PSN B-2015-509-1/3

南宁蓝皮书
南宁社会发展报告（2018）
著(编)者：胡建华　2018年10月出版／估价：99.00元
PSN B-2016-570-3/3

内蒙古蓝皮书
内蒙古反腐倡廉建设报告No.2
著(编)者：张志华　2018年6月出版／估价：99.00元
PSN B-2013-365-1/1

青海蓝皮书
2018年青海人才发展报告
著(编)者：王宇燕　2018年9月出版／估价：99.00元
PSN B-2017-650-2/2

青海生态文明建设蓝皮书
青海生态文明建设报告（2018）
著(编)者：张西明 高华　2018年12月出版／估价：99.00元
PSN B-2016-595-1/1

人口与健康蓝皮书
深圳人口与健康发展报告（2018）
著(编)者：陆杰华 傅崇辉　2018年11月出版／估价：99.00元
PSN B-2011-228-1/1

山东蓝皮书
山东社会形势分析与预测（2018）
著(编)者：李善峰　2018年6月出版／估价：99.00元
PSN B-2014-405-2/5

陕西蓝皮书
陕西社会发展报告（2018）
著(编)者：任宗哲 白宽犁 牛昉　2018年1月出版／估价：99.00元
PSN B-2009-136-2/6

上海蓝皮书
上海法治发展报告（2018）
著(编)者：叶必丰　2018年9月出版／估价：99.00元
PSN B-2012-296-6/7

上海蓝皮书
上海社会发展报告（2018）
著(编)者：杨雄 周海旺
2018年2月出版／估价：99.00元
PSN B-2006-058-2/7

社会建设蓝皮书
2018年北京社会建设分析报告
著(编)者：宋贵伦 冯虹　2018年9月出版／估价：99.00元
PSN B-2010-173-1/1

深圳蓝皮书
深圳法治发展报告（2018）
著(编)者：张骁儒　2018年6月出版／估价：99.00元
PSN B-2015-470-6/7

深圳蓝皮书
深圳劳动关系发展报告（2018）
著(编)者：汤庭芬　2018年8月出版／估价：99.00元
PSN B-2007-097-2/7

深圳蓝皮书
深圳社会治理与发展报告（2018）
著(编)者：张骁儒　2018年6月出版／估价：99.00元
PSN B-2008-113-4/7

生态安全绿皮书
甘肃国家生态安全屏障建设发展报告（2018）
著(编)者：刘举科 喜文华
2018年10月出版／估价：99.00元
PSN B-2017-659-1/1

顺义社会建设蓝皮书
北京市顺义区社会建设分析报告（2018）
著(编)者：王学武　2018年9月出版／估价：99.00元
PSN B-2017-658-1/1

四川蓝皮书
四川法治发展报告（2018）
著(编)者：郑泰安　2018年1月出版／估价：99.00元
PSN B-2015-441-5/7

四川蓝皮书
四川社会发展报告（2018）
著(编)者：李羚　2018年6月出版／估价：99.00元
PSN B-2008-127-3/7

云南社会治理蓝皮书
云南社会治理年度报告（2017）
著(编)者：晏雄 韩全芳
2018年5月出版／估价：99.00元
PSN B-2017-667-1/1

地方发展类-文化

北京传媒蓝皮书
北京新闻出版广电发展报告（2017~2018）
著(编)者：王志　2018年11月出版／估价：99.00元
PSN B-2016-588-1/1

北京蓝皮书
北京文化发展报告（2017~2018）
著(编)者：李建盛　2018年5月出版／估价：99.00元
PSN B-2007-082-4/8

皮书系列 2018全品种

地方发展类-文化

创意城市蓝皮书
北京文化创意产业发展报告（2018）
著(编)者：郭万超 张京成　2018年12月出版 / 估价：99.00元
PSN B-2012-263-1/7

创意城市蓝皮书
天津文化创意产业发展报告（2017~2018）
著(编)者：谢思全　2018年6月出版 / 估价：99.00元
PSN B-2016-536-7/7

创意城市蓝皮书
武汉文化创意产业发展报告（2018）
著(编)者：黄永林 陈汉桥　2018年12月出版 / 估价：99.00元
PSN B-2013-354-4/7

创意上海蓝皮书
上海文化创意产业发展报告（2017~2018）
著(编)者：王慧敏 王兴全　2018年8月出版 / 估价：99.00元
PSN B-2016-561-1/1

非物质文化遗产蓝皮书
广州市非物质文化遗产保护发展报告（2018）
著(编)者：宋俊华　2018年12月出版 / 估价：99.00元
PSN B-2016-589-1/1

甘肃蓝皮书
甘肃文化发展分析与预测（2018）
著(编)者：王俊莲 周小华　2018年1月出版 / 估价：99.00元
PSN B-2013-314-3/6

甘肃蓝皮书
甘肃舆情分析与预测（2018）
著(编)者：陈双梅 张谦元　2018年1月出版 / 估价：99.00元
PSN B-2013-315-4/6

广州蓝皮书
中国广州文化发展报告（2018）
著(编)者：屈哨兵 陈志强　2018年6月出版 / 估价：99.00元
PSN B-2009-134-7/14

广州蓝皮书
广州文化创意产业发展报告（2018）
著(编)者：徐咏虹　2018年7月出版 / 估价：99.00元
PSN B-2008-111-6/14

海淀蓝皮书
海淀区文化和科技融合发展报告（2018）
著(编)者：陈名杰 孟景伟　2018年5月出版 / 估价：99.00元
PSN B-2013-329-1/1

河南蓝皮书
河南文化发展报告（2018）
著(编)者：卫绍生　2018年7月出版 / 估价：99.00元
PSN B-2008-106-2/9

湖北文化产业蓝皮书
湖北省文化产业发展报告（2018）
著(编)者：黄晓华　2018年9月出版 / 估价：99.00元
PSN B-2017-656-1/1

湖北文化蓝皮书
湖北文化发展报告（2017~2018）
著(编)者：湖北大学高等人文研究院
　　　　　中华文化发展湖北省协同创新中心
2018年10月出版 / 估价：99.00元
PSN B-2016-566-1/1

江苏蓝皮书
2018年江苏文化发展分析与展望
著(编)者：王庆五 樊和平　2018年9月出版 / 估价：128.00元
PSN B-2017-637-3/3

江西文化蓝皮书
江西非物质文化遗产发展报告（2018）
著(编)者：张圣才 傅安平　2018年12月出版 / 估价：128.00元
PSN B-2015-499-1/1

洛阳蓝皮书
洛阳文化发展报告（2018）
著(编)者：刘福兴 陈启明　2018年7月出版 / 估价：99.00元
PSN B-2015-476-1/1

南京蓝皮书
南京文化发展报告（2018）
著(编)者：中共南京市委宣传部
2018年12月出版 / 估价：99.00元
PSN B-2014-439-1/1

宁波文化蓝皮书
宁波"一人一艺"全民艺术普及发展报告（2017）
著(编)者：张爱琴　2018年11月出版 / 估价：128.00元
PSN B-2017-668-1/1

山东蓝皮书
山东文化发展报告（2018）
著(编)者：涂可国　2018年5月出版 / 估价：99.00元
PSN B-2014-406-3/5

陕西蓝皮书
陕西文化发展报告（2018）
著(编)者：任宗哲 白宽犁 王长寿
2018年1月出版 / 估价：99.00元
PSN B-2009-137-3/6

上海蓝皮书
上海传媒发展报告（2018）
著(编)者：强荧 焦雨虹　2018年2月出版 / 估价：99.00元
PSN B-2012-295-5/7

上海蓝皮书
上海文学发展报告（2018）
著(编)者：陈圣来　2018年6月出版 / 估价：99.00元
PSN B-2012-297-7/7

上海蓝皮书
上海文化发展报告（2018）
著(编)者：荣跃明　2018年2月出版 / 估价：99.00元
PSN B-2006-059-3/7

深圳蓝皮书
深圳文化发展报告（2018）
著(编)者：张骁儒　2018年7月出版 / 估价：99.00元
PSN B-2016-554-7/7

四川蓝皮书
四川文化产业发展报告（2018）
著(编)者：向宝云 张立伟　2018年4月出版 / 估价：99.00元
PSN B-2006-074-1/7

郑州蓝皮书
2018年郑州文化发展报告
著(编)者：王哲　2018年9月出版 / 估价：99.00元
PSN B-2008-107-1/1

社会科学文献出版社　　**皮书系列**

❖ 皮书起源 ❖

"皮书"起源于十七、十八世纪的英国,主要指官方或社会组织正式发表的重要文件或报告,多以"白皮书"命名。在中国,"皮书"这一概念被社会广泛接受,并被成功运作、发展成为一种全新的出版形态,则源于中国社会科学院社会科学文献出版社。

❖ 皮书定义 ❖

皮书是对中国与世界发展状况和热点问题进行年度监测,以专业的角度、专家的视野和实证研究方法,针对某一领域或区域现状与发展态势展开分析和预测,具备原创性、实证性、专业性、连续性、前沿性、时效性等特点的公开出版物,由一系列权威研究报告组成。

❖ 皮书作者 ❖

皮书系列的作者以中国社会科学院、著名高校、地方社会科学院的研究人员为主,多为国内一流研究机构的权威专家学者,他们的看法和观点代表了学界对中国与世界的现实和未来最高水平的解读与分析。

❖ 皮书荣誉 ❖

皮书系列已成为社会科学文献出版社的著名图书品牌和中国社会科学院的知名学术品牌。2016年,皮书系列正式列入"十三五"国家重点出版规划项目;2013~2018年,重点皮书列入中国社会科学院承担的国家哲学社会科学创新工程项目;2018年,59种院外皮书使用"中国社会科学院创新工程学术出版项目"标识。

中国皮书网

（网址：www.pishu.cn）

发布皮书研创资讯，传播皮书精彩内容
引领皮书出版潮流，打造皮书服务平台

栏目设置

关于皮书：何谓皮书、皮书分类、皮书大事记、皮书荣誉、
皮书出版第一人、皮书编辑部
最新资讯：通知公告、新闻动态、媒体聚焦、网站专题、视频直播、下载专区
皮书研创：皮书规范、皮书选题、皮书出版、皮书研究、研创团队
皮书评奖评价：指标体系、皮书评价、皮书评奖
互动专区：皮书说、社科数托邦、皮书微博、留言板

所获荣誉

2008年、2011年，中国皮书网均在全国新闻出版业网站荣誉评选中获得"最具商业价值网站"称号；
2012年，获得"出版业网站百强"称号。

网库合一

2014年，中国皮书网与皮书数据库端口合一，实现资源共享。

权威报告・一手数据・特色资源

皮书数据库
ANNUAL REPORT(YEARBOOK) DATABASE

当代中国经济与社会发展高端智库平台

所获荣誉

- 2016年,入选"'十三五'国家重点电子出版物出版规划骨干工程"
- 2015年,荣获"搜索中国正能量 点赞2015""创新中国科技创新奖"
- 2013年,荣获"中国出版政府奖・网络出版物奖"提名奖
- 连续多年荣获中国数字出版博览会"数字出版・优秀品牌"奖

成为会员

通过网址www.pishu.com.cn或使用手机扫描二维码进入皮书数据库网站,进行手机号码验证或邮箱验证即可成为皮书数据库会员(建议通过手机号码快速验证注册)。

会员福利

- 使用手机号码首次注册的会员,账号自动充值100元体验金,可直接购买和查看数据库内容(仅限使用手机号码快速注册)。
- 已注册用户购书后可免费获赠100元皮书数据库充值卡。刮开充值卡涂层获取充值密码,登录并进入"会员中心"—"在线充值"—"充值卡充值",充值成功后即可购买和查看数据库内容。

数据库服务热线: 400-008-6695　　　　图书销售热线: 010-59367070/7028
数据库服务QQ: 2475522410　　　　　　图书服务QQ: 1265056568
数据库服务邮箱: database@ssap.cn　　　图书服务邮箱: duzhe@ssap.cn

更多信息请登录

皮书数据库
http://www.pishu.com.cn

中国皮书网
http://www.pishu.cn

皮书微博
http://weibo.com/pishu

皮书微信"皮书说"

请到当当、亚马逊、京东或各地书店购买，也可办理邮购

咨询／邮购电话：010-59367028　59367070
邮　　箱：duzhe@ssap.cn
邮购地址：北京市西城区北三环中路甲29号院3号楼
　　　　　华龙大厦13层读者服务中心
邮　　编：100029
银行户名：社会科学文献出版社
开户银行：中国工商银行北京北太平庄支行
账　　号：0200010019200365434